U0664182

地铁盾构通用管片结构
理论与实践

朱瑶宏　著

中国建筑工业出版社

图书在版编目（CIP）数据

地铁盾构通用管片结构理论与实践/朱瑶宏著. —北京：中国建筑工业出版社，2016.12（2023.9 重印）
ISBN 978-7-112-20222-5

Ⅰ．①地… Ⅱ．①朱… Ⅲ．①地铁隧道-隧道施工-盾构法-研究 Ⅳ．①U231

中国版本图书馆 CIP 数据核字（2017）第 004664 号

本书从盾构管片结构设计、盾构隧道施工关键技术、盾构隧道结构的运营及维护等方面进行研究和探讨，结合工程实践进行分析，解决软土地区进行盾构隧道建设、运营及维护的技术难题。全书共分为 5 章，包括地铁隧道结构概述、盾构管片结构设计、盾构隧道施工关键技术、盾构隧道结构的运营及维护、通用环管片结构在宁波的应用。

本书适合从事地铁隧道设计、施工、运营与管理的人员参考，也可供高等院校相关专业师生参考。

责任编辑：王　梅　杨　允
责任设计：李志立
责任校对：焦　乐　李美娜

地铁盾构通用管片结构理论与实践

朱瑶宏　著

*

中国建筑工业出版社出版、发行（北京海淀三里河路 9 号）
各地新华书店、建筑书店经销
霸州市顺浩图文科技发展有限公司制版
北京盛通印刷股份有限公司印刷

*

开本：787×1092 毫米　1/16　印张：14¾　字数：363 千字
2017 年 7 月第一版　　2023 年 9 月第二次印刷
定价：**50.00** 元
ISBN 978-7-112-20222-5
（29708）

版权所有　翻印必究
如有印装质量问题，可寄本社退换
（邮政编码 100037）

谨以此书献给不盲从规范，寻求自然规律的"盾构"工程师

——致敬林同炎先生

前　　言

近年来，盾构法作为隧道工程的主流工艺，在城市轨道交通工程中广泛应用，随着国内城轨的快速发展，盾构技术不断进步，从 1966 年上海打浦路隧道开始，历经近半个世纪的变革，盾构从装备到结构理论再到施工和运维，都有了突飞猛进的发展。在盾构装备方面，我国已经逐渐从完全依赖进口，通过持续的研发和技术积累，实现了盾构装备的国产化，在部分领域已经走在了世界前列，如在宁波应用的"阳明号"是目前世界上最大断面的类矩形盾构，该盾构是完全自主研发的，充分体现了我国盾构装备较高的生产水平。

盾构法隧道的衬砌要点是拼装化，于是发明了管片，具体管片的形式有标准环和通用环之分，拼装方式又有通缝和错缝的区别，具体实践中，只有少数城市全线采用通用环管片，而且在盾构设计、施工和运营方面的研究不够全面，本书试图弥补此类不足。

在衬砌管片结构方面，通过学习德、日等国的先进的经验，国内已逐步形成了以修正惯用法、均质圆环法为主的结构设计理论，同时以同济大学朱合华教授、西南交大何川教授为代表的学者和技术人员，也研究发展了梁-接头模型和壳-弹簧模型等计算模型；以上理论的研究，多以单环作为研究对象，考虑纵向接缝对结构性能的影响；对环与环之间作用、环缝对整体受力影响等方面的研究还不够深入和系统。本书在第 2 章中对以错缝拼装通用管片为例，对整环的受力机制、破坏行为进行了详尽的阐述。该部分内容对后续工程具有很强的参考价值和借鉴意义。

在盾构隧道施工和盾构隧道的长期运营维护方面，随着盾构在全国范围的不断应用，不同地区的地质、水文、环境甚至人文环境的差异，将会对施工和运营带来差异化的影响，寄希望于用一贯的经验解决所有地区城市在施工和运营中存在的问题将会愈发的困难，本书在第 3 章和第 4 章主要就软土地区通用环管片施工中存在的纠偏、拼装、上浮、隧道提升等问题开展的研究和成果，运营期管片结构耐久性研究成果和加固技术进行了阐述。

本书取材于宁波地铁，内容新颖、资料丰富，包含了许多罕见的管片结构试验的数据和成果，以及宁波地铁施工过程中许多难得的数据，理论结合实践，书中给出的许多案例，可以为软土地区城市的类似工程实例提供借鉴。

本书的编写得到了同济大学白云教授的支持。此外，同济大学地下建筑与工程系柳献副教授及中国海洋大学刘涛副教授及上海岩土工程勘察设计研究院有限公司苏秀婷工程师参与了本书部分章节的编写；上海隧道院地下院院长杨志豪教授级高级工程师、副总工沈张勇高级工程师分别对书稿提出了宝贵的意见，这里一并致以深切的谢意。

由于作者水平有限，书中难免存在错误和不足，恳请读者批评指正。

目　　录

第1章　地铁隧道结构概述

随着社会经济的发展、城市化进程的加快以及城市人口的迅速增长，地面交通难以满足发展需求，大范围地开发地下空间、建造地下隧道成了缓解交通压力的重要手段。目前，世界上40多个国家80多个城市已开通了城市地铁线路，发达国家均拥有高度发达的城市地铁设施。在欧洲，英国于1863年和1870年先后建成了伦敦大都会铁路（Metropolitan Railway）和伦敦塔地铁（Tower Subway），现存最早的盾构法地铁隧道亦位于伦敦。法国于1900年开通巴黎地铁，并于2005年底建成了以地铁线路为主体的全区快速铁路网（Réseau Express Régional）。俄罗斯莫斯科到2007年底共修建了12条总长度约292.2km的地铁线路。此外，德国、荷兰、意大利、西班牙等国的30多个主要城市均建有完备的地铁系统。在美洲，美国100万以上人口的大城市都拥有城市地铁，纽约地铁线路总长度达443km；巴西里约热内卢目前也建成了42km的地铁线路。在亚洲，日本东京、横滨、大阪、名古屋等10座100万以上人口的城市在不足$5500km^2$的土地上，共建地铁车站715座，地铁线路738.5km，其中东京的线网密度居世界之首。此外，印度加尔各答、德里，泰国曼谷，土耳其伊斯坦布尔，阿联酋迪拜以及新加坡等地均于20世纪末至21世纪初进行了城市地铁建设。在经济并不发达的非洲，埃及、南非等也相继于1987年、2010年开通了长达69.8km的开罗地铁和长达80km的约翰内斯堡地铁。

近三十年来，中国城市地铁正逐步进入稳定、有序和快速发展阶段，尤其是近10年来，由于国家政策的正确引导和相关城市对规划建设地铁的积极努力，在发展速度、规模和现代化水平方面，突显了后发优势。但是，与世界发达国家城市的地铁发展现状相比，差距还是很大，中国城市还均未形成有效的地铁运行网络，总体规模不大。

截至2015年末，我国累计有26个城市建成投运城轨线路116条，运营线路长度3612km。2015年新增青岛、南昌、淮安和兰州4个运营城市；全国新增15条运营线路，438km运营线路长度。在3612km运营线路长度中，地铁2658km，占线路总长的73.6%；轻轨239km，占线路总长的6.6%；单轨89km，占线路总长的2.5%；现代有轨电车161km，占线路总长的4.5%；磁浮交通49km，占线路总长的1.4%；市域快轨412km，占线路总长的11.4%；APM线4km，占线路总长的0.1%。

城市地铁隧道工程的修建技术主要有盾构法、矿山法、新奥法。与其他方法相比，盾构法有如下特点。优点在于：（1）施工时对地面环境以及周边环境影响小，不需要大面积的围蔽施工，可以在建筑、河流下施工，没有噪声和振动的施工污染，所以在城市密集的建筑、地下管网密集的地方尤其合适；（2）施工速度快、节省人力、机械化自动化程度高、不受天气影响；（3）在富水软弱地层中施工相对于矿山法更具优越性。盾构技术的缺点在于：（1）一次性投入大，盾构机购置费用较高；（2）覆土较浅时，地表沉降较难控制；（3）用于施工小曲率半径（$R<20D$）隧道时掘进较困难。

到20世纪初，针对公路隧道、地铁和地下管线的施工，美国、英国、德国等国开始

1

大量使用盾构法,盾构施工工艺如加气压施工和盾尾注浆工艺也有了突破。20 世纪 60 年代后,盾构法在日本大量用于东京、大阪的城市地铁工程。20 世纪 50 年代开始,我国首先在煤矿巷道的修建工程中使用盾构法施工,20 世纪 50～60 年代以来,上海、广州、深圳等沿海城市以及北京、南京等内陆城市渐渐开始使用盾构法施工,主要用于地铁、公路、能源方面的工程,施工总里程达 500km 以上。1963 年上海对盾构技术进行了开发,将其与地下铁道的建设相结合,在 1990 年将盾构法首次应用于城市地铁项目——上海地铁 1 号线。

我国幅员辽阔,工程地质水文条件复杂,盾构施工技术在各种复杂地层中的使用技术需要提高并达到成熟。比如:盾构穿越硬岩、断层、溶洞、卵石地层,盾构穿越砂层、淤泥层、煤层等,应制定相应的工法和标准。盾构在特殊环境中的使用技术需要系统总结和提高,如盾构下穿铁路、河流、建筑物,大坡度、小半径条件下的施工。现有的土压平衡盾构、泥水盾构技术,有些技术细节还需改进和完善,如舱内注入泥水、泥土成分和配比、注入压力、出泥出渣速度等参数的优化选取,泥浆的处理和再利用等。近年来由于市政给排水、沿海交通的发展需求,盾构技术正向着大断面化、工程的大深度化、高地下水压、长距离化、施工自动化、高速化发展,施工技术也越来越多样化。盾构施工安全和灾害防治是盾构隧道参建单位和政府管理部门重视的重要方面,每年我国都有大量因此造成的人员伤害和财产损失案例,甚至出现隧道报废和河堤塌陷的严重事故。如何在高速发展的条件下减少事故和灾害带来的损失是盾构技术发展的一个重要方向。

1.1 盾构发展史

1.1.1 国际发展概况

18 世纪末英国人提出在伦敦地下修建横贯泰晤士河隧道的构想,并对具体的掘削工法和使用机械等问题做了讨论。到 1798 年开始着手希望实现这个构思,但由于竖井挖不到预定的深度,故计划受挫。但横贯泰晤士河隧道的设想与日俱增,4 年后 Torevix 决定由另一地点建造连结两岸的隧道,随后工程再次开工。施工中克服了种种困难,当掘进到最后 30m 时,开挖面急剧浸水隧道被水淹没,横贯泰晤士河的设想再次破灭,工程从开工到被迫终止用了 5 年时间。横贯泰晤士河的计划在以后 10 年中未见显著进展。

1818 年 Brunel 观察了小虫腐蚀木船底板成洞的经过,从而得到启示,在此基础上提出了盾构工法,并取得了专利。这就是所谓的开放型手掘盾构的原型。Brunel 对自己的新工法非常自信,并于 1823 年拟定了伦敦泰晤士河两岸的另一条道路隧道的计划。随后,这个计划由当时的国会确认,工程于 1825 年动工。隧道长 458m,隧道断面为 11.4m×6.8m。工程进展顺利,但因地层下沉,致使工程被迫中止。但 Brunel 并没有因此而灰心失望,他总结了失败的教训,对盾构做了 7 年的改进,后于 1834 年工程再次开工,又经过 7 年的精心施工,终于在 1841 年贯通隧道。Brunel 在该隧道中采用的是方形铸铁框盾构。自 Brunel 向泰晤士河隧道挑战到隧道竣工前后经历了 20 个春秋,Brunel 经过不懈的努力,克服了种种困难,最后终于取得了胜利。此时,他已是 72 岁的老人。Brunel 对盾构工法的贡献极为卓著，这是后人的一致公论。

自 Brunel 的方形盾构以后，盾构技术又经过了 23 年的改进，到 1869 年建造横贯泰晤士河上的第二条隧道，首次采用圆形断面，外径 2.18m，长 402m，这项工程由 Burlow 和 Great 两人负责。Great 采用了新开发的圆形盾构，使用铸铁扇形管片直到隧道掘削结束未出任何事故。随后 Great 在 1887 年南伦敦铁道隧道施工中使用了盾构和气压组合工法获得成功，这为现在的盾构工法奠定了基础。从起初 Torevix 反复失败和受挫折，到引出 Brunel 的盾构工法，及进而改进成为 Great 的盾构工法前后经过 80 年的漫长岁月。

19 世纪末到 20 世纪中叶盾构工法相继传入美国、法国、德国、日本、苏联等国，并得到不同程度的发展。美国于 1892 年最先开发了封闭式盾构；同年法国巴黎使用混凝土管片建造了下水道隧道；1896～1899 年德国使用钢管片建造了柏林隧道；1913 年德国建造了断面为马蹄形的易北河隧道；1917 年日本采用盾构工法建造国铁羽越线，后因地质条件差而停止使用；1931 年苏联使用英制盾构建造了莫斯科地铁隧道，施工中使用了化学注浆和冻结工法；1939 年日本采用手掘圆形盾构建造了直径 7m 的关门隧道；1948 年苏联建造了列宁格勒地铁隧道；1954 年中国阜新建造 $\phi 2.6m$ 的圆形盾构疏水隧道；1957 年中国北京建造了 $\phi 2m$、$\phi 2.6m$ 的盾构下水道隧道；1957 年日本采用封闭式盾构建造东京地铁隧道。总之在这 50～60 年的时间里盾构工法虽然也有进步，但这一时期的特点是盾构工法在世界各国得以推广普及。

20 世纪 60～80 年代盾构工法继续发展完善，成绩显著。1960 年英国伦敦开始使用滚筒式挖掘机；同年美国纽约最先使用油压千斤顶盾构；1964 年日本埼玉隧道中最先使用泥水盾构；1969 年日本在东京首次实施泥水加压盾构施工；1972 年日本开发土压盾构成功；1975 年日本推出泥土加压盾构成功；1978 年日本开发高浓度泥水盾构成功；1981 年日本开发气泡盾构成功；1982 年日本开发 ECL 工法成功；1988 年日本开发泥水式双圆搭接盾构工法成功；1989 年日本开发 HV 工法、注浆盾构工法成功。总之这一时期的特点是开发了多种新型盾构工法，以泥水式、土压式盾构工法为主。

1990 年之后，盾构工法的技术进步极为显著。归纳起来有以下几个特点：

(1) 盾构隧道长距离化、大直径化

首先是英法两国共同建造的英吉利海峡隧道（长 48km）采用 $\phi 8.8m$ 的土压盾构工法于 1993 年竣工；日本东京湾隧道（长 15.1km）采用泥水盾构（$\phi 14.14m$）于 1996 年竣工；丹麦斯多贝尔特海峡隧道（长 7.9km）采用 $\phi 8.5m$ 土压盾构工法于 1996 年竣工；德国易北河第 4 条隧道采用复合盾构（$\phi 14.2m$）于 2003 年竣工；荷兰格雷恩哈特隧道（$\phi 14.87m$、泥水式）2004 年竣工；第 2 条英吉利海峡隧道（$\phi 15m$、土压盾构）于 2003 年动工，2008 年竣工。

(2) 盾构多样化

从断面形状方面讲出现了矩形，马蹄形、椭圆形、多圆搭接形（双圆搭接、3 圆搭接）等多种异圆断面盾构；从功能上讲出现了球体盾构、母子盾构、扩径盾构、变径盾构、分岔盾构、途中更换刀具（无需竖井）盾构、障碍物直接切除盾构等特种盾构；从盾构机的掘削方式上看出现了摇动、摆动掘削方式的盾构，打破了以往传统的旋转掘削方式。

(3) 施工自动化

施工设备出现了管片供给、运送、组装自动化装置；盾构机掘进中的方向、姿态自动控制系统；施工信息化、自动化的管理系统及施工故障自诊断系统。

技术现状：

（1）当前是泥水盾构、土压盾构技术的普及和推广时期，但有些技术细节有待完善及改进。如舱内注入泥水、泥土成分配比，注入压力；出泥、出土的速度等参数的优化选取。排出泥水的分离处理；排出废泥的处理及再利用。

（2）多种特种盾构工法的相继问世，大大地扩展了盾构工法的应用范围，使盾构工法的前景更加宽广美好。但由于这些特种工法问世的时间不长，存在的施工实例不够多，细节仍有待改进。

（3）近年交通工程、下水道工程、共同沟工程存在大直径盾构隧道的构建需求，所以大直径、长距离、高速施工等施工措施、施工设备的研发和成功应用也较为迫切。

发展动向：总起来说，盾构工法今后的开发动向有以下几点：

（1）完善近年推出的新工法、新工艺的技术细节，使之提高成熟。

（2）加速盾构工法的自动化进程。

（3）为适应大深度、高地下水压、大口径化、长距离化、施工自动化、施工高速化、断面多样化等社会需求，开发崭新概念的工法、工艺、材料、管理系统。

1.1.2　国内发展概况

20 世纪 50 年代初，东北阜新煤矿用直径 2.6m 的手掘式盾构及小混凝土预制块修建疏水巷道，这是我国首条用盾构掘进机施工的隧道。1957 年，北京市下水道工程采用直径 2.0m 和 2.6m 的盾构进行施工。

60~80 年代，上海盾构隧道率先发展且成绩显著。1963 年，上海隧道股份结合上海软土地层对盾构掘进机、预制钢混凝土衬砌、隧道掘进施工参数、隧道接缝防水进行了系统的试验研究，研制了 1 台直径 4.2m 的手掘式盾构进行浅埋和深埋隧道掘进试验，隧道掘进长度 68m；1965 年，由上海隧道工程设计院设计、江南造船厂制造的 2 台直径 5.8m 的网格挤压型盾构掘进机，掘进了 2 条地铁区间隧道，掘进总长度 1200m；1966 年，上海打浦路越江公路隧道工程主隧道采用由上海隧道工程设计院设计、江南造船厂制造的我国第一台直径 10.2m 超大型网格挤压盾构掘进机施工，辅以气压稳定开挖面，在黄浦江底顺利掘进隧道，掘进总长 1322m；70 年代，采用 1 台直径 3.6m 和 2 台 4.3m 的网格挤压型盾构，在上海金山石化总厂建设 1 条污水排放隧道和 2 条引水隧道，掘进了 3926m 海底隧道，并首创了垂直顶升法建筑取排水口的新技术；1980 年，上海市进行了地铁 1 号线试验段施工，研制了一台直径 6.41m 的刀盘式盾构掘进机，后改为网格挤压型盾构掘进机，在淤泥质黏土地层中掘进隧道 1230m；1985 年，上海延安东路越江隧道工程 1476m 圆形主隧道采用上海隧道股份设计、江南造船厂制造的直径 11.3m 网格型水力机械出土盾构掘进机；1985 年，上海芙蓉江路排水隧道工程引进一台日本川崎重工制造的直径 4.33m 小刀盘土压盾构，掘进 1500m，该盾构具有机械化切削和螺旋机出土功能，施工效率高，对地面影响小；1987 年上海隧道股份研制成功了我国第一台 ϕ4.35m 加泥式土压平衡盾构掘进机，用于市南站过江电缆隧道工程，穿越黄浦江底粉砂层、掘进长度 583m，技术成果达到 80 年代国际先进水平，并获得 1990 年国家科技进步一等奖。

90 年代之后，盾构隧道技术在国内进入飞速发展的阶段。1990 年，上海地铁 1 号线工程全线开工，18km 区间隧道采用 7 台由法国 FCB 公司、上海隧道股份、上海隧道工程设计院、上海船厂联合制造的 $\phi6.34m$ 土压平衡盾构掘进机。每台盾构月掘进 200m 以上，地表沉降控制在 $+1\sim-3cm$；1996 年，上海地铁 2 号线再次使用原 7 台土压盾构，并又从法国 FMT 公司引进 2 台土压平衡盾构，掘进 24km 区间隧道，上海地铁 2 号线的 10 号盾构为上海隧道股份自行设计制造；1996 年，上海延安东路隧道南线工程 1300m 圆形主隧道采用从日本引进的 $\phi11.22m$ 泥水加压平衡盾构掘进机施工；1996 年，广州地铁 1 号线 8.8km 区间隧道由日本青木建设施工，采用 2 台 $\phi6.14m$ 泥水加压平衡盾构和 1 台 $\phi6.14m$ 土压平衡盾构；1999 年 5 月，上海隧道股份研制成功国内第 1 台 3.8m×3.8m 矩形组合刀盘式土压平衡顶管机，在浦东陆家嘴地铁车站掘进 120m，建成 2 条过街人行地道。

进入 21 世纪，盾构法隧道已经成为我国城市地铁隧道的主要施工方法，且在此期间攻克了很多技术性难题。2003 年，上海地铁 8 号线首次采用双圆隧道新技术，从日本引进 2 台 $\phi6520\times W11120$ 双圆形土压盾构，掘进黄兴路站——开鲁路站 2.6km 区间隧道；2004 年，上海上中路越江隧道工程引进世界最大直径的 $\phi14.87m$ 泥水加压盾构，如图 1-1 所示，在黄浦江掘进施工 2 条隧道，隧道结构为双层 4 车道；2008 年，武汉长江隧道贯通，武汉长江隧道长 3.3km，直径 11.38m；2009 年，上海长江隧道贯通，隧道自开工起就因其"长、大、深"的特点吸引着业界同行的目光：长——盾构一次性掘进距离长达 7.5km，世界上绝无仅有；大——两台超大盾构直径达 15.43m，堪称世界之最，如图 1-2 所示；深——江底高水压施工，最深处覆土达 55m；2010 年，南京长江隧道贯通，南京长江隧道直径 $\phi14.5m$，如图 1-3 所示，当时列全球盾构隧道第二，该隧道当年作为地质条件最复杂、技术难题最多和施工风险最大的工程，被称为"万里长江第一隧"；2014 年，扬州瘦西湖隧道贯通，其盾构段全长 1.2km，直径 14.5m，如图 1-4 所示，采用盾构的工艺，采用单管双层方案，上下层各布置两条车道；2015 年，南京扬子江隧道顺利实现全线贯通，隧道直径为 $\phi14.93m$，这是世界上同类隧道中规模最大、长度最长、地质最复杂、水压最高的隧道。

图 1-1　上海上中路越江盾构隧道

图 1-2　上海长江盾构隧道

随着盾构设备质量的提高和成本的下降，盾构法已经成为目前穿越江海大型隧道及城市地铁隧道的主流施工方法，正朝着大断面、高水压、长距离、复杂地层和精细化施工方向发展。然而目前盾构隧道设计无规范可循，在设计和施工方面均面临许多亟待解决的关键问题。

图 1-3 南京长江隧道盾构施工

图 1-4 扬州瘦西湖盾构

1.2 盾构隧道设计理论概况

盾构工法主要是通过盾构及内部的土压力或者泥水压力与作业在开挖面上的土压力和水压力保持平衡的方法取得开挖面的稳定，同时使用坚固的盾构外壳支撑着隧道周边地层，在盾构内部进行开挖和衬砌的施工，通过重复这样的过程建造隧道的一种施工方法。盾构隧道设计主要包括管片设计、盾构选型及其始发到达井的设计、盾构的构造及设计等。

1.2.1 盾构隧道管片选定及设计

盾构管片设计一般是通过容许应力设计法来进行的，主要依靠经验进行。极限状态设计法可以依据安全系数直接考虑荷载及材料的不均一性及不确定性，且已逐渐开始在盾构管片设计中应用。盾构隧道的衬砌通常由一次衬砌与二次衬砌组成，其中一次衬砌是由管片在接头处通过螺栓连接而成的，二次衬砌是在一次衬砌内侧现浇混凝土而成。对于管片的设计，要根据不同的地质条件，选择合适的管片类型、接头方式，还需要按隧道的横断面方向及纵断面方向分别来进行设计。管片作为一次衬砌必须具备极强的密封防水性能。目前中国对于二次衬砌的设计及应用并不广泛，但其在修正偏离中轴、防水、防腐蚀、防震，抗浮加重及补强加固等方面都有极大的作用。

1. 管片类型、接头方式的选择

盾构隧道的管片按材质及形状分类，主要有钢管片、球墨铸铁管片、钢筋混凝土（RC）管片和复合型管片等。管片种类的选定必须充分考虑对象隧道的用途及地基条件。这些种类的管片在工程中均已得到广泛应用，例如在武汉地铁越长江盾构隧道江中段联络通道中，钢管片可作为主隧道（柔性结构）与联络通道（刚性结构）的连接部位；球墨铸铁管片具有管壁薄、韧性好、强度高、耐腐蚀等优点，这种新型材料也将逐渐应用于盾构隧道建设中；南京长江隧道采用了钢筋混凝土平板型预制管片。

管片接头方式包括对接方法与紧固方法。管片对接方法主要有全面对接式、部分表面对接、键式、搭接式以及凹式等，紧固方法主要有直螺栓、弯曲螺栓、斜螺栓、贯通螺栓以及榫头连接等。

2. 管片结构设计

通常情况下，管片断面需要按相对于横断面方向的设计来决定。根据设计条件，在已确定荷载作用下，选择一种适当的计算方法，对管片截面进行内力计算及校核。管片截面内力计算是管片设计的核心内容，其主要的计算方法有惯用法、修正惯用法、多铰接环法以及梁弹簧模型方法等。

惯用计算法是将管环作为与管片有相同刚度的刚性均一的环，忽略管片接头的存在来评价管片的，而修正惯用法引入了抗弯刚度的有效率及弯矩的增减率 2 个参数，计算结果比惯用法更接近实际。多铰接环法是将管片作为铰接来进行评价。梁弹簧模型法是将管片主断面作为梁进行模型化处理，将管片接头作为回转弹簧进行模型化处理，将环接头作为抗剪弹簧进行模型化处理的方法。

3. 管片防水设计

根据防水材料的不同，管片防水方法可分为防水板（膜），混凝土防水和橡胶等密封材料防水。防水板（膜）一般用于复合衬砌防水，防水层设于一次支护与二次模筑衬砌之间。管片自身防水性能主要是依靠高抗渗等级（＞P8）的防水混凝土来实现的。橡胶防水是盾构隧道的主要防水措施之一，可分为三元乙丙弹性橡胶密封垫、遇水膨胀橡胶止水条以及两者复合型止水条，主要通过胶条间的挤压来达到防水效果。

1.2.2　盾构的构造、设计与选型

1. 盾构主体设计

盾构主体设计主要包括盾构外径、长度的设定以及盾尾密封。盾构的外径是由管片外径加上壁后注浆间隙与盾尾钢壳的厚度来决定的。决定壁后注浆间隙大小的要素主要有盾尾的变形量、土水压力下管片的变形量、管片的倾斜、管片外径的容许误差等。盾尾钢壳的厚度，可以按照所产生的土水压力进行设计。盾构的长度是左右盾构推进时灵敏性的重要因素，长径比是评价盾构长度的主要指数之一。盾尾密封应具有耐压性、耐久性、对拼装的管片之间产生错缝的追踪性，以及破损更换时的易操作性。为此开发出了以金属刷为材料的密封技术，现已广泛应用在盾构中，同时也有许多其他材料的盾尾刷不断出现在工程当中。

2. 盾构刀盘刀具的设计

刀盘的设计必须要根据结构强度、耐久性、机能性和土质条件等因素来确定。刀盘按正面形状分主要有面板式和辐条式两种，其对应的地层条件，适用的盾构机种也不同。刀具由钻柄及刀刃所组成，主要种类有滚刀、切刀、先行刀、周边刮刀、仿形刀等。刀具和刀盘构成了盾构的掘进机构。同一时间刀盘刀具磨损程度应尽量相近，为了能够高效、快速地进行掘进，需要对刀盘刀具的布置进行一定的试验和理论分析。

3. 盾构其他部分的构造与设计

盾构还需要对推进机构、铰接机构、管片拼装装置（举重臂）、后配套台车、附属装置、以及特殊装置进行设计。盾构是一种隧道掘进的专用工程机械，现代盾构集机、电、

液、传感、信息技术于一体，这就要求盾构各部分构造之间必须要相互协调运作，这也是盾构安全掘进的必要条件之一。

4. 盾构选型

盾构选型是盾构法隧道能否安全、环保、优质、经济、快速建成的关键工作之一，所选的盾构形式应尽量减少辅助施工法确保开挖面和适应地层条件。

供盾构掘进要选择使用的土壤粒度分布曲线

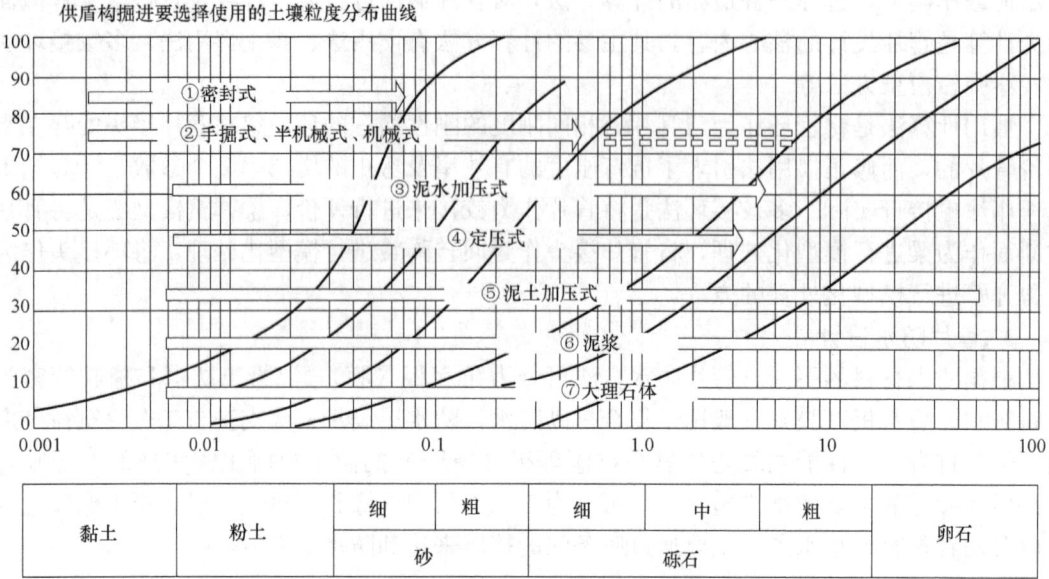

图 1-5 不同地质条件下的盾构选型

盾构选型主要是根据地层渗透系数、颗粒级配等因素决定的，如图 1-5 所示。通常，当地层的渗透系数小于 10^{-7} m·s^{-1} 时，可以选用土压平衡盾构；当地层的渗透系数在 $10^{-7} \sim 10^{-4}$ m·s^{-1} 之间时，既可以选用土压平衡盾构也可以选用泥水式盾构；当地层的透水系数大于 10^{-4} m·s^{-1} 时，宜选用泥水盾构。根据地层的颗粒级配进行选型时，黏土、淤泥质土适用土压平衡盾构进行掘进，砾石粗砂适用泥水盾构进行掘进，粗砂、细砂可使用泥水盾构，经土质改良后也可使用土压平衡盾构。以地下水压进行判断依据时，当水压大于 0.3MPa 时，适宜采用泥水盾构。在实际工程中，盾构选型还需要综合考虑经济、安全等因素。

1.2.3 盾构掘进控制设计

1. 盾构掘进参数控制

盾构掘进参数的控制对保证掘进的效率和掘进过程的稳定有很重要的作用。其中掘进参数与地质条件往往具有一定的对应关系，可以利用掘进参数的变化规律和趋势对盾构隧道状况做出正确判断。

2. 盾构掘进姿态控制

盾构的姿态控制是盾构掘进中的一个重要环节。盾构姿态控制的基本原则是以隧道设计轴线为目标，偏差控制在设计范围内，同时在掘进过程中进行盾构姿态调整确保不破坏管片。

1.3　盾构法隧道结构形式

隧道施工中合理选择衬砌结构形式是提高施工质量、缩短工期以及降低事故综合成本的主要措施之一。目前，国内外盾构隧道衬砌结构形式有管片衬砌、现浇混凝土衬砌、挤压混凝土衬砌以及复合衬砌等。在国外，欧美等国家因所处的地层相对稳定，盾构隧道以单层管片衬砌为主，对复合衬砌的应用不多[1]。而日本的地层复杂，是一个地震多发的国家，在盾构隧道中对复合衬砌、管片衬砌以及挤压混凝土衬砌等都有采用。国内目前以管片衬砌为主。

1.3.1　管片衬砌

盾构隧道施工中，管片衬砌是最为常用的衬砌结构形式，管片由铸铁管片、钢管片、复合管片、钢筋混凝土管片以及钢纤维混凝土管片等。国内外盾构管片施工广泛应用钢筋混凝土管片，其具有以下优点：

（1）钢筋混凝土管片的生产与安装已发展到了较高水平[2]；

（2）管片衬砌施工工艺简单，施工速度快。随着盾构的推进，管片运至盾尾后由人工操作管片拼装机拼装成环；

（3）根据施工实践，施工管片接缝的张开量、混凝土的开裂和防水性能均可控制在预期要求内[3]。

管片衬砌也存在以下不足：

（1）在施工阶段，管片预制必须要修建投资巨大的预制场以及配套设备，使施工成本增加；管片在吊运及拼装过程汇总易出现裂纹、缺角及掉边的问题，会影响衬砌的完整性及防水性能；

（2）在运营阶段，管片衬砌隧道一旦因列车碰撞或火灾等意外情况导致衬砌结构损毁，特别是对高水压条件下的受损衬砌，不仅大大降低了结构的承载力和安全性，而且更换、修复非常困难，某些情况下甚至无法修复[4]。

修建于 2007～2012 年的北京地铁 9 号线 6 标军—东区间采用管片衬砌形式，其施工成功破解了富水大粒径漂石地层盾构施工的世界难题，其中军-东区间盾构穿越的是北京乃至世界盾构施工史上罕见的复杂地层。

1.3.2　复合衬砌

目前，国内外应用盾构隧道施工的复合衬砌结构形式有三种，分别是：初次衬砌为管片且二次衬砌为现浇混凝土；初次衬砌为挤压混凝土且二次衬砌为管片；初次衬砌为挤压混凝土且二次衬砌为现浇混凝土，也称为盾构隧道现浇混凝土复合衬砌系统。复合衬砌结构具有以下优点：

（1）可简化对外层衬砌结构的要求，合理减少外层衬砌的厚度；

（2）二次衬砌可起到防腐、防水、防火、隧道内表面光滑以及衬砌补强等作用，能有效降低隧道在运营期间的维修成本。

其不足之处在于：

（1）需加大隧道的开挖断面，将直接导致盾构机等设备尺寸的增大以及出渣量的增多；

（2）增加二次衬砌会导致施工成本增加，工期延长。

1.4 盾构隧道衬砌结构体系

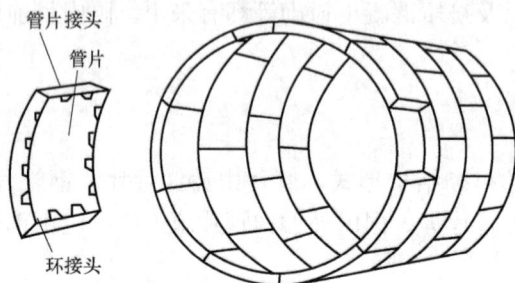

图 1-6 盾构隧道衬砌结构示意图

盾构隧道衬砌结构采用装配式拼装，与一般工法的隧道结构形式有很大不同。同时，考虑到盾构施工法对结构的影响，隧道衬砌结构的构造需与之相配比。盾构隧道的衬砌通常如图 1-6 所示。一般情况下，衬砌是将管片预制构件在接头处通过螺栓连接而成。具体来看，盾构隧道衬砌结构体系主要分为以下几方面：管片、接头、衬砌环分块方式和拼装方式、结构防水和壁后注浆层。

1.4.1 管片

管片是盾构隧道衬砌结构体系的受力主体，除了支撑衬砌结构周围的水、土压力外，还需承受盾构推进时千斤顶推力与施工期间其他特殊荷载，并防止外界泥、水等物质的渗入，以满足预期使用要求。

管片从材料上分为钢、铸铁、钢筋混凝土以及钢壳与钢筋混凝土复合结构等。钢管片结构重量小、承载能力高，但其刚度小、耐腐蚀性差；铸铁管片耐腐蚀性较好，机械加工后精度较高，但因其金属消耗量较大，材料易呈脆性破坏等缺点，近年极少采用[8]。目前国内外普遍采用钢筋混凝土结构，因其经济性和耐腐蚀性相对较好。

(a)

(b)

图 1-7 混凝土盾构管片

1. 管片结构形式

管片从形式上分主要有箱型和平板型结构两种,如图1-8所示,箱型管片是指带肋板型结构的管片,在日本习惯上将由钢和铸铁制造的薄壁肋板型管片称为箱型管片。由混凝土制作的厚肋箱型管片也称为中心型管片[8]。

箱型管片主要用于大直径隧道,手孔较大利于螺栓的穿入和拧紧,同时节省了大量的混凝土材料,减轻了结构自重,但在千斤顶的作用下容易开裂。国内应用很少,在上海穿越黄浦江的两条公路隧道—打浦路隧道和延安东路隧道中都采用了直径约11m的箱型管片。平板型管片是指具有实心矩形截面的板状管片,一般由混凝土制作。有时会有管片表面用钢板覆包或用钢材代替钢筋的做法,在日本习惯称为复合型管片。

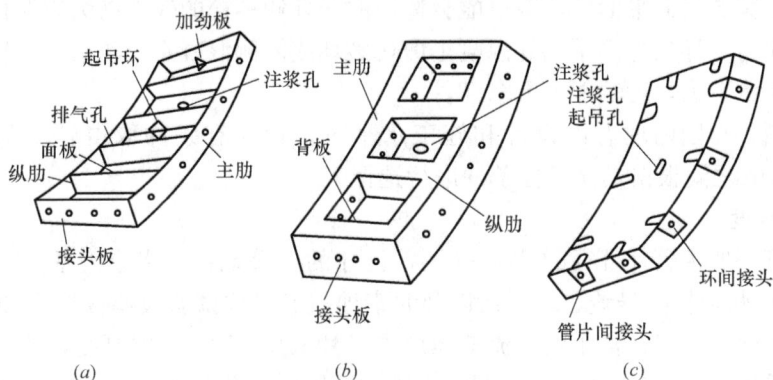

图1-8 管片结构形式图

(a) 箱型管片;(b) 中心型管片;(c) 平板型管片

对于中小直径的盾构隧道,国内外普遍采用平板型管片,因其手孔小,对管片截面削弱相对较少,对千斤顶推力有较大的抵抗能力,正常运营时对隧道通风阻力也较小。各种管片相应具有不同的断面形式,如图1-9所示。

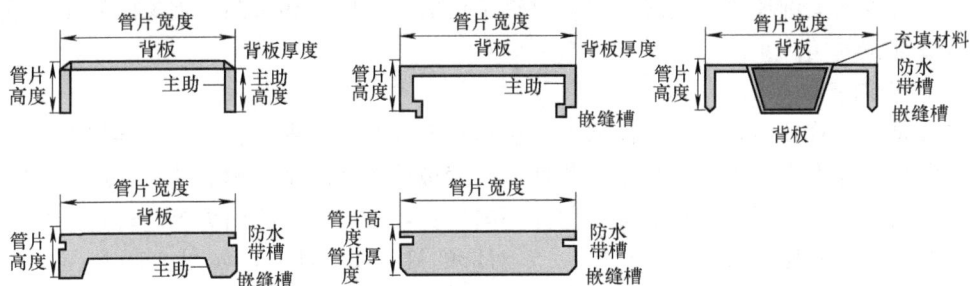

图1-9 管片不同断面示意图

2. 管片内径

隧道内径的确定主要取决于地下结构的建筑界限,同时还要考虑施工误差、线路拟合误差以及不均匀沉降等诸多因素。国内地铁区间隧道的建筑限界一般为 $\phi5200mm$ 的圆形,按国内已建盾构区间隧道的情况,隧道内径有两种方案:$\phi5400mm$ 和 $\phi5500mm$。其中 $\phi5400mm$ 内径主要用于地基承载力较高的地区,如广州、深圳、北京;$\phi5500mm$ 内径主要用于地基承载力较小的地区,如南京、上海。工程实践表明,这种差异是合理的。但国内地铁盾构区间在建成后不管是软土还是岩石地层，皆有侵限情况发生。分析其具体原因，主要由于施工中盾构姿态或线路控制不当导致的。

3. 管片宽度

国内地铁区间隧道的管片宽度经历了一个发展过程：从上海地铁 1 号线 1m 宽度逐步加宽到广州地铁二号线的 1.5m 宽，其中广州地铁一号线、南京地铁一号线、深圳地铁和北京地铁五号线又采用了 1.2m 的宽度。从国内外已建中等直径隧道管片宽度来看，在整体机械系统配备合理协调的情况下，随着设计、施工经验的成熟，管片宽度有逐渐增大的趋势，而且从结构防水、加快施工进度考虑，管片加宽是有利的；从经济性出发，管片加宽可节约综合造价。但管片加宽至 1.5m，盾构在小半径曲线施工以及纠偏过程中，若施工控制不当，其产生的平面内弯矩可能会造成曲线外侧螺栓的较大剪力以及内侧混凝土局部过大的压应力，导致外侧手孔处混凝土剪切破坏或内侧混凝土受压破坏。同时运输系统由于一次出渣量较大，运输能力要求高。

总体来说，在国内现有的设计和施工水平下，管片有条件取得较大的宽度，可在 1200～1500mm 之间根据具体工程条件进行选择。

4. 管片厚度

管片厚度一般为管片外径的 5%～6%，已建的上海地铁、南京地铁一号线管片厚度为 350mm，广州地铁一号线、二号线以及北京地铁五号线试验段厚度皆为 300mm。按照国内的设计经验，一般在富水的软流塑地层中管片采用 350mm 的厚度，在地基承载力较高的地层中采用 300mm 的厚度。按照国内地铁区间的埋深和地质情况，软土地层中管片的厚度并不取决于管片的结构受力，管片的厚度有减薄的可能性。

1.4.2 接头连接方式与构造

管片接头既影响着管片间的内力传递分布又起到承担自身力学和防水的作用，因此，无论从整体衬砌结构受力安全还是接触面局部承载和防水使用安全看，对接头的分析研究都是必不可少的关键环节。实践证明，衬砌结构的受力破坏和渗漏水现象的发生，往往首先从接缝部位开始。

1. 接头构造

接头是连接管片与管片的结构部位，包括接缝、螺栓及螺栓孔等，其连接方式与构造形式将影响管片内力的传递与分布。此外，接缝被认为是防水的薄弱环节，因此它的另一个任务是防水。连接环内管片的接头称为环向接头，对应的接缝面为纵缝；连接环与环管片的接头称为纵向接头（又称环间接头），对应的接缝面为环缝，如图 1-10 所示。在力学上，为保持结构的稳定性，接头需能传递和承受一定的弯矩、轴力和剪力。

总体来说，接头的构造一般由以下几部分组成：连接件、纵缝接触面榫槽、接缝缓冲垫、弹性密封垫以及嵌缝等。

（1）连接件

连接件是将管片连接起来形成整体的部件，它协助接头承受一定的弯矩和剪力，具有拉压能力。连接件一般采用螺栓或销钉。螺栓连接方法有直螺栓、弯螺栓和斜螺栓等。管片制造时要求具有较高的预制精度，施工拼装时需要一定的定位精度。因此施工速度较慢，造价也高。它的力学性能较好，能够适应复杂软弱地层；销钉连接头采用销钉作为加

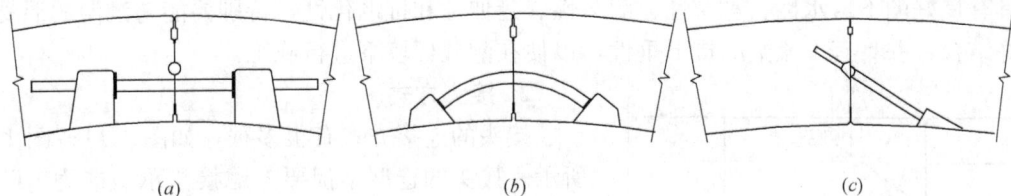

图 1-10 螺栓接头
(*a*) 直螺栓接头；(*b*) 弯螺栓接头；(*c*) 斜螺栓接头

强连接件，包括环向设置、沿径向插入和沿纵向套合式等型式，所用连接件可以随时制作预埋，也可以拼装时安装。在结构上起加强构建的联结，有防水接头两边错动的作用，可有效承担接头处的剪力，而且采用销钉连接的管片本身形状简单，各截面强度一致。

同螺栓连接相比，用销钉连接省时又省力，且无需预紧力，是一种用较少材料、较简单的工序达到相当好的连接效果的型式，但从受力方面，抵抗弯矩的能力明显不如螺栓接头，且不利于抗震。因此，国内管片连接件一般采用螺栓，而且作为永久性承载部件。

（2）榫槽

榫槽设置的目的是增加管片的连接刚度，并有利于控制管片拼装的精度。增加榫槽设计从理论上分析应该说是有利的，但对管片拼装速度、错缝拼装情况下管片开裂的控制相对而言是不利的。通常，按照国内设计经验，在富水软流塑地层中通常要设置榫槽。管片若采用通缝拼装，管片环、纵缝接触面皆设置榫槽，如上海地铁盾构区间基本采用此种做法；但管片若采用错缝拼装，管片只在纵缝接触面设置榫槽，如上海黄浦江观光隧道和南京地铁区间盾构隧道均采用此种做法。

（3）缓冲垫

在国内的管片设计中，为控制管片开裂，环纵缝一般皆设置缓冲衬垫。在《地下隧道设计规范》中有明确要求：环缝应设置缓冲衬垫；纵缝宜设置缓冲衬垫。从结构受力和施工工艺考虑，管片环缝的衬砌是必须的。但纵缝的缓冲衬砌结合现在的施工工艺水平是可以考虑取消的，根据欧洲的设计施工经验，在纵缝接触面采取一定的抗边角开裂措施情况下可不设置衬砌，这对节约造价和减少施工环节都是有利的。国内在北京地铁五号线试验段的设计施工中已经进行了这方面尝试，施工情况良好。因此随着施工技术的提高，管片纵缝接触面的缓冲衬垫会逐步取消。

（4）弹性密封垫

弹性密封垫是加设在接缝处防止外部渗进的一道防线。它通常加工成框形和环形，套裹在环片预留的凹槽内，形成线防水。弹性密封垫主要利用材料的挤密效果达到防水目的，按材料分为非膨胀和遇水膨胀性两种，或者将两者结合起来使用，遇水膨胀材料渐成趋势。材料的选用和设计应能承受千斤顶压力、注浆压力以及具有足够的黏结力、耐久性、稳定性和抗腐蚀老化能力。

（5）嵌缝

嵌缝是在管片环缝、纵缝内侧设置的嵌缝槽，需使用止水材料在槽内嵌填密实来达到防水目的，通常作为接缝弹性密封垫防水为主的补充措施。其作业在环片拼装完成后过一段时间进行，亦即在盾构推进力对它无影响且衬砌变形相对稳定时进行。嵌缝材料通过要求具有良好的不透水性、黏结性、耐久性、延伸性和抗老化性，特别要能与潮湿的混凝土良好结合，并具有不流坠的抗下垂性，以便在潮湿环境下进行施工。

2. 接头方式

接头的连接方式有很多种，如图 1-11～图 1-13 所示。接头的选型不但要考虑接头承载能力、防水能力、与整环匹配性、经济性和易施工性等方面，还要使管片接头和环间接头面对接方法相协调。

1.4.3　衬砌环分块方式和拼装方式

将管片通过管片接头和环间接头拼装成一个整体就形成了管片衬砌环。从环向看，衬砌环的管片间需讨论如何分块、组合；从纵向看衬砌环间需讨论如何拼装，如图 1-14 所示。

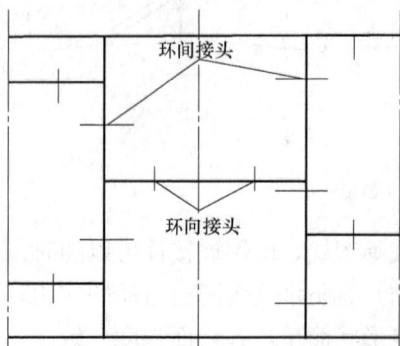

图 1-11　接头布置示意图

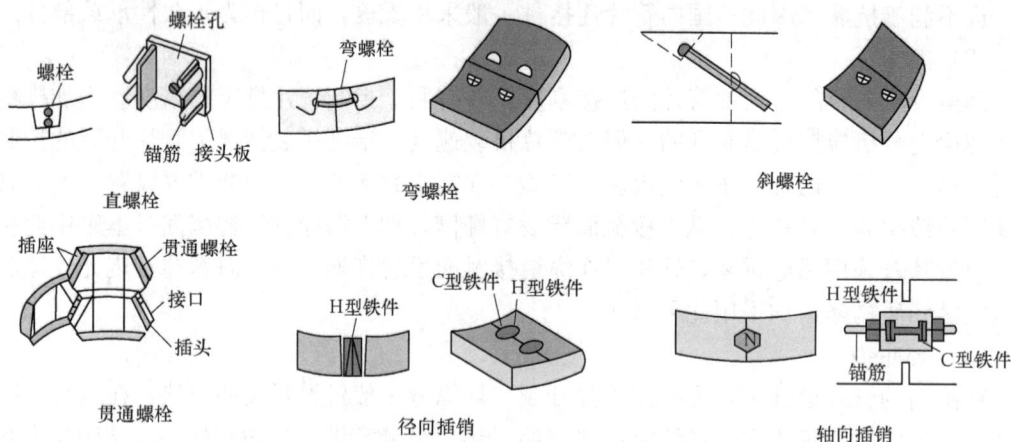

图 1-12　接头主要紧固方法

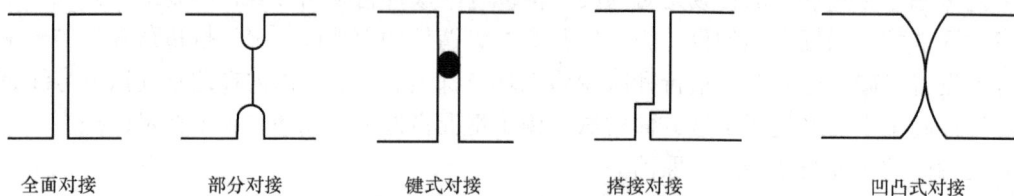

图 1-13　接头面主要对接方法

1. 管片衬砌环分块方式

盾构隧道施工是通过不同类型的衬砌圆环相互组合来拟合设计曲线的。通常情况下，一次衬砌环如图 1-15 所示，由标准块（A）、临接块（B）和封顶块（K）组成，其中 K 式管片因其拼装方法不同又可分为由隧道内侧半径方向插入的半径方向插入型、由隧道轴向插入的轴向插入型以及两者

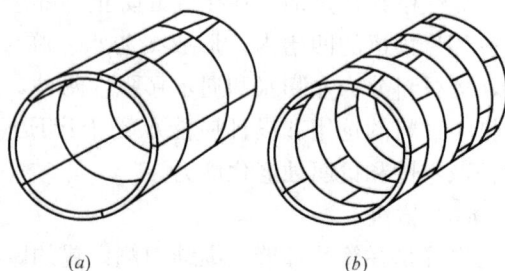

(a)　　　　　　　(b)

图 1-14　管片衬砌环示意图

(a) 通缝；(b) 错缝

并用型。较大的管片分块具有降低制造成本优势，但单块管片尺寸和重量将增大，给管片搬运拼装等施工带来诸多问题。因此，管片分块数量必须充分研究后综合决定。

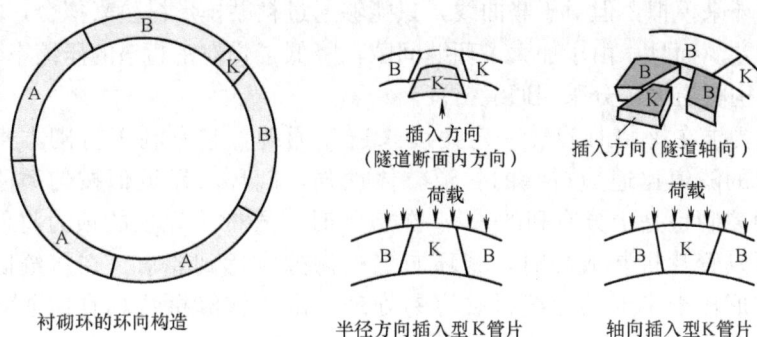

图 1-15　一次衬砌环环向构造示意图

2. 衬砌环组合形式

目前，在我国的盾构法隧道施工中采用的管片衬砌形式主要有以下两种。

（1）普通衬砌环

我国地铁工程中经常采用的衬砌形式为普通管片环[9]。普通衬砌环盾构隧道实际上是通过不同类型的衬砌圆环相互组合来拟合设计曲线的。普通衬砌环的组合形式有两种：①标准环+左转弯环+右转弯环；②左转弯环+右转弯环。盾构隧道施工时，直线段采用等宽的标准环；在平曲线段和竖曲线段则采用转弯环（有一定锥度的楔形环）。为了满足圆曲线、缓和曲线以及施工纠偏的需要，转弯环是必须的。这样，采用普通衬砌环的隧道就需要设计和加工直线、左转、右转以及特殊形式的圆环。同时，由于转弯环的拼装点位是较为固定的，从而不利于在隧道施工中对隧道轴线的精确控制。

（2）通用管片

所谓"通用"是指在整条隧道施工中只使用一种具有一定楔形量的衬砌圆环，通过楔形圆环的有序旋转和组合，使得在同一条隧道内仅采用这一种管片形式就能适合于直线、左转曲线、右转曲线、空间曲线、进洞区、出洞区等各种工况条件，从而拟合出设计所需的线路[10]。因此，理论上，只需要一套钢模，即可实现隧道的任何形式的设计曲线，使每套钢模的使用率最大化，降低工程造价。

作为一种较普遍的适用性广的隧道衬砌形式，通用管片越来越多地运用到盾构法隧道中，其中，深圳地铁一期工程的第七标段（盾构区间隧道）是我国首次采用通用管片环[11]。近年来，在宁波、武汉、长沙等城市的盾构隧道中部分或全部采用了通用环管片衬砌形式，但是由于通用管片拼装点位较多，系统相对复杂，不恰当的点位选取不仅无法满足管片对设计轴线的拟合，而且会导致盾构跑偏、管片破碎等不良后果[10-14]。另外，在盾构施工过程中，盾构不可能完成拟合设计轴线，需要给出恰当的纠偏曲线并选取合适的点位进行纠偏。

3. 管片拼装方式

常见的管片拼装方式主要有两种：通缝拼装和错缝拼装。

通缝拼装要求管片的纵缝要环环对齐，具有拼装较为方便、易定位、衬砌环施工应力小的优点，但同时又有环面不平整的误差容易累积、衬砌结构整体性刚度较差等缺点。另外，管片拼装若采用通缝形式，其对平、竖曲线的模拟只能够采用平面排版，对于平曲线可以通过转弯环来模拟，但对于竖曲线，只能够通过粘贴楔形衬垫来拟合，粘贴工作费时费力，可控性差。而且，由于加大了环缝间隙，降低了弹性密封垫的压缩率，也不利于防水。上海的盾构隧道大部分采用通缝拼装。

错缝拼装要求在拼装时旋转一定角度来避免通缝，它有利于衬砌本身传递圆环内力。错缝拼装的隧道比通缝拼装的隧道整体性强，圆环可以近似按匀质刚度考虑，这对盾构轴线的控制也是十分有利的[15]。在施工时，盾构千斤顶的顶力将使圆环的形状发生改变，所以管片拼装成环时，其环向螺栓初拧应达到要求。在接缝防水上，环纵缝相交呈丁字形比十字形的通缝拼装容易处理。由于错缝拼装具有比通缝拼装更多的优点，因此，广州地铁、深圳地铁、北京地铁五号线试验段以及南京地铁一号线皆采用错缝拼装。

对于同样的管片衬砌结构，在不同的拼装方式下，其内力和变形值也大不相同。通缝拼装的内力小、变形大；相对而言错缝拼装的内力较大、变形较小。这主要是由于错缝拼装时，环与环之间的管片相互咬合，增加了管片衬砌结构的整体刚度，从而减小了变形，产生的附加内力增大了内力值。

管片的拼装方式相同但拼装角度不同时，其内力和变形也是不相同的。通常最大弯矩是在拱顶或拱底处，而随着封顶块的位置改变使得处在这两个位置的管片块也不同。因此，可通过选用不同的拼装方式调节内力和变形值来满足设计要求。

1.4.4 结构防水

盾构隧道防水主要包括以下几方面：管片体防水、壁后注浆层防水、接缝密封垫和欠缝槽防水、螺栓孔和注浆孔防水和二次衬砌防水等，如图 1-16 所示。管片体和接缝防水是主体，壁后注浆和二次衬砌是辅助手段。

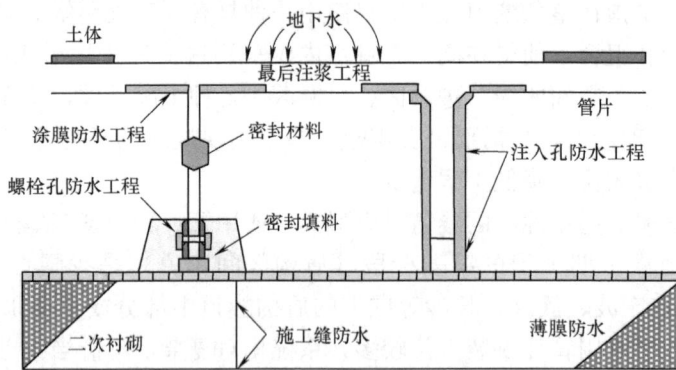

图 1-16　盾构隧道结构防水模式

接缝防水密封材料大致可分为黏着性、弹性回弹力和遇水膨胀性三类。从已有工程实例来看，使用黏着性为主的材料漏水较为严重，而使用遇水膨胀密封材料的隧道漏水量会有大幅减少。近年来，采用遇水膨胀性密封材料或者复合型密封材料的工程实例大量增多，整体防水效果较好，但由于开发时间较短，其耐久性需进一步验证。

1.5　需解决的问题及研究思路

目前，我国的地铁隧道主要分布在沿海地区（如上海、天津、苏州、杭州等）以及一些内陆中心城市（如武汉、南京等），这些地区的地下广泛分布着很深的软黏土沉积层，具有土壤颗粒细、抗剪强度低、含水量高、天然孔隙比大、灵敏度高、高压缩性和流变性等显著的工程特点，而且土体经扰动后强度明显降低。在这些软土地层中进行盾构法施工，一个很突出的特点就是地层适应性问题。由于受地质条件和施工工艺的限制，在高流变性地层中盾构隧道轴线控制较难，高流变性软土易受盾构掘进扰动，土体结构易破坏、强度易丧失，导致掘进过程中盾构施工轴线控制困难，且管片脱出盾尾后往往会出现上浮或下沉，进而引起成型管片轴线偏离设计轴线，如何从隧道管片排版及轴线纠偏、成型管片的上浮控制等多角度对施工期盾构隧道的轴线进行控制和治理成为一大技术难题。另外，随着地铁盾构隧道运营的时间增长，地铁盾构隧道由于与岩土、地下水等介质的接触而不断受到侵蚀，同时结构所用材料自身的性能也在不断退化，既有隧道尤其是软土盾构隧道渗漏水问题十分突出，因此，如何有效进行盾构隧道结构的运营及维护也成为需要攻克的技术难题之一。

宁波地铁是首个在饱和软土地区地铁建设中采用错缝拼装带凹凸榫槽的通用环管片的城市，针对盾构隧道存在的上述问题，本书以宁波地铁 1 号线、2 号线为背景，从盾构管片结构设计、盾构隧道施工关键技术、盾构隧道结构的运营及维护等方面进行研究和探讨。

针对管片结构的设计问题，本书在第 2 章进行如下研究：（1）对国内外地铁盾构隧道的结构体系以及我国盾构隧道衬砌设计及计算理论的演变、发展及特征进行整理研究；（2）对惯用法、修正惯用法、梁-弹簧模型和梁-接头模型以及弹性铰圆环模型等多种常用的计算理论进行系统分析，并详细介绍了衬砌设计中需要重点考虑的各种载荷，包括主要载荷、次要载荷以及特殊载荷等多种载荷；在此基础上，对管片截面内力的计算和管片纵缝张开验算的方法进行说明；（3）参照上海地铁以及宁波地铁的管片结构，通过模型试验对管片纵缝、管片环缝以及衬砌结构及通用环管片结构的受力性能进行试验分析；（4）以宁波地铁隧道为例，对通用环管片进行专项的研究及优化设计。

针对管片排版、纠偏、上浮控制及其他精细化施工中存在的问题，本书在第 3 章进行如下研究：（1）系统介绍了通用环管片拼装质量的影响因素、排版原理、计算模型、排版软件及施工技术，并对通用环管片自动选环系统适用性进行研究；（2）分析了管片成型轴线偏离设计轴线的原因，根据隧道轴线偏移量不同将盾构隧道纠偏进行分级，并针对不同的纠偏等级提出对应的措施进行盾构轴线纠偏，同时提出了考虑盾尾间隙的盾构纠偏掘进方法；（3）围绕管片上浮的原因，从注浆质量、盾构姿态控制、管片选型等方面分析管片上浮的控制措施；（4）系统介绍了通用管片的精细化施工管理模式，将宁波地铁工程的"三图四表"制度引进盾构的施工管理，并根据通用管片排版与纠偏的关键因素进行严格控制。

针对盾构隧道结构的运营及维护存在的问题，本书在第 4 章进行如下研究：（1）对影响盾构隧道混凝土管片耐久性的破坏因素进行分析，提出了盾构隧道管片的承载能力退化模型，确定其是由水平段和下降段组成，分别给出承载能力退化模型水平段和下降段耐久性寿命的计算方法，并在此基础上给出提高管片耐久性措施的建议；（2）总结盾构隧道结构的安全评价指标，提出结构鲁棒性的概念及意义；针对周边环境扰动下盾构隧道的破坏机制及其特点，通过通缝和错缝拼装盾构隧道极限承载力的足尺对比试验，掌握不同拼装方式的管片结构在卸载工况下的结构行为和极限承载力；通过内张钢圈加固足尺试验，分析加固后盾构隧道结构的极限承载能力；（3）对隧道纵向变形特点及机理进行分析，以宁波地铁为背景，分析了通用环管片结构纵向受力机制，提出了运营期不均匀沉降治理技术——微扰动注浆技术。

本书在第 5 章对通用环管片结构在宁波地铁的应用进行了系统介绍，分别从通用管片的设计、管片的排版与纠偏、注浆抬升控制等方面为后续类似工程条件下的盾构隧道施工提供一定的参考。

参考文献

[1] 陈馈，康宝生. 国内外盾构法隧道施工实例 [M]. 洛阳：中铁隧道集团有限公司，2006.

[2] 王梦恕. 中国隧道及地下工程修建技术 [M]. 北京：人民交通出版社，2010.

[3] 王瑞峰. 沈阳地铁盾构隧道设计浅谈 [J]. 北方交通，2011，1：53-56.

[4] 何川，封坤. 大型水下盾构隧道结构研究现状与展望 [J]. 西南交通大学学报，2011，46（1）：1-11.

[5] 顾国明，陆运. 隧道施工中的挤压混凝土衬砌法 [J]. 铁道建筑技术，2005，5：28-32.

[6] 王强华，楼如岳. 超大型矩形盾构 ECL 工法钢模板支撑系统 [J]. 现代隧道技术，2006，（S）：428-431.

[7] 王梦恕. 地下工程浅埋暗挖技术通论 [M]. 合肥：安徽教育出版社，2004.

[8] 何川，张建刚，苏宗贤. 大断面水下盾构隧道结构力学特性 [M]. 北京：科学出版社，2010.

[9] 宋瑞恒. 盾构隧道通用管片排版与动态纠偏管理软件开发 [D]. 上海：上海交通大学，2008.

[10] 潘国庆，孙长胜，徐长彪. 上海首条通用管片盾构法隧道新技术 [J]. 上海建设科技，2004，5：18-22.

[11] 刘建航，侯学渊. 盾构法隧道 [M]. 北京：中国铁道出版社，1991.

[12] 赵国旭，何川. 盾构隧道通用管片设计及应用 [J]. 铁道建筑技术，2003，2：5-8.

[13] 张良辉，张厚美. 盾构施工新技术在广州地铁中的应用 [J]. 岩土工程界，2004，41（12）：59-61.

[14] 朱世友. 国内地铁盾构区间隧道管片结构设计的现状与发展 [J]. 现代隧道技术，2002，6：23-28.

[15] 胡捆，吴惠明，李霞. 盾构法隧道施工管片错缝拼装的动态优化 [J] //上海市土木工程学会. 大直径隧道与城市轨道交通工程技术—2005 上海国际隧道工程研讨会文集. 上海：同济大学出版社，2005：513-518.

第 2 章　盾构管片结构设计

由于盾构法是在地下钢制壳体的保护下完成的所有施工工作，因此在施工过程中具有一个显著的特点[1]：拼装成环的管片直接成为隧道的最终衬砌。盾构衬砌管片作为主要的装配构件，承担着地下土压、水压以及一些特殊荷载，并且还需要具有抗震、抗裂、耐久等多项性能，因此盾构管片的质量好坏直接关系隧道的整体质量和安全；而且盾构法施工成本相对较高，其中管片制作费用就占盾构施工费的 45%，所以管片的设计好坏直接关系到工程安全、行车舒适以及工程造价和使用年限。

盾构隧道管片结构设计常用的计算方法有惯用法、修正惯用法、多铰环法或者梁-弹簧模型法，通过计算可得到断面的设计轴力、断面设计弯矩以及管片最大位移等多个参数。选择合适的计算方法，参考实际情况，可以得到相应的设计方案[2-3]。由于管片计算理论的不完善，结果常常是大范围的安全系数过大，相对薄弱的地方却没有得到加强，有必要对管片结构进行深入的受力分析，通过更多的模拟仿真试验，得到与管片设计相关的大量结构参数。盾构隧道管片设计过程中，由于其受力复杂，结构特殊，施工要求高，且施工环境复杂、艰巨，国内的施工体系存在不小的争议，国外对于盾构施工的具体规定也不统一。在多种限制因素的控制下，提升理论研究分析，寻求更加合理的解决方案，可以最大程度地提升盾构隧道管片整体技术。鉴于此，本章对国内外地铁盾构隧道的结构体系进行了统计分析，对管片结构的设计理论及荷载进行了详细说明，通过各种模型试验及实例对管片结构的受力性能进行了分析研究，并以宁波地铁为例对通用环管片进行了专项的研究与设计。

2.1　地铁盾构隧道结构体系

自从盾构法隧道问世以来，人们围绕盾构隧道衬砌管片结构设计等问题进行了不懈的探索[4-6]，逐渐形成了有其自己特点的计算理论和设计模型，但盾构隧道衬砌计算理论还不是很成熟，没有形成统一的标准。

1974 年，国际上成立了国际隧道协会（International Tunnelling Association，简称ITA），ITA 的隧道结构设计模型研究组于 1982 年在《关于隧道工程结构设计模型》中发表了各会员国所采用的地下结构设计模型。之后又将其补充成果作为隧道设计的指导方针在 1988 年召开的国际地下空间和岩土会议上以大纲形式提出。ITA 将现有主要应用的隧道结构设计模型大致分为以下四种[3]：

（1）连续体或不连续体模型

由于岩土介质的工程特性，在实际工程中岩土介质不仅是衬砌结构荷载的施加者，且在对衬砌结构产生主动荷载的同时还能和衬砌结构组成统一的共同受力变形的承载体系，将岩土介质假定为匀质的或异质的来进行模拟计算，将岩土介质模拟为具有各向同性或异性特性的介质，也可将其模拟为二维或三维的弹性介质进行考虑计算。

由于在连续体或不连续体模型中，考虑了衬砌结构和岩土介质的相互作用，故此种模型是最能反映工程实际的，也应该是最为合理的，但由于岩土工程的各项特性尚未完全为人们所掌握且岩土工程建设影响因素众多等原因，使计算过程极其复杂，直到现在连续体或不连续模型中只有很少部分问题取得解析解。而对于数值法求解，由于岩土本构关系相当复杂，故虽有限元计算法考虑的因素比较全面，但其计算结果的准确性取决于建模时各项岩土控制参数的正确性，没有准确岩土参数的输入而求得的计算结果也将无法用于工程实际，只能作为计算参考。

（2）作用-反作用模型

作用-反作用模型的设计原理是将作用在衬砌结构上的地层压力按地层分类法或者根据实用公式计算给出，地层被动反作用通过 Winkler 地基模量模拟计算。作用-反作用模型不但受力概念明确，安全系数评价方法清楚，而且在进行衬砌结构设计时还具有工作量小、方法简单等特点。

（3）收敛-约束模型

其主要思路是由隧道特征曲线求解支护抗力值，并以此进行衬砌结构设计。收敛-约束模型通过运用结构力学计算原理并基于测试方法，将隧道内径向位移和支护反力在同一坐标上绘制出来的曲线以表示衬砌结构受力和变形的支护限制曲线，而支护抗力值即为两者的交点。但由于其设计依赖于地层和衬砌的相应曲线，岩土工程的复杂性决定了要精确给出其设计前提条件是非常困难的，故此还有待于进一步的研究，该方法还只能停留在定性的描述阶段。

（4）工程类比法

隧道计算理论虽然在不断地发展且不断地趋于完善和成熟，但工程类比法仍在隧道设计中大量应用且仍是隧道设计中一类比较重要的方法。其主要思路是参考借鉴与拟建隧道地质水文条件相同或相近工程中的成功经验。但在隧道工程当中，工程的设计建设受各种主观或客观因素的影响，且各种主客观因素的影响规律也非常复杂，尚未被人们所完全掌握，常常使得理论结果与工程实际差距很大甚至完全不符，无法作为设计根据，即使是采用的计算理论比较严密，也往往需要采用经验类比来综合考虑，特别是运用成功的工程实例进行类比，工程类比法更具优点。

与 ITA 相对应，我国在隧道设计模型领域也进行了分类，如我国学者刘建航和侯学渊等在《盾构法隧道》中将其分为四类：经验类比模型、荷载-结构模型、地层-结构模型、收敛-限制模型。其中在荷载-结构模型的定义中，认为地层对结构的作用为对其产生荷载，并以此来计算内力和变形；同时考虑衬砌与地层在实际工作中会构成一个同时受力和变形的相互影响相互作用的统一整体，并根据连续介质力学原理对衬砌和周边地层进行计算的方法为地层结构法。由此看出，ITA 与我国对地下结构设计模型的分类本质上是一样的，继 ITA 隧道结构设计模型研究组收集整理了反映当时国内外隧道设计主流方向和技术水平的各会员国盾构隧道设计模型之后，入江健二[7]也汇总了其调查结果，如表2-1所示。

国内外管片结构设计计算方法简述 表 2-1

国家	管片结构设计模型		地层抗力模式	地基反力系数	设计水土压
	入江健二(1993)	ITA(1978)			
澳大利亚	全周弹簧模型	Muir Wood 法	Muir Wood 法	经验或三轴试验	$\sigma_v=$全覆土重　$\sigma_h=\lambda\sigma_v+$静水压力
奥地利	全周弹簧模型	弹性地基圆环法	全周弹簧	—	浅埋：$\sigma_v=$全覆土重　$\sigma_h=\lambda\sigma_v$；深埋：太沙基公式
德国	局部弹簧模型($H\leqslant 2D$)　局部弹簧模型($H\geqslant 2D$)	Schulze-Duddeck 法	局部弹簧($H\leqslant 2D$)　全周弹簧($H\geqslant 2D$)	$\kappa=E_s/r$	$\sigma_v=$全覆土重　$\sigma_h=\lambda\sigma_v(\lambda=0.5)$
法国	全周弹簧模型或有限元法	全周弹簧模型或有限元法	全周弹簧模型或连续介质模型	$\kappa=E_s/(1+u)r$	$\sigma_v=$全覆土重或太沙基　$\sigma_h=\lambda\sigma_v(\lambda$ 按经验值)
中国	均质圆环法或弹性铰模型	等效刚度均质圆环	三角形抗力	根据土的工程性质确定 κ 的取值	$\sigma_v=$全覆土重或太沙基　$\sigma_h=\lambda\sigma_v(\lambda$ 按经验值)
		弹性铰法	全周弹簧		
日本	惯用设计法、梁-弹簧模型	惯用法	侧向三角形	根据土的工程性质确定 κ 的取值	$\sigma_v=$全覆土重或太沙基　$\sigma_h=\lambda\sigma_v(\lambda$ 按经验值)
		M-K 法	全周弹簧		
西班牙	考虑地层与结构相互作用的 Buqera 法	—	—	只考虑半径方向	不计黏着力的太沙基土压力
英国	全周弹簧模型法或 Muir Wood 法	弹性地基圆环	局部弹簧	经验或三轴试验	$\sigma_v=$全覆土重　$\sigma_h=(1+\lambda)/2\sigma_v\lambda=K_0$
		Muir Wood 法			
美国	弹性地基圆环法	弹性地基圆环	全周弹簧	经验或三轴试验	$\sigma_v=$全覆土重　$\sigma_h=\lambda\sigma_v$
比利时	—	Schulze-Duddeck 法	局部弹簧($H\leqslant 2D$)　全周弹簧($H\geqslant 2D$)	$\kappa=E_s/r$	—
新加坡	—	Muir Wood 法	Muir Wood 法		

本节简要介绍几种管片结构设计计算方法。

① 完全刚度的均质圆环法

完全刚度的均质圆环法是最早应用于盾构隧道的设计方法，即普通圆环衬砌设计方法。它的特点是没有考虑到管片纵向接头和环向接头的存在，这与早期专业认识和计算水平有一定关系，比较有代表性的就是日本惯用法。日本惯用法是在 1960 年前后提出的，假定地层抗力为水平方向的正负 45°范围内按三角形规律分布并给出了解析公式。此方法目前应用较少，未见相关研究报道。

② 等效刚度的匀质圆环法

等效刚度的匀质圆环法的特点是等效地考虑了管片接头对管片衬砌结构的变形和弯矩的影响。它通过等效方法来近似模拟盾构隧道的力学特征，将管片接头引起的整环变形增大理解为整环衬砌结构刚度的整体下降，从而引入了弯曲刚度有效率参数 η；将错缝拼装条件下环间接头引起的衬砌结构弯矩增大和管片接头弯矩降低理解为管片接头部位的弯矩向管片实体发生了部分传递，从而引入了弯矩提高率参数 ξ。因此，此计算法将管片环视作均匀抗弯强度为 ηEI 的等效圆环来计算结构内力和变形，错缝拼接时还要对最大弯矩结果 M 进行调整，管片结构弯矩最后调整为 $(1+\xi)M$，而管片接头的弯矩值为 $(1-\xi)M$。

根据地层抗力处理方法的不同，主要分为地层抗力采用三角形假定分布的日本修正惯用法和地层抗力采用土弹簧模拟的匀质圆环法。目前研究的主要问题集中在弯曲刚度有效率和弯矩提高率的参数取值上，但至今还未从理论上建立计算方法。

③ 多铰圆环法

多铰圆环法的特点是采用铰结构模拟了管片接头的抗弯效应，但没有模拟环间的力学效应。此模型仍然不能正确体现盾构隧道衬砌的力学特性，也不能说明错缝拼装条件下管片弯矩增大和管片接头弯矩减小的原因。管片铰接头可以分为自由铰和弹性铰。

④ 梁-弹簧模型法

梁-弹簧模型法的特点是采用直梁或曲梁单元模拟管片环衬砌结构体、采用旋转弹簧单元模拟管片接头的抗弯效应、采用抗剪弹簧单元模拟环间接头的剪切效应以及采用土弹簧单元模拟土体抗力效应，并采用有限元方法进行求解，此方法是能够解释管片环结构承载机理的精确计算方法。

梁-弹簧模型分类最多：按照地层抗力处理方式可分为局部弹簧模型和全周弹簧模型，也可分为考虑地层径向和切向抗力的梁-弹簧模型和仅考虑地层径向抗力的梁-弹簧模型；按照拱顶土压荷载分布形式可分为抛物线分布、反向抛物线分布和矩形分布的梁-弹簧模型；按照前后环处理方式不同，可分为双环梁和三环梁计算模型；按照接头不同的分类最为复杂，大致按考虑接头拉压剪弯刚度的个数和参数自身的复杂程度来区分。

⑤ 壳-弹簧模型法

壳-弹簧模型法的特点是采用了三维壳单元模拟管片体，并采用弹簧模拟管片纵向接头和环向接头的力学效应。它的优点是能实现盾构隧道纵向力学模型和横向力学模型的完全统一，此方法已成为研究盾构隧道空间综合力学特征的重要方法。

面对我国不同地区的土质特点，复杂的城市地下环境，如大量的市政管网、已有的地下建筑物以及较高的地下水位等，盾构法技术不断升级。我国盾构隧道衬砌设计及计算理论的演变和发展大致经历了三个阶段[8]。

起步阶段：在 20 世纪 60～70 年代，盾构隧道设计基本是借鉴国外的设计理论，解决刚性衬砌问题（不考虑管片的分块，按全环等刚度设计），如苏联朱拉波夫和布加也娃法，布耳的链杆法，日本的山本稔法等。通过对上海地铁试验段的实测和对管片设计理论的探索，提出了采用适合上海饱和软土地区的薄型管片，并通过减少管片纵横向螺栓，增加接头数量来达到减小管片刚度与内力的柔性衬砌设计理论。该理论认为，在非常松软的地层中，隧道变形只与地层刚度有关，而几乎与衬砌刚度无关，故衬砌的弯曲应力与衬砌厚度成正比，而与轴向应力成反比，过大的弯曲刚度会大幅度增加弯曲应力，而对衬砌的变形减小作用不大，所以最有效的隧道衬砌是具有一定轴压刚度的衬砌，通过允许地层有控制的变形以调动地层的抗力。采用该理论和设计方法，隧道管片的柔性指标（衬砌厚度与隧道直径之比）从传统的 8% 减至 5%。

第二阶段：在 80 年代，经过比较多实际工程的验证，上述设计方法开始广泛应用，一系列与柔性衬砌配套的柔性技术应运而生，如采用单排短直螺栓连接取代双排长螺栓连接；以遇水膨胀橡胶为主体材料的防水密封垫等。实践证明柔性衬砌的设计理论大大改进了隧道的环、纵向受力性能，提高了管片拼装效率。与此同时，由于隧道纵向不均匀变形导致部分管片接缝张开，漏水漏泥等现象引起了工程界的广泛重视，因此开展了隧道的纵向变形及其影响的研究并取得一定的成绩。

第三阶段：在 90 年代至今，随着大量的城市隧道工程（尤其是地铁隧道工程）的修建，盾构法施工地铁隧道对周围环境的影响以及周边其他工程施工对地铁隧道变形的影响日益突出，为此，人们开始着手对隧道施工引起的地层移动理论进行研究，这些研究大都以大量的现场量测及室内试验为基础，并通过反分析（有限元或半解析法）总结出不同施工技术装备和施工参数条件下地层移动的规律及估算公式，提出盾构施工的环境保护技术。采用这些技术手段，在上海等沿海软土地区，地铁隧道的施工能有效地将地面沉降控制在＋1～—3cm 的范围内。这一阶段的研究广度和深度是前所未有的，其成果也相当丰富；而关于管片衬砌设计理论的研究相对而言却未取得明显进展，同时隧道的纵向变形及其对隧道纵横向内力、变形的影响问题日益突出，迫切需要从理论上寻求解决。

目前，我国的地铁工程中主要采取以下两种形式的衬砌[9]。

（1）普通衬砌环

盾构隧道实际上是通过不同类型的衬砌圆环相互组合来拟合设计曲线的。普通衬砌环的组合形式有两种：①标准环＋左转弯环＋右转弯环；②左转弯环＋右转弯环。隧道衬砌施工时，直线段采用等宽的标准环（图2-1）；在平曲线段和竖曲线段则采用转弯环（有一定锥度的楔形环）。为了满足圆曲线、缓和曲线以及施工纠偏的需要，转弯环是必须的。这样，采用普通衬砌环的隧道就需要设计和加工直线、左转、右转以及特殊形式

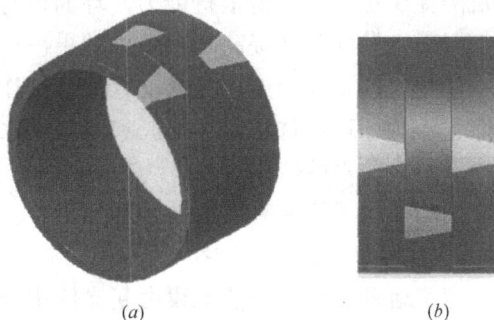

（a）　　　　　　　　　（b）

图 2-1　普通衬砌环示意图

的圆环。同时，由于转弯环的拼装点位是固定的，从而不利于在隧道施工中对隧道轴线的精确控制。

（2）通用楔形环

所谓"通用"是指在整条隧道施工中只使用一种具有一定楔形量的衬砌圆环，见图2-2，通过楔形圆环的有序旋转和有序组合，使得在同一条隧道内仅采用这一种管片形式就能适合于直线、左转曲线、右转曲线、空间曲线、进洞区、出洞区等各种工况条件，从而拟合出设计所需的线路[10]。

通用管片作为一种比普通管片先进的盾构隧道衬砌形式，在盾构法施工中能够较好地拟合隧道掘进轴线，可以全错缝拼装，提高隧道的纵向刚度以及管片的成环质量，正因如此，通用管片在欧洲得到普遍应用，亚洲部分国家和地区的盾构隧道也开始广泛应用，国内的大中型盾构隧道设计中亦优先采用通用环管片的衬砌形式。近年来，宁波、武汉、长沙等城市的盾构隧道中部分或全部采用了通用环管片衬砌形式，通用管片代表着盾构隧道

衬砌形式发展的主流方向，特别在地铁建设的新兴城市正逐渐成为主要设计选择[11]。

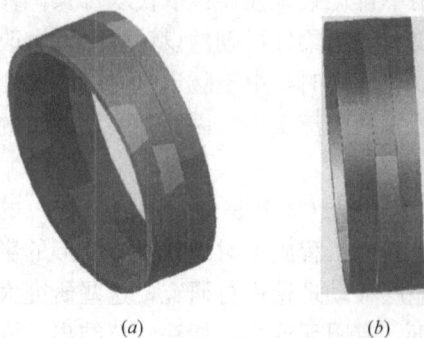

图 2-2　通用楔形环示意图

由于不同城市的工程地质特征、水文地质特征等不同，所以其采用的盾构管片结构体系也各有差异。本节重点介绍几个比较典型的城市地铁的管片结构。

（1）上海地铁盾构管片

上海市地铁一号线工程采用 7 台土压平衡式盾构修建了 18km 以上的区间隧道。盾构隧道内径选用 5500mm，在隧道线路设计中要求其设计最小曲率半径宜由 R300m 放大到 R350～400m。工程采用的衬砌环的环宽 1m，由 6 块管片组成，其中 1 块为封底管片，2 块标准管片，2 块邻接管片，1 块封顶管片，封顶管片先径向楔入 1/3 环宽（约 300mm），再纵向插入成环。单块管片间由 2 个 M27 环向螺栓连接，环间则由 17 个纵向螺栓连接。管片厚度取 350mm，满足强度、刚度的要求。衬砌环的环向、纵向螺栓均采用短直螺栓。管片的四个环、纵缝侧面上均设置凹凸榫槽，目的除了能保证在管片拼装中起到正确定位作用、提高管片拼装精度外，更重要的是在环缝中设置榫槽对软土地层中的地铁区间隧道可能出现的纵向不均匀沉降提供更大的抗剪抵抗能力。环面设有榫槽时，其凸端迎向盾构千斤顶，有助于防止环面混凝土被顶碎和提高接缝防水效果[12]。

工程采用了高强度、高精度管片（制作误差在 1mm 以下），又开发利用了弹性止水、膨胀止水的原理，选用氯丁橡胶和膨胀止水的聚氨酯等材料作为隧道接缝防水材料，大大提高了隧道防水的使用效果，为在含水软土地层内选用单层钢筋混凝土管片作为地铁隧道衬砌结构提供了极为有效的技术基础。

（2）南京地铁盾构管片

南京地铁 1 号线一期工程南起奥体中心站，北至迈皋桥，全长 22.72km，共 15 个区间。其中 5 个半区间采用土压平衡盾构施工，盾构推进总长度约 10.9km。盾构隧道平均覆土深度为 9.0～15.0m，最大埋深 25.0m（过城墙），最小埋深 0.7m（过秦淮河）；单个区间隧道纵坡为 V 形，中间设有联络通道和排水泵房；区间最大纵坡度为 33‰，最小平面曲线半径为 400m。

该工程区间隧道采用有一定接头刚度的单层柔性装配式钢筋混凝土衬砌，特殊地段采用钢管片；其圆环变形量、接缝张开以及混凝土裂缝开展均可控制在设计要求内。根据该盾构隧道覆土深度以及周围环境、工程地质条件，经结构计算采用厚 35cm、宽 1.2m、错缝拼装的钢筋混凝土管片。衬砌环全环由 6 块组成：1 块封顶块，2 个邻接块，3 个标准块。衬砌环类型有标准环、左转环、右转环，以及联络通道、进出洞、变形缝处采用的特殊环。管片之间采用弯曲螺栓连接，环向 12 个 M30 螺栓，纵向环与环之间 16 个 M30 螺栓连接，纵环向螺栓孔设置在离隧道内侧 1/3 衬砌厚度处（图 2-3）[13]。

（3）成都地铁盾构管片

成都地铁工程线路在市区通过房屋密集区域，该区域交通繁忙，地下管线纵横，为减少地铁施工对城市交通的干扰和附近居民正常生活的影响等，采用矿山法和盾构法。成都

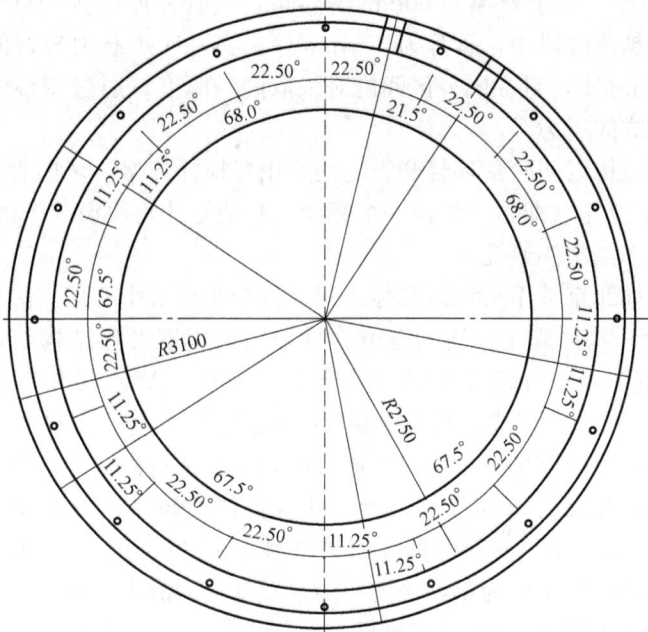

图 2-3　南京地铁盾构隧道衬砌管片分块图

地铁区间隧道地质为第四纪地层，自上而下依次为全新统填筑土层，全新统冲积层，上更统冰水——流水堆积层。该地段地下水主要为第四系孔隙潜水，含水层为砂卵石层。

该区间盾构法隧道采用圆形衬砌结构，其建筑限界为 φ5200mm，并考虑到施工误差、测量误差、设计拟合误差、不均匀沉降等诸多因素，最终确定隧道的内径为 5500mm；采用单层管片衬砌，管片厚度为 300mm，管片采用钢筋混凝土平板型。管片分块同样采用六块方案，一块封顶块、两块邻接块、三块标准块。封顶块的拼装采用径向搭接 2/3，再纵向推入 1/3。一环纵向采用 10 个 M30 型 6.8 级螺栓，每个环向接缝处采用 2 个 M30 型 6.8 级螺栓、一环共 12 个，管片幅宽拟采用 1.2m[14]。

由于成都地铁的地下水位高，为了提高建成后盾构隧道管片衬砌的防水能力，需采取错缝拼装方式，来减小管片的整体变形，从而减少管片接头的张开量。在施工过程中，采用两环一组的错缝拼装方式，第一环封顶块在拱顶正上方、第二环封顶块从拱顶正上方右偏或左偏 36°。

（4）沈阳地铁盾构管片

沈阳地铁区间所在地层主要为中、粗砂及砾砂层，地下水位埋深较深，埋深在 7m 左右，此水文地质条件下一般选用土压平衡盾构。在下穿浑河段时由于水头较高，含水层较厚，则采用泥水加压平衡盾构机施工。沈阳地铁中盾构隧道均采用单层钢筋混凝土装配式结构形式，盾构管片形式为平板型。1、2 号线已建工程具体分块情况为 3 块标准块（中心角 67.5°）、2 块邻接块（中心角 67.5°）和 1 块封顶块（中心角 22.5°）。目前所建工程中无双线并行盾构区间。

该工程衬砌环采用错缝形式。衬砌厚度的确定应根据隧道所处地层的条件、覆土厚度、断面大小、接头刚度等因素综合考虑确定，并应满足衬砌构造（如手孔大小等）、防水抗渗以及拼装施工（如千斤顶作用等）的要求。一般情况下，板式管片的厚度按照隧道直径的 5%～6%考虑，对于外径 6000mm 的隧道，其管片厚度为 300～350mm。沈阳地铁在软土地层及穿越浑河段中，管片为 350mm 厚，在基底承载力较好的砾砂或砂卵石地层中，一般为 300mm 厚，且在同一区间内应采取同一厚度，通过调整管片内配筋来满足不同埋深时对其形成的压力。

沈阳已建地铁盾构区间管片环缝和纵缝均采用弯螺栓连接，环向管片间设 2 个单排螺栓，纵向共设 16 个螺栓（即封顶块设 1 个螺栓，其他管片每块设 3 个螺栓）。管片重心处设一个吊装孔，兼作二次注浆孔。

其他城市，例如北京地下直径线 2 标工程，位于北京市中心区，隧道全长 6282m，其中 5175m 隧道采用盾构法施工。盾构隧道管片采用通用楔形环结构形式，内径 ϕ10.5m，外径 ϕ11.6m，环宽 1.8m。每环管片由 6 块标准块（A1～A6）、2 块邻接块（B1、B2）和 1 块封顶块（K 块）共 9 块组成。管片接触面纵缝设有凹凸榫，全部采用直螺栓连接。广州市轨道交通 6 号线海珠广场站——东湖盾构区间工程项目由 3 个区间隧道及相关附属工程组成，盾构隧道双线总长 3554.21m，且小半径曲线段较多，隧道线形平面转弯繁复且转弯急促（最小 R=250m）、小半径曲线所占比例高（占 66.95%），并且隧道垂直方向呈波浪形。隧道穿越的地层主要为第四系的孔隙水及基岩裂隙水，地下水极为丰富，该工程采用通用楔形环形式，环宽 1.2m，楔形量 41mm[15]。

2.2 管片结构设计理论及荷载研究

2.2.1 区间隧道设计标准

地铁区间隧道通用环管片结构设计中参考的标准如下：
（1）《地铁设计规范》GB 50157—2013
（2）《城市轨道交通技术规范》GB 50490—2013
（3）《建筑结构荷载规范》GB 50009—2012
（4）《混凝土结构设计规范》GB 50010—2010
（5）《盾构隧道管片质量检测技术标准》CJJ/T 164—2011
（6）《预制混凝土衬砌管片国家标准》GB/T 22082—2008
（7）《铁路桥涵混凝土和预应力混凝土结构设计规范》TB 10002.3—2005
（8）《公路隧道设计规范》JTG D70/2—2014
（9）《高速铁路设计规范》TB 10621—2014（隧道篇）
（10）《城市道路工程设计规范》CJJ 37—2012
（11）《盾构法隧道施工与验收规范》GB 50446—2008
（12）《隧道标准规范（盾构篇）及说明》
（13）《盾构隧道工程设计规范》征求意见稿
（14）《地下工程防水技术规范》GB 50108—2008
（15）《铁路工程抗震设计规范》GB 50111—2006（2009 年版）
（16）其他行业规范

地铁盾构隧道的主要技术标准：

① 区间圆形隧道结构设计使用寿命 100 年，其安全等级为一级。

② 区间圆形隧道装配式衬砌宜设计成具有一定刚度的柔性结构，严格控制荷载作用下的计算结构变形（$\leqslant 2‰D$，D 为隧道外径）和接头张开量（$\leqslant 4mm$）。

③ 盾构法施工的区间隧道最大裂缝宽度允许值为 0.2mm。

④ 结构按 6 度抗震设防烈度进行抗力计算，设防分类划为重点设防类（简称乙类），抗震等级为三级，并按高于本地区结构抗震设防烈度 1 度采取抗震构造措施，以提高结构和接头处的整体抗震能力。

⑤ 抗浮验算：隧道抗浮安全系数施工阶段$\geqslant 1.05$、使用阶段$\geqslant 1.10$。

⑥ 地面超载按 $20kN/m^2$ 计。

2.2.2　计算理论和方法

1. 惯用法

惯用计算法可采用的惯用荷载系统如图 2-4 所示。惯用法的主要思想是假设管片环在接头处也具有与管片主截面弯曲刚度相同，且管片环全周弯曲刚度均匀分布，忽略管片接头处刚度降低的影响。

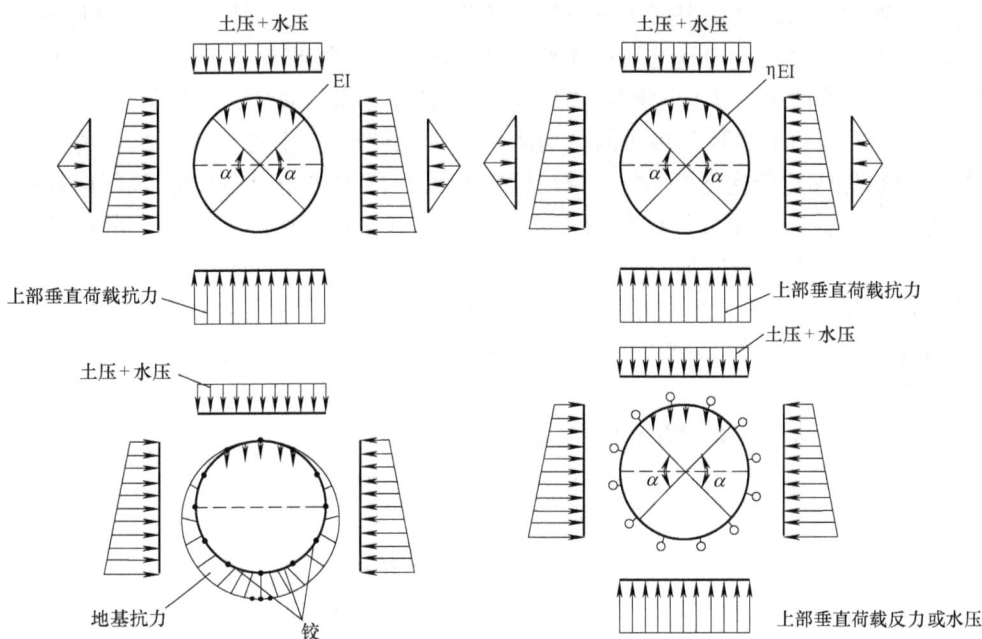

图 2-4　各种计算法作用于管片环上的荷载

α—地基抗力的作用范围

如图 2-5 所示的为惯用计算法常使用的荷载系统，此系统中将垂直方向地层抗力视为均布荷载，假设隧道在外荷载作用下产生向两侧水平扩张的椭圆形变形，地层受到压缩反作用隧道产生抗力，且侧向土体抗力的分布范围为隧道圆 90°的圆心角内分布，此圆心角的角平分线为隧道的水平直径。而管片环则由不考虑接头效应的均质圆环进行简化并按照隧道主截面的内力计算方法计算接头处内力。

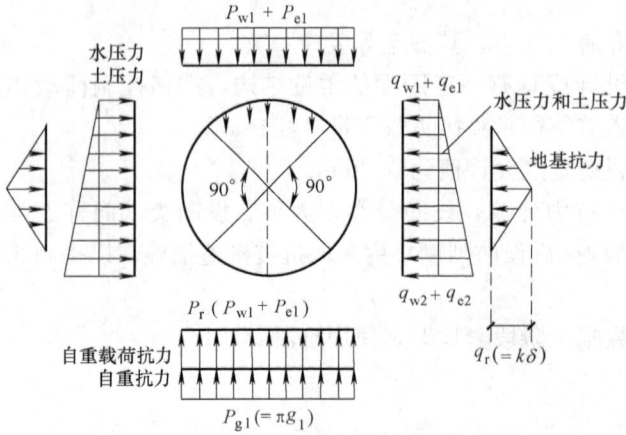

图 2-5 管片环荷载系统

2. 修正惯用法

盾构隧道环的拼装主要是通过各种连接螺栓来完成的，在管片之间就必然会产生一个相对管片刚度而言的刚度薄弱部位，由此而成的管片环整环刚度的整体降低是一个必须面对的问题。为了考虑接头刚度影响和区别于惯用法，日本盾构隧道标准规范中采用 $\eta\xi$ 法计算错缝拼装的管片结构，即修正惯用计算法。其在惯用法基础上引入了两个参数：即考虑接头效应对管片环刚度进行调整的弯曲刚度有效率 η（$\eta\leqslant1$）和考虑相邻管片环由环间接缝支持而产生弯矩增加的调整参数，即弯矩提高率 ξ 对惯用法进行修正以增加其普遍性[16]。

η 和 ξ 的定义如图 2-6 和图 2-7 所示。弯矩提高率 ξ 定义为传递给相邻管片环的弯矩与计算弯矩两者的比值；修正惯用法虽考虑了接头处刚度的影响，但并未对其具体分布位置进行考虑，而是通过把盾构隧道管片环整环刚度进行调整降低来考虑其刚度折减作用，即将管片环整体抗弯刚度由 EI 调整为 ηEI 的均质圆环。同时，即认为弯矩不但可经由管片接头传递，同时还可通过环间接头的剪切阻力传递给错缝拼装的相邻管片，将通过环间连接螺栓向相邻管片传递弯矩 M_2，对错缝拼装管片内力进行重分配，即环向接头的部分铰概念。虽然修正惯用计算法相对惯用法引入 η 和 ξ 对计算进行了一定的改进，计算结果的准确性对 η 和 ξ 的取值具有一定的依赖，而实际上 η 和 ξ 的取值受众多因素的影响，精确取值比较困难，管片的种类、接头构造形式等都将影响参数 η 和 ξ 的值，此外，其值还受隧道围岩的影响，故 η 和 ξ 取值的准确性与否将对计算结果产生很大的随意性和不确定性。

其中：$\xi=M_2/M_1$，$M=M_1+M_2=M_1$（$1+\xi$）；

接头处的弯矩 M_j 和轴力 N_j 为：$M_j=M$（$1-\xi$），$N_j=N$；

管片主截面 M_s 和 N_s 为：$M_s=M$（$1+\xi$），$N_s=N$。

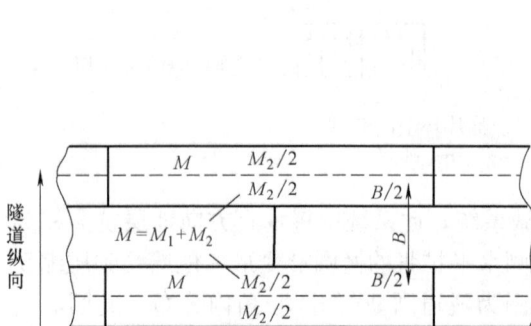

图 2-6 弯矩提高率的物理意义

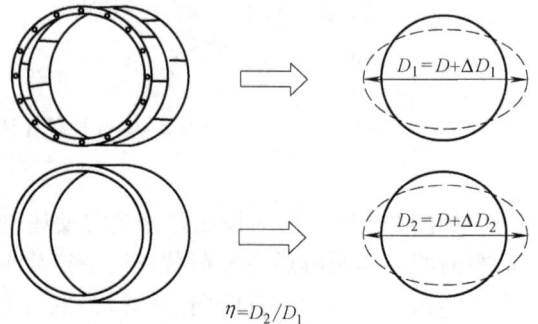

图 2-7 弯矩刚度有效率的物理意义

采用惯用和修正惯用计算法简单实用，特别在软土盾构隧道计算时尤为明显，故直到今天仍然是广大设计人员进行盾构隧道结构设计的经典计算模型。

表 2-2 给出了使用修正惯用计算法进行管片截面内力计算的公式，如果将表中的 η 设定为 1，则成为惯用计算法的计算式。

表 2-2

修正惯用法内力计算式

荷载	与垂直方向呈 φ 角的截面中的内力		
	弯矩 M_φ(kN)	轴力 N_φ(kN)	剪力 Q_φ(kN)
垂直荷载 $(p_{e1}+p_{w1})$	$\dfrac{1}{4}(p_{e1}+p_{e2})R^2(1-2\sin^2\varphi)$	$(p_{e1}+p_{e2})R^2\sin^2\varphi$	$(p_{e1}+p_{w1})R\sin\varphi\cos\varphi$
水平荷载 $(q_{e1}+q_{w1})$	$\dfrac{1}{4}(q_{e1}+q_{w1})R^2(1-2\cos^2\varphi)$	$(q_{e1}+q_{w1})R^2\cos^2\varphi$	$-(q_{e1}+q_{w1})R\cos\varphi\sin\varphi$
水平三角形荷载 $(q_{e2}+q_{w2}$ $-q_{e1}-q_{w1})$	$\dfrac{1}{48}(q_{e2}+q_{w2}-q_{e1}-$ $q_{w1})R^2(6-3\cos\varphi-$ $12\cos^2\varphi+4\cos^3\varphi)$	$\dfrac{1}{16}(q_{e2}+q_{w2}-q_{e1}-$ $q_{w1})R(\cos\varphi+8\cos^2\varphi-$ $4\cos^3\varphi)$	$\dfrac{1}{16}(q_{e2}+q_{w2}-q_{e1}-q_{w1})R$ $(\sin\varphi+8\sin\varphi\cos\varphi$ $-4\sin\varphi\cos^2\varphi)$
自重 $P_g=\varphi g$	$0\leqslant\varphi\leqslant\pi/2$ 时： $gR^2\left(\dfrac{3}{8}\pi-\varphi\sin\varphi-\dfrac{5}{6}\cos\varphi\right)$ $\pi/2\leqslant\varphi\leqslant\pi$ 时： $gR^2\left[\dfrac{1}{8}\pi-(\pi-\varphi)\sin\varphi-\right.$ $\left.\dfrac{5}{6}\cos\varphi-\dfrac{1}{2}\pi\sin^2\varphi\right]$	$0\leqslant\varphi\leqslant\pi/2$ 时： $gR^2\left(\varphi\sin\varphi-\dfrac{1}{6}\cos\varphi\right)$ $\pi/2\leqslant\varphi\leqslant\pi$ 时： $gR(\varphi-\pi)\sin\varphi-\dfrac{1}{6}(\cos\varphi+\pi\sin^2\varphi)$	$0\leqslant\varphi\leqslant\pi/2$ 时： $gR^2\left(\varphi\cos\varphi+\dfrac{1}{6}\sin\varphi\right)$ $\pi/2\leqslant\varphi\leqslant\pi$ 时： $gR(\varphi-\pi)\cos\varphi-\dfrac{1}{6}\sin\varphi+$ $\pi\sin\varphi\cos\varphi$
地基抗力 $(q_r=k\delta)$	$0\leqslant\varphi\leqslant\pi/4$ 时： $k\delta R^2(0.2346-0.3536\cos\varphi)$ $\pi/4\leqslant\varphi\leqslant\pi/2$ 时： $k\delta R^2(-0.3478-0.5\sin^2\varphi+$ $0.2357\cos^3\varphi)$	$0\leqslant\varphi\leqslant\pi/4$ 时： $0.3536k\delta R\cos\varphi$ $\pi/4\leqslant\varphi\leqslant\pi/2$ 时： $k\delta R(0.7071\cos\varphi+\cos^2\varphi+$ $0.7071\sin^2\varphi\cos\varphi)$	$0\leqslant\varphi\leqslant\pi/4$ 时： $-0.3536k\delta R\sin\varphi$ $\pi/4\leqslant\varphi\leqslant\pi/2$ 时： $-k\delta R(\sin\varphi\cos\varphi-$ $0.7071\cos^2\varphi\sin\varphi)$
水平直径处水平方向变位 δ	不考虑衬砌自重引起的地层抗力 $\delta=\dfrac{R^4\{2(p_{e1}+p_{w1})-(q_{e1}+q_{w1})-(q_{e2}+q_{w2})\}}{24(\eta EI+0.045kR^4)}$		
水平直径处水平方向变位 δ	考虑了衬砌自重引起的地层抗力 $\delta=\dfrac{R^4\{2(p_{e1}+p_{w1})-(q_{e1}+q_{w1})-(q_{e2}+q_{w2})\pi g\}}{24(\eta EI+0.045kR^4)}$ EI 为单位宽度的弯曲刚度		

3. 梁-弹簧模型及梁—接头模型

（1）梁-弹簧模型

修正惯用法相对于惯用法，在计算上对管片接头效应在一定程度上进行了考虑，虽然有所改进，但还只是一种比较粗糙的等效方法。

1978 年，小泉淳等[17]用梁单元对隧道管片结构进行模拟，研究了通过管片接头端面设置抗拉弹簧、径向和切向抗剪弹簧的变形对接头垫层材料和螺栓的相互作用效果进行模拟的计算模型即梁-弹簧模型。该计算模型采用将管片的主截面简化为圆弧梁或者直线梁、将管片接头和管片环接头分别考虑为旋转弹簧和剪切弹簧，在计算中考虑由接头引起的刚度降低和错缝拼接效应。1998 年，同济大学朱合华等[18]在村上博智的研究基础上，考虑弹簧刚度的轴向、切向和转动效应，从卡氏（Castiglano）第二定理出发，推导了梁－弹簧模型的矩阵式。

1）直梁-弹簧模型

如图 2-8 所示的两端附有弹簧系统的直梁。推导中先假定结点 2 固定，结点 1 受到轴力 N_1 和剪力 Q_1 和弯矩 M_1 未知力作用，且两端轴向、切向和转动弹簧刚度参数为 k_{ni}，k_{si}，$k_{\theta i}$（$i=1$，2）。

在线弹性体条件假设下，两端为弹簧的复合梁单元系统应变能计算式为：

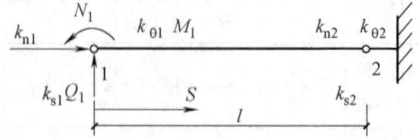

图 2-8　直梁弹簧模型结点力

$$U = \frac{1}{2}\int_0^l \frac{M^2}{EI}\mathrm{d}s + \frac{1}{2}\int_0^l \frac{N^2}{EI}\mathrm{d}s + \frac{1}{2}\int_0^l \frac{\mu Q^2}{GA}\mathrm{d}s + \frac{1}{2}\sum_{i=1}^2 \left(\frac{M^2}{k_{\theta i}} + \frac{N^2}{k_{ni}} + \frac{Q^2}{k_{si}}\right)\Big|_0^l \tag{2-1}$$

式中，$N=N_1$；$Q=Q_1$；$M=M_1-Q_1 s$，s 为梁上任意点至结点 1 的距离；E，G 分别为梁的弹性模量和剪切模量；μ 为泊松比；I 为惯性矩；A 为截面积；l 为单元长度。

利用卡氏第二定理，可得结点 1 位移 $\{\delta_1\}=\{u_1 \quad v_1 \quad \theta_1\}^\mathrm{T}$ 和力 $\{F_1\}=\{N_1 \quad Q_1 \quad M_1\}^\mathrm{T}$ 之间的矩阵关系式：

$$\{\delta_1\} = \begin{bmatrix} a_1 & 0 & 0 \\ 0 & b_1 & d_1 \\ 0 & d_1 & c_1 \end{bmatrix}\{F_1\} \tag{2-2}$$

式中　$a=\dfrac{l}{EA}+\dfrac{1}{k_{n1}}+\dfrac{1}{k_{n2}}$；$b_1=\dfrac{l^3}{3EA}+\dfrac{1}{k_{s1}}+\dfrac{1}{k_{s2}}+\dfrac{l^2}{k_\theta^2}$；$c_1=\dfrac{l}{EA}+\dfrac{1}{k_{\theta 1}}+\dfrac{1}{k_{\theta 2}}$；$d_1=-\dfrac{l^2}{2EI}-\dfrac{1}{k_{\theta 2}}$。

由于式（2-1）中的 GA 项一般对变形影响较小，可以忽略。对式（2-2）可逆，可得结点 1 的结点力为

$$\{F_1\} = [k_{11}]\{\delta_1\} \tag{2-3}$$

其中　$\{k_{11}\} = \begin{bmatrix} \dfrac{1}{a_1} & 0 & 0 \\ 0 & \dfrac{c_1}{g_1} & -\dfrac{d_1}{g_1} \\ 0 & -\dfrac{d_1}{g_1} & \dfrac{b_1}{g_1} \end{bmatrix}$；$g_1=b_1 c_1-d_1^2$。

利用静力平衡关系，由图 2-8 可得结点 2 的结点力为

$$\{F_2\} = [A]\{F_1\} \tag{2-4}$$

$$[A] = \begin{bmatrix} -1 & 0 & 0 \\ 0 & -1 & 0 \\ 0 & l & -1 \end{bmatrix} \tag{2-5}$$

代入之，则有

$$\{F_2\}=[k_{21}]\{\delta_1\} \tag{2-6}$$

式中　$[k_{21}]=[A][k_{11}]$；$\{F_2\}=\{N_2 \quad Q_2 \quad M_2\}^\mathrm{T}$ \qquad (2-7)

然后再固定结点 1，即该点位移 $\{\delta_1\}$ 为零，同理可得结点 2 的力与位移之间的关系式

$$\{F_2\}=[k_{22}]\{\delta_2\} \tag{2-8}$$

其中　$\{\delta_2\}=\{u_2\quad v_2\quad \theta_2\}^{\mathrm{T}}$；$[k_{22}]=\begin{bmatrix}\dfrac{1}{a_2}&0&0\\[2mm]0&\dfrac{c_2}{g_2}&-\dfrac{d_2}{g_2}\\[2mm]0&-\dfrac{d_2}{g_2}&\dfrac{b_2}{g_2}\end{bmatrix}$；$a_2=a_1$；$c_2=c_1$；$b_2=$

$\dfrac{l^2}{3EI}+\dfrac{1}{k_{s1}}+\dfrac{1}{k_{s2}}+\dfrac{l^2}{k_{\theta 1}}$；$d_2=\dfrac{l^2}{2EI}+\dfrac{l}{k_{\theta 1}}$；且 $g_2=b_2c_2-d_2^2=g_1$ $\tag{2-9}$

该情形下结点 1 的结点力 $\{F_1\}$ 可表示成

$$\{F_1\}=[A]^{-1}\{F_2\} \tag{2-10}$$

代入得

$$\{F_1\}=[k_{12}]\{\delta_2\},[k_{12}]=[A]^{-1}\{k_{22}\} \tag{2-11}$$

以结点位移 $\{\delta_1\}$，$\{\delta_2\}$ 作为基本未知量，叠加上述两种固定时的结点力系，即可得到直梁-弹簧单元的结点力与结点位移之间的关系式

$$\begin{Bmatrix}F_1\\F_2\end{Bmatrix}=\begin{bmatrix}k_{11}&k_{12}\\k_{21}&k_{22}\end{bmatrix}\begin{Bmatrix}\delta_1\\\delta_2\end{Bmatrix} \tag{2-12}$$

由于对称性 $[k_{12}]=[k_{21}]$。

2）曲梁-弹簧模型

如图 2-9 所示的曲梁-弹簧模型系统结构，结点 2 为固定点，其上任一点 A 的内力为

$$\left.\begin{array}{l}N=N_1\cos\varphi+Q_1\sin\varphi\\Q=-N_1\sin\varphi+Q_1\cos\varphi\\M=M_1+N_1R(1-\cos\varphi)-Q_1R\sin\varphi\end{array}\right\}(0\leqslant\varphi\leqslant\beta)$$
$$\tag{2-13}$$

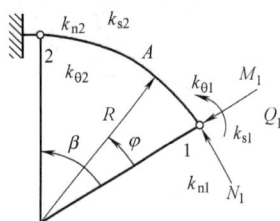

图 2-9　曲梁-弹簧模型结点力

式中，R 为半径；φ 为任意点 A 与结点 1 的圆心夹角；β 为曲梁元的圆心角。

同理可建立结点力 $\{F_1\}$，$\{F_2\}$ 与结点位移 $\{\delta_1\}$ 的关系式：

$$\{F_1\}=[k_{11}]\{\delta_1\},\{F_2\}=[k_{21}]\{\delta_1\} \tag{2-14}$$

对于结点 1 固定的情形，类似有

$$\{F_2\}=[k_{22}]\{\delta_2\},\{F_1\}=[k_{12}]\{\delta_2\} \tag{2-15}$$

上式中　$[k_{11}]=[C_{11}]^{-1}$；$[k_{22}]=[C_{22}]^{-1}$；$[k_{12}]=[A][k_{11}]$ 或 $[k_{12}]=[A]^{-1}[k_{22}]$。$[C_{11}]$，$[C_{22}]$ 为柔度矩阵，分别表示成 $[C_{11}]=[\delta_{ij}^1]_{3\times3}$，$[C_{22}]=[\delta_{ij}^2]_{3\times3}$，而且

$$[A]=\begin{bmatrix}-\cos\beta&-\sin\beta&0\\\sin\beta&\cos\beta&0\\R(\cos\beta-1)&R\sin\beta&1\end{bmatrix}$$

（2）双环梁-弹簧模型

在盾构隧道计算中，可以采用在盾构隧道管片环间设置剪切弹簧模型的方式来模拟管片环间螺栓的纵向连接作用，尤其是在错缝拼装条件下盾构隧道管片环间的加强作用。双环梁—弹簧模型在进行盾构隧道计算时，考虑了盾构隧道两相邻管片环间沿隧道截面法向和切向的相对位移，且相对位移与相互作用力之间有正比关系。如图 2-10 所示，弹簧分为刚度为 K_{nq} 和 K_{sq} 的径向剪切弹簧和切向剪切弹簧。两环相对位移在局部坐标系中（即 n-s 坐标系）沿 n 轴和 s 轴分别为 $\Delta \bar{u}'$ 和 $\Delta \bar{v}'$，则相互作用力沿 n 轴和 s 轴分别为 $\Delta \bar{N}'$ 和 $\Delta \bar{Q}'$，其相互关系为：

$$\left\{ \begin{array}{c} \bar{N}' \\ \bar{Q}' \end{array} \right\} = \left[\begin{array}{cc} K_{nq} & 0 \\ 0 & K_{ns} \end{array} \right] \left\{ \begin{array}{c} \Delta \bar{u}' \\ \Delta \bar{v}' \end{array} \right\} \tag{2-16}$$

（3）梁-接头模型

梁-接头模型的提出改进了梁—弹簧模型的不足。如图 2-11 所示，梁—接头模型将衬砌接头部分处理为具有两个不同结点的接头单元。对其进行这样处理很好地模拟接头两侧衬砌结构相互作用的非线性。

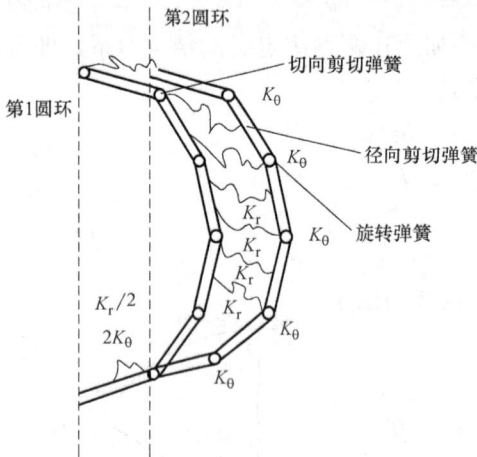

图 2-10　双环梁-弹簧模型

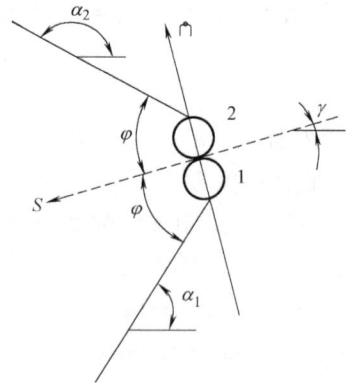

图 2-11　梁-接头模型接头单元处理

在局部坐标系（n-s 坐标系）中：s 坐标轴方向指向内侧，为接头相邻衬砌单元在结点切线夹角的等分线；n 轴其正交方向，符合右手法则。接头单元的应力应变关系为：设接头两结点沿 n 轴方向和 s 轴方向的位移分别为 u 和 v，其相对剪切位移为 $\bar{u}$ 与 $\bar{v}$，相对转角位移为 $\Delta \bar{u}$ 和 $\Delta \bar{v}$，相对转角位移为 $\Delta \theta$，则有：

$$\left\{ \begin{array}{l} \Delta \bar{u} = \bar{u}_1 - \bar{u}_2 \\ \Delta \bar{v} = \bar{v}_1 - \bar{v}_2 \\ \Delta \bar{\theta} = \bar{\theta}_1 - \bar{\theta}_2 \end{array} \right. \tag{2-17}$$

局部坐标下接头单元的应力-应变关系为：

$$\left\{ \begin{array}{c} \bar{N} \\ \bar{Q} \\ \bar{M} \end{array} \right\} = \left[\begin{array}{ccc} K_n & 0 & 0 \\ 0 & K_s & 0 \\ 0 & 0 & K_\theta \end{array} \right] \left\{ \begin{array}{c} \Delta \bar{u} \\ \Delta \bar{v} \\ \Delta \bar{\theta} \end{array} \right\} \tag{2-18}$$

式中，K_n 为接头单元的切向抗压刚度、K_s 为接头单元的法向抗剪刚度、K_θ 为接头单元的转动刚度。可以通过变换 K_n、K_s、K_θ 取值来改变模型的计算形式，当 K_n、K_s、K_θ 的取值分别为常量和变量时，模型分别表示梁-弹簧连续模型和梁-弹簧不连续模型。

由变分原理可得，接头单元总体坐标系下的刚度矩阵式为：

$$\{K_G\} = \begin{bmatrix} A_1 & A_3 & 0 & -A_1 & -A_3 & 0 \\ & A_1 & 0 & -A_3 & -A_2 & 0 \\ & & k_s & 0 & 0 & -k_s \\ & & & A_1 & A_3 & 0 \\ & & & & A_2 & 0 \\ \text{sym} & & & & & k_s \end{bmatrix} \quad (2\text{-}19)$$

$$\begin{cases} A_1 = k_n \sin^2\gamma + k_s \cos^2\gamma \\ A_2 = k_n \cos^2\gamma + k_s \sin^2\gamma \\ A_1 = (k_s - k_n)\sin^2\gamma\cos\gamma \\ \gamma = \alpha_i - \varphi \end{cases} \quad (2\text{-}20)$$

式中，φ 和 α_i 分别为两相邻梁单元夹角的 1/2 和梁单元 1 的起点切向方向角。弹性体接头 K_θ 在非线性内力-变形关系下有：

$$K_\theta = (K_{\theta 1} - K_{\theta 2})e^{-\beta\Delta\theta} + K_{\theta 2} \quad (2\text{-}21)$$

式中，可以通过模型试验和现场实测数据中求得常数值。

当管片接头的内力和变形处于非线性阶段时，由增量-迭代法有：

$$[\Delta K_G]\{\Delta\delta\} = \{\Delta F\} + \{\Delta R\} \quad (2\text{-}22)$$

式中，R 和 F 分别为迭代过程中残余荷载的结点力和外荷载的等效结点力。

4. 弹性铰圆环模型

盾构隧道管片环在工程拼装时，盾构隧道管片环通过各种管片接头连接而成，接头处的刚度与整体现浇式形成的钢筋混凝土管片主截面结构刚度不可能完全相同，其既非完全刚接也非完全铰接且作用弯矩值同盾构隧道管片接头刚度值成正比例关系，基于此考虑提出了弹性铰圆环模型。弹性铰圆环模型中通过弹性铰来对盾构隧道的管片接头效应进行处理，即采用刚度系数 K_θ 来表示这种具有一定抗弯刚度弹性铰的刚度特性。将地层抗力考虑为作用在盾构隧道水平直径处上下 45° 范围内沿径向作用于衬砌表面，其计算式有：

$$P = -k\delta\cos2\varphi \quad (2\text{-}23)$$

式中，δ 为盾构隧道衬砌在荷载作用下时水平直径处的变形值，由于 δ 的求解与土体侧向抗力大小有关，而土体抗力的大小又要通过 δ 值进行求解，无法直接给出 δ 的显式表达式，所以常采用数值解法进行弹性铰圆环模型的求解计算，在计算过程中进行多次迭代计算以获取准确的 δ 值。

2.2.3 设计荷载

隧道衬砌在设计过程中，不仅要达到预定的使用目的，而且还要考虑在施工建设中可能出现的安全问题与其他功能要求。

如表 2-3 所示，衬砌设计中主要考虑的荷载包括垂直方向的土压力、衬砌自身重量、上覆荷载、衬砌下部地基的抗力、水压力及施工过程中机械产生的荷载。另一方面，地震的影响、邻近施工的影响、地层沉降的影响、平行配置隧道的影响；包括内水压力在内的内部荷载等，为根据隧道的使用目的、施工条件及周围环境来考虑荷载[19]。

载荷分类		表 2-3
主要荷载	(1)垂直土压力	
	(2)水压力	
	(3)衬砌自重	
	(4)上覆荷载	
	(5)地层抗力	
	(6)施工荷载	
次要荷载	(7)内部荷载	
	(8)邻近施工的影响	
	(9)地震荷载	
特殊荷载	(10)平行配制隧道的影响	
	(11)施工的影响	
	(12)开口部(扩展部)的影响	
	(13)其他	

1. 垂直土压力和水平土压力

（1）在土压力计算时，有将土压力于水压力分开进行处理（水土分离）与将水压力作为土压力的一部分（水土一体）的两种方法[20]。一般情况下，水土分离适用于砂质土，水土一体的方法适用于硬质黏土和固结粉土。在特殊情况下，比如硬质的黏土和固结的粉土，便可以选择水土分离的方法，或者选择排除砂粒影响的方法。选用水土分离方法时，根据土的位置的不同，应该选择不同的土重度，土高于地下水位选择湿重度，土低于地下水位选择浮重度。

选用水土合算方法时，根据土的位置的不同，也应该选择不同的土重度，土高于地下水位选择湿重度，土低于地下水位选择饱和重度。

（2）考虑垂直方向的土压力作用时，可以将土压力转换成均布于衬砌顶部的荷载。根据隧道结构的具体覆土层厚、截面尺寸以及围岩的地质条件来决定均布荷载的数值。当隧道外径大于覆土厚度时，隧道在长期土压力作用下一般忽略地基的拱效应。无论是黏性土还是砂性土，将设计土压力取值松弛土压力都是不完全合理的。在不同的地质条件下，还可能出现不同形式的内力，应该重视对土压力取值的考虑。当隧道外径小于覆土厚度时，隧道地基会在荷载下产生拱效应，这种情况下就能使用松弛土压力，具体使用要求如下：对于砂性土，采用松弛土压力的条件是覆土层厚度不小于1～2倍的管片外径；对于黏性土，采用松弛土压力的条件是覆土层厚度不小于1～2倍的管片外径并且地基良好。

当土层为软黏土（$2<N<4$）或者中等固结的黏土（$4<N<8$）时，一般采用将土压力取值为隧道的所有覆土重量。同时，普遍使用太沙基松弛土压力公式作为盾构隧道在设计计算中上方土松弛层的高度换算公式。

在考虑深度 Z 处宽为 $2B_1$，厚为 dz 的图块，根据土块上作用力的平衡可以得到下式：

$$2B_1\gamma\mathrm{d}z=2b_1(\sigma_y+\mathrm{d}\sigma_y)-2B_1\sigma_y+2t\mathrm{d}z \tag{2-24}$$

但 B_1 是隧道开挖影响宽度的一般，有下式计算：

$$B_1=R_0\cos\left(\frac{\pi/4+\varphi/2}{2}\right) \tag{2-25}$$

又 τ 是更具库伦破坏准则，由下式进行计算：

$$\tau=c+\sigma_x\tan\varphi=c+K_0\sigma_x\tan\varphi \tag{2-26}$$

K_0 是根据试验来确定的常数，通常可取为 1。

由上述公式可以推出下列公式：

$$\frac{\mathrm{d}\sigma_y}{\mathrm{d}z}=\gamma-\frac{c}{B_1}-\frac{K_0\sigma_y\tan\varphi}{B_1} \tag{2-27}$$

考虑 $Z=0$ 处的边界条件 y，可以得到，

$$\sigma_y=\frac{B_1(\gamma-c/B_1)}{K_0\tan\varphi}(1-\mathrm{e}^{-K_0\tan\varphi z/B_1})+p_0\mathrm{e}^{K_0\tan\varphi z/B_1} \tag{2-28}$$

可以得到隧道顶部的土压力 σ_v，

$$\sigma_y=\frac{B_1(\gamma-c/B_1)}{K_0\tan\varphi}(1-\mathrm{e}^{-K_0\tan\varphi H/B_1})+p_0\mathrm{e}^{K_0\tan\varphi H/B_1} \tag{2-29}$$

其中：H 为隧道底部深度；B_1 为隧道开挖影响的一半；γ 为土的重度；φ 为土的内摩擦角；p_0 为地面超载；σ_z 为深度 z 处的垂直方向应力；σ_x 为深度在 $z+\mathrm{d}z/2$ 所受到的水平方向的应力；τ 为作用关于土块向上的摩擦力；σ_v 为作用于隧道顶部的垂直方向应力。

太沙基松弛土压力公式是普遍运用于松弛土压力计算的计算公式[21]。由于存在土的黏聚力，松弛土压力在受力计算中可能会变成负数，在采用该公式时应该注意这方面的问题。在一般情况下，由于施工过程中和竣工之后的荷载变化，隧道垂直土压力使用太沙基松弛土压力时常设置一个下限值。在不同的情况下，垂直土压力的下限值取值方式有所不同，当隧道为下水道、通信和电力隧道时，通常采用两倍于隧道外径覆土厚度的土压力值作为下限值，当隧道为铁道隧道时，通常采用一倍于隧道外径覆土厚度的土压力值作为下限值。

（3）水平土压力是指土压力作用在衬砌两边的荷载，该荷载方向是沿着衬砌横截面圆的直径水平方向，呈现线性分布。其大小是通过垂直方向的土压力乘以侧向土压力系数来计算。和垂直土压力一样，准确的计算水平土压力也比较困难。通过采用表 2-4 所示的侧向土压力系数。这里和侧向土压力系数相乘的垂直土压力的，是松弛土压力，隧道顶部水平面上的上部荷载，并加上于深度成正比的土体自重作为垂直荷载。

在难以得到地层抗力的情况下，在考虑施工条件的基础上，可以考虑将静止土压力系数作为侧向土压力系数。而在地层抗力能够获得的条件下，在考虑施工条件的基础上，也能够把侧向土压力系数取值为主动土压力系数，同时也可以考虑选择通过折减后的静止土压力系数作为计算的侧向土压力系数。

荷载在垂直方向与水平方向之间的平衡，会导致隧道管片的设计截面应力的改变。所以在确定管片的设计截面应力时，应该对隧道侧向土压力系数 λ，隧道地层抗力系数 k，隧道地质情况及隧道拥堵情况进行详细了解。

土压力系数表　　　　　　　　　　　　　　　　　　表 2-4

水土的假定	土的类别	λ	$K(\mathrm{MN/m^3})$	N 标准值
水土一体	中等程度黏性土	0.85～0.75	10～5	$4 \leqslant N < 8$
	软黏性土	0.75～0.65	5～0	$2 \leqslant N < 4$
	非常软黏性土	0.75～0.65	0	$N < 2$
	松散砂质土	0.60～0.50	10～0	$N < 15$
	密实砂质土	0.55～0.45	30～10	$15 \leqslant N < 30$
	非常密实砂质土	0.45～0.35	50～30	$N \geqslant 30$
水土分离	中等程度黏性土	0.55～0.45	10～5	$4 \leqslant N < 8$
	硬质黏性土	0.55～0.45	30～10	$8 \leqslant N < 25$
	固结黏性土	0.45～0.35	50～30	$N \geqslant 25$

2. 水压力

作用在衬砌上的水压力，由于隧道施工过程中施工条件等原因，与原地层中的水压力很不相同。而且，随着时间的改变或者是其他地质条件的变化，地下水位往往会相应地发生改变，这对于水压力的预测造成了巨大的干扰。在不同的情况下，是否采用对应的取值方法往往会对获得结果的准确性具有重要作用。而这种取值方式又并非严格遵照某种规律，所以，充分论证地下水的取值方法的合理性，对于最终获得准确的水压力是不可或缺的一个环节。设计水压力的考虑方式可以分为：①为简化设计计算，将水压力的分布形状、大小与土压力一样，分别按照垂直方向与水平方向施加；②在横断面的形心线上沿隧道半径方向施加地下水压力[22]。

3. 自重

自重的作用形式垂直荷载，它沿隧道的衬砌轴线分布。自重的具体计算公式为：

$$G = \frac{W_1}{2\pi R} \tag{2-30}$$

其中：W_1 为衬砌的总重量（kN）；G 为衬砌单位长度的重量（kN/m）；R 为衬砌的形心半径（m）。

4. 上覆荷载

一般情况下，地面车辆荷载取 $20\mathrm{kN/m^2}$。

5. 地层抗力

地层抗力是指除去垂直土压力、水平土压力和水压力之外，作用在隧道衬砌上的所有荷载在地基地层所引起的反力的总称。隧道地层反力通常可以分为独立于地层变形的反力与从属于地层变形的反力。对于前者，一般作为与以荷载相平衡的反力，其分布形状可以预先设定。另一方面，后者多依据诸如文克勒（Winkler）假定等伴随着管片环和地层的位移而发生[23]。

隧道地层的位移反力可以通过地层弹簧模型转化成管片环和地层两者之间的受力状态，并且可以进一步通过模型来具体评价地层的抗力。这时，基本上当管片表现出受拉的力学特性，需要将这些力学特性所产生的荷载作为地层反力来进行合理的变现。

6. 内部荷载

内部荷载是根据实际情况确定的，指工程竣工后作用于衬砌内侧的荷载。内部荷载随使用目的的不同而不同,作用在盾构管片上的荷载必须对结构进行安全性确认。

7. 地震荷载

地震对地下结构可以产生剪切错位和振动的影响,一般的地下结构采用静力法和拟静力法。

8. 平行设置隧道间的相互影响

在隧道之间相互平行设置时,要考虑隧道间的相互位置关系、地基条件、施工方法、隧道的外径等问题,要根据需要对相互干扰的隧道和施工时的影响进行论证。一般来说对于平行设置的隧道不管是垂直方向还是平行方向,只要隧道之间的距离小于后续隧道外径 D_0,有必要进行充分的论证,隧道间的相隔距离越近影响就会越大,特别是当相隔距离小于 $0.5D_0$ 时有必要进行详细的论证。

除了以上所列的荷载,对于具体的施工环境可能还要考虑其他的一些荷载,在此不再讨论。

2.2.4　管片截面内力计算

对于盾构衬砌管片截面的内力变形计算,目前主要采用荷载结构模型。荷载结构模型按土层抗力和接头模拟的假设进行各种组合:

(1) 接头部分的假设。接头和管片为等刚度的均质圆环(用刚度折减系数折减);接头转动刚度为零,铰接;用弹簧模拟接头部分(含环向和径向)。

(2) 土层被动抗力的假设。忽略土层的被动抗力;考虑被动抗力,被动抗力按假定分布;用弹簧力模拟被动抗力。

根据这两类假设的不同,考虑了土层抗力和接头的 3 种组合,即 3 种计算方法。

1. 自由变形圆环法

自由变形圆环法是将盾构隧道衬砌结构视为在土体中自由变形的弹性均质圆环[24],不考虑管片接头刚度变化的影响,将土层抗力假定为三角形分布荷载进行计算(在水平轴上下 45° 范围内),荷载计算图式见图 2-12。自由变形圆环法内力求解采用弹性中心法,即根据荷载和结构均对

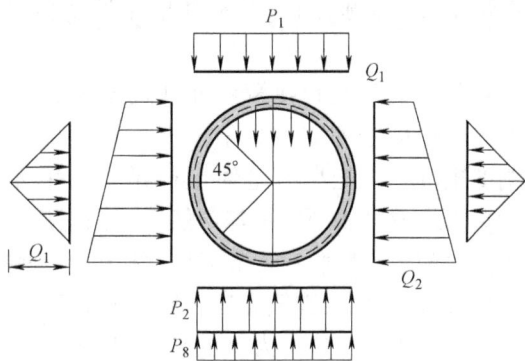

图 2-12　均质圆环法计算图示

称于竖直轴,取半结构进行计算,根据弹性中心处的相对角位移和相对水平位移为零的条件,列出力法方程,求出多余未知力,再根据多余未知力求出圆环任意截面上的内力。

2. 弹性地基梁法

弹性地基梁法将衬砌结构看成弹性地基上的圆环,当土体中管片衬砌产生变形时,衬砌周围的土体将阻止管片变形,即产生土体抗力[25]。弹性地基梁法用弹性地基弹簧来模拟衬砌与围岩的相互作用。弹性地基梁法从考虑土体抗力的不同可分为两种模型,一种是全周弹簧模型,另一种是局部弹簧模型。局部弹簧模型假定在拱顶 90° 范围内为脱离区,不产生土体抗力。本文所用模型为全周弹簧模型。

弹性地基梁法计算图式见图 2-13。用有限元法把衬砌结构离散为有限个梁单元，对于梁单元，其单元刚度矩阵与结构力学中杆单元的单元刚度矩阵相同。取梁轴线为 x 轴，可写出该梁单元的单元刚度矩阵。

$$[\overline{K}^e] = \begin{bmatrix} \dfrac{EA}{l} & 0 & 0 & -\dfrac{EA}{l} & 0 & 0 \\[2mm] 0 & \dfrac{12EI}{l^3} & \dfrac{6EI}{l^2} & 0 & -\dfrac{12EI}{l^3} & \dfrac{6EI}{l^2} \\[2mm] 0 & \dfrac{6EI}{l^2} & \dfrac{4EI}{l} & 0 & -\dfrac{6EI}{l^2} & \dfrac{2EI}{l} \\[2mm] -\dfrac{EA}{l} & 0 & 0 & \dfrac{EA}{l} & 0 & 0 \\[2mm] 0 & -\dfrac{12EI}{l^3} & -\dfrac{6EI}{l^2} & 0 & \dfrac{12EI}{l^3} & -\dfrac{6EI}{l^2} \\[2mm] 0 & \dfrac{6EI}{l^2} & \dfrac{2EI}{l} & 0 & -\dfrac{6EI}{l^2} & \dfrac{4EI}{l} \end{bmatrix} \tag{2-31}$$

式中，E 为管片衬砌的弹性模量；I 为梁单元截面惯性矩；A 为梁单元截面积；l 为梁单元长度。对于弹簧单元，其单元刚度 k 为：

$$k = K_r s \tag{2-32}$$

式中，K_r 为围岩的侧向弹性抗力系数，根据试验或经验确定；s 为相邻单元长度和的一半。

将所有梁单元和弹簧单元在局部坐标系下的单元刚度矩阵变换为整体坐标系下的单元刚度矩阵，再把所有整体坐标系下的单元

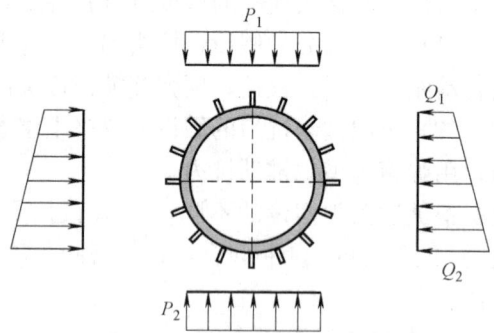

图 2-13　弹性地基梁法计算图示

刚度矩阵组成总体刚度矩阵，然后将围岩压力转化为节点荷载，再利用边界条件求出梁单元的内力和位移。假定各节点位移以使地基弹簧受压为正，若求出某节点位移为负（向隧道内位移），即此处弹簧受拉，则将此处的地基弹簧去掉，重新进行计算，再去掉位移为负的节点处的地基弹簧，若某已被去掉地基弹簧的节点处位移又为正，则需将此处的地基弹簧加上再重新计算，所有的地基弹簧都受压为止。

3. 弹性铰法

弹性铰法计算图式见图 2-14（所受外荷载同弹性地基梁法，未示出）。弹性铰法考虑了管片接头对结构内力的影响，由于盾构隧道管片衬砌是通过多块圆弧管片用螺栓拼装起来的，各圆弧管片的接头处存在一个能承担一部分弯矩的弹性铰，其承担弯矩的多少，与接头刚度的大小成正比[26,27]。这种方法是在围岩条件很好的情况下使用的，由于是非静定结构，将可以从围岩得到较大的地基抗力为前提进行计算。如果是软弱围岩，将产生很大的地基变形，使用时应慎重。

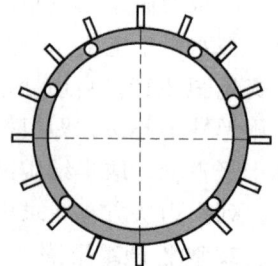

图 2-14　弹性铰法计算图示

2.2.5　管片纵缝张开验算

纵缝张开是盾构隧道运营期常见的病害之一，并且它是引起渗漏水的主要原因之一。同时，纵缝张开量与管片收敛存在着相应的联系，可以用来进行隧道结构安全性评估。因此，研究接缝张开随着内发展的过程并确定极限接缝张开量对于盾构隧道的运营和维护有十分重要的意义[28]。

根据接缝处计算内力 M、N，把管片等效成钢筋混凝土受弯构件，按照钢筋混凝土截面核算办法计算管片环缝张开量，计算简图如图 2-15 所示。

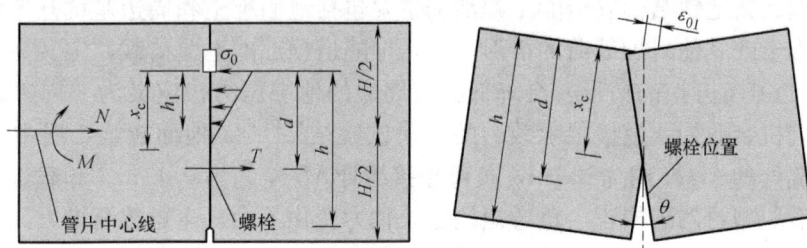

图 2-15　纵缝张开量验算简图

计算公式为：

$$\frac{1}{\rho} = \frac{(\theta/2)^2}{\left[1 + \left(\frac{\theta}{2}\right)^2\right]^{\frac{3}{2}}} \tag{2-33}$$

$$\frac{1}{\rho} = \frac{M}{EI} \tag{2-34}$$

式中，ρ 为曲率半径；θ 为接缝张开角；M 为计算弯矩；E 为管片的弹性模量；I 为管片的抗弯刚度。管片环向接缝张开量为：$\delta = d \cdot \theta$，接缝张开量需满足密封垫防水要求。

2.3　管片结构的受力性能试验分析

对于盾构隧道来讲，结构受力及使用要求决定了衬砌结构形式并决定了其拼装方法。衬砌结构在施工阶段保护开挖面以防止土体变形、坍塌及泥水渗入，并承受盾构推进时千斤顶顶力及其他施工载荷；在隧道竣工后作为永久性支撑结构，能够防止泥水渗入，同时支承衬砌周围的水、土压力以及使用阶段某些特殊需要的载荷，以满足结构的预期使用要求。

盾构法隧道衬砌结构是由若干弧形管片通过螺栓连接而成的预制拼装结构，然而，当前地铁运营实践中，盾构隧道区间的管片接缝的张开和渗漏易超出设计允许要求。已有研究表明：管片接缝是盾构隧道衬砌结构的薄弱环节，接缝的受力性能直接决定了隧道结构的承载能力。为此，有必要深入研究盾构隧道接缝的受力性能和破坏机制。

模型试验是工程结构领域常用的研究手段之一，关于盾构隧道结构的模型试验屡见不鲜。本章分别参照上海地铁及宁波地铁的管片制作对管片结构的受力性能进行试验分析。

2.3.1 管片纵缝的受力性能

本节以盾构隧道纵缝接缝为研究对象，针对当前运营地铁结构安全保障中所涉及的工程活动，开展了顶部超载和周边卸载两种工况下的管片接缝极限承载能力的足尺试验，描述了盾构隧道纵缝接缝受力全过程的试验现象，建立了接缝受力分析的解析模型，并分析了纵缝接缝的受力性能和破坏机理[29-31]。

1. 试验设计

（1）试验工况

当前影响运营地铁结构安全的工程活动主要包括地面堆土和周边基坑开挖两类。对隧道上方存在堆土或其他附加载荷的情形，会增加隧道顶部的上覆荷载，定义为"顶部超载工况"；对周边基坑开挖的情形，会降低隧道周边的地层压力，定义为"周边卸载工况"。根据已有通缝拼装盾构隧道极限承载力的足尺试验结果[32]，地面超载工况中原型衬砌结构正弯矩接缝处的 M/N 约为0.3m，负弯矩接缝处 M/N 约为0.15m。卸载工况中，加载至设计荷载后原型衬砌结构正、负弯矩接缝处轴力变化不大，弯矩逐渐增大。本节将遵照已有原型结构试验研究的思路和结果，系统研究顶部超载工况和周边卸载工况下隧道纵向接缝的受力性能。

（2）试件设计

试验试件参照上海地铁中埋（即隧道顶部至自然地面的垂直距离为15m）通缝拼装盾构隧道管片制作，其外直径为6200mm，管片厚350mm，环宽1200mm，混凝土强度等级为C55，管片纵缝采用2根5.8级M30直螺栓连接。试验对原始标准块试件进行切割，拼接成纵缝接缝，对纵缝接缝进行加载试验。根据受力的不同，纵缝接缝可分为正弯矩接缝、负弯矩接缝，其中正弯矩接缝位于整环结构中为8°和352°，负弯矩接缝位于整环结构中为73°和287°，如图2-16所示。

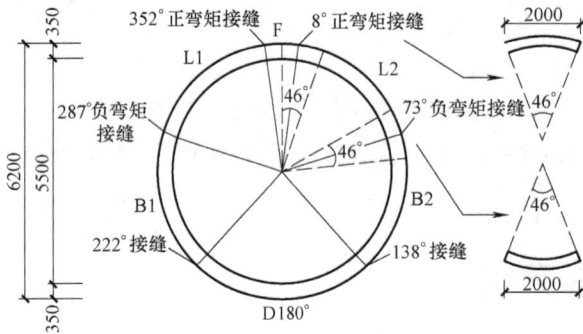

图2-16　纵向接头的位置

由于接缝内外侧嵌缝构造的存在，纵缝接缝可分为外缘混凝土、核心混凝土、内缘混凝土，如图2-17所示。

其中，核心区混凝土是指盾构隧道拼装完成之后初始状态下管片间相互密贴的区域，外缘混凝土和内缘混凝土是指在核心区混凝土内外两侧由于构造设计管片间不密贴的区域。

（3）加载系统

试验采用盾构管片接缝试验加载系统进行加载，加载系统由主加载框架、垂向及水平向加载作动器、加载支座及控制器组成，可以实现对隧道管片衬砌结构的双向加载。在各试验工况中，竖向力 P 由垂向加载制动器施加，然后通过多点等值钢梁作用在试件上，水平力 N 由水平向加载制动器施加，通过端部支座作用在试件上，见图2-18。

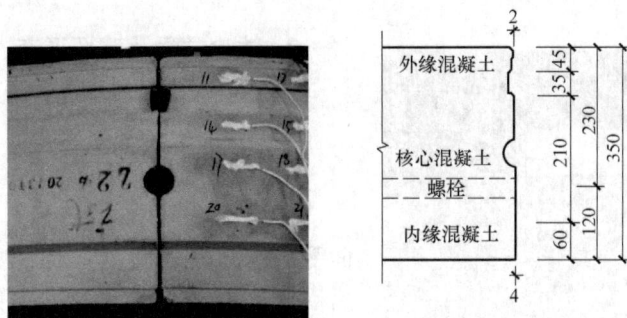

图 2-17 纵缝接头的结构细节

（4）加载方案

加载系统中通过水平加载制动器施加轴力，通过垂向加载制动器施加竖向力，通过换算关系得到接缝弯矩，模拟整环足尺试验中纵缝接缝的受力。试验前对整环足尺试验下纵缝接缝内力进行分析，并基于控制截面内力等效的原则来设计试验荷载（图 2-19）。

顶部超载工况，正、负弯矩接缝试验加载过程分两个阶段，N 和 F_y 的关系如下：

图 2-18 接头试验装置正视图

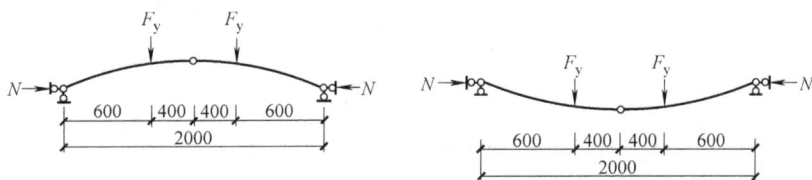

图 2-19 接头试验加载示意图

1）正弯矩接缝按照偏心距（M/N）为 0.3m 进行加载，负弯矩接缝按照偏心距（M/N）为 0.15m 进行加载。水平力 N 每级加载 50kN，对应竖向力 F_y 按照偏心距计算得到的弯矩进行加载，加载至水平力达到 600kN；

2）之后水平力每级加载 25kN，对应竖向力按照偏心距计算得到的弯矩进行加载；

周边卸载工况，正、负弯矩接缝试验加载过程分两个阶段，N 和 F_y 的关系如下：

1）正弯矩接缝按照偏心距（M/N）为 0.2m 进行加载。水平力 N 每级加载 50kN，对应竖向力按照偏心距计算得到的弯矩进行加载，加载至水平力加载到 900kN；负弯矩接缝按照偏心距（M/N）为 0.15m 进行加载。水平力 N 每级加载 50kN，对应竖向力按照偏心距计算得到的弯矩进行加载，加载至水平力加载到 950kN；

2）之后水平力保持不变，对应竖向力每级加载 5kN；

3）当试验荷载位移曲线进入平台段，达到破坏极限，试验结束。

试验过程中，加载模式采用荷载控制的加载模式，采用分级加载和数据间隙采集的方式直至试验结束。

图 2-20　接缝最终破坏形态

2. 试验过程及破坏形态

（1）顶部超载工况

1）正弯矩接缝

① 破坏过程及形态

在加载过程中，纵缝正弯矩接缝首先全截面受压或部分截面受压但螺栓受力不明显，之后受压区混凝土高度减小、螺栓开始受力，随着接缝继续张开螺栓应变逐渐增大，之后螺栓达到弹性极限且应变开始快速发展，接缝快速张开使外缘混凝土接触。之后，螺栓屈服无法继续承载，位移快速发展，外缘混凝土压碎，螺栓拉断，接缝截面达到承载力极限状态。

② 试验结果

图 2-21 可以得到，在弯矩为 0～90kN・m 阶段，构件挠度、混凝土应变、螺栓应变、接缝张角基本呈线性发展；在弯矩为 90kN・m 时出现拐点，此时压区混凝土跨过螺栓，螺栓开始受力，接缝张角增加速度相对变快；当弯矩为 180～202.5kN・m，构件挠度、

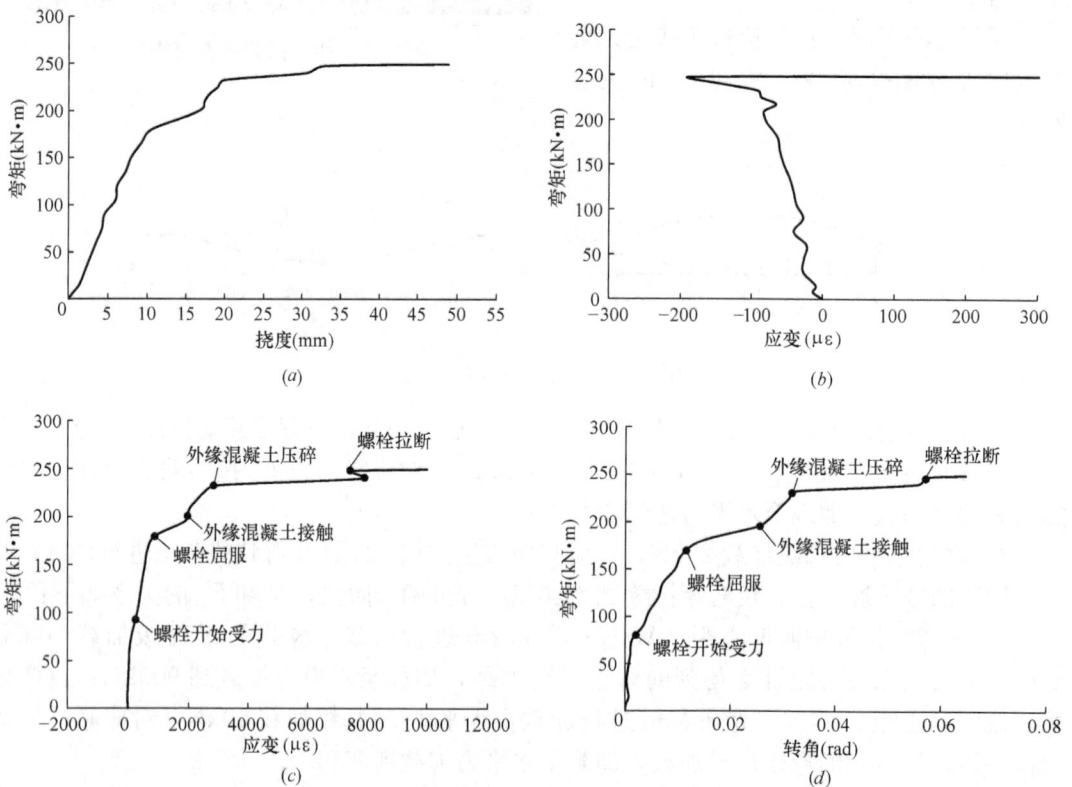

图 2-21　顶部超载工况正弯矩试验结果

（a）构件挠度；（b）混凝土截面应变；（c）螺栓应变；（d）接缝转角

螺栓应变、张角快速增加；在弯矩 202.5kN·m 时，外缘混凝土接触，张角增加速度减缓；在弯矩为 240kN·m 时，外缘混凝土压碎，张角发生突变；在弯矩为 249kN·m 时，张角、螺栓应变迅速增加，此时螺栓拉断，加载结束。

2）负弯矩接缝

① 破坏过程及形态

在加载过程中，负弯矩纵缝接缝首先全截面受压或部分截面受压但螺栓受力不明显，之后受压区混凝土端面出现裂缝，接缝刚度有所减小，裂缝继续发展至挠度发生突变，此时内

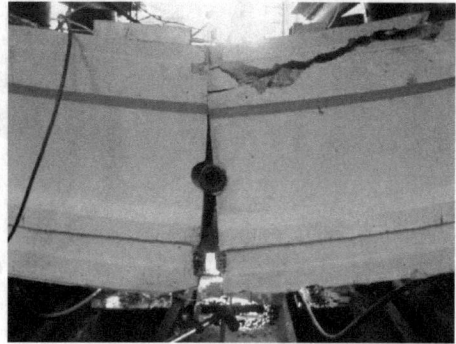

图 2-22　接缝最终破坏形态

缘混凝土压紧，接缝刚度大幅度提升，之后挠度再次突变，内弧面压碎，试验结束。

② 试验结果

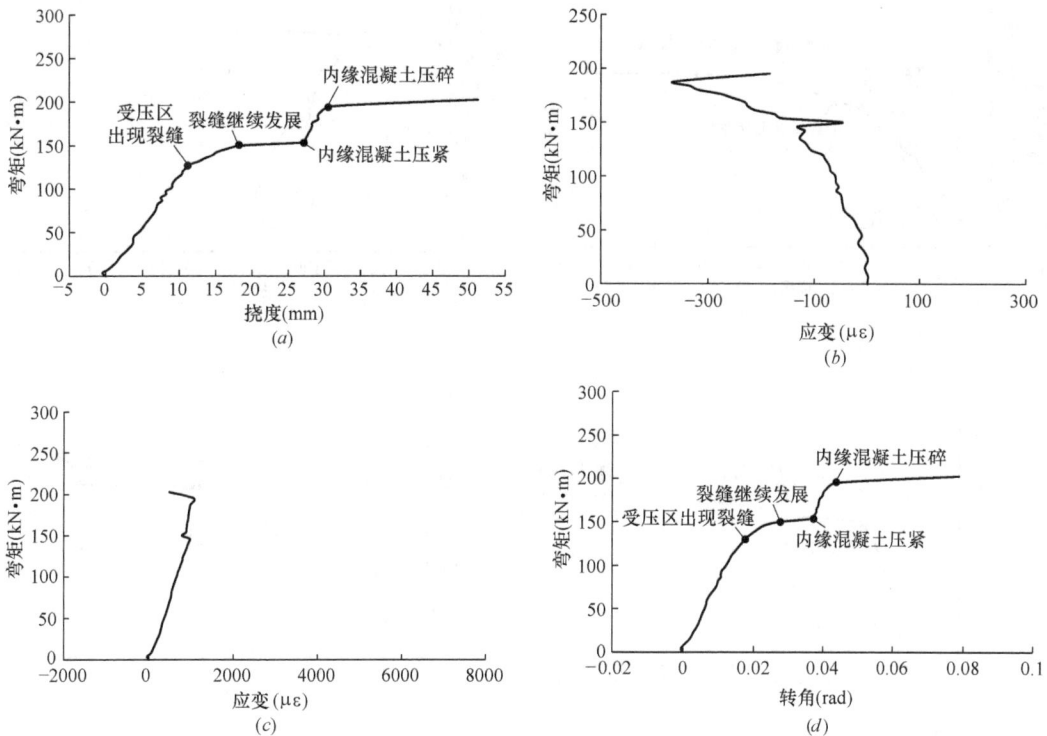

图 2-23　顶部超载工况负弯矩试验结果

（a）构件挠度；（b）混凝土截面应变；（c）螺栓应变；（d）接缝转角

图 2-23 可以得到，在弯矩为 0~127.5kN·m 阶段，构件挠度、混凝土应变、螺栓应变、张角基本呈线性发展，之后受压区混凝土端面出现裂缝；当弯矩为 127.5~150kN·m 时，裂缝继续发展，张角增加速度逐渐加快；当弯矩为 150kN·m 时，挠度发生突变，内缘混凝土压紧，此时螺栓应变有所滑落；当弯矩为 164.25kN·m 时，挠度、张角增加速度明显减小，之后在弯矩为 202.5kN·m 时挠度再次突变，内弧面压碎，试验结束。

（2）周边卸载工况

1）正弯矩接缝

① 破坏过程及形态

图 2-24　接缝最终破坏形态

在加载过程中，纵缝正弯矩接缝首先全截面受压但螺栓受力不明显，之后受压区混凝土高度减小、螺栓开始受力，随着接缝继续张开螺栓应变逐渐增大，之后螺栓达到弹性极限且应变开始快速发展，接缝快速张开使外缘混凝土接触，增加了受压区混凝土高度，接缝刚度提高。之后，外缘混凝土压碎，位移快速发展，螺栓拉断，接缝达到极限状态。

② 试验结果

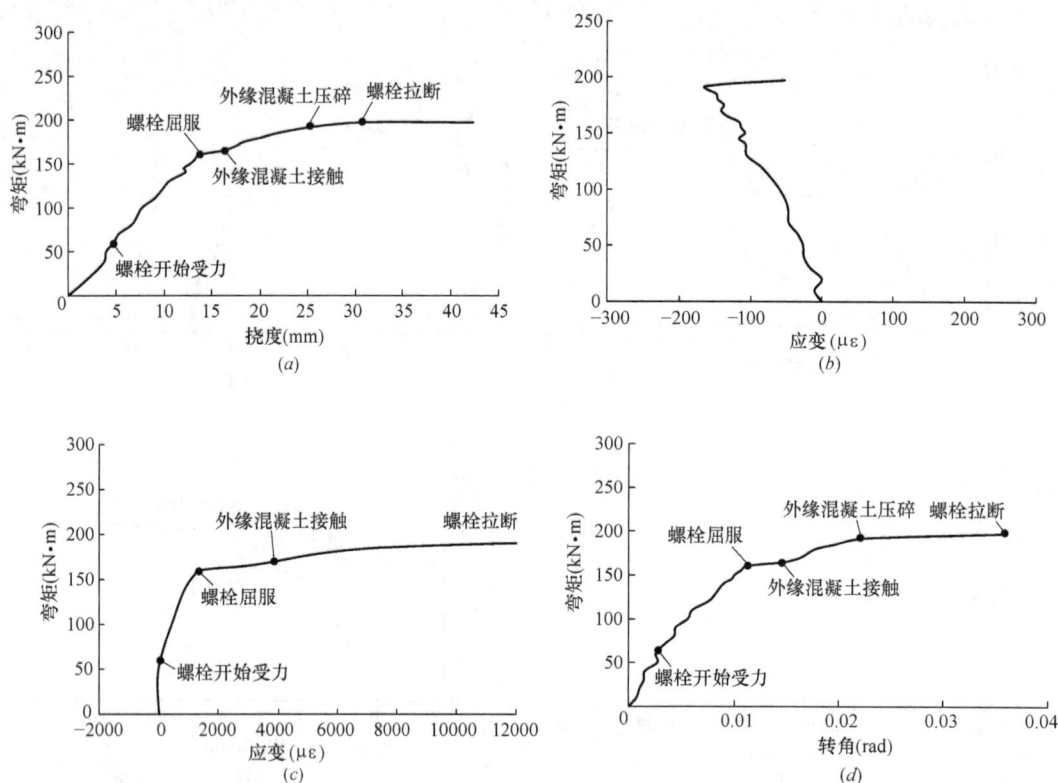

图 2-25　周边卸载工况正弯矩试验结果

（a）构件挠度；（b）混凝土截面应变；（c）螺栓应变；（d）接缝转角

图 2-25 可以得到，在弯矩 0～60kN·m 阶段，挠度、张角基本成线性发展，在弯矩为 60kN·m 时出现拐点，螺栓开始受力，螺栓应变呈线性发展，挠度、张角增加速度相对变快；当弯矩为 160kN·m 时出现拐点，螺栓达到弹性极限，挠度、张角增加速度相对进一步加快；在弯矩为 165kN·m 时，外缘混凝土接触，螺栓应变增速减小；在弯矩为 192kN·m 外缘混凝土压碎；在弯矩为 197kN·m 时，螺栓拉断，挠度发生突变，加

载结束。

2）负弯矩接缝

① 破坏过程及形态

在加载过程中，纵缝正弯矩接缝首先全截面受压或部分截面受压，之后受压区混凝土端面出现裂缝，接缝刚度有所减小，裂缝继续发展至挠度发生突变，此时内缘混凝土压紧，接缝刚度大幅度提升，之后内弧面压碎，接缝丧失承载能力，试验结束。

② 试验结果

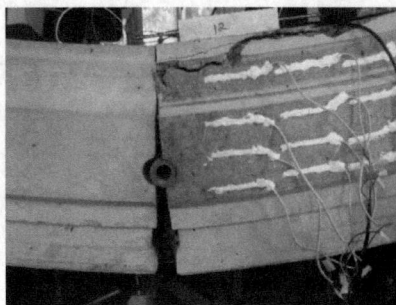

图 2-26　接缝最终破坏形态

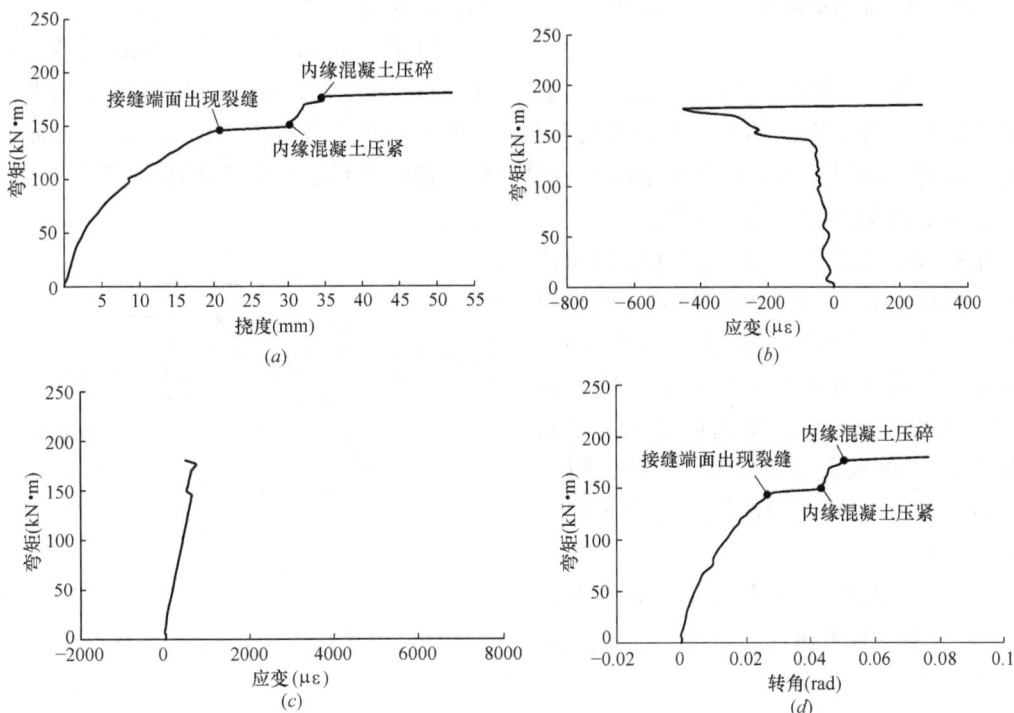

图 2-27　周边卸载工况负弯矩试验结果

(*a*) 构件挠度；(*b*) 混凝土截面应变；(*c*) 螺栓应变；(*d*) 接缝转角

图 2-27 可以得到，在弯矩为 0～142.5kN·m 时，挠度、张角基本呈线性发展，之后接缝端面出现裂缝，在弯矩为 149.2kN·m 时挠度、张角发生突变，内缘混凝土压紧，在弯矩 149.2kN·m 之后挠度、张角增加速度明显减小，之后在弯矩为 180.3kN·m 时挠度、张角再次突变，内弧面压碎，试验结束。混凝土应变在弯矩为 0～105kN·m 时，基本呈线性发展，在弯矩为 105kN·m～150kN·m 时应变增加速度逐渐加快，在弯矩为 150kN·m 时，应变发生突变，之后在弯矩为 155.9kN·m 时应变再次突变，内弧面压碎，试验结束。螺栓应变在弯矩为 0～142.5kN·m 呈线性发展，弯矩为 149.2kN·m 时应变有一定滑落，此时内缘混凝土压紧，之后螺栓应变继续线性发展，在 180.3kN·m 时内弧面压碎，螺栓应变减小，加载结束。

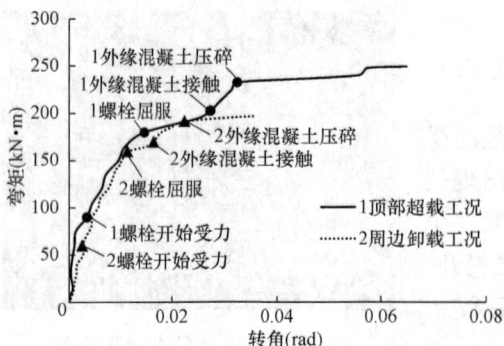

图 2-28　正弯矩超载工况接头受力结果

3. 试验结果对比分析

（1）正弯矩接缝受力全过程

根据试验数据，正弯矩超载、卸载工况试验弯矩—转角曲线如图 2-28 所示，从试验曲线中可以得到，接缝的初始转角刚度约为 11000kN·m/rad。正弯矩纵缝接缝在顶部超载、周边卸载工况下均经历螺栓开始受力、螺栓屈服、外缘混凝土接触、外缘混凝土压碎的受力性能点，两工况下的曲线走势一致。

卸载工况加载至设计荷载时 M/N 为 0.2m，与超载工况偏心距 0.3m 相比，弯矩相同时轴力更大，对应转角刚度也偏大。加载至极限时，卸载工况轴力也大于超载工况，原则上承载力应接近于超载工况，然而，在正弯矩接缝卸载试验中，由于螺栓滑丝过早发生，使接缝承载力低于正弯矩接缝。

（2）负弯矩接缝受力全过程

根据试验数据，卸载工况试验转角刚度曲线如图 2-29 所示，从试验曲线中可以得到，接缝的初始转角刚度约为 6500kN·m/rad。从试验曲线中可以看出，负弯矩纵缝接缝在顶部超载、周边卸载工况下均经历受压区出现裂缝、内缘混凝土接触、内缘混凝土压碎的受力性能点，两工况下的曲线走势一致。

在负弯矩接缝试验中由于卸载工况在

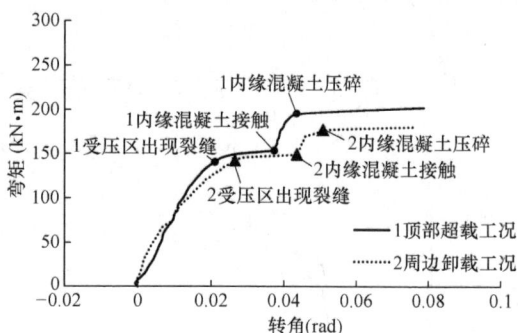

图 2-29　负弯矩卸载工况接头受力

轴力为 950kN 时不再继续增加，加载至极限时轴力小于超载工况，造成卸载工况承载力小于超载工况。

将正、负弯矩接缝在两种工况下的初始转角刚度及极限承载力统计在表 2-5 中。

不同荷载工况下接缝比较　　　　　　　　　　　　　　　　表 2-5

荷载工况	初始转角刚度（kN·m/rad）		极限弯矩（kN·m）	
	正弯矩接缝	负弯矩接缝	正弯矩接缝	负弯矩接缝
顶部超载	10388	6539	249	202.5
周边卸载	11811	6570	197	180.3
超载/卸载	0.88	0.99	1.26	1.12

4. 接缝受力全过程分析

由于接缝内外侧嵌缝构造的存在，纵缝接缝截面可分为外缘混凝土、核心混凝土、螺栓、内缘混凝土。结合纵缝接缝试验，纵缝分别经历全截面受压、螺栓开始受力并屈服、边缘混凝土贴紧、边缘混凝土压碎等关键性能点。通过对接缝面进行截面受力分析，可得到接缝受力全过程，推导出接缝在不同荷载下的受力形态及极限承载力。

（1）基本假定

为了对截面进行受力分析，需要对截面模型进行简化。由于管片厚度相对于环宽、环向长度的尺寸比较小，可将纵向接缝端面视为平面，其变形主要体现在螺栓和压区混凝土变形。假定管片接缝防水垫对接缝抗弯刚度无贡献，在管片拼装完好下，纵向接缝端面核心区混凝土密贴，螺栓预紧力不在考虑范围内。

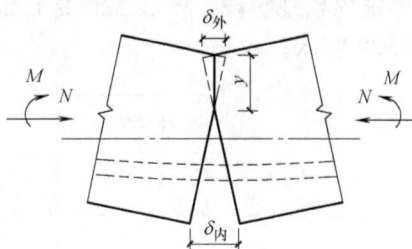

图 2-30　接缝平截面假设

假定纵向接缝截面受力满足分段平截面，即接缝尚未张开时，接缝接触面全截面受压，接触面保持为平面；当接缝张开后，接触面接触部分保持为平面；由于嵌缝构造的存在，接缝转动到一定程度，外缘或内缘混凝土接触，接缝受压混凝土面积增大，仍满足平截面。其中，接缝转角定义为：

$$\theta = \frac{\delta_{外} + \delta_{内}}{h} \tag{2-35}$$

式中，$\delta_{内}$、$\delta_{外}$ 分别表示内外侧张开量，h 为接缝面高度。

假定当接触面出现脱离区后，接缝面处混凝土受压区压力为标准二次抛物线分布，抛物线顶点在接缝面受压区的管片边缘。

在解析模型中，采用《混凝土结构设计规范》GB 50010 中推荐的混凝土应力-应变关系，其中接缝管片对应的混凝土强度等级为 C55。螺栓则采用两折线钢筋本构模型，即理想弹塑性模型，其中接缝处螺栓采用机械性能等级为 5.8 级 M30 直螺栓。

（2）接缝截面受力全过程分析

通过对纵向接缝受力状态的划分以及各阶段的力学分析，建立其全过程力学模型。以正弯矩为例，纵向接缝受力状态可分为以下三个主要阶段：核心区混凝土全截面受压阶段、核心区混凝土部分截面受压阶段、外缘或内缘混凝土与核心区混凝土共同受压阶段。

1）核心区混凝土全截面受压阶段

在核心区混凝土全截面受压阶段，混凝土受压区高度 x 等于核心区混凝土高度 h，且螺栓不受力。核心区混凝土处于弹性阶段，在轴力弯矩作用下其应力、应变分布如图 2-31 所示。

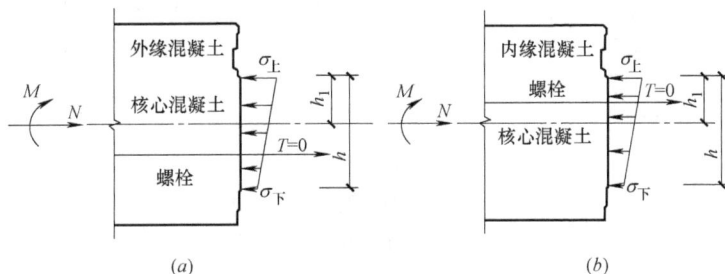

图 2-31　纵接缝的应力分布
（a）正弯矩接缝；（b）负弯矩接缝

可计算得到核心区混凝土上下两侧应力状态：

$$\sigma_{上} = \frac{N}{bh} + \frac{M}{W} \quad \sigma_{下} = \frac{N}{bh} - \frac{M}{W} \tag{2-36}$$

2）核心区混凝土部分截面受压阶段

外荷载继续增大，纵向接缝受力状态由核心区混凝土全截面受压阶段向核心区混凝土部分受压阶段过渡。根据螺栓受力状态不同，又可细分为螺栓松弛阶段和螺栓受拉阶段。

螺栓松弛阶段，核心区混凝土部分截面受压，压区高度范围 $h_2 < x < h$，受力分析如图 2-32 所示。

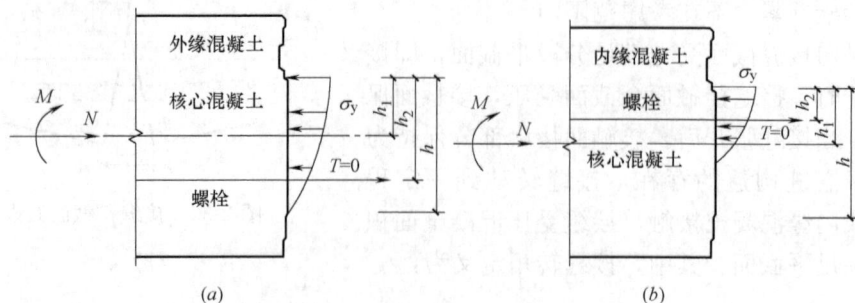

图 2-32　纵接缝的应力分布
(a) 正弯矩接缝；(b) 负弯矩接缝

根据力的平衡关系，可以推得：

$$\begin{cases} \int_0^x \sigma(y)\mathrm{d}y \cdot b = N \\ \int_0^x \sigma(y)\mathrm{d}y \cdot b \cdot \left[h_1 - x + \dfrac{\int_0^x \sigma(y) \cdot y\mathrm{d}y}{\int_0^x \sigma(y)\mathrm{d}y} \right] = M \end{cases} \tag{2-37}$$

受压区高度进一步减小，当受压区高度跨过螺栓后，螺栓开始受拉，核心区混凝土部分截面受压，压区高度范围 $0 < x < h_2$，受力分析如图 2-33 所示。

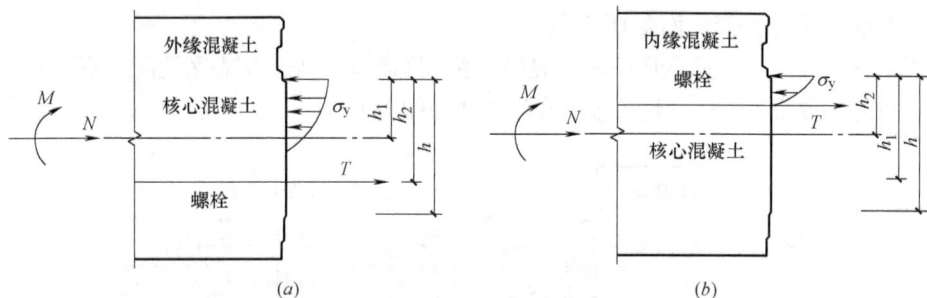

图 2-33　纵接缝的应力分布
(a) 正弯矩接缝；(b) 负弯矩接缝

$$\begin{cases} \int_0^x \sigma(y)\mathrm{d}y \cdot b = N + T \\ \int_0^x \sigma(y)\mathrm{d}y \cdot b \cdot \left(h_1 - x + \dfrac{\int_0^x \sigma(y) \cdot y\mathrm{d}y}{\int_0^x \sigma(y)\mathrm{d}y} \right) + T \cdot (h_2 - h_1) = M \end{cases} \tag{2-38}$$

3）边缘混凝土与核心区混凝土共同受压阶段

外荷载继续增大，纵向接缝外弧面继续压紧。当管片外弧面压紧量超过初始张开量，外缘混凝土参与受压，与核心区混凝土共同工作，螺栓受拉，压区高度范围 $0 < x < h_2 + h_3$，受力分析如图 2-34 所示。该阶段体现了构造形式对纵向接缝受力性态转变的重要影响。

根据力的平衡关系可以得到：

$$\begin{cases} \int_0^x \sigma(y)\mathrm{d}y \cdot b + \int_0^{h_3} \sigma'(y)\mathrm{d}y \cdot b = N + T \\[2mm] \int_0^x \sigma(y)\mathrm{d}y \cdot b \cdot \left(h_1 - x + \dfrac{\int_0^x \sigma(y) \cdot y\mathrm{d}y}{\int_0^x \sigma(y)\mathrm{d}y} \right) + \int_0^{h_3} \sigma'(y)\mathrm{d}y \cdot b \cdot \\[2mm] \left(\dfrac{\int_0^{h_3} \sigma'(y) \cdot y\mathrm{d}y}{\int_0^{h_3} \sigma'(y)\mathrm{d}y} + h_4 + h_1 \right) + T \cdot (h_2 - h_1) = M \end{cases} \qquad (2\text{-}39)$$

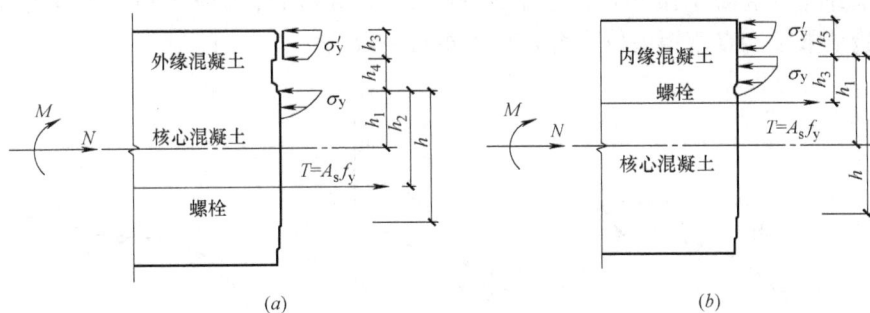

图 2-34　纵接缝的应力分布
(a) 正弯矩接缝；(b) 负弯矩接缝

5. 破坏机理分析与讨论

(1) 受力性能点分析

通过建立以上接缝受力模型，正、负弯矩纵缝接缝受力状态可分为以下三个主要阶段：核心区混凝土全截面受压阶段、核心区混凝土部分截面受压阶段、外缘或内缘混凝土与核心区混凝土共同受压阶段。在此过程中，主要有螺栓屈服或受压区压裂、外缘或内缘混凝土接触、压碎 3 个性能点。下面将针对接缝受力性能点，对解析结果与试验结果进行对比分析。

图 2-35 所示为两种工况下正弯矩接缝弯矩—转角相对关系曲线，实线为接缝截面受力模型解析结果，虚线为接缝试验结果。

通过比较发现，在两种工况下，接缝截面受力模型结果与接缝试验结果中均出现了螺栓屈服、外缘接触、外缘压碎的受力性能点。受力全过程均为首先全截面受压，随着接缝继续张开螺栓应变逐渐增大，之后螺栓达到弹性极限，转角开始快速发展，接缝快速张开使外缘混凝土接触，增加了受压区混凝土高度，接缝刚度提高。之后，外缘混凝土压碎，接缝达到极限状态。

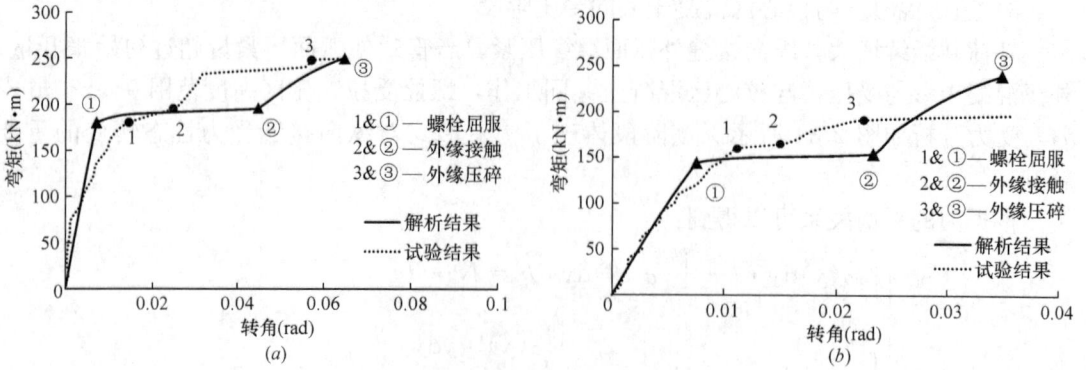

图 2-35　正弯矩接缝弯矩-转角相对关系曲线
（a）超载工况；（b）卸载工况

以超载工况为例，接缝截面受力模型结果中螺栓屈服时弯矩为 177kN·m，在弯矩为 264kN·m 时外缘混凝土压碎，接缝达到承载力极限。接缝试验结果在弯矩为 180kN·m 时螺栓屈服并外缘混凝土接触，在弯矩为 247.5kN·m 时外弧面压碎。比较看来，模型结果与试验结果性能点弯矩值较吻合，转角相对一致。

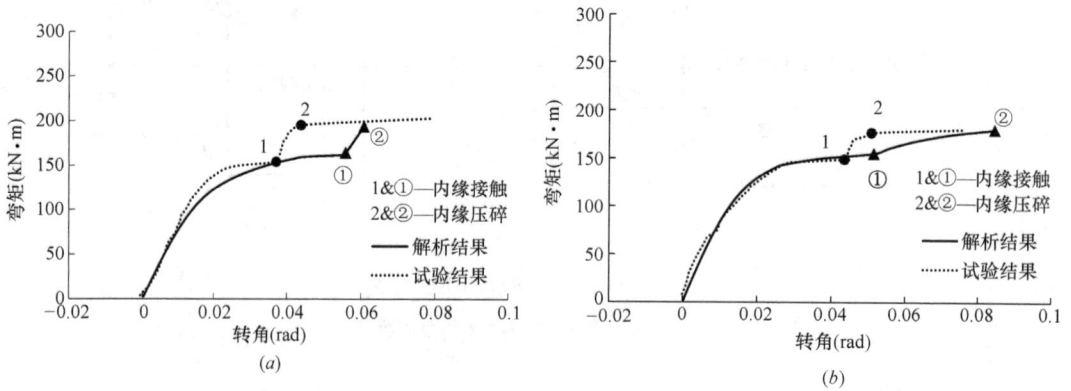

图 2-36　负弯矩接缝弯矩-转角相对关系曲线
（a）超载工况；（b）卸载工况

图 2-36 所示为两种工况下负弯矩接缝弯矩－转角相对关系曲线，实线为接缝截面受力模型解析结果，虚线为接缝试验结果。

通过比较发现，在两种工况下，接缝截面受力模型结果与接缝试验结果中均出现了核心受压区混凝土边缘压裂、内缘接触、内缘压碎的受力性能点。受力全过程均为首先全截面受压，随着接缝继续张开受压区混凝土应变逐渐增大，之后受压区边缘出现裂缝，转角开始快速发展，接缝快速张开使内缘混凝土接触，增加了受压区混凝土高度，接缝刚度提高。之后，内缘混凝土压碎，接缝达到极限状态。

以超载工况为例，接缝截面受力模型结果中核心受压区边缘压碎时弯矩为 153kN·m，弯矩为 165kN·m 时内缘混凝土接触，在弯矩为 202kN·m 时外缘混凝土压碎，接缝达到承载力极限。接缝试验结果在弯矩为 142.5kN·m 时压区混凝土压裂，在弯矩为

153kN·m 时内缘混凝土接触，在弯矩为 195kN·m 时内缘混凝土压碎。比较看来，模型结果与试验结果性能点弯矩值较吻合，转角相对一致。

（2）接缝截面与全截面对比分析

与一般钢筋混凝土截面不同，接缝截面具有嵌缝构造。为比较接缝截面与一般钢筋混凝土截面的受力区别，以接缝受力模型为基础，建立了全截面钢筋混凝土的力学模型，使混凝土强度、高度及截面配筋面积、钢筋位置与接缝相同，并将模型计算结果进行对比。

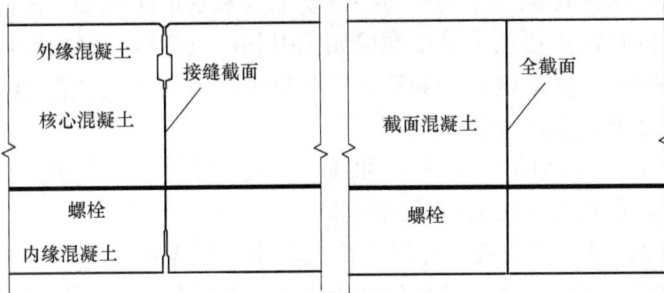

图 2-37　负弯矩接

在超载工况试验中，正弯矩接缝处偏心距 e 为 0.3m，即接缝处弯矩轴力比为 0.3m。将此内力组合带入接缝受力模型、全截面模型中，可得到相应的弯矩－转角曲线，见图 2-38。

通过比较发现，与接缝截面不同，全截面受力性能点为螺栓屈服、混凝土压碎，在弯矩为 279kN·m 时螺栓达到弹性极限，在弯矩为 303kN·m 时混凝土压碎。与接缝截面相比，全截面极限承载力更大，但转动能力较小。接缝截面中嵌缝构造的存在，提高了接缝的转动能力，外缘混凝土的参与受力能相对提高接缝后期刚度及强度。

在超载工况试验中，负弯矩接缝处偏心距 e 为 0.15m，即接缝处弯矩轴力比为 0.15m。将此内力组合带入接缝受力模型、全截面模型中，可得到相应的弯矩－转角曲线，见图 2-39。

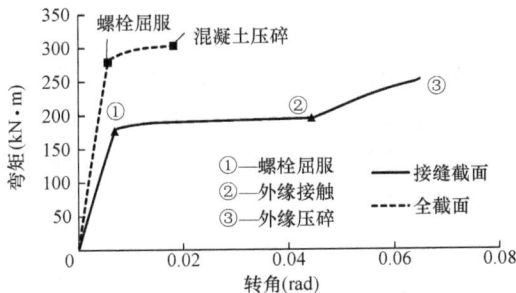

图 2-38　弯矩-转角曲线

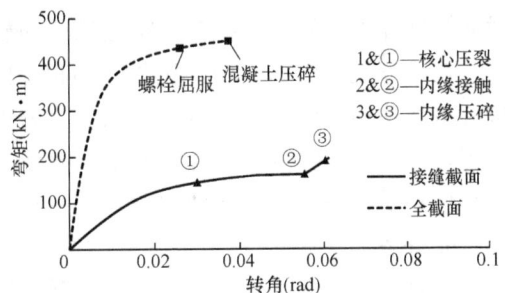

图 2-39　弯矩-转角相对关系曲线

图 2-39 所示均为弯矩-转角相对关系曲线，实线为接缝截面受力模型结果，虚线为全截面受力模型计算结果，点状线为接缝试验结果。

通过比较发现，与接缝截面不同，全截面受力性能点为螺栓屈服、混凝土压碎，在弯矩为 435kN·m 时螺栓达到弹性极限，在弯矩为 450kN·m 时混凝土压碎。与接缝截面相比，全截面极限承载力更大，但转动能力较小。接缝截面中嵌缝构造的存在，提高了接缝的转动能力，内缘混凝土的参与受力能相对提高接缝后期刚度及强度。

（3）接缝截面承载力校核分析

根据以上建立的解析模型，针对接缝截面在不同内力组合下的受力过程进行分析，可分别得到正、负弯矩接缝在不同偏心距下所能承受的不同轴向力 N_{cu} 和 M_u。通过绘制正、负弯矩接缝的 N_{cu}-M_u 曲线，可以由此确定任意内力组合下接缝的受力状态，对接缝面受力进行校核。

对于接缝截面，接缝性能点主要有边缘混凝土接触及边缘混凝土压碎，其中正弯矩接缝外缘混凝土接触的性能点可认为是由螺栓屈服引起，负弯矩接缝内缘混凝土接触的性能点可认为是由核心混凝土受压区压碎导致。在分析中，加入了全截面的 N_{cu}-M_u 曲线，比较接缝截面与全截面混凝土破坏模式的不同。

图2-40所示为正弯矩截面的 N_{cu}-M_u 曲线，实线为接缝截面模型计算结果，虚线为全截面模型计算结果，点状线为接缝试验加载曲线。

从正弯矩截面 N_{cu}-M_u 相关关系曲线中可以看出，在偏心距0.3m的工况下，正弯矩接缝破坏点位于界限破坏点以下，破坏形式为大偏心受压破坏，螺栓先屈服后核心混凝土压碎，接缝转角突变后外缘混凝土接触使接缝能够继续承载。同样偏心距下，全截面模型呈大偏心受压破坏，相同轴力下其抗弯承载能力大于接缝截面。

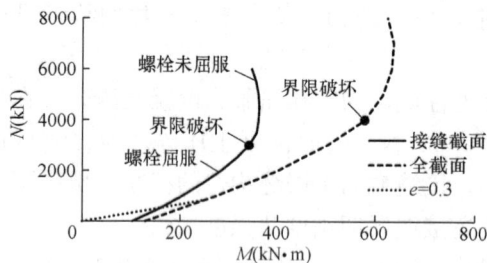

图2-40　正弯矩截面的 N_{cu}-M_u 曲线　　图2-41　负弯矩截面的 N_{cu}-M_u 曲线

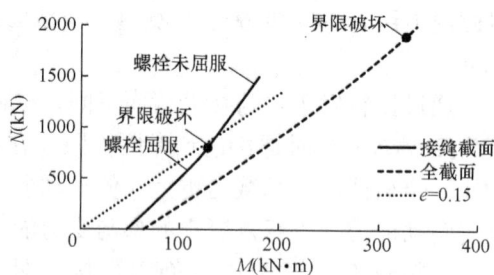

图2-41所示为负弯矩截面的 N_{cu}-M_u 曲线，实线为接缝截面模型计算结果，虚线为全截面模型计算结果，点状线为接缝试验加载曲线。

从负弯矩截面 N_{cu}-M_u 相关关系曲线中可以看出，在偏心距0.15m的工况下，负弯矩接缝截面破坏点位于界限破坏点以上，表现为小偏心受压破坏，螺栓未屈服而核心混凝土压碎，接缝转角突变后内缘混凝土接触使接缝能够继续承载。同样偏心距下，全截面模型呈小偏心受压破坏，相同轴力下其抗弯承载能力大于接缝截面。

6. 小结

针对顶部超载工况和周边卸载工况下盾构隧道纵向接缝的受力性能进行了试验研究和解析分析，所得结论汇总如下：

（1）正弯矩接缝受力破坏链条可包括全截面受压、螺栓开始受力、螺栓屈服、外缘混凝土接触并压碎，及螺栓拉断；破坏形态类似于大偏压受力截面。

（2）负弯矩接缝受力破坏链条为受压区出现裂缝、内缘混凝土压紧，内缘混凝土压碎；破坏形态类似于小偏压受力截面。

（3）采用梁-弹簧模型分析盾构隧道结构受力时，纵缝正弯矩接缝的初始转角刚度约为 11000kN·m/rad，负弯矩接缝的初始转角刚度约为 6500kN·m/rad。

（4）基于半平面假定推导的接缝受力解析模型，可分析接缝受力的全过程，模拟结果与试验结果吻合程度高；所得到的正、负弯矩接缝截面的 N_{cu}-M_u 相关关系曲线，可对任意组合内力下接缝的承载力进行校核。

（5）与全截面混凝土相比，正、负弯矩接缝由于嵌缝构造的存在，提高了接缝的转动能力，外缘或内缘混凝土的参与受力对接缝刚度及强度均有提升。

2.3.2 管片环缝的受力性能

通缝拼装的盾构管片在受力时通常只考虑环内的受力和变形，纵缝是管片受力的薄弱环节；而错缝拼装管片除纵缝之外还需要考虑相邻环的约束和传力作用，错缝拼装的管片可以弥补接头部位衬砌刚度的降低，使得错缝拼装管片的受力形式更为复杂多变，纵缝、环缝以及管片本体都可能成为薄弱环节[33]。

在当前的研究中，对错缝拼装管片环间传力的研究大多针对设计阶段的弯矩传递系数开展；对环间传力的具体过程与机理还缺乏研究，对弯矩传递效应缺乏理论上的研究，对环缝间通过凹凸榫、螺栓或摩擦力进行剪力传递机制还不甚明了[34-37]。本节以错缝拼装管片为研究对象，开展了衬砌结构接缝的压弯试验，分析了管片在三环协同作用下的破坏规律，得到了其刚度及极限承载力[38]。结合单环压弯试验结果，得到了错缝拼装管片环间传力的过程和机理，并分析了衬砌结构纵向力和受荷程度等对弯矩传递系数的影响规律。

1. 试验简介

试验试件针对宁波地铁错缝拼装盾构隧道，其衬砌结构由六块管片组成。管片厚度为 350mm，环宽为 1200mm，混凝土等级为 C50。纵缝和环缝的细部构造如图 2-42 所示，其纵缝为平截面，环缝具有凹凸榫构造，环、纵向连接均采用 5.8 级 M30 型弯螺栓连接。

试验主要分为主体试验和辅助试验。其中三环压弯试验作为试验研究的主体试验，单环压弯试验作为分析环间传力机制的辅助试验。三环压弯试验借助管片环缝和纵缝的组合，分析错缝拼装管片的受力特征和环间剪力的传递作用，并对影响环间传力性能的敏感因素进行分析。单环压弯试验主要得到纵缝的极限强度和抗弯刚度，为三环压弯试验提供试验参数，同时可以了解通缝拼装下管片的破坏模式。本次试验工况如表 2-6 所示。

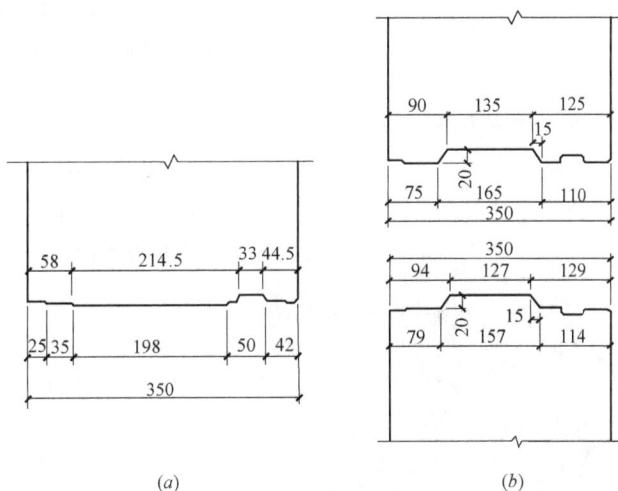

图 2-42 管片接缝构造

（a）纵缝构造；（b）环缝构造

试验工况 表 2-6

试验名称	试验类型	备　注
三环压弯试验	正弯矩工况	设计工况（纵向力 384kN、307kN、192kN、153kN） 极限工况（纵向力 307kN）
	负弯矩工况	设计工况（纵向力 384kN、307kN、192kN、96kN、77kN） 极限工况（纵向力 192kN）
单环压弯试验	正弯矩工况	极限工况
	负弯矩工况	

（1）试件制备

三环压弯试验试件拼装如图 2-43（a）所示，试件由四块切割而成管片拼装而成，分为中间环和两端环，中间环由两块切割而成的整宽管片（1号管片与2号管片）通过环向螺栓拼装而成，两端环为半宽不具纵缝构造管片（3号管片与4号管片），两端环与中间环通过纵向螺栓连接。单环压弯试验试件拼装如图 2-43（b）所示，试件拼装方式同三环压弯试验的中间环，两块管片相对纵缝对称布置，纵缝通过环向螺栓连接。压弯试验的试件如图 2-31 所示。

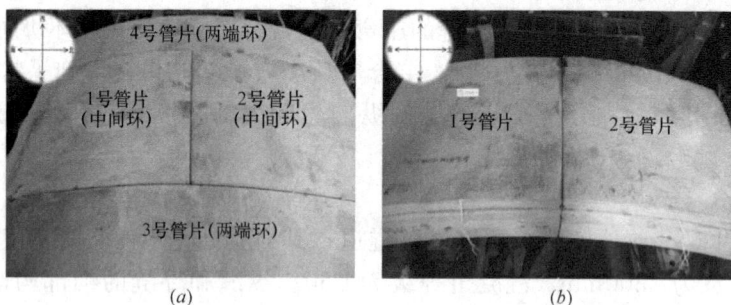

(a)　(b)

图 2-43　压弯试验试件
(a) 三环压弯试验；(b) 单环压弯试验

（2）加载方案

试验加载系统如图 2-44 所示，由主加载框架、垂向及水平向加载作动器、加载支座及控制器组成，可以实现对隧道管片衬砌结构的双向加载。在各试验工况中，竖向力 P 由垂向加载制动器施加，然后通过多点等值钢梁作用在试件上，水平力 N 由水平向加载制动器施加，通过端部支座作用在试件上，纵向力 F 由纵向加载制动器施加，通过加载横梁作用在试件上。

如图 2-45 所示，三环压弯试验中涉及三个方向的荷载：水平力 N、竖向力 P 和纵向力 F。纵向力 F 模拟在盾构隧道运营过程中的环间压力，取值为千斤顶顶力乘上残余系数。在加载过程中首先施加纵向力 F，之后再施加水平力 N 和竖向力 P。三环压弯试验分为

图 2-44　试验加载设备

正负两种工况进行试验，其中正弯矩接缝按照偏心距（M/N）为 0.3m 进行加载，负弯矩接缝按照偏心距（M/N）为 0.15m 进行加载，竖向力 P 通过试件的尺寸进行反算得到。

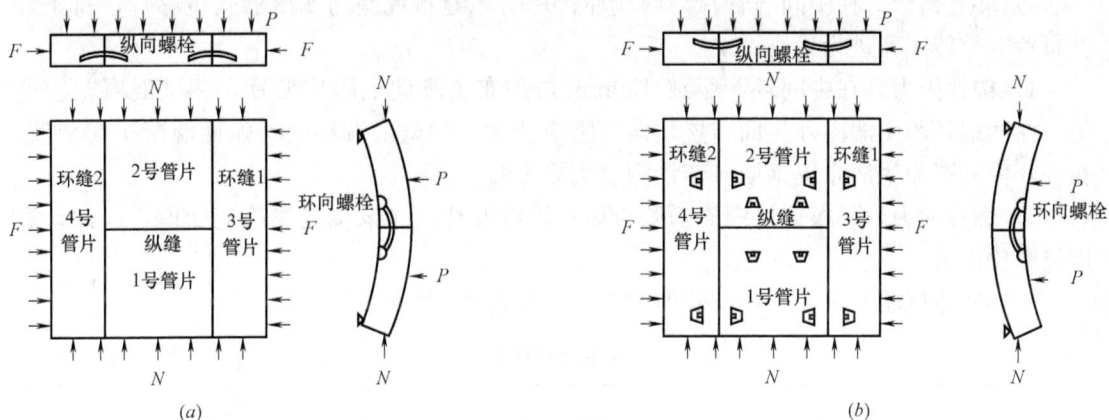

图 2-45　三环压弯试验加载示意图
（a）正弯矩加载；（b）负弯矩加载

单环压弯试验的加载示意见图 2-46，除无纵向力 F 外，水平力 N、竖向力 P 加载与三环压弯试验相似。

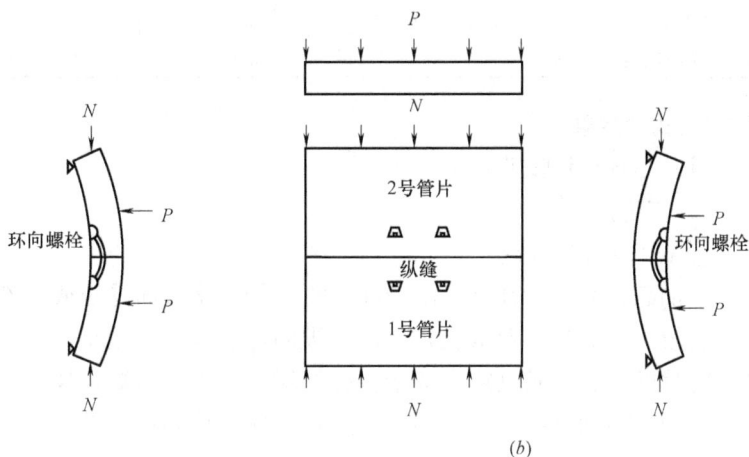

图 2-46　单环压弯试验加载示意图
（a）正弯矩加载；（b）负弯矩加载

（3）测试方案

三环压弯试验过程中量测的内容包括：构件挠度变形、纵缝张开量、环缝错台量、混凝土应变、螺栓应变和钢筋应变，同时观测各级荷载下管片表面裂缝和接缝破损的发展情况。单环压弯试验不包含环缝错台量和钢筋应变的测量。

各物理量测试传感器布置原则如下：

1）构件挠度变形。在中间环接缝位置及两端环跨中位置布置一个千分之一精度差动变压器式位移传感器进行量测。

2）纵缝张开量。在中间环管片纵缝内、外侧各布置 2 个差动变压器式位移传感器进行量测。接缝内外侧张开量的代数和与管片厚度的比值定义为接缝张角。

3）环缝错台。在中间环管片与两端环管片的环缝布置差动变压器式位移计，每条环缝布置 5 个传感器进行量测。

4）构件内力。在中间环距纵缝 150mm 对称布置环向电阻应变片，测试混凝土应变值。在两端环跨中的内外弧面布置环向电阻应变片，测试两端环内外弧面混凝土应变值；在管片内外弧面主筋布置钢筋应变计测量钢筋应变。

5）螺栓内力。每根连接螺栓两侧对称布设应变片，测试接缝螺栓应变值，以此计算连接螺栓内力。

三环压弯试验及单环压弯试验的测点汇总如表 2-7 所示。

压弯试验测点

表 2-7

测量内容	量测范围（mm）	精度（mm）	测点数量	
			三环压弯试验	单环压弯试验
构件挠度变形	0～100	0.1	4	2
纵缝张开量	0～100	0.1	4	4
环缝错台	0～100	0.1	10	—
混凝土应变	−20000～20000	0.1	10	6
螺栓应变	−20000～20000	0.1	12	4
钢筋应变	−20000～20000	0.1	24	—
裂缝观测	—	0.01	—	—

2. 试验结果

（1）三环压弯试验

1）正弯矩工况

① 破坏过程及形态

在加载过程中，开始阶段中间环管片处于全截面受压或者部分截面受压阶段，环向螺栓应变较小，而且错台量也较小使得纵向螺栓应变也较小。当荷载继续增大，中间环与两端环管片的错台尤其是跨中的错台开始增大，由于弯矩传递效应使得两端环跨中出现张拉裂缝，内外弧面纵缝的张开明显变化，纵向螺栓和环向螺栓的应变开始逐渐上升。当荷载

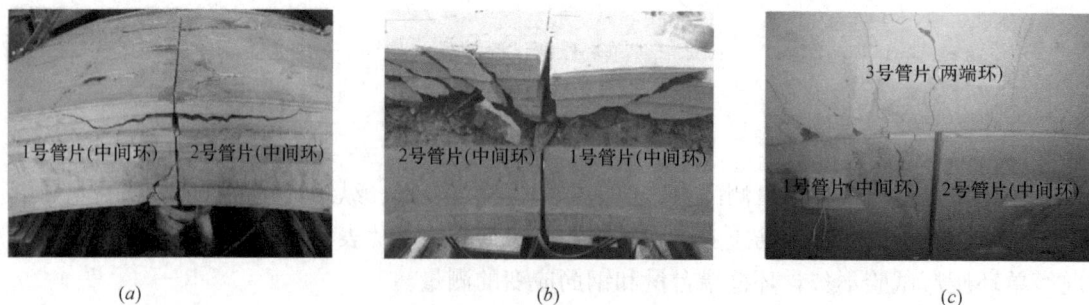

图 2-47 正弯矩工况破坏现象
（a）外弧面纵缝压碎；（b）环缝压剪破坏；（c）内弧面张拉裂缝

进一步增大时，内弧面凹榫面开始出现剪切裂缝并不断沿环向发展，同时外弧面纵缝出现压剪破坏。当达到极限荷载时，外弧面纵缝出现受压破坏，内弧面出现严重的张拉破坏及剪切破坏。正弯矩工况的破坏现象如图 2-47 所示。

② 试验结果

正弯矩工况试验结果如图 2-48 所示。

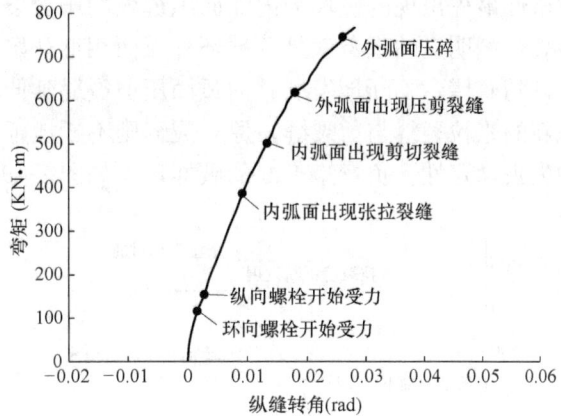

在弯矩为 0～100kN·m 时，各类测点的变化都较小，说明中间环管片还处于全截面受压阶段，变形还未开始发展；当弯矩达到 116kN·m 时，环向螺

图 2-48　正弯矩工况试验结果

栓和纵向螺栓相继开始受力，纵缝转角、环缝错台、环向螺栓应变均开始明显增加，且基本随弯矩上升呈线性变化；当弯矩达到 386kN·m，两端环管片的内弧面开始出现张拉裂缝，内弧面混凝土在承受中间环纵缝传递的弯矩后达到了抗拉极限但裂缝宽度较小，并未引起测量数据较大的突变；当弯矩达到 502kN·m 后，内弧面凹榫开始出现局部微小剪切裂缝，表明中间环与两端环管片之间通过环缝传力的现象已经十分明显；当弯矩达到 618kN·m 时，外弧面在凹榫侧的纵缝承受两端环剪力以及纵缝之间的压力，出现明显的压剪破坏，此时纵缝转角、环向螺栓应变的发展速度均有上升；当弯矩达到 767kN·m 时，外弧面纵缝中部出现受压裂缝，同时，内弧面的张拉裂缝与剪切裂缝不断发展，此时试件几乎完全破坏。

2）负弯矩工况

① 破坏过程及形态

负弯矩工况与正弯矩工况的试件破坏过程有较大的区别，由于试件内弧面凹榫面高度小于外弧面凹榫面，而其中一侧内弧面凹榫同时受压和受剪，成为试件中最薄弱的环节，

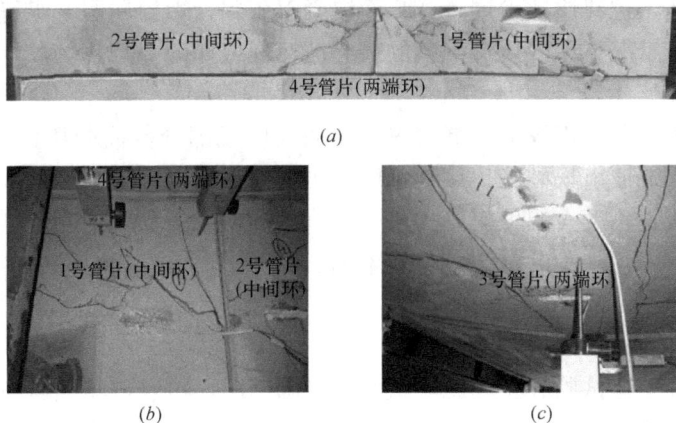

(a)

(b)

(c)

图 2-49　负弯矩工况破坏现象

(a) 环缝压剪破坏；(b) 纵缝压剪破坏；(c) 外弧面张拉裂缝

故试件最先出现的破坏为内弧面纵缝处的压剪裂缝；当变形逐渐增大，弯矩传递效应开始显著，最明显的现象就是两端环外弧面相继开始出现张拉裂缝，裂缝基本沿中轴线对称分布；随着错台不断地发展，内弧面压剪裂缝延伸段开始出现纯剪裂缝；之后试件不断地出现新的张拉裂缝与剪裂缝，原有裂缝则不断地延伸扩张，内弧面剪裂缝开始连接贯通，结构失去稳定性。负弯矩工况的破坏现象如图 2-49 所示。

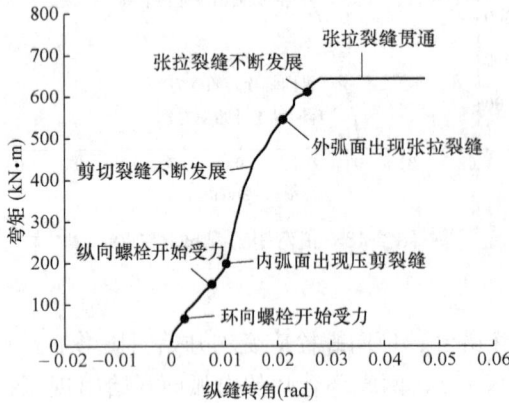

图 2-50　负弯矩工况试验结果

② 试验结果

负弯矩工况试验结果如图 2-50 所示。

在弯矩为 0～66kN·m 时，各类测点的变化都较小，说明中间环管片纵缝还处于全截面受压阶段，变形还未开始发展；当弯矩为 66～198kN·m 时，环向螺栓和纵向螺栓相继开始受力，纵缝张角、环缝错台、环向螺栓应变均开始明显增加，且基本随弯矩上升呈线性变化，此阶段的弯矩传递效应还较小；当弯矩达到 198kN·m，内弧面开始出现压剪裂缝，当弯矩为 198～413kN·m，纵缝张角、环缝错台、螺栓应变发展速率均有一定程度的下降；当弯矩为 413～545kN·m，随着纵环缝交界处的压剪裂缝不断由跨中向两侧的纯剪裂缝发展，使得几乎所有的测量数据发展速率均上升，且两端环外弧面开始出现细微的张拉裂缝；之后张拉裂缝不断发展贯通，试件破坏。

（2）单环压弯试验

1）正弯矩工况

在加载过程中，纵缝正弯矩接缝首先全截面受压或部分截面受压但螺栓受力不明显，之后受压区混凝土高度减小、螺栓开始受力，随着接缝继续张开螺栓应变逐渐增大，之后螺栓达到弹性极限且应变开始快速发展，接缝快速张开使外弧面混凝土接触。之后，螺栓屈服无法继续承载，位移快速发展，外弧面混凝土压碎，螺栓屈服，纵缝截面达到承载力极限状态。正弯矩工况下单环压弯试验的最终破坏现象如图 2-51 所示。

2）负弯矩工况

在加载过程中，负弯矩纵缝接缝首先全截面受压或部分截面受压但螺栓受力不明显，之后受压区混凝土端面出现裂缝，接缝刚度减小，裂缝继续发展至挠度发生突变，此时内缘混凝土压紧，接缝刚度大幅度提升，之后挠度再次突变，纵缝内弧面混凝土持续压碎。负弯矩工况下单环压弯试验的最终破坏现象如图 2-52 所示。

3. 试验分析

（1）错缝效应

通过对比单环压弯试验和三环压弯试验的极限工况，可以获得错缝拼装管片相对通缝管片明显的错缝效应。

1）正弯矩工况

正弯矩工况下，三环压弯试验和对应的单环压弯试验的对比结果如图 2-53 所示。正

图 2-51　正弯矩最终破坏现象

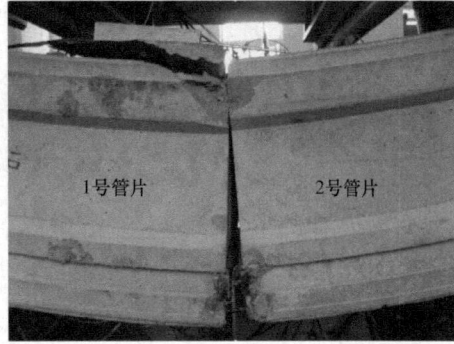

图 2-52　负弯矩最终破坏现象

弯矩工况下三环压弯试验的破坏形式与过程与单环压弯试验有较大的区别，单环压弯试验的破坏过程主要包括螺栓开始受力，外弧面混凝土接触及出现裂缝，最后外缘混凝土的贴紧进而压碎，破坏集中在纵缝上。三环压弯试验的破坏点发生在三处：纵缝受压侧、环缝受剪侧以及两端环本体受拉侧，最开始出现破坏为两端环内弧面出现张拉裂缝，然后内弧面环缝出现剪切裂缝，接着外弧面纵缝出现压剪裂缝，最后外弧面纵缝压碎。

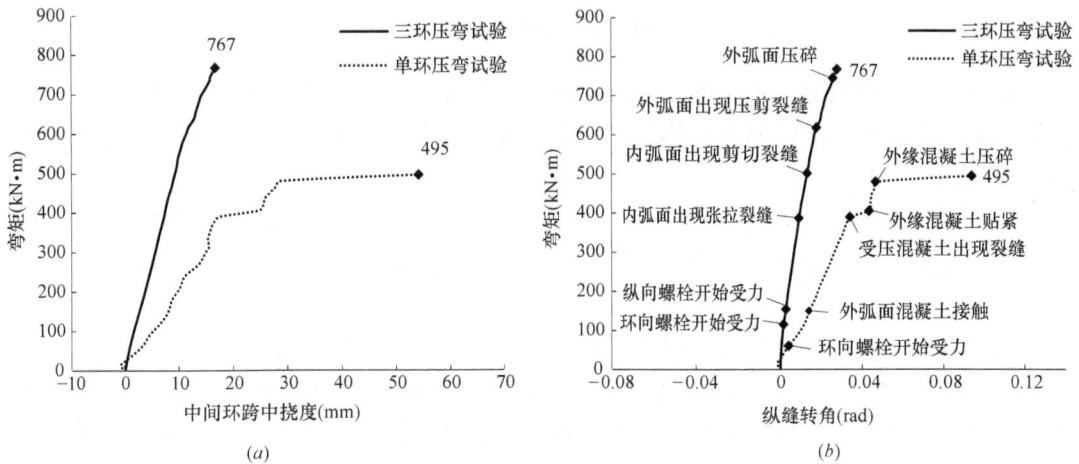

图 2-53　正弯矩工况对比

(a) 中间环跨中挠度；(b) 纵缝转角

并且正弯矩工况下三环压弯试验的中间环跨中挠度与纵缝转角表现出的强度和刚度高于单环压弯试验。极限强度由 495kN·m 提高到 767kN·m，提高比例为 54.9%。纵缝的初始转动刚度由 6574kN·m/rad 提高为 19862kN·m/rad，提高了 202.1%。

2）负弯矩工况

负弯矩工况下三环压弯试验与单环压弯试验对比如图 2-54 所示。负弯矩工况下三环压弯试验的破坏形式与过程与单环压弯试验也有较大的区别，单环压弯试验的破坏过程主要表现为纵缝内弧面受压区混凝土的渐进性破坏，而三环压弯试验的破坏点发生在三处：纵缝受压侧、环缝受剪侧以及两端环本体受拉侧，与正弯矩工况不同点是其最开始出现破坏为内弧面环缝出现压剪裂缝，接着外弧面纵缝出现张拉裂缝，最后张拉裂缝贯穿。

负弯矩工况下极限强度由 540kN·m 提高到 643kN·m，提高比例为 19.1%。纵缝的初始转动刚度由 6482kN·m/rad 提高为 12073kN·m/rad，提高了 86.3%，后续刚度的上升更为明显。

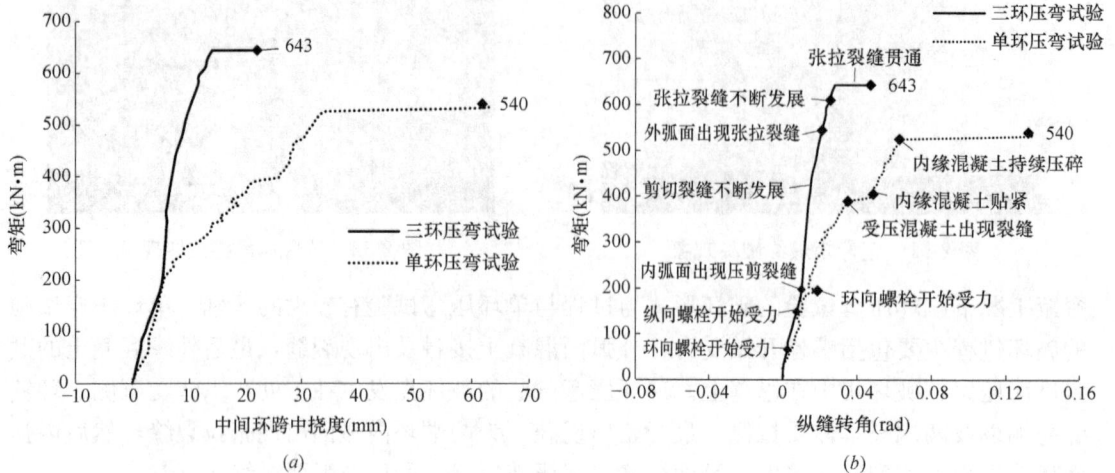

图 2-54　负弯矩工况对比

(a) 中间环跨中挠度；(b) 纵缝转角

综合正弯矩和负弯矩工况的三环压弯试验与单环压弯试验的对比结果，可以得到错缝效应对错缝拼装管片的影响主要体现在四个方面：受力阶段形态、破坏模式与过程、结构刚度和强度。

① 受力阶段形态。单环试验中测点的发展具有明显的阶段性，一般在某一阶段刚度基本为一定值，在经历过一个拐点后刚度会突变为另一个值，而三环压弯试验中没有明显的拐点，变化是连续而缓慢的。分析其主要原因在于中间环具有纵缝刚度较小，但是在变形时受到两端环通过环缝传递的剪力作用的约束，使得突变受到限制；

② 破坏模式与过程。三环压弯试验的破坏模式与过程与单环压弯试验也有较大的区别，其破坏模式更为多样化，且出现裂缝较早，此时的管片变形较单环压弯试验更小。三环压弯试验试件的破坏形式与管片的受力形式尤其是弯矩的正负有关；

③ 结构刚度。在三环压弯试验中，变形随弯矩的增长速率均较单环压弯试验小，表现为中间环管片的"表现刚度"较大，实际是由于弯矩传递效应造成中间环管片受到的外荷载减小。但三环压弯试验破坏时的变形较单环压弯试验小，其延性较差；

④ 结构强度。三环压弯试验中，试件的极限强度有明显的上升。其主要原因为三环压弯试验中跨中受力大部分由两端环管片本体承担，而本体相对纵缝强度较大，使得试件整体的强度上升。

（2）结构协同作用

错缝拼装管片的受力是个综合而复杂的过程，其受力除环内块与块之间的相互约束和影响外，还受到邻接环的影响；除此之外，环内变形较大的纵缝位置由于邻接环本体的约束使其刚度得到补充。

针对同一极限工况下的三环压弯试验，随弯矩增大的跨中错台和纵缝转角变化的趋势如图 2-55 所示。从图中可以看出在正负两种工况下，错台与转角相对弯矩变化的规律性基本相同，拐点的出现时间也基本相同。而错台量象征相邻环之间环缝的变形，转角象征纵缝的变形，这种一致性体现出环缝和纵缝的受力是相互影响协作，高度一致的。

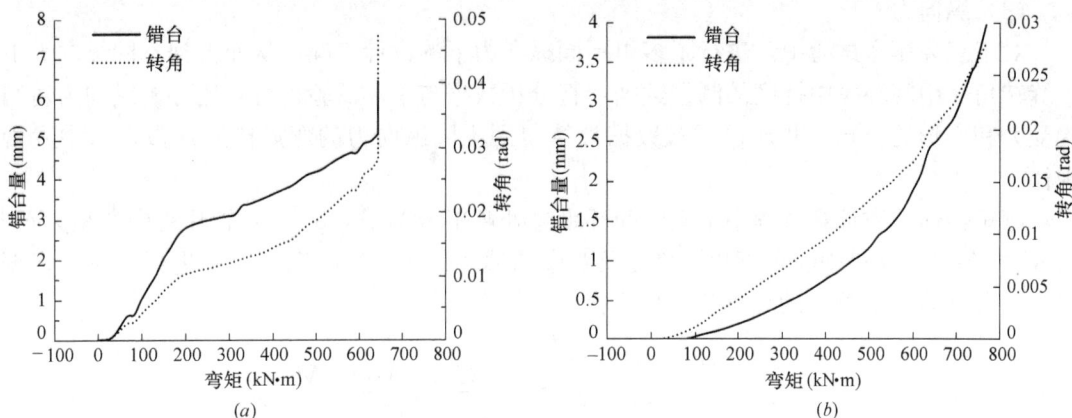

图 2-55　错台-转角-弯矩关系图
(a) 正弯矩工况；(b) 负弯矩工况

为进一步分析管片结构之间的协同作用，将管片的转角、挠度和错台量的变化规律绘制如图 2-56 的相互关系。图中挠度和转角随错台量的变化规律均保持相当的一致性，拐点出现的位置也几乎相同，这说明在三环压弯试验中，管片本体、环缝与纵缝均发挥了作用，变形发生的规律具有高度的一致性，试验中表现出的现象是三者协同作用的结果。

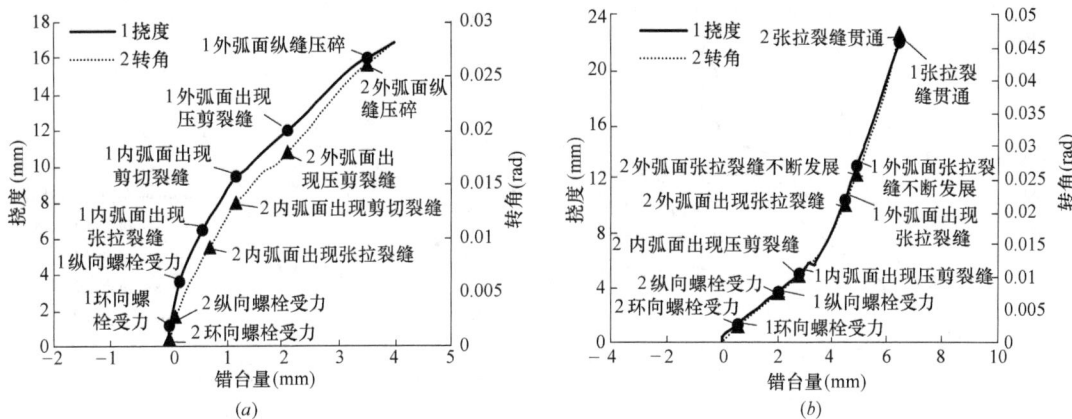

图 2-56　挠度-转角-错台关系图
(a) 正弯矩工况；(b) 负弯矩工况

所以，错缝拼装管片中，纵缝与相邻环纵缝交错排列，而环缝作为传力媒介使得纵缝与管片本体形成受力的联合体。纵缝和环缝之前存在变形的相互制约和承载的相互支持，纵缝作为一环管片中刚度最小的部位，在承担相同荷载下会产生较大的变形，而纵缝对应的邻接环则是刚度相对较大，变形相对较小的管片本体，这种变形上的不协调通过环缝的制约得以减缓，而管片上纵缝内力传递到邻接环刚度较大的管片本体上，而该环的管片本体也接受邻接环传来的附加内力。这种力的传递作用使得内力在管片上的分布按照相对刚度大小进行合理分配，使得在多环条件下的管片的各角度的刚度较为接近，使得变形更为合理。

（3）纵向力

对于三环压弯试验中，进行了多组不同纵向力下的设计工况，从而得到不同纵向力下纵缝转角、中间环跨中挠度的测量数据，将分析数据与单环试验进行对比分析纵向力对结构受力和变形的影响，并通过试验数据计算得到不同纵向力的弯矩传递系数，从中发现规律。

弯矩传递系数计算过程中定义中间环纵缝处弯矩为 $M_{1,2}$，3、4 号管片跨中弯矩为 M_3 与 M_4，各弯矩通过中间环管片接缝处及对应两端环跨中位置的钢筋应变进行计算。根据定义，弯矩传递系数 ξ_1 的计算公式如下：

$$\xi_1 = \frac{(M_3+M_4)-\frac{M}{2}}{\frac{M}{2}} = \frac{2\times(M_3+M_4)-M}{M} \tag{2-40}$$

1）正弯矩工况

① 刚度影响

对正弯矩设计工况下的试验结果如图 2-57 所示，对比发现纵向力越大，纵缝转角和中间环跨中挠度均变小。即纵向力越大，两端环对中间环的约束作用越大，中间环的刚度表现也越大。

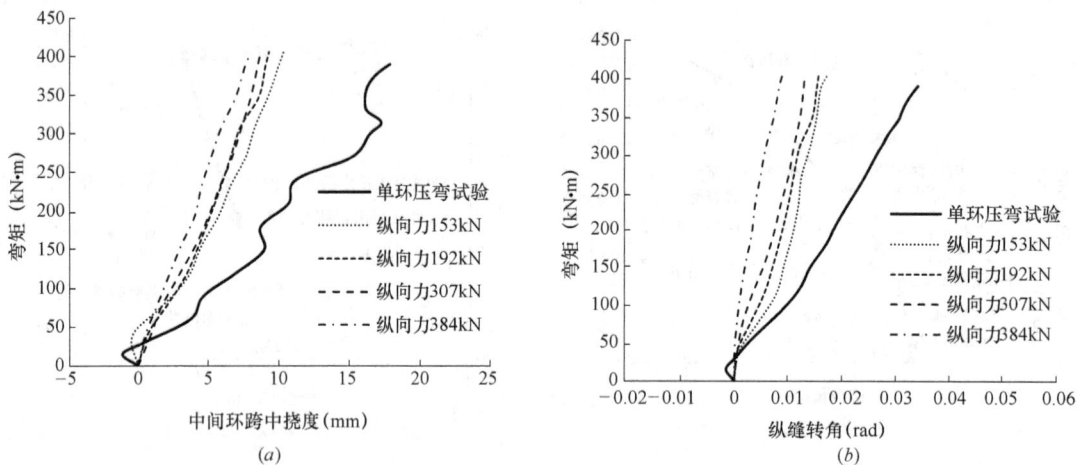

图 2-57 正弯矩工况试验对比
（a）中间环跨中挠度；（b）纵缝转角

② 弯矩传递系数影响

对相同荷载水平不同纵向力下的弯矩传递系数 ξ_1 进行计算对比。在设计工况总弯矩 $M=406$kN·m 条件下不同纵向力的弯矩传递系数 ξ_1 如表 2-8 所示。

通过图 2-57 可以发现，随着纵向力的增大，弯矩传递系数有一定程度的上升，但由于受试验组数的限制，更为详细的关系还通过后续数值参数分析进一步分析。

正弯矩工况纵向力—弯矩传递系数 ξ_1 关系　　　　　　　表 2-8

纵向力 (kN)	$M_{1,2}$ (kN·m)	M_3 (kN·m)	M_4 (kN·m)	ξ_1
153	162.74	131.20	112.06	0.198
192	150.27	91.44	164.29	0.260
307	147.42	152.22	106.36	0.274
384	132.94	177.96	95.10	0.345

2）负弯矩工况

① 刚度影响

对负弯矩设计工况下有关测量值整理如图 2-58 所示,通过数据对比负弯矩工况具有和正弯矩类似的规律,即纵向力越大,两端环对中间环的约束作用越大,中间环的刚度表现为越大。

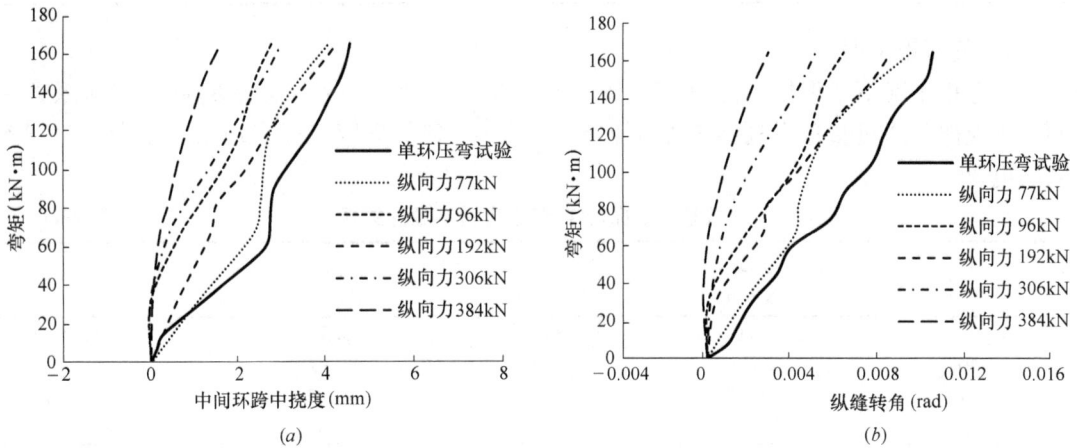

图 2-58　负弯矩工况试验对比
(a) 中间环跨中挠度;(b) 纵缝转角

② 弯矩传递系数影响

同样在设计工况下,总弯矩 $M=165$ kN·m 条件下不同纵向力的弯矩传递系数 ξ_1 如表 2-9 所示。从表 2-9 可以看出,负弯矩工况同正弯矩工况具有类似的规律。

正弯矩工况纵向力-弯矩传递系数 ξ_1 关系　　　　　　　表 2-9

纵向力 (kN)	$M_{1,2}$ (kN·m)	M_3 (kN·m)	M_4 (kN·m)	ξ_1
77	65.07	58.10	41.83	0.211
96	57.44	56.00	51.56	0.260
307	55.62	67.54	41.84	0.326
384	46.40	67.67	50.93	0.438

综合考虑正弯矩工况和负弯矩工况的试验结果,纵向力增大对错缝拼装盾构管片的影响主要体现在两个方面:刚度的上升和弯矩传递系数的增大。

（4）荷载水平

通过三环压弯试验的极限试验,发现弯矩传递系数随着荷载的变化而不断改变,分别对正弯矩工况和负弯矩工况极限工况不同受力阶段的弯矩传递系数进行计算，进行比较分析得到相关结论。

1）正弯矩工况

正弯矩工况下，保持纵向力 $N=307kN$ 不变，研究在加载过程中不同外荷载的弯矩传递系数 ξ_1，得到结论如表 2-10 所示，可以得到弯矩传递系数 ξ_1 随着外荷载的增大有上升的趋势，且表现出较好的线性关系。

正弯矩工况弯矩-弯矩传递系数ξ_1关系　　　　表 2-10

M ($kN \cdot m$)	$M_{1,2}$ ($kN \cdot m$)	M_3 ($kN \cdot m$)	M_4 ($kN \cdot m$)	ξ_1
155	63.40	51.16	40.44	0.182
425	152.16	76.68	191.16	0.261
618	211.67	229.70	176.63	0.315
767	248.50	265.91	252.59	0.352

2）负弯矩工况

负弯矩工况下，保持纵向力 $N=192kN$ 不变，得到不同外荷载下的弯矩传递系数 ξ_1 的变化规律。通过整理得到结论如表 2-11 所示，得到负弯矩工况表现出与正弯矩工况类似的规律。

负弯矩工况弯矩-弯矩传递系数ξ_1关系　　　　表 2-11

M ($kN \cdot m$)	$M_{1,2}$ ($kN \cdot m$)	M_3 ($kN \cdot m$)	M_4 ($kN \cdot m$)	ξ_1
99	35.30	38.07	25.62	0.287
297	87.20	114.85	92.95	0.399
446	119.47	166.07	160.07	0.463
644	159.65	264.87	219.48	0.504

综合考虑正弯矩与负弯矩工况的极限工况下不同荷载阶段的弯矩传递系数，可以发现在相同纵向力下弯矩传递系数也并非一个固定值，而是会随着外荷载的发展和变形的变化而不断调整的一个量。总体来说随着外荷载增大，相对变形增大，弯矩传递系数有增大的趋势。

4. 小结

通过试验分析，错缝拼装管片力学性能具有其独特性，主要体现在管片环与环之间高度的相关性和整体性，一环纵缝处较低的刚度可以得到相邻环管片本体刚度的补充，其实质是该处较大的变形通过环缝受到相邻环的限制，这种限制作用通过环与环之间的剪力实现，而剪力的传递使得纵缝处弯矩减小，对应相邻环管片本体弯矩的增大，即弯矩传递效应。

本节从试验的角度对错缝拼装管片的独特受力机理进行了分析研究，主要得到了以下几条结论：

（1）通过三环压弯试验与单环压弯试验对比，二者具有不同的受力模式和破坏形态。单环试验中表现出纵缝是最重要的薄弱点，纵缝是破坏的集中点；三环试验中破坏形态与纵缝的位置密切相关，且纵缝并非唯一薄弱点，环缝破坏和管片本体破坏也是常见的破坏形态。

（2）错缝管片中造成管片破坏内力并非单独的拉压力或者剪力，往往是二者的复合结果——拉剪或者压剪破坏，且拉剪破坏或者压剪破坏的发生顺序与发生破坏的凹榫的位置有关，一般情况下，无论是拉剪破坏或者压剪破坏，内弧面凹榫的破坏要先于外弧面凹榫的破坏。

（3）错缝拼装管片的环间作用建立在两个前提下：环与环之间存在变形不协调，环间能够传递剪力。环间力的传递使内力在管片内的分布更为合理，故错缝拼装管片较通缝拼装管片有更高的整体强度和刚度，但延性较差，裂缝出现较早。

（4）在相同外荷载下，随着纵向力的上升，环间弯矩传递系数有上升的趋势，且负弯矩接头的弯矩传递系数较正弯矩更大；在同一纵向力下，一定范围内随着外荷载的增大，相对变形的增大导致弯矩传递系数的增大。

2.3.3　衬砌结构及通用环管片结构的受力性能

衬砌管片作为隧道结构的主体，其设计计算的合理性对于工程的安全与经济效益至关重要。本节根据地铁盾构隧道实际运营条件设计和实施了通用环错缝拼装整环足尺试验。旨在研究特定环缝形式下结构埋深、侧压力系数以及纵向力等因素对于结构内力和修正惯用法设计参数取值的影响，为错缝拼装盾构衬砌结构的设计提供相应的支持和依据。

本试验的试件采用宁波地铁 2 号线错缝拼装盾构管片。衬砌圆环尺寸为外径 6.2m、内径 5.5m、管片厚度 0.35m、平均环宽 1200mm（1181.4～1218.6mm）。管片材料采用 C50 混凝土和 HRB335 钢筋。全环由一块封顶块（F）圆心角 20°、二块邻接块（L1、L2）圆心角 68.75°、三块标准块（B1、B2、B3）圆心角 67.5°组成（图 2-59）。

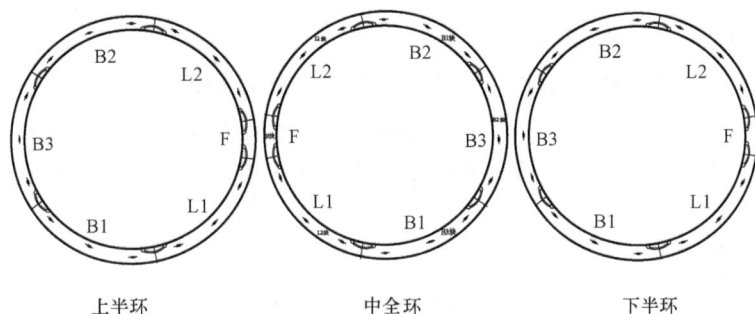

图 2-59　衬砌环拼装示意

试验试件管片的环与环及各块之间，装入橡胶止水带，使用 5.8 级 M30 弯螺栓连接。在纵向设 16 个螺栓，每隔 22.5°设一个。弯螺栓中心距离管片内弧面距离为 140mm。管片衬砌环缝接头面采用凹凸榫槽（图 2-60），纵缝接头面采用平面式，不设榫槽与定位棒（图 2-61）。

以宁波地铁 2 号线作为实例，计算工况为设计运营工况，考虑中埋和深埋两种情况，埋深分别为 15m 和 22m。地下水位标高取地面以下 1m，中埋工况不考虑土体侧向抗力的影响，深埋工况水平基床系数为 4900kN/m³。侧压力系数为 0.7，土层平均重度 18.0kN/m³，混凝土平均重度 25.0kN/m³，地面超载 20kPa。采用水土合算模式。计算荷载为顶部竖向水土压力、拱背土压力、侧向水土压力、结构自重、地面超载、底部反力以及地层抗力。计算模型如图 2-62 所示。

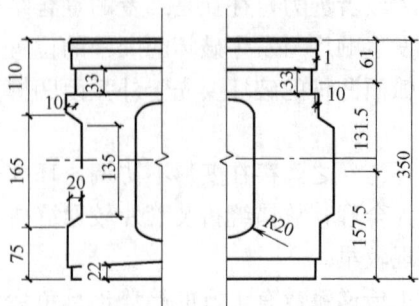

图 2-60　环缝构造示意

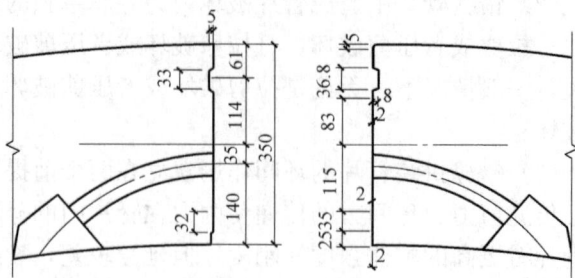

图 2-61　纵缝构造示意

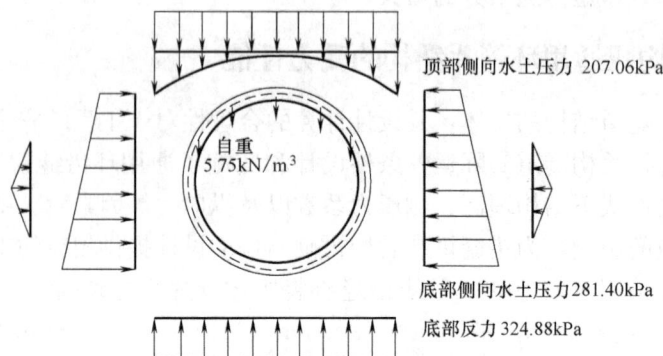

图 2-62　中埋设计工况计算模型图

1．试验方案

为探究适用于通用环错缝拼装盾构隧道的分析计算模型，采用均质圆环模型对错缝拼装隧道结构的结构内力进行计算。通过与整环足尺试验结果的比较，分析得出适合于该结构的修正惯用法设计参数—弯矩传递系数 ζ 和抗弯刚度有效率 η，并验证设计模型的准确性和适用性。

（1）量测方案

本次通过足尺试验的不同设计工况得到的相关结果分析隧道埋深、侧压力系数、纵向力以及侧向抗力对结构内力和变形的影响，进行修正惯用法计算参数的研究。实际完成的设计工况如表 2-12：

试验设计工况表　　　　　　　　　　　　　　表 2-12

序号	埋深（m）	侧压力系数	纵向力
1	15（中埋）	0.7	0.075
2	15（中埋）	0.7	0.15
3	15（中埋）	0.7	0.3
4	15（中埋）	0.8	0.15
5	22（深埋）	0.7	0.15
6	22（深埋）	0.7＋侧向抗力	0.15
7	22（深埋）	0.8	0.075
8	22（深埋）	0.8	0.15

注：纵向力的取值是指对应于各自埋深的盾构机顶进力的残余系数。

（2）加载设备和加载程序

1）加载设备

试验采用环宽 1.2m 的中全环和环宽 0.6m 的上下半环，环缝间错缝水平拼装。为保证管片纵向面平滑，将上、下半环相对中间环旋转 180° 布置。试验装置详见参考文献［39］。为模拟实际隧道中的纵向力，加载设备主要由水平加载装置和竖向加载装置所组成（图 2-63）。

图 2-63　错缝试验加载装置

2）荷载设计

试验加载采用液压加载系统，通过 24 点的集中荷载来模拟实际盾构隧道结构所承受的地层抗力、水土压力和地面超载等荷载。24 个加载点按对称原则分成 3 组，分别为 P1（6 个加载点）、P2（10 个加载点）与 P3（8 个加载点）。同组内每个加载点荷载值相同，同一加载点中每个千斤顶荷载值相同，加载时完全同步（图 2-64）。加载时严格按试验规范分级加载。

试验荷载的设计，将衬砌结构视作均质圆环。首先计算其在实际运营荷载下的结构内力和变形。根据荷载集度和结构内力等效原则将运营工况的设计荷载转化为试验荷载，保证均质圆环在实际运营和试验条件下的变形和内力误差在 10% 范围内，由此确定 P1，P2 和 P3 集中力的大小。

纵向荷载主要用于模拟盾构机顶进之后残余的顶推力。考虑盾构推进拼装完成之后的纵向力 F 的消散，结合工程实际，取不同的有效率进行加载。

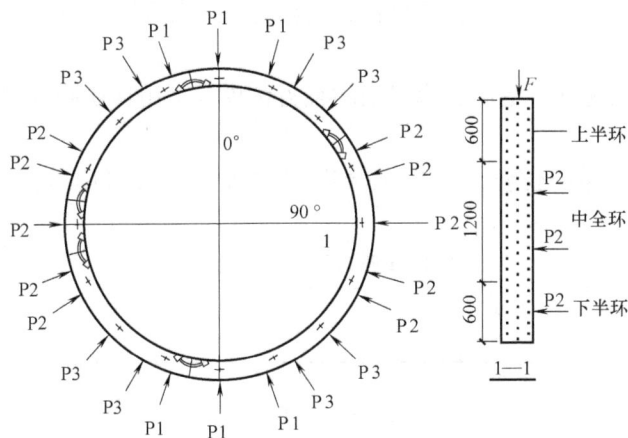

图 2-64　水平荷载分组示意图

3）量测方案

试验过程中量测的内容包括：结构整体位移、主筋应变、混凝土应变、接缝螺栓应变、纵缝内外侧张开和环缝错动，同时观测各级荷载下管片表面裂缝和接缝破损的发展情况。

（3）设计参数计算

通过足尺试验和相关计算，分别得到试验集中荷载作用下结构的试验实际结果和均质圆环计算结果。相关的结果包括结构内力和结构变形。

根据得到的试验和计算结果进行分析，定义针对某一接缝截面的弯矩传递的参数计算如下：

$$\zeta=\frac{(ME-MR)}{MR} \tag{2-41}$$

式中：ME——试验实际弯矩值；

MR——采用均质圆环计算得到的弯矩值。

根据修正惯用法中对于弯曲刚度有效率的定义，在数值模拟计算中通过将无接头衬砌环的刚度 EI 进行折减，使其水平方向的变形与相同条件下带接头的衬砌环的变形一致，则该折减系数即为抗弯刚度有效率。在弹性范围内采用均质圆环进行计算时，结构变形与结构刚度呈反比。据此定义计算如下：

$$\eta=\frac{\Delta DR}{\Delta DE} \tag{2-42}$$

（注：ΔDE 为试验得到的结构水平相对位移；ΔDR 为采用均质圆环计算得到的结构水平相对位移）

2. 设计运营工况

中埋设计工况埋深 15m，侧压力系数 0.7，水平向基床系数为 0。考虑盾构机的顶进力为 800t，纵向力取有效率为 15%。

根据在控制截面内外侧钢筋和混凝土上布置的测点得到的应变，在假定平截面变形的基础上，对结构中全环控制截面的内力进行计算，据此得到足尺试验的结构内力。对中埋设计工况下均质圆环以及足尺试验反算得到的内力关键截面的弯矩值和轴力值进行对比，结果汇总见表 2-13。

中埋设计运营工况下，足尺试验得到的轴力结果与采用均质圆环法的计算结果较为吻合（图 2-65）。

在未发生弯矩传递的位置，足尺试验得到的弯矩结果与均质圆环的计算结果基本吻合。

关键截面内力对比表（kN·m） 表 2-13

内力关键截面角（°）	足尺试验 M_E	均质圆环 M_R	M_E/M_R	足尺试验 N_E	均质圆环 N_R	N_E/N_R	备注
0	175.48	183.29	0.96	−832.31	−841.94	0.99	
11.25	176.8	139.93	1.26	−861.43	−851.28	1.01	弯矩传递截面
80	−213.25	−162.9	1.31	−920.44	−958.06	0.96	弯矩传递截面
90	−207.48	−158.77	1.31	−865.3	−957.02	0.90	
100	−207.1	−162.9	1.27	−953.42	−951.91	1.00	弯矩传递截面
168.75	183.23	139.93	1.31	−884.32	−851.92	1.04	弯矩传递截面
180	173.44	183.29	0.95	−798.52	−841.94	0.95	
236.25	−84.55	−81.73	1.03	−900.89	−929.18	0.97	弯矩传递截面
270	−138.21	−158.77	0.87	−972.93	−957.02	1.02	
303.75	−111.3	−81.73	1.36	−886.68	−926.1	0.96	弯矩传递截面

在对应前后环接缝发生弯矩传递的位置，足尺试验的内力表现出明显的错缝效应。以均质圆环结果作为基准进行计算，试验中控制截面的弯矩传递系数为 0.26～0.31，基本满足弯矩传递系数 0.3 的包络。

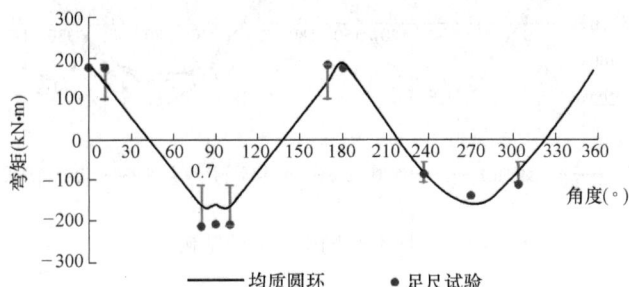

图 2-65　中埋设计工况下的结构弯矩

根据足尺试验结果，结构水平方向的变形为 9.49mm，小于均质圆环计算结果 6.76mm。根据公式可知，抗弯刚度有效率为 0.63。

3. 影响因素分析

本节通过足尺试验的不同设计工况得到的相关结果分析隧道埋深、侧压力系数、纵向力以及侧向抗力对结构内力和变形的影响，进行修正惯用法计算参数——弯矩传递系数 ζ 和抗弯刚度有效率 η 的研究。

（1）隧道埋深和侧压力系数的影响

在盾构隧道的线路纵剖面设计中，隧道可能穿越各个地层，而不同地层的埋深和侧压力系数会有差异，故而结构设计中需要考虑不同埋深与侧压力系数对于结构的影响。分别取中埋和深埋，侧压力系数 0.7 和 0.8 进行足尺试验进行探究。试验结果如图 2-66 和图 2-67 所示。

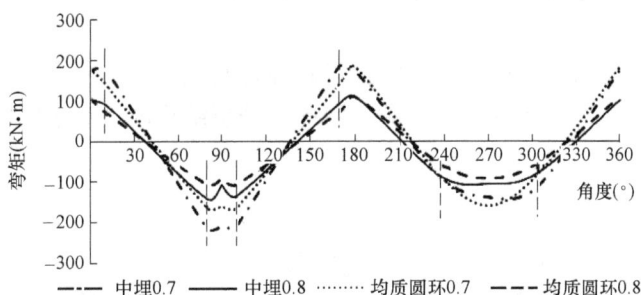

图 2-66　中埋不同侧压力下的结构弯矩图

在未发生弯矩传递的位置，足尺试验得到的弯矩结果与均质圆环的计算结果较为匹配。在对应前后环接缝发生弯矩传递的位置，足尺试验的内力表现出明显的错缝效应。其中，中埋工况比深埋工况表现出更为明显的错缝效应。

随着侧压力系数增加，结构控制截面处的弯矩减小，对结构较为有利。中埋最大正负弯矩分别减小 72.73kN·m 和 72.45kN·m，深埋最大正负弯矩分别减小 29.6kN·m 和

69

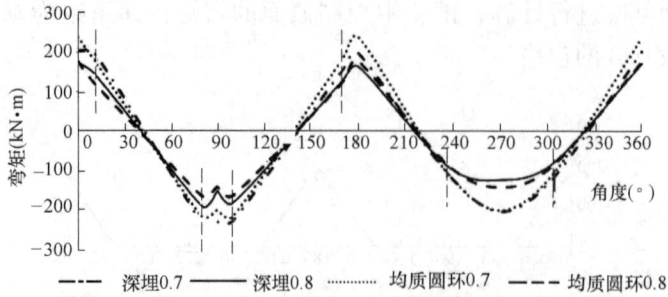

图 2-67　深埋不同侧压力下的结构弯矩图

42.4kN·m。

不同埋深与侧压力系数工况下的设计参数　　　　　　　　　　表 2-14

	中埋 0.7	中埋 0.8	深埋 0.7	深埋 0.8
ζ	0.26～0.31	0.25～0.34	0.05～0.11	0.04～0.19
η	0.63	0.65	0.69	0.74

随着埋深的增加，结构控制截面处的弯矩增大，对结构不利。侧压力系数 0.7 的最大正负弯矩分别增大 19.07kN·m 和 19.25kN·m，侧压力系数 0.8 的最大正负弯矩分别增大 62.2kN·m 和 49.3kN·m。

由表 2-14 可知，侧压力系数对弯矩传递系数影响不大，而对结构刚度存在一定影响。随着侧压力系数的增大，结构顶底和腰部荷载差值减小，受力趋向均匀，抗弯刚度有效率增大。

隧道埋深对于弯矩传递系数和结构刚度均有影响。结构的弯矩传递系数对埋深较为敏感。随着埋深的增加，衬砌圆环轴力增大，单环整体刚度加强，抗弯刚度有效率增大，同时结构整体性增强，错缝效应减弱，弯矩传递系数减小。

（2）纵向力的影响

纵向力主要用于模拟盾构推进过程中在衬砌环之间残余的顶进力，纵向力的大小会影响相应的环间摩擦力，进而影响错缝效应。因此，分析结构内力对于纵向力变化的敏感性是十分有必要的。

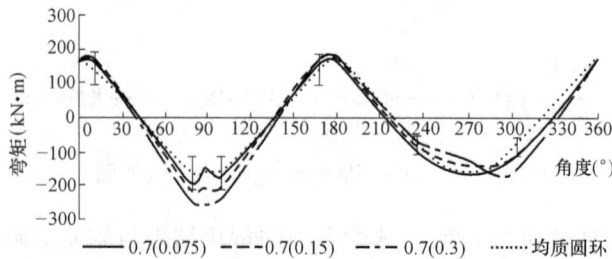

图 2-68　中埋不同纵向力下的弯矩图

从图 2-68 和图 2-69 的试验结果得知，在未发生弯矩传递的位置，足尺试验得到的弯矩结果与均质圆环的计算结果较为匹配。在对应前后环接缝发生弯矩传递的位置，足尺试验的内力表现出明显的错缝效应。

随着纵向力的增加，管片上发生弯矩传递处的弯矩逐渐增大。在中埋设计工况不同纵向力条件下，结构最大正弯矩依次为 166.27kN·m、176.80kN·m、183.23kN·m，结构最大负弯矩则为 －192.26kN·m、－213.25kN·m、－252.77kN·m。当纵向

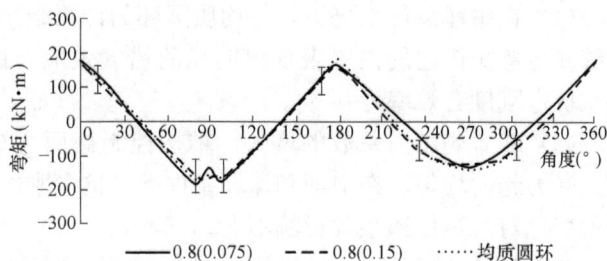

图 2-69　深埋不同纵向力下的弯矩图

力取为顶进力的 0.15 时，足尺试验反算得到的结构内力结果在对应前后环接缝发生弯矩传递的位置与弯矩传递系数 0.3 的计算结果较为匹配。当纵向力取为顶进力的 0.075 与 0.3 时，足尺试验反算得到的结构内力结果分别小于和大于弯矩传递系数 0.3 的计算结果。

在深埋设计工况下不同纵向力条件下，结构最大正弯矩依次为 172.70kN·m、178.90kN·m。结构最大负弯矩则为 －182.00kN·m、－190.10kN·m。在对应前后环发生弯矩传递的位置足尺试验反算结果均位于均质圆环与弯矩传递系数 0.3 的计算结果之间。

不同纵向力工况下的设计参数　　　　　　　　　　　表 2-15

	中埋 0.7			深埋 0.8	
F	0.075	0.15	0.3	0.075	0.15
ζ	0.06~0.13	0.26~0.31	0.25~0.55	0.08~0.16	0.04~0.19
η	0.54	0.63	—	0.6	0.74

注：纵向力 F 的取值是指对应于各自埋深的盾构机顶进力的残余系数。

由表 2-15 可知，当结构埋深相同时，随着纵向力的增加，环间摩擦力增大，错缝效应增强，相应的弯矩传递系数增大。但弯矩传递系数变化的大小和范围受到结构埋深的影响。

结构的刚度对于纵向力的大小较为敏感。在一定范围内，随着纵向力的增大，结构整体刚度增强，变形减小，抗弯刚度有效率增大。

（3）侧向抗力的影响

深埋工况下的结构刚度　　　　　　　　　　　表 2-16

	深埋 0.7	深埋 0.7＋侧向抗力
η	0.69	0.71

结构考虑侧向抗力后，结构控制截面弯矩略有降低，轴力变化不大。从表 2-16 可知，侧向力的存在使得结构变形减小，顶底和腰部荷载差减小，荷载形式趋于合理，从而抗弯刚度有效率略有提高。

4. 小结

本节结合该工程实际，进行了正常运营工况下的整环足尺试验，获取了衬砌结构的内力结果。研究结果表明：

（1）在中埋设计工况下，与均质圆环的计算结果相比，足尺试验的内力在对应前后环接缝发生弯矩传递的位置表现出明显的错缝效应，试验结果满足弯矩传递系数 0.3 的包络，抗弯刚度有效率为 0.63。

（2）随着侧压力系数的增大，结构控制截面弯矩减小，结构顶底和腰部荷载差值减小，受力趋向均匀。在中埋和深埋条件下，抗弯刚度有效率分别增大 0.02 和 0.05。侧压力的变化对弯矩传递系数影响不大。

（3）随着埋深的增加，结构控制截面弯矩和轴力增大。随着结构轴力的增大，单环整体刚度增强。考虑不同的侧压力系数，抗弯刚度有效率增大 0.06～0.09；错缝效应减弱，弯矩传递系数减小约 0.18。

（4）随着纵向力的增大，结构控制截面弯矩增大，轴力变化不大。纵向力的增加使得环间摩擦力增大，结构整体性增强，抗弯刚度有效率增大，错缝效应增强，相应的弯矩传递系数逐渐增大。当纵向力取值从盾构机顶推力的 7.5% 增大到 15% 时，抗弯刚度有效率变化约为 0.11；中埋侧压力系数 0.7 的弯矩传递系数增大约 0.2，深埋侧压力系数 0.8 的弯矩传递系数增大约 0.02。

（5）考虑侧向抗力之后，顶底和腰部荷载差减小，荷载形式趋于合理，抗弯刚度有效率略有提高。

2.4 管片结构的设计

宁波地铁初步明确了全线均采用通用环，本节以宁波隧道为例，对通用环管片进行专项的研究及设计。

1. 通用环分块设计

管片分块要考虑管片生产、储运、安装、纠偏以及对渗漏水和结构刚度的影响等。管片分割数目愈少愈好，但应考虑到搬运与组装的施工方便，一般情况下，小断面隧道（如市政管道等）分 4 块，中至大断面隧道（如地铁、公路隧道等）分 6～10 块。现在在国内的地铁区间单线隧道大多采用六分块方案：即 3 块标准块（B 块）+2 块邻接块（L 块）+1块封顶块（F 块），而且从有利于管片运输、拼装和减小盾构机千斤顶的行程考虑，一般皆采用小封顶块。宁波地铁盾构采用 6 块分块模式：1 块封顶块（F）圆心角 20°、2 块邻接块（L1）、（L2）圆心角 68.75°、3 块标准块（B1）、（B2）、（B3）圆心角 67.5°（图 2-70）。

2. 封顶块位置设计

理论上封顶块在任何位置都是可行的，但是封顶块位于不同部位时对千斤顶推力大小、管片受的挤压力却有很大不同：

（1）当封顶块位于拱腰以上部位时，由于封顶块最后拼装，不会挤压两侧管片，因此便于施工；当封顶块位于拱腰以下部位时，两侧管片拼装后由于自重原因会挤向最后拼装的封顶块预留空间，这样拼装封顶块时需增大千斤顶推力，容易对管片造成挤压损坏；

（2）根据通用环纵向螺栓孔的设置情况及满足错缝拼装的要求，当封顶块位于拱腰水平部位时，管片错缝拼装时封顶块旋转到拱腰以下部位的次数相对较少。因此对管片造成

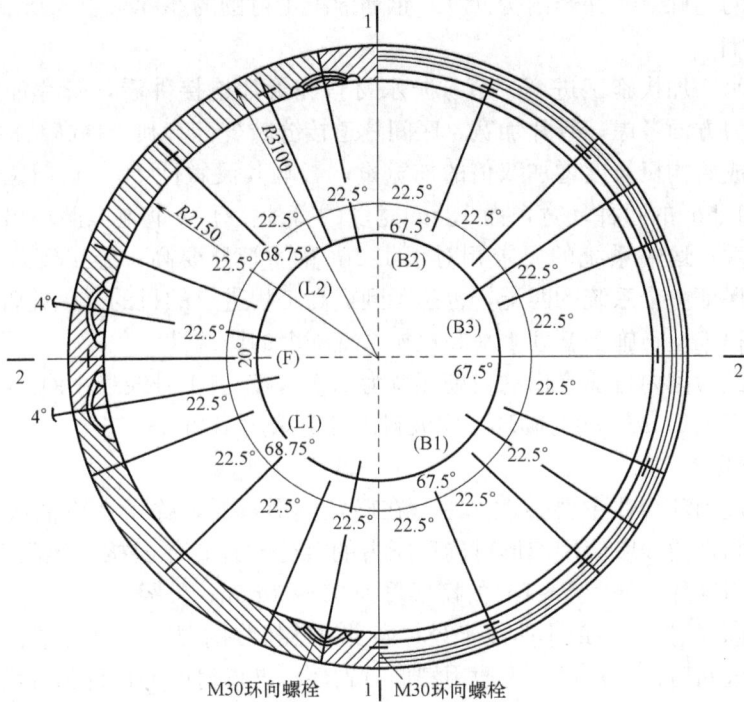

图 2-70　衬砌环结构图

挤压损坏相对较少。

　　封顶块的拼装形式有径向楔入、纵向插入等几种。径向楔入者其半径方向的两边线必须呈内八字形或者至少是平行，受荷后有向下滑动的趋势，受力不利。采用纵向插入形式的封顶块受力情况较好，在受荷后，封顶块不易向内滑移，其缺点是在封顶块管片拼装时，需要加长盾构千斤顶行程。故也可采用半径向楔入和半纵向插入的方法以减少千斤顶行程。目前，我国、德国及比利时等国多半根据千斤顶的冲程大小来选用全纵向插入或根据冲程大小反算得出径向楔入及纵向插入长度，以此进行设计。在一些隧道工程中也有把封顶块设置于 45°、135°甚至 180°（圆环底部）处的。在宁波采用封顶块位于拱腰的水平位置，封顶块拼装时先径向搭接三分之二管片长度，然后纵向用盾构千斤顶压入成环。

　　3. 管片内径设计

　　管片的内径主要根据的限界（包括车辆限界、设备限界、受电弓限界、建筑限界），同时还要考虑施工误差、测量误差、设计拟合误差、不均匀沉降等因素确定。圆形区间隧道建筑限界为 $\phi5200mm$ 的圆。按已有的设计、施工经验，综合考虑隧道轴线的施工误差（包括测量误差）为 $\pm100mm$、隧道后期不均匀沉降 $\pm50mm$，则宁波盾构隧道的内径定为 5500mm。

　　4. 管片的形式及厚度设计

　　目前盾构隧道采用单层装配式衬砌，采用 C50 钢筋混凝土管片。单层衬砌要求具有一定刚度，其变形、接缝张开及混凝土裂缝开展等均能控制在预期的要求内。使用单层衬砌，施工工艺简单、工程实施周期短、投资省。宁波地铁盾构区间隧道管片，根据隧道覆土深度、周围环境、工程地质条件，以及附近上海地铁和杭州地铁软土地层设计、施工经验及运营检验的基础上，并经结构计算，钢筋混凝土衬砌的厚度采用350mm。

5. 环宽设计

从结构防水、加快施工进度、节省防水材料和管片连接件看，管片加宽是明显有利的。从结构受力方面考虑，管片加宽，区间隧道接缝减少，有利于提高结构的整体性。但管片加宽将造成盾构机长度增加双倍的加宽量，影响其灵敏性[40]。目前国内地铁管片主要有1.2m和1.5m的两种环宽，而1.5m宽度的管片由于一个施工循环出土量较大，因此水平运输和垂直运输系统的要求相对于1.2m宽的管片要高，施工管理水平相对也较高，否则难以保证整个系统的匹配，也达不到提高工程进度的目的。因此管片宽度的选择主要取决于工程工期、施工管理水平和机械系统配套的协调性。

根据实践经验国内目前常用的衬砌环宽为1.2m，宁波1号线最小曲线半径250m，不宜采用较大环宽（1.5m）的衬砌环，宁波衬砌环宽采用1.2m。

6. 楔形量设计

楔形量是通用环管片主要参数之一，在确定楔形量时，除了考虑曲线半径、衬砌外径、管片宽度和在曲线段使用楔形衬砌环所占的百分比外，还要按盾尾间隙量进行校核。据日本统计，当管片环外径5~7m的楔形量为30~60mm；外径8~10m的楔形量为40~80mm。楔形量是按照线路最小曲线半径并满足错缝拼装的要求，且要结合盾构施工纠偏考虑的，宁波区间盾构管片设计为通用楔形衬砌环。楔形衬砌环设计为双面楔形环，楔形量以单环转弯半径线路最小曲线半径为250m，考虑盾构施工可能产生的偏差，设计楔形量时按最小半径200m考虑，另外考虑到管片错缝拼装，按前后管片分别左右旋转45°配对进行组合来确定楔形量。线路的拟合误差应控制在10mm以内。楔形量计算按下式计算：

$$2\Delta + \frac{2\Delta\sin45°}{D} = 4 \times \frac{L}{\rho} \tag{2-43}$$

$$\frac{(2\Delta + 2\Delta\sin45°)}{6200} = 4 \times 1.2/200 \tag{2-44}$$

计算得：Δ=37.2mm。Δ为楔形量；D为管片外直径长度；L为环宽；ρ为线路的曲线半径。因此宁波通用环管片取楔形量37.2mm，管片楔形角为20′37.59″。管片最大、最小环宽处均位于水平位置，最大宽度为1218.6mm，最小宽度为1181.4mm（图2-71）。

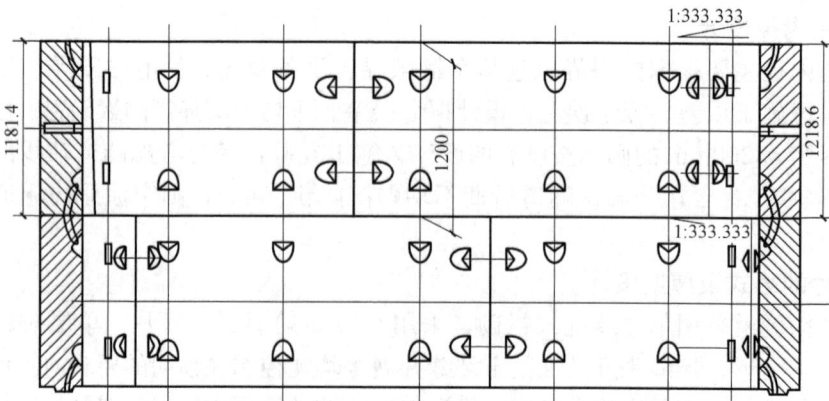

图2-71 盾构环平剖楔形量图

7. 榫槽设计

榫槽的设置在不同时期、不同区域的工程实践中有着不同的理解。凹凸榫的设置有助于提高接缝刚度、控制不均匀沉降、改善接缝防水性能，也有利于管片拼装就位，但与此同时增加了管片制作、拼装的难度，影响了拼装的速度，同时也是拼装和后期沉降过程中管片开裂的因素之一，客观上又削弱了管片防水性能。平面式接头构造简单，加工方便，拼装快捷，接头剪力主要靠连接螺栓承担，主要适用于接缝承受较小剪力的情形。榫槽式接头刚度好，管片间剪力传递可靠，抵抗变形能力强，适用于强度低、灵敏度高的地层。

目前国内地铁工程对榫槽的设置也不统一。一般来说，在地基承载力较高的地层中一般不设置榫槽，国内这方面的设计实例很多，例如广州地铁 1 号、2 号线，深圳地铁和北京地铁 5 号线试验段等。在富水的软流塑地层中一般要设置榫槽，但是环纵缝榫槽设置情况也不一致，例如上海地铁盾构区间隧道基本上是管片环、纵缝接触面皆设置榫槽，上海的黄浦江观光隧道（内径接近地铁区间隧道）和南京地铁区间盾构隧道管片只在纵缝接触面设置榫槽，而杭州地铁 1 号线盾构区间隧道只在环缝接触面设置榫槽[41]。

具体到宁波市的地层，盾构区间隧道穿越的土层主要为软弱土层，高压缩性、高灵敏性，层面分布不均匀。为加强衬环间剪切刚度，防止管片间出现较大的错台，管片衬砌环缝接头面采用凹凸榫槽，纵缝接头面采用平面式，不设榫槽（图 2-72）。

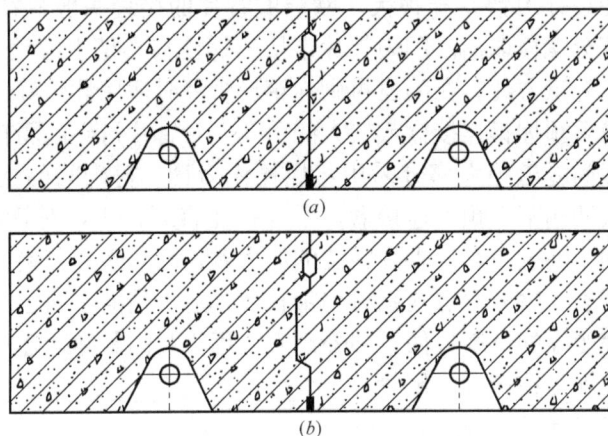

图 2-72　管片纵、环缝接触面图
(a) 纵缝平面接头；(b) 环缝榫槽接头

8. 管片注浆及吊装孔设计

注浆孔用于管片与地层之间管片背后注浆，既作防水考虑，又可以为加固地层所用，宁波盾构衬砌环注浆孔采用 Q235 热轧无缝钢管，孔内径 $\phi50$mm，外径 $\phi70\pm0.7$mm，保证不小于 55mm 有效拧合长度。注浆孔可兼作吊装用，位于环片中点附近。

9. 拼装方式设计

衬砌环的拼装形式有错缝、通缝两种形式（图 2-73）。

从设计角度看，错缝拼装能使衬砌圆环接缝刚度分布趋于均匀，减少结构变形，可取得较好的空间刚度，成环管片间的接缝形式不再是"十"字形，而成为"T"形，没有了纵向通缝，增强了结构的整体性；由于错缝拼装，管片通过接缝将内力传递给相临环，管片抗变形能力增强，提高了防水效果。采用通缝拼装其变形相对较大，环向螺栓受力大。

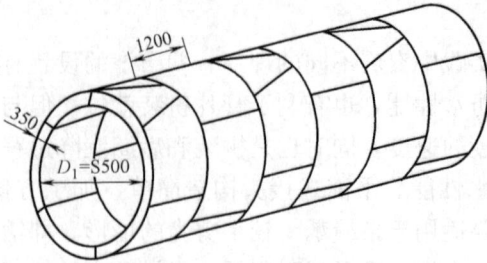

图 2-73　错缝拼装示意图

从施工角度看，错缝拼装对管片制作精度及施工中管片拼装要求较高，但拼装质量好，相对来说，通缝拼装施工难度小；另外，通缝拼装的管片一般只能提供一种楔形环，而错缝拼装时，可以提供几种不同锥度的楔形环，使得管片选型余地更大，线路的拟合更容易、精确，防水效果更好；错缝拼装条件下，环、纵缝相交处呈丁字形式，而通缝拼装时则为十字形式，在接缝防水上丁字缝比十字缝较易处理。

综合以上因素，考虑目前的施工技术水平，全国各地区已有的成熟的设计、施工经验，宁波盾构区间管片采用衬砌环间为错缝拼装，相邻环封顶块间夹角必须满足 n 倍 $22.5°$，$n=2$、4、6、8。除联络通道处特殊衬砌环外，其余区间隧道衬砌环拼装过程中不得出现通缝情况。

10. 连接方式设计

目前常用的螺栓连接形式有直螺栓连接、弯螺栓连接、斜螺栓连接、无螺栓连接（砌块）以及销钉连接等[42,43]。国内区间隧道的管片连接一般采用螺栓连接，而且螺栓是永久性的。这与欧洲的设计习惯差异很大，欧洲的管片的接缝一般只在管片拼装时采用螺栓，工程竣工后大部分螺栓取消。国内管片连接的螺栓在早期上海地铁中以直螺栓为主，直螺栓构造较简单，施工方便，在隧道衬砌为箱形管片时适用性较好。但其用于平板形管片，在接头两侧需设置预埋钢连接盒或较大的手孔，对管片衬砌削弱较大。

国内地铁盾构区间隧道绝大部分采用弯螺栓作为管片衬砌间的连接方式（图 2-74）。弯螺栓连接时，接头两侧不需预埋连接盒，手孔也比直螺栓小，对管片截面的削弱也小。弯螺栓的连接存在两个问题：容许管片错位的能力差，因此管片若错位较大，经常造成管片手孔处混凝土的开裂。另外弯螺栓钢材用量较大，造价稍高，而且安装相对困难，基本难以拆卸，为了管片螺栓的拆卸方便，国外经常采用临时的斜螺栓连接。

斜螺栓连接方式就是在接头一侧管片中预埋钢或塑料的连接套筒（螺母），在接头另一侧设较小的手孔，拼装时用直螺栓从手孔中斜向插入，并与预埋连接套筒相连接，螺栓回收率高，造价节省。斜螺栓的缺点是管片间接缝刚度近于铰接，衬砌整体性差，结构抵抗不均匀沉降能力差，不利于结构抗震。

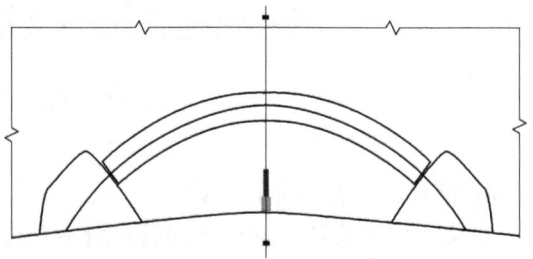

图 2-74　管片之间弯螺栓连接图

无螺栓连接（砌块）以及销钉连接的接头间没有连接螺栓，也不能施加预紧力，衬砌整体刚度小，隧道的抗震和防水性能均较差，不适合应用于地下水位较高的软土地区及抗震设防地区的地铁区间隧道。综合比较宁波采用弯螺栓连接形式，在纵向设 16 个螺栓，环向设 12 个螺栓。

采用通用楔形管片具有如下优点：

（1）通过通用楔形环管片与盾构衬砌拼装机相适应，结合计算机软件辅助管片拼装，可实现管片拼装的自动化，缩短管片拼装时间，提高管片拼装速度及功效。

（2）通用楔形环通过不同的旋转角度同时满足平、纵断面上不同曲线线路要求，可实现空间三维轴线拟合，因此可取消纠偏楔子（软木衬垫）的使用，减少管片渗漏水环节，提高隧道整体防水质量。

（3）由于通用楔形环的楔形量不变，各分块管片尺寸一定，可以减少钢模的种类和制作数量，管片生产不受衬砌布置设计制约，管片供应和调整较灵活。

（4）通过管片的精确定位，提高了管片的拼装质量。

（5）便于管片的贮存、运输及施工管理。

参考文献

[1] 刘建航，侯学渊. 盾构法隧道 [M]. 北京：中国铁道出版社，1991.

[2] 周海鹰. 盾构隧道衬砌管片结构的力学性能试验及理论研究 [D]. 大连理工大学，2011.

[3] 简小辉. 盾构隧道管片结构理论分析及工程应用研究 [D]. 南昌航空大学，2011.

[4] 关宝树，钟新樵. 地下空间利用 [M]. 成都：西南交通大学出版社，1989

[5] Z. D. Eisenstein. Large Undersea Tunnels and the Progress of TunnellingTechology [J]. Tunnelling and Underground Space Technology. 1994，9（3）：283-292.

[6] 尹旅超等译. 日本隧道盾构新技术 [M]. 武汉：华中理工大学出版社，1999.

[7] 何川，曾东洋. 盾构隧道结构设计及施工对环境的影响 [M]. 成都：西南交通大学出版社，2007.

[8] 党亚杰. 郑州盾构管片的优化设计研究 [D]. 河南工业大学，2014.

[9] 刘凤华. 盾构隧道通用管片拟合排版与管片选型技术研究 [D]. 同济大学，2007.

[10] 潘国庆，孙长胜，徐长彪. 上海首条通用管片盾构法隧道新技术 [J]. 上海建设科技，2004，（5）：18-22.

[11] 朱世友. 国内地铁盾构区间隧道管片结构设计的现状与发展 [J]. 现代隧道技术，2002，06：23-28.

[12] 董云德. 上海地铁盾构隧道的设计和施工 [J]. 施工技术，1996，01：8-10.

[13] 张柏林，余才高. 南京地铁盾构隧道结构设计 [J]. 城市轨道交通研究，2005，01：57-60.

[14] 胡茜. 成都地铁区间隧道盾构法可行性分析 [D]. 西南交通大学，2006.

[15] 王瑞峰. 沈阳地铁盾构隧道设计浅谈 [J]. 北方交通，2011，01：53-56.

[16] 张风祥，朱合华，傅德明. 盾构隧道 [M]. 北京：人民交通出版社，2004.

[17] Atsushi Koizumi. On the design method of shield tunnel lining [J]. Science & Engineering，1992（56）：125-177.

[18] 朱合华，陶履彬. 盾构隧道衬砌结构受力分析的梁-弹簧系统模型 [J]. 岩土力学. 1998（2）：26-32.

[19] 李建强. 盾构姿态对管片受力的影响研究 [D]. 东北大学，2008.

[20] 朱伟，胡如军，钟小春. 几种盾构隧道管片设计方法的比较 [J]. 地下空间，2003，04：352-356+453.

[21] 胡如军，朱伟，季亚平. 盾构隧道管片设计参数的灵敏度分析 [J]. 地下空间，2003，01：28-32+106.

[22] 张义长，简小辉. 盾构隧道管片衬砌结构的内力计算 [J]. 南昌航空大学学报（自然科学版），2010，02：81-85.

[23] 王廷伯. 宁波象山港海底隧道方案比选研究 [D]. 长安大学，2007.

[24] 袁建议，周顺华，宫全美. 下穿铁路的盾构隧道管片衬砌内力计算法研究 [J]. 地下空间与工程学报，2008，02：290-294.

[25] 杨学祥，张瑜. 弹性地基梁法与经典土压力法计算支护桩内力的对比分析 [J]. 工程建设，2010，02：36-39＋44.

[26] 丁春林，刘建国，宫全美，等. 盾构隧道管片衬砌内力计算方法比较 [J]. 地下空间，2001，03：208-214＋239-240.

[27] 丁军霞，冯卫星，张保俭. 盾构隧道管片衬砌内力计算 [J]. 石家庄铁道学院学报，2004，02：66-69.

[28] 方恩权，杨玲芝，李晓军，等. 地铁盾构隧道纵缝接头极限张开量研究 [A] //2014 中国青岛城市轨道交通管理和技术创新研讨会论文集 [C]. 中国土木工程学会城市轨道交通技术工作委员会，世界轨道交通发展研究会，青岛地铁产业协会，《世界轨道交通》杂志. 2014：10.

[29] K. M. Lee1, X. Y. Hou, X. W. Ge and Y. Tang. An analytical solution for a jointed shield-driven tunnel lining. Int. J. Numer. Anal. Meth. Geomech. ，2001：25：365-390.

[30] Akbar Salemi, MortezaEsmaeilib, FarhangSereshki. Normal and shear resistance of longitudinal contact surfaces of segmental tunnel linings. International JournalofRockMechanics&MiningSciences77（2015）328-338.

[31] Xiaojun Li, Zhiguo Yan, Zhen Wang, Hehua Zhu. A progressive model to simulate the full mechanical behavior of concrete segmental lining longitudinal joints. Engineering Structures，93（2015）97-113.

[32] 毕湘利，柳献，王秀志，等. 通缝拼装盾构隧道结构极限承载力的足尺试验研究 [J]. 土木工程学报，2014，（10）：117-127.

[33] Xian Liu, Yangyu Xia, Yong Yuan and Yaohong Zhu. Investigation of the structural effect induced by stagger joints in segmental tunnel linings：First results from full-scale ring tests [J]. Submitted to Tunnelling and Underground Space Technology，2016.

[34] 张厚美，傅德明，过迟. 盾构隧道管片接头荷载试验研究 [J]. 现代隧道技术，2002，39（6）：28-33.

[35] 于宁，白廷辉，朱合华. 盾构隧道预应力管片接缝的模型试验研究 [J]. 地下空间与工程学报，2009，5（3）：439-444，449.

[36] 兰学平，鲁亮，刘利惠，等. 超大隧道衬砌管片接头力学性能试验研究 [J]. 结构工程师，2009，25（5）：110-114.

[37] 滕丽，吕建中. 通用管片接缝荷载试验研究 [J]. 上海大学学报（自然科学版），2010，16（2）：216-220.

[38] 鲁亮，孙越峰，柳献，等. 地铁盾构隧道足尺整环结构极限承载能力试验研究 [J]. 结构工程师，2012，06：134-139＋180.

[39] 朱瑶宏，夏杨于雨，柳献，等. 通用环错缝拼装隧道极限承载力的足尺试验研究 [J]. 现代隧道技术，2016，5.

[40] 胡如军，朱伟，季亚平. 盾构隧道管片设计参数的灵敏度分析 [J]. 地下空间，2003，23（1）：28-3.

[41] 宋成辉. 软土地层地铁盾构通用环管片结构设计研究 [J]. 地下空间与工程学报，2011，04：733-740.

[42] 严佳梁. 盾构隧道管片接头性态研究 [D]. 同济大学，2006.

[43] 王慎堂. 隧道管片通缝拼装与错缝拼装的比较 [D]. 同济大学，2002.

第3章　盾构隧道施工关键技术

3.1　引言

盾构法隧道施工过程中，为了保证盾构法隧道的施工质量，必须对隧道的轴线进行严格的控制。隧道的设计轴线由一系列的直线、缓和曲线和圆曲线组成，而施工完成后的成环隧道是由一系列衬砌管片按照一定的规律排列而成的，可以看成一组短折线的集合，近似地拟合成实际线路。由于采用短折线来替代光滑曲线，成环隧道的实际线形和设计轴线线形不能完全吻合，两者之间存在一定的偏差。管片实际的拼装路线与隧道的设计轴线之间的偏差控制是一个非常重要的环节，它是检验隧道完成质量的关键指标。所以，隧道轴线设计要对管片进行设计排版，同时在施工过程中，成环隧道的实际轴线不可能与设计轴线相吻合，需要根据施工的工况对管片设计排版进行动态调整，使实际轴线和设计轴线的偏差控制在工程允许的范围内。因此，管片的设计排版和动态纠偏技术在现代盾构法施工中是一项重要课题。而在实际盾构隧道工程中，管片的排版方案往往采用手工计算，这样的操作方法既增加了技术人员的工作强度，也大大降低了工程的施工精度与效率。利用计算机技术来实现管片的设计排版和动态纠偏具有广阔发展应用前景，管片排版与纠偏的动态化、智能化、信息化是管片施工技术的必然趋势。

盾构隧道施工是通过不同类型的衬砌圆环相互组合来拟合设计曲线的。目前，在我国的盾构法隧道施工中采用的管片衬砌形式主要有普通衬砌环和通用管片两种。

普通衬砌环盾构隧道实际上是通过不同类型的衬砌圆环相互组合来拟合设计曲线的。普通衬砌环的组合形式有两种：①标准环＋左转弯环＋右转弯环；②左转弯环＋右转弯环。盾构隧道施工时，直线段采用等宽的标准环；在平曲线段和竖曲线段则采用转弯环（有一定锥度的楔形环）。为了满足圆曲线、缓和曲线以及施工纠偏的需要，转弯环是必须的。这样，采用普通衬砌环的隧道就需要设计和加工直线、左转、右转以及特殊形式的圆环。同时，由于转弯环的拼装点位是较为固定的，从而不利于在隧道施工中对隧道轴线的精确控制。

对于通用管片而言，所谓的"通用"是指在整条隧道施工中只使用一种具有一定楔形量的衬砌圆环，通过楔形圆环的有序旋转和组合，使得在同一条隧道内仅采用这一种管片形式就能适合于直线、左转曲线、右转曲线、空间曲线、进洞区、出洞区等各种工况条件，从而拟合出设计所需的线路。因此，理论上，只需要一套钢模，即可实现隧道的任何形式的设计曲线，使每套钢模的使用率最大化，降低工程造价。

通用管片作为一种较普通管片先进的盾构隧道衬砌形式，在盾构法施工中能够较好地拟合隧道掘进轴线，可以全错缝拼装，提高隧道的纵向刚度以及管片的成环质量，正因如此，通用管片在欧洲得到普遍应用，并已成为国内大中型盾构隧道设计中优先考虑的衬砌形式。

目前，国内外学者对通用管片已进行了大量的研究，在管片选型、排版、纠偏等方面取得了一定的成果，但还缺乏对通用管片的系统性研究，没有形成从设计到施工的精细化施工模式。相关研究仅仅局限在具体的工程案例中，不利于通用管片选型技术的普及。另外，随着盾构法施工的发展，一些新的问题逐渐产生，如小半径、大坡度、浅覆土、淤泥质软土等，相关学者对这些新的问题已有一定的研究，但没有形成一套标准的原则，且往往是针对某一方面进行特定的研究分析。

除此之外，在盾构掘进过程中管片容易出现不同程度的上浮，上浮的量值大小不一，上浮量值较小的区段对管片"渗漏"、"错台"、"破损"以及后期"沉降"等问题影响不显著，而上浮量值大到一定程度以后会对前述问题产生影响，故需对施工期管片上浮控制目标值展开研究。通过鉴别出管片上浮控制目标值，以期当达到管片上浮值在控制目标值范围内时，隧道管片成型质量较好，管片环"裂"、"漏"的概率降低，对管片上浮在控制目标值以内的区段可不采用辅助措施来降低管片上浮量；如果管片上浮超出控制目标值范围，则须采用特定的措施来控制管片上浮值。

针对盾构隧道施工存在的问题，本章通过对施工关键技术的深入研究，用以实现规范化、标准化、智能化施工管理的目的。

3.2　通用环管片施工存在问题

宁波地铁区间隧道大多处于②₂₋₁淤泥及②₂₋₂淤泥质黏土层，土体具有高灵敏度、高流变性的特点，地质情况较为复杂，而作为首个在饱和软土地区地铁建设中采用通用环管片的城市，其理论研究尚不全面，未能提供较好的理论支撑。因此，在宁波地铁1号线一期盾构掘进过程中出现了多个较为突出的问题，本节就这些问题进行详细说明。

3.2.1　管片破损渗漏问题

管片破损的原因很多，包括制作精度的偏差、运输过程的损坏，以及后期运营中的破损。但通用管片在拼装过程中的控制是影响通用管片破损与否的重要因素。通用环管片拼装过程中出现部分管片破损问题，管片裂开的类型以螺栓孔区域管片裂开、管片边缘裂开和管片轴线裂开为主，宁波地铁1号线施工中典型的螺栓孔区域管片裂开图、管片边缘裂开图和管片环缝裂开图分别如图3-1～图3-3所示。

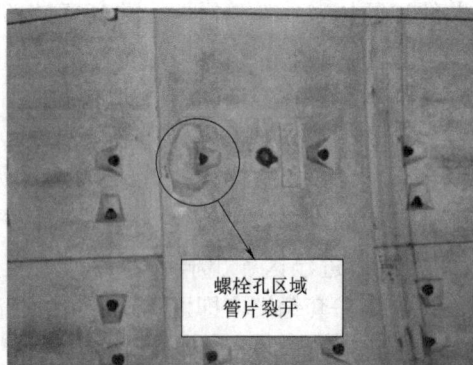

图 3-1　宁波地铁1号线施工中典型的螺栓孔区域管片裂开图

由图3-1可知，标准块管片吊装孔旁边的螺栓孔区域管片出现裂开，且裂开区域包围螺栓孔设计凹槽的一侧；由图3-2可知，标准

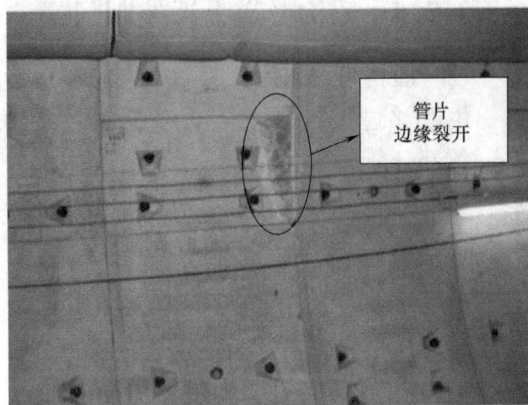

图 3-2　宁波地铁 1 号线施工中典型的
管片边缘裂开图

图 3-3　宁波地铁 1 号线施工中典型的
管片沿环缝裂开图

块管片边缘出现裂开，开裂线和管片两侧线组成典型的三角形面积；由图 3-3 可知，邻接块管片沿环缝发生裂开的现象，裂缝长度为邻接块管片长度的一半。

3.2.2　通用环管片排版与纠偏控制难问题

软弱土层易受盾构掘进扰动，土体结构易破坏、强度易丧失，导致掘进过程中盾构施工轴线控制困难；在管片的排版方面，目前国内外关于通用管片的设计要求过于简单，没有给出通用环管片的理论排版图、排版原则及纠偏原则。在盾构推进过程中，通用管片的排版由于存在动态变化的特征（排版图决定于区间设计轴线、盾构施工轴线动态误差、设计管片结构尺寸参数等），管片排版存在不一致性，而各施工单位没有统一的设计线路理论排版图，存在多主体的问题。现阶段的管片排版主要由人工计算获得，效率低、精度差，须实时控制，主要依靠技术人员的经验。

在纠偏过程中，各家施工单位没有统一的纠偏原则和纠偏方法，而各家施工单位的管理水平及技术能力参差不齐，在施工过程中，往往导致纠偏效果不理想，出现因纠偏引起的管片碎裂、地面沉降等问题。另外，从以往的研究成果来看，管片的纠偏工艺都没有考虑盾构机的干涉影响，如盾构机的盾尾间隙、盾构与轴线的偏移等，而这些因素是影响管片纠偏的重要因素。

3.2.3　盾尾上下左右侧单侧间隙量较小问题

通用环管片在拼装过程中，还会出现待拼装的管片环外壁和盾构内壁间的上下左右某侧盾尾间隙过小的问题，如图 3-4 所示。

由图 3-4 可知，该盾构区管片环外壁与盾构内壁间的上侧盾尾间隙量过小，最小的盾尾间隙值仅为 13mm，且出现多次，在实际施工过程中，盾尾间隙最小控制值在 10mm 以上，而通用环管片拼装时实际的单侧盾尾间隙量已经接近于盾尾间隙最小控制值。如果盾尾间隙过小，则在盾构机推进过程中盾尾钢丝刷会与管片发生干扰，轻则加重盾构机向前推进的阻力，减缓掘进速度；重则将使管片错台甚至损坏。

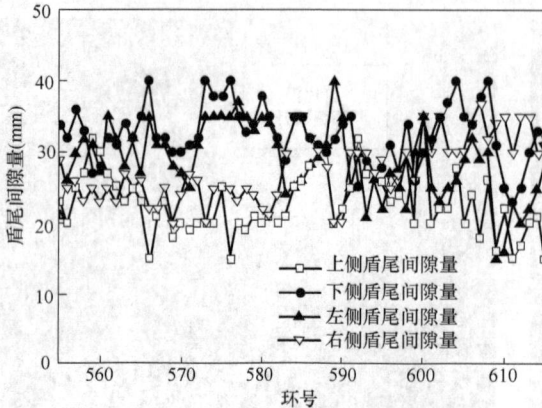

图 3-4 宁波地铁 1 号线某盾构区段上、
下、左、右侧盾尾间隙量

3.2.4 盾构隧道上浮控制问题

盾构施工期间，局部隧道容易发生上浮过大的现象，上浮量超限易导致部分管片错台、破损甚至开裂，并对后期铺轨造成影响，而且可能无法通过调节线路、调节坡度予以解决，故将会对区间隧道后期的运营造成一定的影响。

宁波地铁 1 号线在海—福区间、望—泽区间分析发现管片均出现较大程度的上浮。海晏北路站—福庆路站盾构区间中，盾构从海晏北路站端头井左线始发出端头井加固区后，在盾构掘进过程中管片出现持续上浮。在分析的 0～100 环成型隧道的管片中，虽从始发后 12 环开始盾构中心调整至设计轴线下 30mm，但绝对上浮量平均值达到约 65.69mm。81 环出现管片绝对上浮最大值，上浮量为 116mm，要高于盾构隧道管片位移的规范要求为 ±100mm。同样在望春桥站—泽民路站盾构区间中，盾构出加固区后与海—富区间出现的问题相似，管片脱出盾尾一段时间后，出现较大程度的上浮，局部管片的上浮量超出规范要求 ±100mm，最大上浮位置出现在 35 环位置，上浮最大值为 130.8mm，10～50 环的平均上浮量为 101mm。通过对后续施工的其他隧道区间的管片上浮监测数据整理分析，发现也同样存在管片上浮过大的问题。

3.2.5 盾构隧道精细化施工问题

信息化、自动化施工已成为盾构施工管理的趋势，以往的盾尾间隙都是通过人工测量，不仅工作繁杂，且受施工人员的主观影响，测量结果的可靠性低，急需研究盾尾间隙自动测量技术，并使用自动排版软件辅助施工，以提高施工的信息化和精细化程度，从而提高管片的拼装质量。此外在施工管理上，对于通用环管片排版过程中的盾构机姿态、盾尾间隙等控制指标还没形成详细的分级监控管理体系，也影响了施工的精细化程度和施工质量。

3.3 通用环管片拼装技术

3.3.1 通用环拼装质量影响因素分析

根据国内部分通用环工程实例可知[1-4]，在管片拼装过程中，管片螺栓预紧力、千斤顶的总推力、盾构姿态及管片选型等影响因素会对管片施工质量存在影响。

1. 千斤顶总推力对管片成型质量的影响

竺维彬等[1]对盾构隧道管片环开裂原因进行分析后得出，盾构掘进过程中总推力过大是致使管片开裂的最直接原因，当总推力超过一定程度后，对于未经水养或养护不好的、厚度 30～35cm、配筋 150kg/m³ 以下的管片则有可能开裂，总推力的增大，开裂的频率也增大。

陈俊生等[2]认为千斤顶顶力是造成施工阶段管片开裂的原因之一，尤其是当管片环缝面存在施工或制作误差造成环缝面不平整时，即使只有 0.5～1.0mm 的高差，也会造成下一环管片产生极大的劈裂力矩，同时千斤顶撑靴中心偏位也可能造成管片开裂。

2. 管片接头间螺栓作用力对管片成型质量的影响

盾构隧道通常是由预制管片在盾构机尾部拼装而成，管片与管片之间通过螺栓连接而成。螺栓接头结构利用螺栓将接头板（肋）紧固起来，是管片接头和管片环接头最为常用的接头结构。盾构施工管片拼装时，为加强连接效果，也为了充分利用高强螺栓的强度，通常对螺栓施加一定的预应力。

钟小春等[3]通过研究后得出螺栓的预紧力对隧道纵向弯曲刚度影响非常显著，随着螺栓预紧力的增加，η 非线性地快速增加，纵向弯曲刚度提高较快。施加了预紧力后，在相同的外荷载的作用下，能够明显减少结构的变形。

曾东洋等[4]等通过研究后认为相同轴力和弯矩情况下，增大连接螺栓预紧力，管片接缝端面衬垫单元弹性模量提高越大，接头张开度减小，$\theta\text{-}M$ 关系斜率增大，管片接头抗弯刚度也越大。

由前述可知，螺栓预应力与管片接头刚度存在一定关系，螺栓预紧力不足，螺栓没有旋紧，易引发张开量、错台过大，继而可能引起密封垫的接触面积过小及接触压力不足，影响隧道的防水效果，而螺栓预应力过大，易导致螺栓孔周边结构受力过大，而造成管片破损，故需研究不同螺栓预紧力对管片受力的影响。

3. 盾构机姿态、管片选型对管片成型质量的影响

陈俊生等[2]分析后认为盾构机出现蛇行或需要转弯，盾构机进行姿态调整时，当盾构机姿态控制与曲线段不匹配或蛇行量过大时，盾尾刷甚至盾壳就会挤压管片，使管片出现扭转变形。

秦建设等[5]分析后认为在实际施工过程中，管片与盾构的相对关系常常不能保持理想状态，特别是在转弯及开裂、竖曲线段和纠偏量大时，管片外弧与盾尾内壁间的距离沿环向分布不均匀，造成一侧间距很小，而另一侧间距较大，产生"卡壳"（即两者碰在一起），造成管片破损。

由前述可知，盾构姿态和管片选型均会对上下左右侧的盾尾间隙量产生影响，盾尾间隙过小，则在盾构机推进过程中盾尾钢丝刷会与管片发生干扰，轻则加重盾构机向前推进的阻力，减缓掘进速度；重则将使管片错台甚至损坏，故需要对盾构机姿态、管片选型对管片成型质量的影响进行研究。

3.3.2　通用环管片排版技术

1. 通用管片排版原理

通用楔形管片拼装设计的关键是根据线路的平、竖曲线要素和偏差要求确定环宽和楔

形量，而每一环衬砌的偏差计算通过排版来实现。宁波地铁盾构隧道采用双面楔形环管片，每环管片楔形角为 $20'37.59''$，楔形量为 37.2mm，在管片拼装过程实际就是采用不同的排版方式以达到拟合隧道所需线型的目的。而为实现这一目的，首先需明确管片的拼装点位及各拼装点位对应下的管片超前量，然后根据各类线型所需要的超前量选择合适的拼装点位及组合排版方式。下一步则是确定不同曲线半径下所对应的管片超前量，根据几何关系可知，若圆曲线半径为 R，管片的环宽为 W，隧道外径半径为 r，则每环管片所需超前量为 $\Delta=(2r/R) \cdot W$，基于此可得出不同隧道曲线半径情况下管片的排版方式。

2. 通用环管片排版计算模型

目前常用管片排版计算模型有最小二乘法、平、竖曲线定点算法、二分法以及空间任一点绕任一轴旋转的计算机图形学算法的结合算法、基于矢量运算的通用管片选型计算方法、平面拟合和坐标转换计算点位方法、考虑盾尾间隙和油缸行程差的管片选型算法。下面简要叙述如下：

(1) 模型一：最小二乘法

同一里程下的隧道设计轴线三维坐标只有一组，即拟合目标点的坐标只有一个，而通用管片环的末端环面中心三维坐标由于通用管片环的不同姿态可有若干组，从这若干组用管片环的末端环面中心三维坐标找出最佳的一组坐标（距离最近），来拟合这组隧道设计轴线三维坐标，也就是来拟合目标点的三维坐标。

设某一里程下隧道设计轴线三维坐标为 (x_0, y_0, z_0)，通用管片的姿态有 m 种，通用管片环末端环面中心三维坐标为 (x_i, y_i, z_i)，$(i=1, \cdots m)$，采用最小二乘法原理使坐标残差进行加权平方，目标函数为：

$$\delta(i)=(x_0-x_i)^2+(y_0-y_i)^2+(z_0-z_i)^2 \tag{3-1}$$

根据 $\delta(i)$ 最小时的参数 $i(i=1, \cdots m)$，从而得到最佳拟合的通用管片环姿态。

(2) 模型二：平、竖曲线定点算法、二分法以及空间任一点绕任一轴旋转的计算机图形学算法的结合算法

该算法把点位选择分为四步：

① 拼装 i 环管片后，计算 i 环端面中心坐标；

② 找到隧道设计线路上第 $i+1$ 环的理想点 B；

③ 第 $i+1$ 环紧贴第 i 环端面旋转过程中，其轴线形成一个旋转椎体，计算各试算点 T_i；

④ 求出试算点 T_i 与理想点 B 距离最近的点，即为所求点位。

在这四步中，计算线路坐标（直线、圆曲线、缓和曲线）时需要使用的方法是平、竖曲线坐标的定点算法；计算设计线路上理想点 B 坐标时需要使用的是二分法；计算试算点 T 需要的方法是任一点绕任一轴旋转的计算机图形学算法（图 3-5）。这三种方法结合起来，其本质与最小二乘法相似，都是寻找一个与设计轴线距离最近的点。

(3) 模型三：平面拟合和坐标转换计算点位方法

该模型推导了基于坐标转换和平面拟合的管片选型数学模型以及轴线偏差量的计算公式，给出了选型系统的软件实现。通过对管片拼装坐标系和管片临时坐标系的转换，对拟合点和拟合平面进行计算，求距设计轴线偏差量最小的点位（图 3-6）。考虑错缝要求，将上一环所选位号予以剔除。具体步骤为[6]：

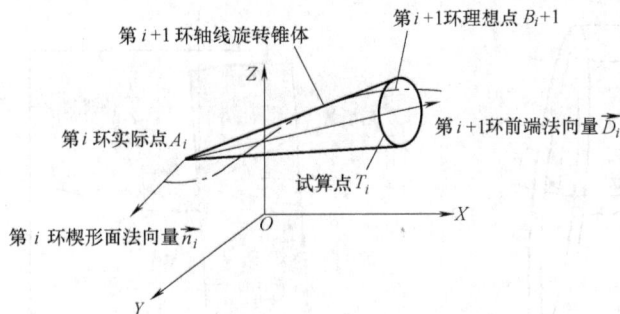

图 3-5　通用环管片排版计算原理图

① 确定管片拼装坐标系；

② 确定管片临时坐标系；

③ 管片选型计算，包括拟合点和拟合平面的计算；

④ 计算与设计轴线的偏差量；

⑤ 剔除上一环点位，得出结果。

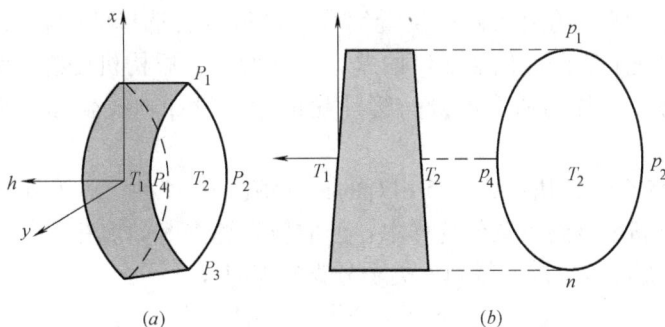

图 3-6　管片坐标系转换

(a) 管片拼装坐标系；(b) 管片临时坐标系

（4）模型四：基于矢量运算的通用管片选型计算方法

盾构隧道的中心线可以看作一系列衬砌环中心矢量首尾相接形成的"矢量链"，设计轴线也可以分解成一条对应的矢量链，而管片选型过程就是在一定施工条件下寻找使实际隧道轴线矢量和对应设计矢量之差最小的拼装方法。为便于用矢量化数学模型来表达这一过程，拟采取"以线、面代替实体，以局部坐标代替总体坐标"的思路，即将隧道、管片和盾构之间的三维实体关系抽象为各轴线和接触面之间矢量运算，先后采用两个彼此平行的局部坐标系代替整体坐标系，这样既便于矢量取值，又不必在两个局部坐标系之间进行坐标转换（图 3-7）。管片选型过程矢量化模型的建立可以分为下列 3 个步骤：

① 衬砌环几何特征的矢量化表达；

② 后盾管片和推进轴线的矢量化表达；

③ 管片选型的矢量化模拟。

为保证足够盾尾间隙，选择合适的计算起点，计算设计轴线对应点坐标和待拼装环中心坐标，可以计算出拼装后的盾尾间隙，剔除间隙大于规定值的点位即可。

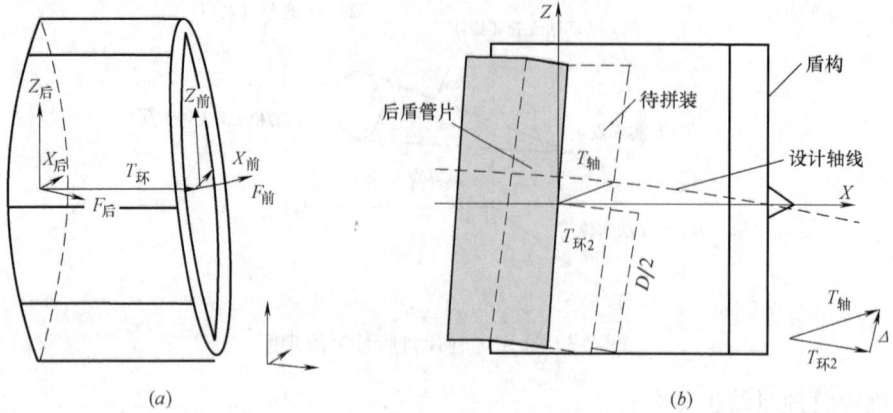

图 3-7　基于矢量运算的计算原理
(a) 衬砌环矢量要素；(b) 拼装坐标系

（5）模型五：基于约束性多分类支持向量机封顶块选择

封顶块优选问题可看成一个约束性多分类模式识别问题，即根据前一环的封顶块位置确定约束条件，再从满足约束条件的位置编号中进行分类选择的问题（图 3-8）。分类选择的依据是相关的施工数据，包括切口偏差、盾尾偏差、盾构机姿态（坡度、转角）、管片偏差、管片姿态、管片与盾壳间隙、管片超前量、设计轴线坐标、千斤顶行程等[7]。模型选择步骤为：

① 对于全部 M 个封顶块位置，其相对的约束情况有 M 种，对于每种约束情况，从原始训练集 S 中取出满足该约束条件的样本，形成新训练集 S_i，其中 $i=1$；

② 用 S_i 训练支持向量机，得到 k 类子分类器 DM_i；

③ 根据当前封顶块位置 k，选择对应分类器 DM_k，将 x_i 输入分类器 DM_k，预测 y_i 的值。

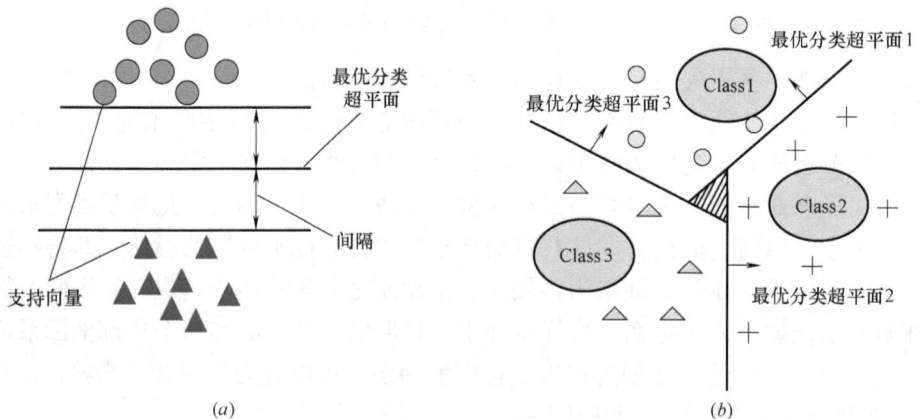

图 3-8　约束性多分类支持向量机原理
(a) 优分类超平面；(b) 一对一的多分类器

（6）模型六：考虑盾尾间隙和油缸行程差的管片选型算法

将管片预测计算涉及的参数之间的内在联系，统一到油缸行程，便于精确控制盾构机的推进油缸行程，快速计算预选管片。计算了盾尾间隙改变量与油缸行程差的关系，同时计算了超前量对行程差的贡献值和主机趋势变化量与行程差变化量的关系。通过计算掘进后下一环管片的盾尾间隙和行程差，综合考虑两因素计算得出拼装点位（图 3-9）。

无铰接油缸盾构的管片选取优先考虑盾尾间隙问题，而油缸行程差的变化会直接导致盾尾间隙的相应变化。以油缸行程差为中间变量，导出管片选取涉及到的参数与油缸行程差的数学关系式，然后计算出相应的盾尾间隙变化量，并最终选取管片[8]。

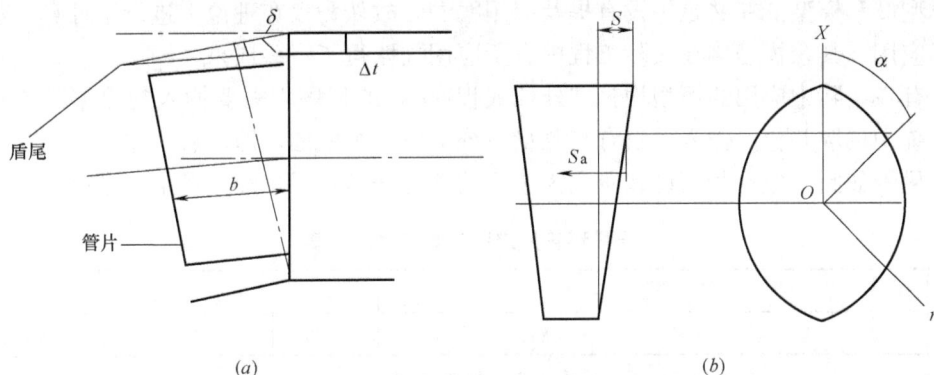

图 3-9 考虑盾尾间隙和油缸行程差选型算法

(a) 盾尾与管片关系示意图；(b) 超前量的行程差贡献量示意图

S—行程差角；t—盾尾间隙该变量；b—管环宽

（7）模型七：演算工坊自动选环系统

演算工坊自动选环系统的计算中，除了考虑拟合管片中心点与设计轴线偏差量最小以外，还综合考虑了其他影响管片点位选择的因素，包括盾尾间隙、千斤顶行程差和柔和度，以这三者考虑因素为对象，计算出一个得分，分数最低的管片被录用。在此基础上剔除掉所有大小通缝，并结合管片组计划得到管片选择方案（图 3-10）。

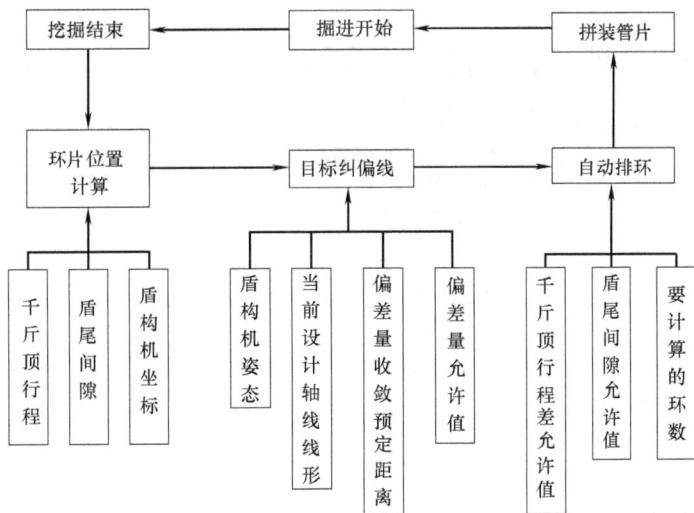

图 3-10 演算工坊流程图

通过建立通用管片模型对比表（表 3-1），分析得出以下结论：

目前大多数对于通用环管片计算点位的方法基本思路大致相似，都是通过一定方法计算出拟拼装管片端面的拟合中心点与设计轴线目标点之间的距离，然后历遍所有点位，得出距离最小时所取的点位。

计算方法的区别在于求得这个最小距离所使用的方法不同，但最终的目标是相同的。其中模型1、2没有考虑任何其他因素，仅计算出最小值的点位。模型3在其基础上剔除了前一环的点位，但仍然没有考虑其他因素，也没有完全避免通缝。模型4-7均在计算距离最小时同时考虑了如何避免通缝的问题以及避免盾尾间隙过小的问题。

模型2和模型6在文献中没有提及应用案例，故认为仅在理论上进行了计算，没有进行实际应用。其余模型均在实际工程中有所应用并取得了一些成果。

所有在实际中应用的模型均为"外挂式程序"，即程序中需要输入的数据需要在自动测量系统中读取并自己输入，没有与测量系统形成一个整体，即没有"嵌入"到整个系统中去。尽管如此，但这些模型和研究为今后的软件开发和系统配套奠定了基础。

通用环管片排版计算模型对比表　　　　　　　　　　　　　表 3-1

序号	模型		工程案例		
	方法名称	特点	时间	地点	施工单位
1	最小二乘法	提高盾构法施工智能化，数据多、计算量大，没有考虑盾尾间隙等实际因素	2007年	上海市西藏南路越江隧道	上海市第二市政工程有限公司
2	平、竖曲线的定点算法、二分法以及空间任一点绕任一轴旋转的计算机图形学算法的结合算法	满足动态调整，通用性强，没有考虑盾尾间隙等实际因素，仅限于理论计算，无法指导现场实际施工		无	
3	平面拟合和坐标转换计算点位方法	动态调整，考虑错缝要求，只简单地将上一环号剔除，没有考虑复杂的实际施工情况	2007年	上海长江隧道（崇明越江隧道）	上海隧道工程股份有限公司
4	基于矢量运算的通用管片选型计算方法	与空间解析算法相比，计算量大幅度缩小，概念更直观，考虑盾尾间隙的影响	2007年	长江隧道工程	上海隧道工程股份有限公司
5	基于约束性多分类支持向量机点位选择方法	既满足了设计轴线的基本要求，又充分考虑了盾构姿态与管片姿态之间的相互作用	2007年	上海长江隧道	上海隧道工程股份有限公司
6	考虑盾尾间隙和行程差的管片选型算法	综合主机方向及DTA，可以较好地拟和DTA，同时又保证合理的盾尾间隙		无	
7	演算工坊自动选环系统	自动计算将来组装的环片类型、点位，根据误差量和结束距离设定执行最合适的组装计划	2012年	宁波市轨道交通工程	中铁一局

3. 自动排版软件

国内有关施工过程中隧道沉降的监控软件已经得到比较完善的开发，但是与管片排版和选型相关的应用软件仍显欠缺，基本上还是依靠施工人员的现场测量计算和经验选取管片。在实际工程中，技术人员往往根据设计图纸提供的曲线类型以及当天实测的管片安装偏差，手工计算后续管片的排版方案。这样的操作方法既不利于提高工程施工的效率和准确度，也增加了技术人员的工作强度。同时，技术人员对于手工计算的结果缺乏直观的效果评估图表，在施工过程中也不利于与参与施工的其他工作人员的沟通[9]。因此，针对管片排版与纠偏开发相应的软件系统，或者基于现阶段已有的管片系统进行纠偏模块的二次开发是非常有必要的。

宁波地铁项目各标段根据自身的实际情况，采用的管片排版与纠偏软件有广州鑫唐夏公司、日本演算工坊等。另外，上海城建市政公司与上海交通大学合作，曾针对上海西藏南路的盾构施工开发管片的排版与纠偏软件。根据对三个不同的管片排版软件的分析整理如表 3-2 所示（以开发公司的名字代表该软件，下同）。

软件的功能特点一览 表 3-2

分类	内　　容	广州鑫唐夏公司	日本演算工坊	上海城建-上海交大
排版工法	所需基本参数	设计轴线基本信息、管片信息、测量系统内部坐标	设计轴线基本信息、管片信息、测量系统内部坐标	设计轴线基本信息、管片信息
	限定条件	盾尾间隙、千斤顶行程、盾构姿态、错缝要求、封顶块范围	盾构机坐标、千斤顶行程、盾尾间隙、错缝要求	最大允许偏差、错缝要求
	排版范围	短距离预排版	分段预排版	全局预排版
纠偏工法	所需基本参数	当前管环姿态	最大允许偏差、错缝要求、封顶块范围	当前环数；当前管片环、次当前管片环的拼装姿态
	主要考虑因素	盾尾间隙 油缸行程 盾构姿态	计划线、纠偏线以及盾构机的当前运行趋势线之间的关系	盾尾间隙 平面、纵面偏差
	纠偏设定方式	N 环纠偏法	纠偏环＋纠偏距离	N 环纠偏法（一般为 5 环或 10 环纠偏）
测量系统	是否有配套测量系统	PTS 隧道掘进导向系统（提供部分数据）	ROBOTEC 测量系统或其他测量系统	无
	测量及输入方式	人工测量盾尾间隙系统提取油缸行程、系统提取盾构姿态	支持人工测量及输入	需人工输入
操作界面	输出结果	管片拼装序列图	管片拼装序列图	管片拼装序列图 管片拼装误差图
	系统模块	测量模块 排版模块 纠偏模块	测量模块 排版模块 纠偏模块 通缝控制模块 三轴线偏差模块	排版模块 纠偏模块

结合宁波地铁工程对管片排版与纠偏的要求，可以总结三个程序的优点与不足，以供后期的程序开发提供参考。

（1）拟合设计轴线的预排版方面

日本演算工坊、上海城建-上海交大的管片排版软件可以根据设计轴线的空间几何要素、管片信息等，对设计轴线的管片拼装进行预排版，对管片拼装作业有一定的指导意义。而鉴于全局的预排版对管片的实际意义不大，广州鑫唐夏公司的软件只对盾构推进阶段中一定范围内的管片进行计算预测，一般为1～5环，以实时根据变化的控制因素进行管片排版的调整。

（2）管片拼装的主要影响因素方面

无论是在管片的排版阶段还是纠偏阶段，在考虑影响管片作业的因素中，日本演算工坊、广州鑫唐夏公司的程序都考虑了盾构机实时坐标、千斤顶行程以及盾尾间隙的影响，通过上述三者来反算得到当前管片的位置，进而模拟计算出后续的管片排列方式。而上海城建-上海交大的程序主要是考虑盾尾间隙、偏差等方面的影响。其中，为满足管片排版与纠偏过程中，管片拼装的平稳缓和，日本演算工坊还给出了设计轴线、盾构机推进轴线、成型管片轴线之间的偏差图，有效地控制了盾构推进的质量。可见，在管片排版与纠偏的分析因素方面，日本演算工坊的分析研究范围较全面，保证了管片拼装作业的顺利实施。

（3）配套的测量系统方面

一般而言，为保证计算因子的准确性，管片拼装软件应配备相应的测量系统，因此，广州鑫唐夏公司、日本演算工坊的程序有相应的盾构参数测量系统，以获取需要的实施作业数据，而上海城建-上海交大的程序没有，需要进行人工的测量或从其他系统中获取。测量系统能够提供的施工参数主要包括千斤顶行程、当前环的空间坐标、成型管片的偏差等，但盾尾间隙的测量较复杂，广州鑫唐夏公司采取的是人工测量获取的方法。

（4）程序的操作界面

在影响因素的分析研究中，日本演算工坊的计算模块较多，包括管片排版与纠偏模块、三轴线偏差模块、通缝控制模块等，在程序中也有相应的操作界面与之一一对应，但在操作的简单便捷方面，该程序的操作界面略显复杂，不利于施工人员的操作。

（5）程序的数据后处理方面

管片排版与纠偏程序的最终目的是提供给施工人员相应的管片拼装图（或管片拼装表），上述的三个软件都可以提供相应的管片拼装表，并可以进行相应的纠偏计算。但在管片拼装的可视化方面，上述软件都没有进行相应的3D空间模拟。另外，上海城建-上海交大的程序还提供了管片拼装的误差图，通过误差图可获知管片拼装在那段范围的偏差较大，加以重视。

（6）管片选型影响因素的考虑方面

影响管片选型的因素主要是围绕设计轴线、盾构机推进轴线以及成型管片轴线这三方面展开。管片拼装的本质是通过拼装的管片逐步拟合设计要求的隧道轴线，而盾构机的推进轴线与管片轴线是相辅相成的。通过上述介绍，可知日本演算工坊的程序中，有专门地针对三根轴线趋势对比图。另外两个软件主要是通过参数进行控制，如盾尾间隙、千斤顶行程。

4. 通用管片排版施工技术

（1）排版原则

考虑管片错缝拼装的优点，如止水性能好、整体受力性能好、圆环整体刚度大等，宁波地铁工程要求使用通用管片的错缝拼装方式。但考虑到错缝拼装的内力大，且限制了管片拼装的自由度，特别是不利于曲线段的线型拟合。因此，允许采用部分通缝进行管片拼装，具体规定如下：严禁采用全通缝拼装，即6条通缝；管片环之间允许采用小通缝，即

1~2 条通缝；相邻两环可采用大通缝，即 3~5 条通缝，但严禁三环及以上的管片环出现连续的大通缝。同时，通用管片的封顶块一般是最后安装的，考虑到管环底部范围受力较大，且不易安装，如果封顶块安装在底部位置，将加大拼装的难度，且对于施工安全有一定的隐患，故避免将封顶块安装在管片环底部的范围[10]。

总结以上的要求，可得到管片排版的两大原则：

①一般而言，管片环之间优先采用错缝拼装，允许采用小通缝拼装组合，但严禁采用全通缝拼装，而在特殊情况下，允许相邻管片采用大通缝，但严禁三环及以上的管片环出现连续的大通缝；

②封顶块 F 块不能拼装在 157.5°~202.5° 的范围内（底部 45° 以下范围内），即 K8、K9、K10 的拼装点位。

（2）管片选型

盾构掘进之前，需要根据 DTA（隧道设计轴线）和相关的管片参数来拟合不同类型的隧道轴线，按线型分类，有直线段、圆曲线和缓和曲线。下面以平曲线的情况为例，分析上述三种曲线类型的管片选型。

①直线段

宁波地铁工程所使用的通用管片具有一定的楔形量，最大楔形量为 37.2mm，因此在拟合直线段时，应该选择左超、右超为零的管片组合，即达到平推管片的目的，如第一环拼装点位为 N，下一环拼装点位应该为 $N+8$，即旋转 180°。考虑成型隧道的受力分布，以及管片拼装的简易性，推荐进行直线段的管片拟合过程中，选用 [K5、K13]（上/下超 0mm，左/右超 0mm）的管片组合。而在变坡段范围内，如遇到坡度变大，即盾构机向上爬，则选用下超，根据实测管片上超量与理论上超量的相对关系，可选用 [K5、K4、K15、K13] 组合（下超 40.54mm，左超 8.06mm）或者 [K13、K14、K3、K5] 组合（下超 40.54mm，右超 8.06mm）；如遇到坡度往下，即盾构机向下推进时，则选用上超，根据实测管片上超量与理论上超量的相对关系，可选用 [K5、K6、K11、K13] 组合（上超 40.54mm，左超 8.06mm）或者 [K13、K12、K7、K5] 组合（上超量 40.54mm，右超 8.06mm）。

② 圆曲线

不同半径的圆曲线所需的每环超前量计算简图如图 3-11 所示。取圆曲线的半径为 R，管片的环宽为 W，管片环所对应的圆心角为 α，隧道半径为 r。每环所需的超前量计算推导如下：

$$\frac{\alpha}{2\pi}=\frac{W}{2\pi R} \Rightarrow \alpha=W/R \Rightarrow \alpha=\frac{W}{R}=\frac{W_1}{R-r}=\frac{W_2}{R+r} \tag{3-2}$$

$$\Rightarrow \Delta=W_2-W_1=\frac{2r}{R}\cdot W$$

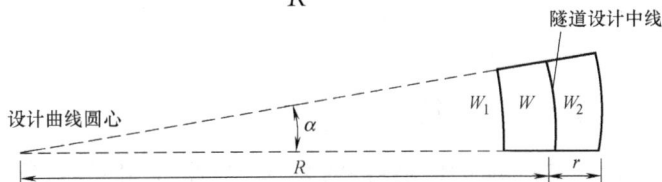

图 3-11　每环楔形量计算简图

该工程的隧道轴线最小半径为 $R_{min}=300\mathrm{m}$，通用管片环宽为 $W=1200\mathrm{mm}$，隧道外径为 $2r=6.2\mathrm{m}$，按照上式可计算此时所需的通用管片超前量为：

$$\Delta=\frac{2r}{R_{min}}\cdot W=\frac{6.2\times1200}{300}=24.8\mathrm{mm}$$

该项目所使用的管片超前量最大为 $\Delta_{max}=37.20\mathrm{mm}$，此外还有 $34.36\mathrm{mm}$、$26.30\mathrm{mm}$、$14.24\mathrm{mm}$，按照上述的两大原则，可以满足该超前量的要求。根据公式可以计算出不同半径曲线下，平均每环管片所需的超前量，再根据设计轴线的总超前量之和，采用满足曲线转弯要求的管片组合即可。

③ 缓和曲线

在直线与圆曲线之间，为了缓和二者之间的变化趋势，需要加设一段特殊的曲线，即缓和曲线。当由圆曲线过渡到直线时，缓和曲线的曲率半径由圆曲线半径逐渐变为无穷大，反之同理，故缓和曲线的坐标、方位角是连续变化的。图 3-12 为缓和曲线的要素示意图。

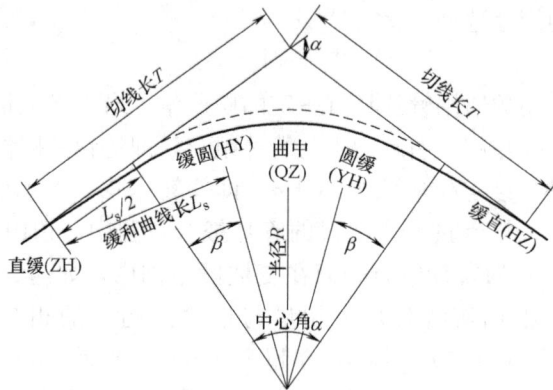

图 3-12　缓和曲线要素示意图

注：α 为圆曲线中心角；R 为曲线半径；T 为曲线的切线长；L_s 为缓和曲线长度；β 为缓和曲线对应的切线角。

已知切线角公式为 $\beta=\dfrac{L^2}{2RL_s}$，其中 L 为任一点所对应的缓和曲线长度，当 $L=L_s$ 时，可得 $\beta=L/2R$。缓和曲线的切线角与通用管片的偏转角的比值即为该曲线上所需转弯管片的数量 N_0，L_s 确定了所需管片的数量 N，有 $N\geqslant N_0$。按照工程所使用的通用管片，计算可得偏转角为 $20'37.59''$。

（3）排版流程

图 3-13 给出了管片排版的流程图，在管片的设计排版阶段，主要目的是按照设计轴线的线型要求，计算出管片拼装组合所需的超前量，并根据管片拼装的原则，得出满足要求的管片组合。其中，结合现场施工的具体情况，当出现偏差时，根据偏差量的不同采取相应的纠偏措施，进行动态纠偏。

3.3.3　盾构机位自动化导向系统

盾构导向系统作用是实时测出盾构掘进的姿态，计算出与隧道设计中心线的偏差，从而指导盾构司机控制盾构掘进。盾构姿态测量基本原理是"两点确定一线（盾构机体）"：

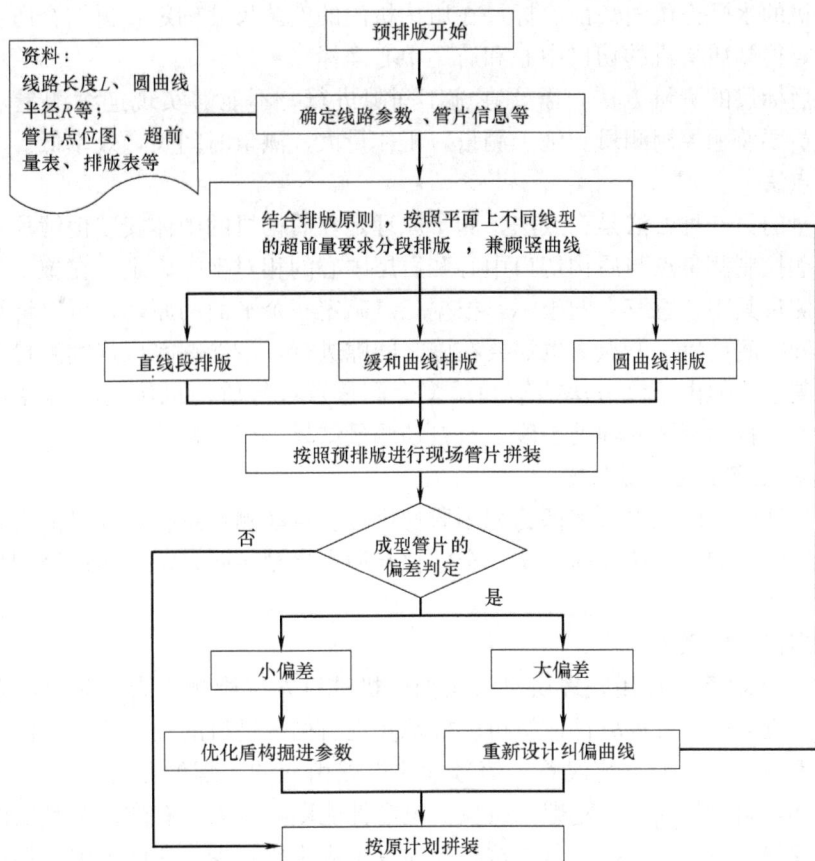

图 3-13 管片排版流程图

测出盾构机体上两个固定点的坐标，两个固定点与盾构机的相对位置是固定的，再辅以俯仰角和滚动角修正即可计算出盾构刀盘和盾尾中心坐标。各种测量方法的不同在于测量仪器选取，自动化程度高低，主要分为人工测量法和自动导向法。

1. 人工方法

目前国内部分隧道施工中的盾构机位姿测量还在采用人工方法。主要包括前后标尺法和三点法[11]。

（1）前后标尺法

如图 3-14 所示，施工人员首先在盾构机内壁固定前标尺，后标尺以及坡度板。坡度板是用来测量得到盾构机的坡度角和滚角。全站仪测量得到前后标尺的坐标，通过计算可

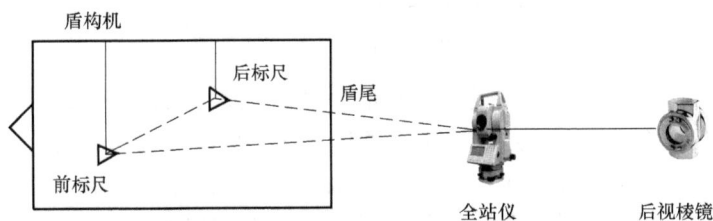

图 3-14 前后标尺法

以得到盾构机的水平方位角。前后标尺在盾构机内的安装尺寸确定，再结合盾构机的三个姿态角可计算得到盾构机的切口中心和盾尾中心坐标。

采用前后标尺的测量方法，需要在施工间隙进行，不能够实现连续测量，且操作复杂，测量人员要兼顾控制测量和施工测量，工作量大，测量时间长，效率低。

（2）三点法

人工测量的另一种方法是三点法，测量原理是在盾构机的中体安装棱镜片，组成控制测量点，这些控制测量点与盾构切口中心和盾尾中心的相对坐标确定，在施工过程中，只需用全站仪测量其中任意三点的坐标，根据三点确定一个平面的原理，可以计算得到盾构机的姿态角和空间位置。三点法也需要在施工间隙进行，不能够实现连续测量，且操作时间长，计算复杂，但由于该方法能够利用多个测量点进行盾构机位置的解算，测量精度高，目前常作为自动测量的辅助手段，对自动测量结果进行校核。

2. 盾构机位姿自动测量系统

目前国内外隧道施工中大多都已采用盾构机位姿自动测量系统，到目前为止共有几个不同的研究方向，如陀螺仪导向系统、全站仪与激光标靶导向系统、多棱镜测量法导向系统等[12]。

（1）陀螺仪导向系统

日本的 GYRO 系统运用陀螺仪对盾构掘进机进行方位检测，能自动测量方位角和倾斜角。与掘进机的姿势管理软件连接可较好地实现盾构掘进机的施工管理。由于影响陀螺仪精度的因素很多，加工工艺误差、信号检测误差引起的陀螺漂移会严重影响测量的精度。另外，环境温度的变化对陀螺的机械、电学性能影响较大，有的甚至是质的变化，这无疑也会导致陀螺精度的下降。所以这种导向系统应用比较少，在施工中陀螺仪仅作为辅助参考，主要还是依靠人工测量。

（2）棱镜法自动导向系统

日本演算工坊（Enzan）开发的 ROBOTEC 测量系统，利用全站仪自动搜索盾构内固定安装的三个反射棱镜，对棱镜的位置分别测量，然后根据三个棱镜与盾构中心的相对位置来计算盾构切口中心和盾尾中心的坐标，以此实现盾构掘进方向的检测（图 3-15）。

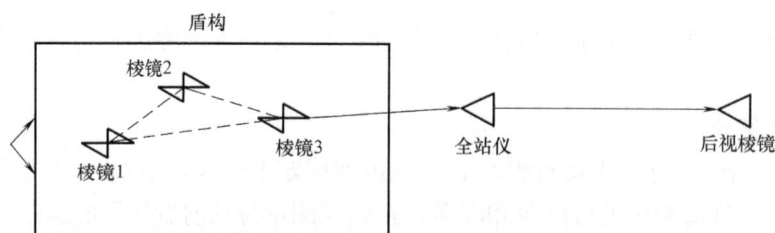

图 3-15 棱镜法自动测量的原理图

三个棱镜与盾构切口中心和盾尾中心的相对位置是固定的，在安装时就经过了严格测量。三个棱镜点在三维空间上决定了一个三角形，该三角形与盾构的切口中心和盾尾中心相对位置是不变的。全站仪在一次测量过程中依次搜索到棱镜 1、棱镜 2、棱镜 3，分别对三个棱镜进行坐标测量。通过全站仪测量到三个棱镜的实际坐标，可以通过几何关系计算出盾构切口中心和盾尾中心在空间中的坐标。

由于棱镜法是依靠三个棱镜的坐标来换算盾构的位置坐标,棱镜间的距离就与测量精度息息相关。因为全站仪测量棱镜坐标的精度有限,这样就要求三个棱镜之间的距离不能太短,否则无法达到隧道施工测量的精度要求。因此,盾构后部就必须留出足够宽的通视空间,使全站仪能够分别搜索到三个棱镜。这给盾构后部的结构设计增添了许多限制,不利于盾构的设计与施工。另外,由于全站仪在一次测量中分别搜索三个棱镜,无法保持锁定棱镜的状态,棱镜随着盾构推进位置变化的时候,特别是盾构在半径较小的圆弧形隧道内掘进时,棱镜位置变化较快,容易导致全站仪搜索棱镜失败,使得测量无法完成。

（3）全站仪激光标靶导向系统

全站仪与激光标靶配合的自动导向系统采用的两个主要测量仪器部件是全站仪和激光标靶。该系统是通过激光标靶内置传感器测量盾构的滚角、水平方位和坡度角,通过全站仪对标靶上安装的棱镜进行定位测量,通过全站仪上的激光器提供激光源照射标靶感光面来测量水平夹角。与棱镜法相比,只需要盾构后方留出激光标靶的通视空间。新型的全站仪具备目标锁定功能,锁定目标棱镜后全站仪镜头会随着棱镜的运动而旋转,始终瞄准棱镜中心,由于只用瞄准激光标靶上的棱镜,全站仪可以一直锁定棱镜,测量的成功率要远大于棱镜法自动导向系统。目前国际上应用的全站仪激光标靶自动导向系统主要是德国VMT系统（图3-16）。

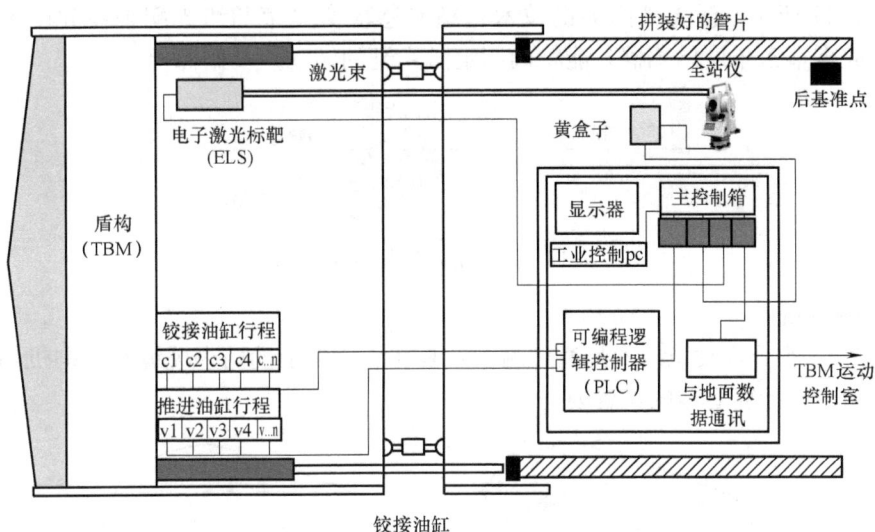

图 3-16　使用 VMT 系统的盾构机

VMT公司早期开发的导向系统中没有采用全站仪,激光源是固定在已知位置的激光器上,预设激光发射角度,光束打到激光标靶上,测量光斑的位置和光束与标靶的夹角,从而计算盾构的位置和方向。盾构机做直线推进时应用比较适合。盾构作曲线挖掘时,激光就会偏离目标,这样就必须频繁的迁移激光器,每次迁移都必须重新测量激光器位置,工作任务繁重。

该公司新型产品引入了带自动锁定棱镜功能的全站仪作为激光站,可以自动跟踪测量移动目标,极大地方便了曲线段施工测量。

VMT公司的激光导向系统具备功能齐全、测量精度高等优点,代表了盾构导向技术的国际领先水平。根据实际施工得到的测量数据，VMT 公司的自动导向系统可以将盾构掘进偏差量的测量精度控制在 ±10mm，可以有效地控制盾构的掘进，并最终使隧道成功贯通。但是由于 VMT 激光导向系统造价高昂，而且是为德国海瑞克公司的盾构配套设计的，无法移植到其他盾构，再加上操作功能繁琐，对操作工人的技术要求高，使得 VMT 激光导向系统在国内的隧道施工中无法大规模采用。

3. 几种盾构导向系统横向比较

（1）几类导向系统

① SLS-T 盾构导向系统（简称 SLS-T）

② MTG-T 盾构导向系统（简称 MTG-T）

③ ROBOTEC 盾构导向系统（简称 ROBOTEC）

④ ZED GLOBAL 盾构导向系统（简称 ZED GLOBAL）

⑤ PPS 盾构导向系统（简称 PPS）

⑥ RMS-D 盾构导向系统（简称 RMS-D）

（2）关键技术

1）系统原理

① 激光靶系统

如图 3-17 所示，激光靶的关键技术是精确感应激光束与激光靶轴线间的偏航角度，激光靶集成有精密角度传感器，能精确测定激光靶的转动角及俯仰角。

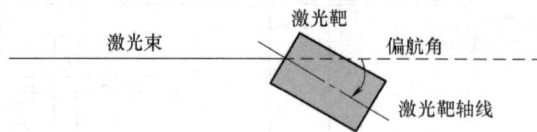

图 3-17　激光靶偏航角测量示意图

② 棱镜系统

如图 3-18 所示，棱镜技术是通过测量安装在盾构机上的两个棱镜及盾构机的转动角，通过数学的方法计算盾构的位置姿态。

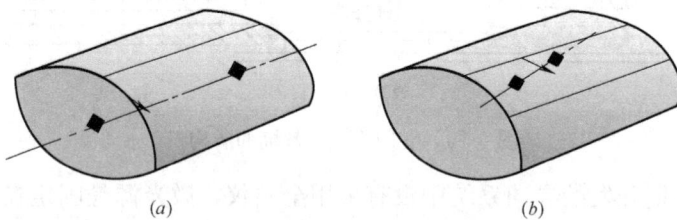

图 3-18　棱镜技术原理

2）精度及稳定性

① 激光靶系统

方位角：0.25～0.5mm；

俯仰角：0.18～0.5mm/m；

转动角：0.18～0.5mm/m；

位置：1mm；

测量结果稳定性：稳定。

② 镜系统

方位角：与棱镜之间的距离有关；

俯仰角：0.18～0.5mm/m；

转动角：0.18～0.5mm/m；

位置：1mm；

测量结果稳定性：与棱镜安装位置有关（图 3-19）。

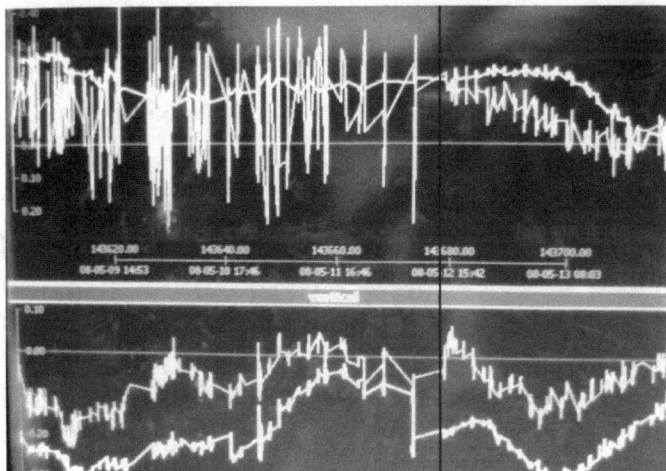

图 3-19　棱镜之间距离对测量精度的影响

3）激光靶导向系统

激光靶导向系统有：SLS-T 系统、MTG-T 系统、ZED GLOBAL 系统。

4）棱镜导向系统

棱镜导向系统有：ROBTEC 系统、PPS 系统、RMS-D 系统。

（3）系统功能

1）必须功能

必须功能有：盾构中心线输入、盾构初始位置设定、全站仪设置、激光靶初始化、盾构位置姿态自动测量及显示、全站仪移站、数据存储管理。

2）盾构中心线输入

① SLS-T 系统

SLS-T 系统（图 3-20）采用输入设计要素的方式输入设计中线，能适应所有地铁隧道的设计方式。

② MTG-T 系统

MTG-T 系统（图 3-21）采用输入设计要素输入隧道设计中心线，输入考虑设计中线存在横偏、纵偏的情况，能适应所有隧道中线的设计。

③ ROBOTEC 系统

ROBOTEC 系统（图 3-22）提供设计数据导入的功能，使用 ROBOTEC 系统，用户必须自己计算设计中心线，并制作如图 3-22 所示的文件，导入系统中，完成盾构中心线

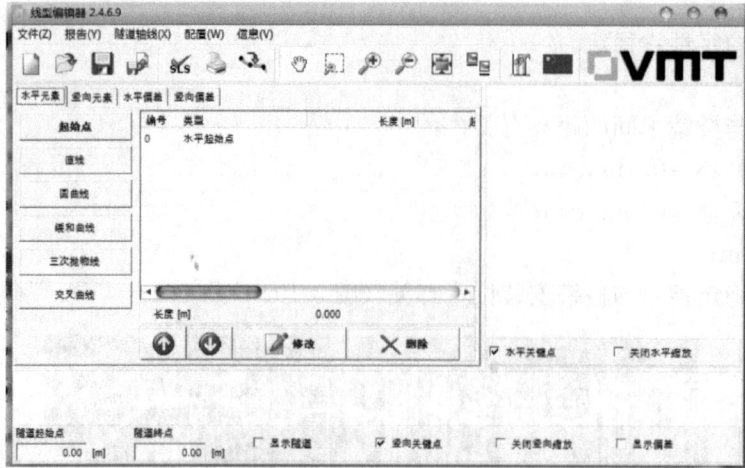

图 3-20 SLS-T 系统

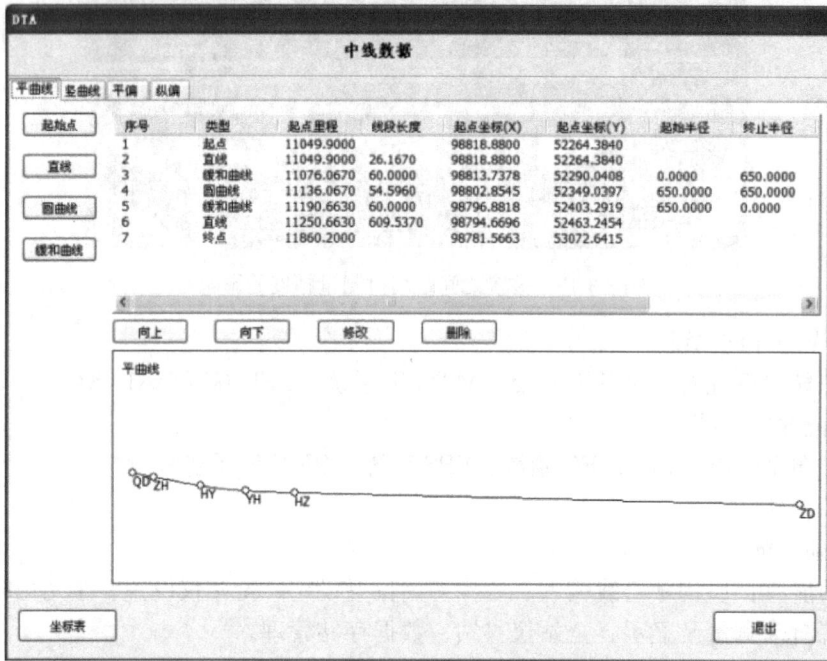

图 3-21 MTG-T 系统

输入工作。

④ ZED GLOBAL 系统

使用 ZED GLOBAL 系统的用户，必须制作如图 3-23 所示的 DTA 表单，然后导入软件中。

⑤ PPS 系统

使用 PPS 系统的用户，必须制作如图 3-24 所示的 DTA 文件，然后导入软件完成中线数据输入工作。

⑥ RMS-D 系统

	A	B	C	D	E	F	G
	PointName	Chainage(m	North(m)	East(m)	Z(m)	Bearing(deg)	Pitching(deg)
	0	0.000	2500076.6690	178702.8801	81.7883	324.0231	-0.1719
	1	0.100	2500076.7500	178702.8213	81.7880	323.9372	-0.1719
	2	1.100	2500077.5580	178702.2329	81.7850	323.9802	-0.1719
	3	2.100	2500078.3670	178701.6447	81.7820	323.9941	-0.1719
	4	3.100	2500079.1760	178701.0568	81.7790	324.0080	-0.1719
	5	4.100	2500079.9850	178700.4692	81.7760	324.0312	-0.1719
	6	5.100	2500080.7940	178699.8821	81.7730	324.0788	-0.1719
	7	6.100	2500081.6040	178699.2953	81.7700	324.0973	-0.1719
	8	7.100	2500082.4140	178698.7089	81.7670	324.1541	-0.1719
	9	8.100	2500083.2250	178698.1230	81.7640	324.1438	-0.1719
	10	9.100	2500084.0350	178697.5376	81.7610	324.2052	-0.1719
	11	10.100	2500084.8460	178696.9528	81.7580	324.2619	-0.1719
	12	11.100	2500085.6580	178696.3685	81.7550	324.2945	-0.1719

图 3-22　ROBOTEC 系统

[mm]This is a sample DTA table for WZPC. (CR)

(CR)

......10000000......25000000.......5000000......0..........0(CR)

......10010000......25010000.......5000283......0..........0(CR)

......10020000......25020000.......5000566......0..........0(CR)

......10030000......25030000.......5000849......0..........0(CR)

......10040000......25040000.......5001132......0..........0(CR)

......10050000......25050000.......5001415......0..........0(CR)

......10060000......25060000.......5001698......0..........0(CR)

图 3-23　ZED GLOBAL 系统

CL_sysz.TXT - 记事本

文件(F)　编辑(E)　格式(O)　查看(V)　帮助(H)

```
ST  20432.1910 m  E  38679.0554 m  N  19230.9890 m  H  32.4544 m
ST  20422.1910 m  E  38670.6668 m  N  19236.4324 m  H  32.4344 m
ST  20412.1910 m  E  38662.2781 m  N  19241.8759 m  H  32.4144 m
ST  20402.1910 m  E  38653.8895 m  N  19247.3193 m  H  32.3944 m
ST  20392.1910 m  E  38645.5009 m  N  19252.7627 m  H  32.3744 m
ST  20391.1910 m  E  38644.6620 m  N  19253.3071 m  H  32.3724 m
ST  20390.1910 m  E  38643.8232 m  N  19253.8514 m  H  32.3704 m
ST  20389.1910 m  E  38642.9843 m  N  19254.3957 m  H  32.3684 m
ST  20388.1910 m  E  38642.1454 m  N  19254.9401 m  H  32.3664 m
ST  20387.1910 m  E  38641.3066 m  N  19255.4844 m  H  32.3644 m
ST  20386.1910 m  E  38640.4677 m  N  19256.0288 m  H  32.3624 m
ST  20385.1910 m  E  38639.6288 m  N  19256.5731 m  H  32.3604 m
ST  20384.1910 m  E  38638.7900 m  N  19257.1175 m  H  32.3584 m
ST  20383.1910 m  E  38637.9511 m  N  19257.6618 m  H  32.3564 m
ST  20382.1910 m  E  38637.1122 m  N  19258.2061 m  H  32.3544 m
ST  20381.1910 m  E  38636.2734 m  N  19258.7505 m  H  32.3524 m
```

图 3-24　PPS 系统

　　RMS-D 系统（图 3-25）采用输入设计要素输入盾构中心线，由于其输入方式不能适应所有的地铁设计，所以提供了导入坐标表的方式导入盾构中心线数据的功能。

图 3-25　RMS-D 系统

3）盾构位置姿态自动测量及显示

① SLS-T 系统

盾构位置偏差显示直观，角度单位采用 mm/m，盾构推进信息齐全，如图 3-26 所示。

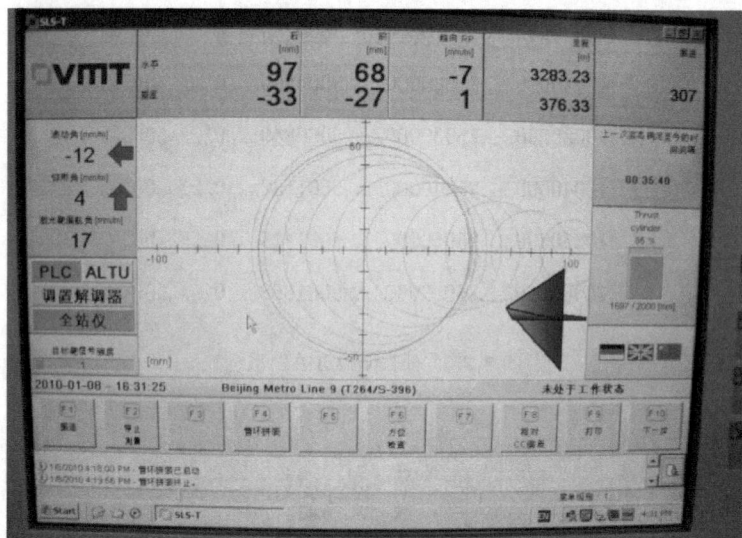

图 3-26　SLS-T 系统

② MTG-T 系统

盾构姿态显示效果与 SLS-T 系统大同小异，图形直观程度较 SLS-T 系统更加突出，如图 3-27 所示。

③ ROBOTEC 系统

界面数字信息显示太多，重要信息不容易直接获取，但右边的平面偏差图及高程偏差图做了一些补充。否则，将不能达到盾构机位置姿态直观显示的目的，如图 3-28 所示。

④ ZED GLOBAL 系统

盾构姿态显示配置较多的图形，图形不够形象直观，没有经过详细培训的人员，很难理解其界面显示的信息，如图 3-29 所示。

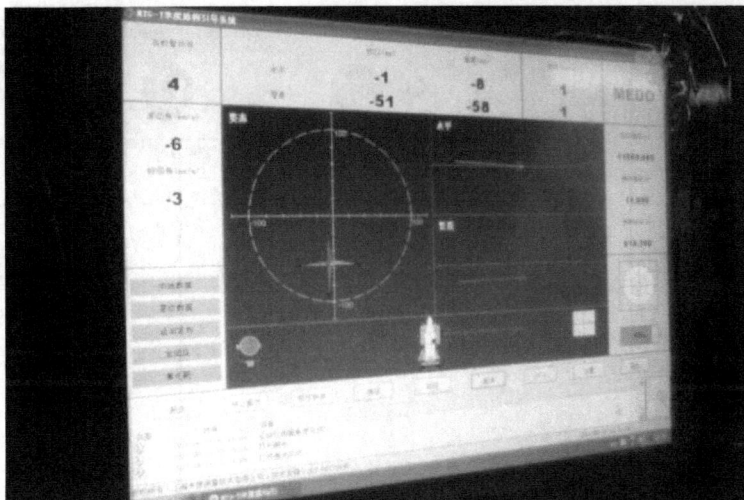

图 3-27　MTG-T 系统

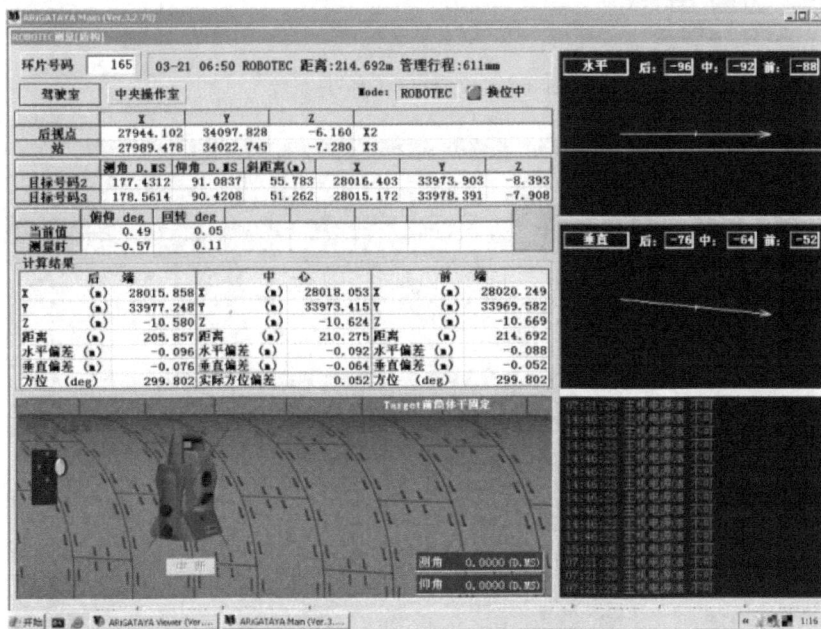

图 3-28　ROBOTEC 系统

⑤ PPS 系统

水平图示及高程图示比较直观，但是旁边配的数字字体太小，需要仔细才能看清楚。此外，有些图示较难理解其含义，如图中红色框的位置，如图 3-30 所示。

⑥ RMS-D 系统（图 3-31）

3.3.4　通用环管片自动选环系统适用性研究

1. 系统概述

通用环管片形式理论上只需要一套模具即可实现任何线形隧道的掘进施工，成本较低

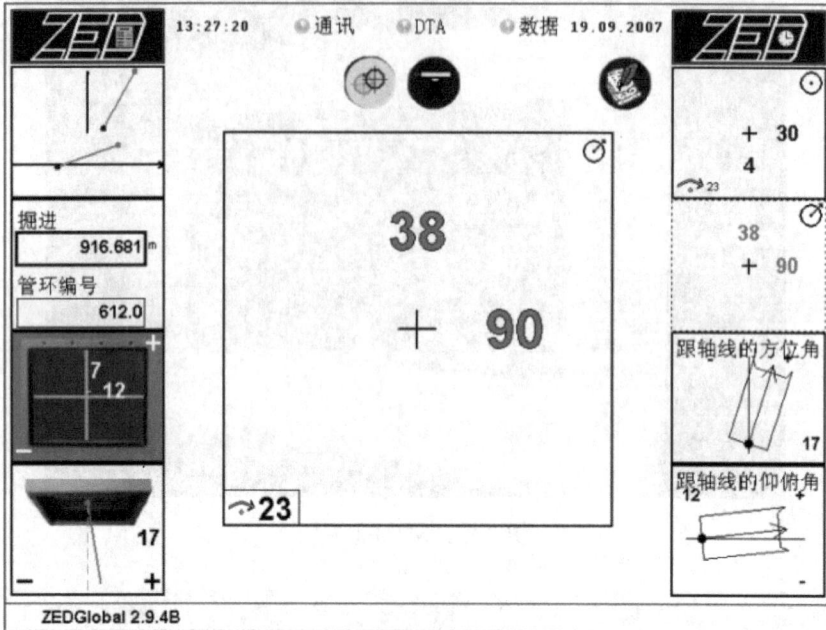

图 3-29　ZED GLOBAL 系统

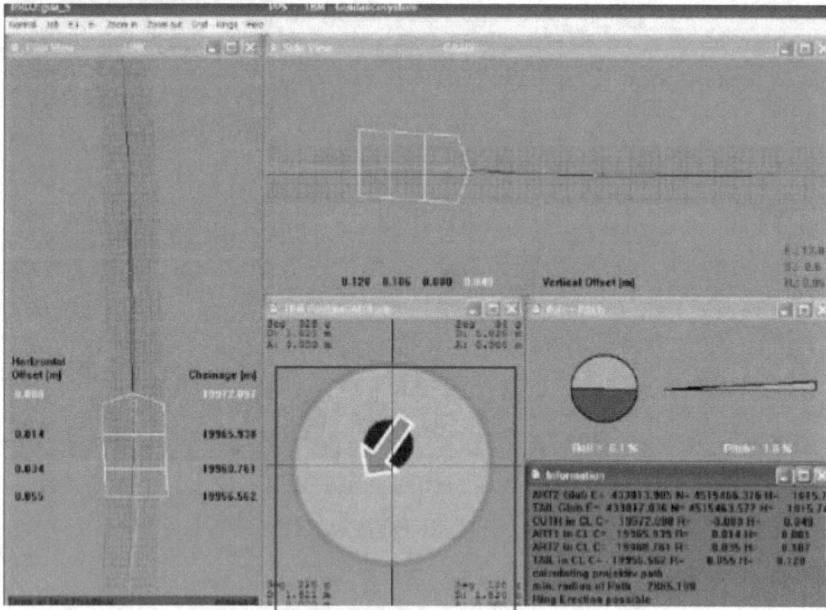

图 3-30　PPS 系统

并且更适用于设计轴线中存在较多的曲线段。但是，由于通用管片环拼装点位较多，系统相对复杂，不恰当的点位选取不仅无法满足管片对设计轴线的拟合，而且会导致盾构机跑偏、管片破碎等不良后果。另外，在盾构施工过程中，盾构机不可能完全拟合设计轴线，此时要给出恰当的纠偏曲线并选取合适的点位进行纠偏。

采用演算工坊实现了盾构法隧道施工中管片排版与纠偏的智能化信息化，有利于提高

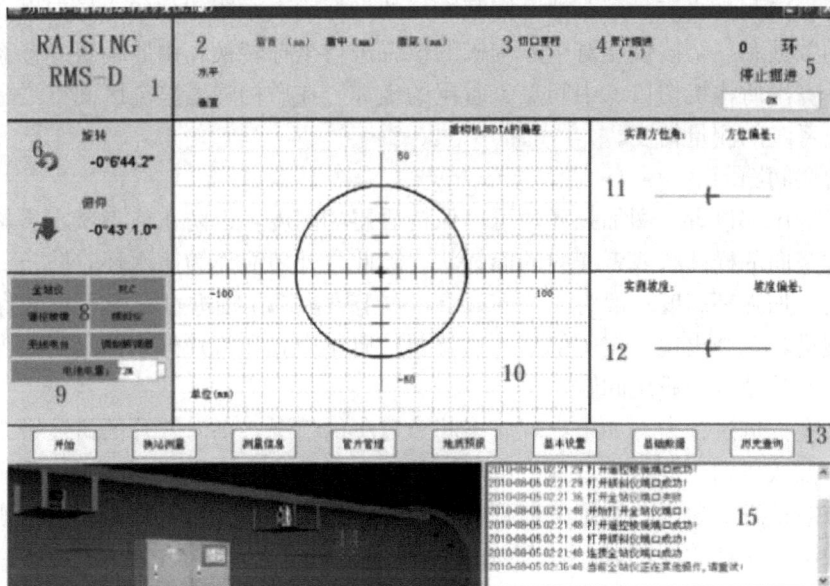

图 3-31　RMS-D 系统

盾构法施工的效率，在后续在盾构施工中，统一全线各标段的盾构推进和纠偏思路，使盾构推进和纠偏成为制式化，用定量的方式描述出盾构掘进的方案，实现真正意义上的让管片点位选择来控制盾构机推进过程，减少因推进不当造成的一系列问题，提高成型隧道的质量。通用环管片自动选环系统工作流程如图 3-32 所示。

2. 选环关键数据

通用选环时需要获取一些必要的已知的数据，这些数据包括：设计线型、盾构机坐标、盾尾间隙、千斤顶行程、当前环的信息。

（1）设计线型

在每个区间每条线路掘进前，在使用软件进行导向测量和选环之前，必须将该区间的设计线型数据输入。选环的线型数据文件通常是导入格式为 .xls 文件。首先要先将给定的设计线型曲线要素点通过计算各段直线、圆曲线和缓和

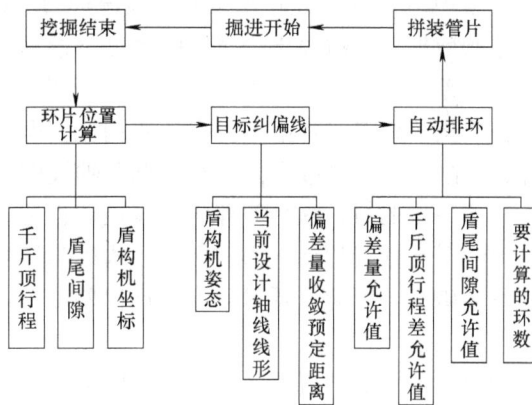

图 3-32　通用环管片自动选环系统

曲线上给定里程下的点的坐标，通常情况下取等间距的里程点的坐标。

（2）盾构机坐标

盾构机坐标是描述盾构机姿态的方式，盾构机本身是一个复杂的机械结构，为便于研究，我们往往把它看成是一个刚体，它由前筒体、铰接（有些盾构机是无铰接的）、后筒体连接成一个整体。描述盾构机姿态的盾构机坐标是由前筒体顶端部分的切口坐标、中间点（铰接）坐标、盾尾坐标组成。除此之外描述盾构机姿态的参数还包括盾构机的方位角、俯仰角和回转角。

在进行导向测量之前，需要把已知基准点的坐标输入系统软件中，导向系统会根据全站仪测得的数据和三个棱镜相对于盾构机的位置进行坐标转换，由盾构机坐标系转换为测量坐标系计算出盾构机切口、中间点、盾尾的坐标。在盾构隧道整个区间推进过程中要定期复核导向系统的测量精度。

（3）盾尾间隙

盾构机的尾部设有一圈加强环，可以保持盾尾的圆度，以防止或者减小盾构机尾部受挤压而形成竖向的椭圆状或者横向的椭圆状，除此之外还能作为止水环，防止泥水进入盾尾密封刷内，加强环高度一般为45～60mm。由于盾构机在掘进过程中不可能保持完全的按照线路掘进，总会出现一定的偏移，这就要求盾尾内壳和管片外表面之间要保持一定的空隙，这个空隙就称为盾尾间隙。

盾构机在推进过程中，如果出现盾尾间隙过小的情况，则对管片的拼装带来很大的困难，并且会导致盾构机在推进过程中盾尾钢丝刷会与管片发生干扰，轻则加重盾构机推进的阻力，减缓推进的速度，重则将使管片错台甚至出现破裂。造成隧道渗水漏水或地表沉降。施工中必须保证盾尾间隙不小于允许的最小间隙。通常最小的盾尾间隙控制在不小于1cm。

目前在国内外也广泛使用了盾尾间隙仪来测量盾尾间隙，这样免去了人工测量所带来的工作量，提高了工作效率和人力资源的利用率。

（4）千斤顶行程差

盾构机在推进过程中是依靠顶在管片上的千斤顶对其作用力的反作用力来向前推进的。盾构机的千斤顶分为上下左右四组。以宁波地铁某标段盾构机为例，该盾构机共16个千斤顶均匀分布在四个方向上，系统通过PLC获取行程传感器获得千斤顶行程数据，行程差的数据精度取决于传感器的精度，根据获得的数据分析，实测和系统测量的行程数据精度相差在1cm之内，是符合精度要求的。

在盾构机推进过程中，为保证盾构机姿态与拼装管片姿态吻合，往往需要控制盾构机千斤顶油缸的行程一致。但是在纠偏和轴线曲率半径较大的情况下，千斤顶行程往往不一致，相差一定的量，这个值即为千斤顶行程差。根据方向上的不同，分为水平方向和竖直方向上的千斤顶行程差。为了保证盾构机与管片夹角尽量小，不会因为行程差过大而导致管片发生破裂，因此需要对千斤顶行程差这个参数进行严格控制。

（5）当前环信息

当前环的信息体现了当前管片与盾构机、设计轴线之间的空间关系，也直接反映了当前管片的拼装质量。当前环的信息主要包括：环号、环片类型、钥匙位置、坐标、方位角、俯仰角、面方位角、面俯仰角、平面偏差、高程偏差等。当前环的信息是后续纠偏和环片组计划的基础。

3. 自动选环系统关键技术

通过对通用环管片自动排版软件的应用分析，得出通用环管片自动排版软件关键技术为环片位置计算、目标纠偏线计算、点位选择计算。

（1）环片位置计算

根据千斤顶行程、盾尾间隙、盾构机姿态等相关数据进行计算得到基准环管片位置。通过上述获得数据就可以进行管片的位置计算，也就是管片的坐标计算。对于一环管片来说，主要点位包括后端面中心点、前端面中心点和几何中心点。通常来说环片位置指的是管片的前端面中心点。环片位置计算是非常关键的，体现了管片的线型趋势，是确定计算管片与设计轴线的偏差的基础，决定了纠偏路线的设计以及盾构机的推进方案的改变。

（2）目标纠偏线计算

在盾构机及基准环管片位置被确定以后，根据盾构机当前坐标以及指定的纠偏参数，计算目标纠偏线路。纠偏曲线的计算必须考虑盾构机的机动性及管环尺寸的限制。纠偏曲线插入后，成为设计路线的一部分，盾构机将沿纠偏曲线前进。

（3）点位选择计算

在完成环片位置计算和目标纠偏线计算后，根据计算的环数、盾尾间隙允许值、千斤顶行程差允许值等参数的设定，进行点位选择计算出下一环待拼装管片点位。

4. 管片选环与排版

管片排版是选环系统最为核心的内容。管片排版是根据得到的纠偏曲线结果和选环参数进行科学合理化的选择点位，指导选环与拼装。选环参数中主要包括盾尾间隙、千斤顶行程差和平滑度。

（1）盾尾间隙

盾尾间隙在盾构推进和管片拼装中都是不可忽略的重要参考要素，因此在管片排版和选环中也是非常重要的参数。盾尾间隙主要影响因素有千斤顶行程差和管片拼装点位。当千斤顶行程差比较大时，管片拼装后会使得盾尾间隙值有比较明显的变化。由几何位置关系得：

$$\tan\alpha=\frac{s}{D}=\frac{\delta}{B} \Rightarrow \delta=\frac{Bs}{D} \tag{3-3}$$

其中 s 为拼装前千斤顶行程差，D 为千斤顶安装直径，B 为管片的宽度，δ 为盾尾间隙变化量，即盾尾间隙变化量＝千斤顶行程差×管片宽度/千斤顶安装直径。

根据公式，管片宽度和千斤顶安装直径是固定的，千斤顶行程差影响着盾尾间隙值变化。管片拼装点位对盾尾间隙的影响体现在管片的超前量。假设在拼装下一环管片前，盾构机轴线与管片轴线重合，当拼装完下一环管片且千斤顶未向前推进时，下一环所对应的盾尾间隙改变量为：

$$\delta_1=B_1\theta$$
$$\delta_2=-B_2\theta \tag{3-4}$$

其中 θ 为下一环环片楔形角的一半，B_1、B_2 为当前位置的环宽，δ_1、δ_2 为对应位置的盾尾间隙改变量。

通过上面的计算可以发现，相对于千斤顶行程差来说，管片超前量对盾尾间隙的影响很小。也就是说这种通过拼装点位来调整盾尾间隙值的方法是有滞后性的，可能在本环管片按照选择相反方向的拼装点位拼装后盾尾间隙并未得到明显的改善，但是它影响着下一环的走向，影响着后续管片拼装完成后的盾尾间隙。因此合理地选择拼装点位对盾尾间隙的后续变化也是非常关键的。

（2）千斤顶行程差

千斤顶行程差主要反映的是盾构机与管片的位置关系。当千斤顶行程差过大时很容易导致管片破裂等不利情况发生，因此通过合理选环来调整千斤顶行程差也是管片排版必要考虑因素。千斤顶行程差的主要影响因素有管片拼装点位和主机控制。

管片拼装点位对千斤顶行程差的影响体现在管片的超前量。可以根据选择不同点位拼装管片来调整千斤顶行程差。如当左边千斤顶行程较右边长时，可以选择左超点位来调整千斤顶行程差。

拼装完成后的千斤顶行程差＝拼装前的千斤顶行程差＋管片超前量

主机控制是调整千斤顶行程差最重要的因素。盾构机在推进中合理地控制千斤顶推力和油缸油压是保证盾构机沿着设计轴线前进和管片姿态协调的必要条件。要想盾构机按照预先设计的方案前进，必须要精确地控制盾构机的掘进，合理地调整千斤顶行程差。

（3）平滑度

平滑度反映的是管片中心轴线与设计轴线之间的夹角。管片中心轴线是指管片前后端面中心点之间的连线。在进行轴线纠偏时，不但要考虑轴线偏差值还要兼顾平滑度，确保管片偏差逐渐减小和趋势不断靠近。

图 3-33 中 A 点表示的是当前环的前端面的中心点，O 点为拟选择排版点位，AP 为设计轴线，在进行管片选型时不但要考虑 O 点和 P 点的点位误差，还要综合考虑 AO 和 AP 的夹角，这就是兼顾平滑度的原则。平滑度直接反映了纠偏是否平缓和稳定，因此为了保证纠偏的平稳原则，必须重要考虑平滑度，因此平滑度也是管片排版与选环的重要参考因素，并且在三个参数中占据重要地位。根据以上分析管片的点位选择直接影响着平滑度，既而平滑度跟楔形角有关。

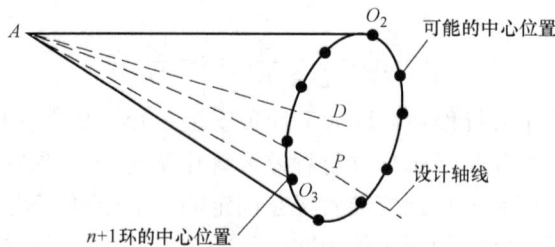

图 3-33 点位选择图

在较短的距离内，可以把设计轴线看成是一条直线，则平滑度的改变量：

$$\delta = \theta_1 + \theta_2 \tag{3-5}$$

其中 θ_1 为当前环的楔形角，θ_2 为下一环的楔形角。

如果在长距离的纠偏和排版中，就不能把设计轴线看成是一条直线了，因此在考虑平滑度时不能简单地认为是上述公式，此时还要考虑设计轴线的线形变化。因此在计算平滑度时要加入设计轴线角度的变化。

$$\delta = \theta_1 + \theta_2 + \alpha \tag{3-6}$$

其中，α 为设计轴线角度的变化量，这样才能准确的刻画平滑度的变化量。

3.4 通用环管片动态纠偏

动态排版是通用管片排版研究中的关键组成部分，由于地下工程不同于地面工程，其具有不可见性及隐蔽性等特点，不可避免地存在盾构实际掘进轴线与理论设计轴线产生轴线偏差，这要求管片排版要具有动态特征，从不同的新起点能够快捷、及时、实时地进行管片的纠偏。

3.4.1 偏差成因分析

在盾构推进过程中，管片成型的轴线往往会出现偏离设计轴线的情况，此时，施工方应根据不同的偏差原因及程度，采取不同的纠偏措施来进行轴线的修正。经分析，轴线偏差的成因可能有如下几方面原因：

（1）盾构机操作有误

盾构机姿态与管片姿态之间的关系是相辅相成的，在施工过程中，盾构机参数须根据设计轴线以及管片拼装的质量进行调整控制，包括土压力、千斤顶行程、注浆压力、坡度、推进速度、推力等。但盾构机的控制参数众多，且影响程度各异，加上盾构机所处土层性能的不确定性，当对盾构姿态掌控不当的时候，盾构作业队伍很容易发生操作失误的问题，导致盾构姿态的改变，进而改变拼装管片的姿态，造成管片轴线偏离。

（2）管片超前量控制不当

宁波地铁工程使用的通用管片是具有一定楔形量的管片，在进行曲线段掘进时，需要按照曲线段的要求选择不同点位的管片，通过管片的旋转得到符合要求的超前量，进而模拟出不同曲率半径的曲线段。当盾构技术人员不能按要求选择管片时，管片类型选择不当，即得不到符合设计要求的管片超前量时，往往会造成管片轴线的偏差，特别在圆曲线段超前量控制不当时，后果更为严重，调整纠正具有一定的难度。

（3）测量系统累积误差

现阶段的盾构机一般都配备盾构测量系统或盾构导向系统。在测量系统正常工作时，盾构机姿态、管片姿态等测量是具有一定的准确性，但由于地下隧道施工作业环境复杂，操作要求高，盾构机测量系统发生故障的情况时有发生，而且隧道掘进距离长，测量系统的累积误差会逐渐增大。同时，盾构在进行曲线段掘进时，测量系统的参考测点往往需要重新调整，进而会导致测量误差的增大。当发现测量数据变化较大时，施工人员应予以重视，重新校核系统的参数，排查测量系统。

（4）成型管片移位

根据管片拼装的状态，可以分为盾构推进前、盾构推进后、管片脱出盾尾等阶段，管片在盾构拼装下一环前，当前管片的姿态已经在盾构机盾尾内形成，不妨假设为状态 A，当盾构机向前掘进时，千斤顶伸缩顶推管片，由于千斤顶推力的不同，造成管片受力不均，易造成管片的偏移，此时管片的状态为 B。当管片脱出盾尾后，同步注浆量不足或者浆液未凝固，管片往往出现上浮的现象，使其姿态发生较大的位移，且上浮的现象在软土中尤为严重，管片的状态设为 C。施工中，管片姿态在不同的状态往往是不同的，即 $A \neq B \neq C$[13]。

（5）管片施工的需求

一般而言，管片选型的排版要求尽可能地去拟合设计轴线。但是在特殊工况下，为了便于隧道施工，降低盾构掘进的难度，往往会针对某段范围内的设计轴线进行调整，即重新设定掘进路线，此时的掘进路线跟计划的设计轴线肯定存在相应的偏差。

在偏差成因分类中，（1）、（2）主要是跟施工队伍的管片拼装技术水平有关，盾构推进、管片拼装技术水平越高，即可控制较小的偏差；（3）是测量方面的原因，盾构姿态、管片姿态本身没有问题，但是由于测量的原因，导致错误的偏差判定；（4）、（5）主要是管片方面的原因，前者是管片自身的变化导致偏差，而后者是人为干预调整管片的姿态，但这种偏差是被允许的。在充分认识不同的偏差成因之后，才可以因地制宜地对不同程度的偏差进行分层监控。

3.4.2　通用管片纠偏原理

造成隧道轴线偏差的成因往往是综合的，但可以根据不同的偏差情况，重点采取相应的纠偏措施，以进行轴线的修正。《盾构隧道施工与验收规范》对管片轴线的允许偏差作了相关的规定：管片姿态的平面位置和高程在管片拼装完成后的允许偏差为±50mm。据此，偏差量的不同可作为管片纠偏的判定。因此，将管片拼装状态分为正常状态（＜5cm）、注意状态（5～10cm）、纠偏状态（＞10cm），针对不同的管片状态采取相应的纠偏措施。

（1）轴线偏差在5cm以内。当偏差在5cm以内时，可定义为小偏差。小偏差的纠正可以采用调整盾构机的姿态，以修正管片的走势，如改变各个区域千斤顶的数量或推力、利用注浆孔位及不同注浆量等。

（2）轴线偏差在5～10cm。当盾构轴线偏差超过5～10cm时，一方面通过合理地调整区间油压，另一方面，结合适当的管片选型，进而对轴线进行纠正。在纠偏过程中，应时刻遵循缓和平稳的纠偏原则，在纠偏的过程中适当进行管片的平推，以稳定管片的姿态。同时，应确保盾尾间隙，避免在纠偏过程中，造成管片碎裂现象。

（3）当轴线偏差10cm以上时，通过一环管片纠正偏差是不科学的，因此，须进行纠偏轴线的设计。针对偏差10cm以上的纠偏情况，应保证纠偏的缓和平稳。盾构施工中一般采用5的倍数环管环进行动态纠偏，如5环纠偏、10环纠偏。纠偏曲线的设计，需要结合成型管片的偏差及盾构机的姿态进行，通过盾构的姿态可预测动态调整管片的趋势。

（4）管片上浮。由于宁波地铁区间隧道处于软土区域，管片上浮现象普遍，甚至出现15cm的高偏。因此，施工中针对管片上浮提出了更高的要求。当管片上浮量较大时，如10cm以上，如果盾构机拼装上超管片，进行向下纠偏，由于反作用力，盾构会对管片有一个向上的分力，在此分力的作用下，反而加剧了管片的上浮量，造成纠偏失败，从而加大盾构机和管片向上的轴线偏差。如果继续拼装上超管片，则造成的后果更为严重。针对此情况，此时要适量拼装下超的管片，并且调整盾构机坡度，使盾构机与管片之间的夹角缩小，尽可能减小盾构机对管片向上的分力。在调整好管片与盾构机夹角以后，适量拼装拟合直线的通用管片组合，使其进一步稳定。此时，再进行管片上超量的控制。当然，当管片上浮量较小时，可适当适时地进行向下纠偏。

通用管片的纠偏归根到底是通过确定纠偏曲线以重新拟合设计轴线来完成纠偏的目的。当求出所需纠偏曲线的半径，选择适当楔形量的管片环即可。但一般而言，纠偏范围是不确定的，存在多种可能性。为了选取最优的纠偏曲线，一般而言，可以采用穷举法和最小二乘法相结合的方法，即在后续纠偏曲线的设计中，将可能出现的拟合姿态的管环都列举出来，再采用最小二乘法进行选优，把最佳姿态的拟合管环选取出来。一般而言，最优的纠偏曲线应该满足纠偏的缓和平稳，即各种影响的最低化。

不妨设（x，y）是一组对应的观测量，且满足一定的函数关系：

$$y = f(x, w_1, w_2, w_3, \cdots w_m)\tag{3-7}$$

其中 $w_i(i=1, 2\cdots\cdots m)$ 为待定参数。为了寻找函数 f 的参数 $w_i(i=1, 2, \cdots m)$ 的最优估计值，需要求解目标函数：

$$L(w_1, w_2, w_3, \cdots w_m) = \sum_{i=1}^{m} (y_i - f(x_i, w_1, w_2, w_3, \cdots w_m))^2\tag{3-8}$$

取最小值时的参数 $w_i(i=1, 2, \cdots m)$。此时的函数 $y = f(x, w_1, w_2, w_3, \cdots w_m)$ 的精度是最高的。求解这类问题的方法就是最小二乘方法。

对于盾构施工过程中的管片选型，前文已经介绍了盾构的主要影响因素，即盾尾间隙、盾构首尾差、油缸行程差等。因此，可以以这些因素为目标函数，选取最优的纠偏曲线。有研究考虑了盾构的姿态对管片环选择的影响，包括油缸行程差、盾尾间隙。其推导过程如下。

在推导之前，我们可以设定相关因素，设管片环宽为 W，双面楔形量为 Δ，共有 N 个旋转点位，油缸安装直径为 D。第 n 环管片拼装前，左、右油缸的行程差为 U_n（左边＞右边时为正），左、右盾尾间隙分别记为 $s_{l,n}$ 和 $s_{r,n}$，第 n 环的拼装点位为 α_i。由于管片的拼装点位而引起的本环盾尾间隙的变化很小，可忽略不计。则第 n 环拼装完成后（第 n＋1 环拼装前）的左、右盾尾间隙可分别表示为式（3-9）和式（3-10）。

$$T_{l,n+1} = T_{l,n} - \frac{W \cdot U_{\Delta n}}{D}\tag{3-9}$$

$$T_{r,n+1} = T_{r,n} + \frac{W \cdot U_{\Delta n}}{D}\tag{3-10}$$

由第 n 环管片引起的行程差变化量为：

$$\Delta U_{\Delta n} = -\Delta \cdot \sin\left(\frac{360}{N} \cdot \alpha_i\right)\tag{3-11}$$

则第 n 环拼装完成后的油缸行程差为：

$$\Delta U_{\Delta n+1} = \Delta U_{\Delta n} + \Delta \cdot \sin\left(\frac{360}{N} \cdot \alpha_i\right)\tag{3-12}$$

设盾构主机沿直线推进，即第 n＋1 环掘进时，各油缸都向前推进一个环宽，行程差的增加量是相等的。第 n＋1 环拼装完成后，左右盾尾间隙分别为式（3-13）和式（3-14）。

$$T_{l,n+2} = T_{l,n+1} - \frac{W \cdot U_{\Delta n+1}}{D} = T_{l,n} - \frac{W \cdot U_{\Delta n}}{D} - \frac{W \cdot \left(\Delta U_{\Delta n} + \Delta \cdot \sin\left(\frac{360}{N} \cdot \alpha_i\right)\right)}{D}$$

$$\Rightarrow T_{l,n+2} = T_{l,n} - \frac{2W \cdot U_{\Delta n}}{D} - \frac{W \cdot \Delta \cdot \sin\left(\frac{360}{N} \cdot \alpha_i\right)}{D}\tag{3-13}$$

同理，

$$T_{r,n+2} = T_{r,n} + \frac{2W \cdot U_{\Delta n}}{D} + \frac{W \cdot \Delta \cdot \sin\left(\frac{360}{N} \cdot \alpha_i\right)}{D}\tag{3-14}$$

若用 W_{n+2} 表示第 $n+1$ 环拼装完成后的左边与右边的盾尾间隙差，则：

$$W_{h,n+2} = T_{l,n+2} - T_{r,n+2} \qquad (3\text{-}15)$$

$$W_{h,n+2} = T_{l,n} - T_{r,n} - \frac{4W \cdot U_{\Delta n}}{D} - \frac{2W \cdot \Delta \cdot \sin\left(\frac{360}{N} \cdot \alpha_i\right)}{D} \qquad (3\text{-}16)$$

同理可得上部和下部的盾尾间隙差为式（3-17），式中 $T_{u,n}$、$T_{d,n}$ 分别为第 n 环的上部、下部的盾尾间隙，$V_{\Delta n}$ 为上下油缸行程差。

$$W_{v,n+2} = T_{u,n} - T_{d,n} - \frac{4W \cdot V_{\Delta n}}{D} - \frac{2W \cdot \Delta \cdot \sin\left(\frac{360}{N} \cdot \alpha_i\right)}{D} \qquad (3\text{-}17)$$

W_{h+2}、W_{v+2} 表示了第 $n+1$ 环拼装完成周的左右、上下盾尾间隙差，代表了管片中心相对于盾尾中心在水平和竖直方向的偏移量。另外，W_{h+2}、W_{v+2} 越接近 0，则左右、上下的盾尾间隙越趋于相等，代表盾构与管片的姿态越好。故管片选型的目标函数可为：

$$\Pi(\alpha_i) = W_{v,n+2}^2 + W_{v,n+2}^2 \qquad (3\text{-}18)$$

式（3-18）中的目标函数包含了盾尾间隙、油缸行程差和拼装点位，使拼装点位的选择综合考虑了二者结合的影响。

通过以上式子，可以选出最优的纠偏曲线线型。根据不同的纠偏量，宁波地铁工程的设计人员对不同的纠偏方法进行了一些探讨。

3.4.3 通用环管片分级纠偏技术

根据隧道轴线偏移量不同将盾构隧道纠偏等级分为：正常状态、注意状态、纠偏状态，针对不同的纠偏等级提出对应的措施进行盾构轴线纠偏。

1. 正常状态（轴线偏差＜50mm）

盾构推进管片拼装中，发生一定的偏差是正常的，但应该控制在允许的范围内。当管片成型轴线的偏差为＜5cm 时，可定义为允许偏差，即管片处于正常状态。在此状态时，应加强对管片拼装趋势的监控，以避免偏差进一步的增大。

（1）16 点位管片纠偏量

采用 16 个拼装点位的管片，不同点位的管片具有不同的楔形量，其对管片与设计轴线的偏差纠正程度也是不一样的，下面将分情况进行讨论。其中，在水平方向上，以宁波地铁 1 号线为例，本工程的最小半径为 300m，对应于 1.2m 的管片，其圆心角为 0.23°，其圆弧长度为 1.204m，相差甚小，故可假设一环管片的曲线段为直线段，进行简化处理。

① 成型管片轴线与设计轴线无偏差、无夹角

如图 3-34 所示，以竖直方向为例，成型管片的当前管片与设计轴线吻合，且管片环前端面与设计轴线垂直，即前端面法线与设计轴线平行，无夹角。此种状态是最理想的情况，当拼装下一环管片时，通过管片的楔形角 θ 可求得待拼装管片与设计轴线的偏差 δ。

当成型管片与设计轴线无偏差、无夹角时，拼装下一环管片时，待拼装管片引起的中心坐标与设计轴线的偏差为：

$$\delta = W \cdot \tan\gamma \qquad (3\text{-}19)$$

式中，W 为管片环宽；通过几何验证，得 $\gamma = \theta$，θ 为待拼装管片的楔形角，当 $\theta > 0$ 时，待拼装管片的上部环宽＜下部环宽；当 $\theta < 0$ 时，待拼装管片的上部环宽＞下部环宽。

相应地，当 $\delta>0$ 时，表示管片前端面中心在设计轴线之上，偏差为"＋"；当 $\delta<0$ 时，表示管片前端面中心在设计轴线之下，偏差为"－"。

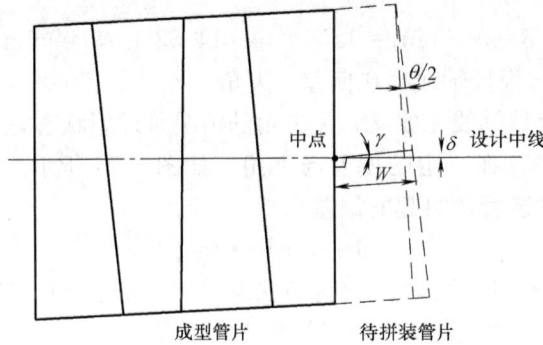

图 3-34　拼装管片对偏差影响的示意图

据此，对于 16 个点位的拼装管片，当已拼装的管片与设计轴线无偏差、无夹角时，在垂直方向、水平方向上引起的管片前端面中心的偏差具体见表 3-3。

点位管片对偏差的影响一览　　　　　　　　　　　　　　　　　　表 3-3

点位	环宽（mm）				楔形角（′）		中点偏差（mm）	
	上	下	左	右	垂直	水平	垂直	水平
K1	1181.4	1218.6	1200	1200	20.63	0.00	7.20	0.00
K2	1182.82	1217.18	1207.12	1192.88	19.05	7.90	6.65	2.76
K3	1186.85	1213.15	1213.15	1186.85	14.58	14.58	5.09	5.09
K4	1192.88	1207.12	1217.18	1182.82	7.90	19.05	2.76	6.65
K5	1200	1200	1218.6	1181.4	0.00	20.63	0.00	7.20
K6	1207.12	1192.88	1217.18	1182.82	−7.90	19.05	−2.76	6.65
K7	1213.15	1186.85	1213.15	1186.85	−14.58	14.58	−5.09	5.09
K8								
K9				禁用				
K10								
K11	1213.15	1186.85	1186.85	1213.15	−14.58	−14.58	−5.09	−5.09
K12	1207.12	1192.88	1182.82	1217.18	−7.90	−19.05	−2.76	−6.65
K13	1200	1200	1181.4	1218.6	0.00	−20.63	0.00	−7.20
K14	1192.88	1207.12	1182.82	1217.18	7.90	−19.05	2.76	−6.65
K15	1186.85	1213.15	1186.85	1213.15	14.58	−14.58	5.09	−5.09
K16	1182.82	1217.18	1192.88	1207.12	19.05	−7.90	6.65	−2.76

注：1. 对于楔形角，垂直方向的楔形角为"＋"时，表示上部环宽＜下部环宽，为"－"时，为上部环宽＞下部环宽；水平方向的楔形角为"＋"时，表示左侧环宽＞右侧环宽，为"－"时，表示左侧环宽＜右侧环宽。

2. 对于中点偏差，是指当前拼装管片的前端面中心坐标的偏差，在垂直方向为"＋"时，表示管片前端面中心在设计轴线之上，为"－"时，表示在设计轴线之下；在水平方向为"＋"时，表示管片前端面中心在设计轴线的右侧，为"－"时，表示在设计轴线的左侧。

下面以某工厂 K7 的计算为例。K7 在垂直方向上的楔形角为 $-14.58'$（上部环宽＞下部环宽），在水平方向上的楔形角为 $14.58'$（左侧环宽＞右侧环宽），则在垂直方向：

$$\delta = W \cdot \tan\gamma = 1200 \times \tan(-14.58') = -5.09\text{mm} \tag{3-20}$$

在水平方向：

$$\delta = W \cdot \tan\gamma = 1200 \times \tan(14.58') = 5.09\text{mm} \tag{3-21}$$

② 成型管片轴线与设计轴线存在偏差、夹角

成型管片轴线与设计轴线无偏差、无夹角的情况是理想状态，在盾构施工过程中，成型管片与设计轴线往往存在一定的偏差与夹角，如图 3-35 所示。同样以垂直方向为例，由几何关系可得，待拼装管片引起的偏差为

$$\delta = \delta_0 + W \cdot \tan\gamma \tag{3-22}$$

式中，δ_0 为上一环管片的偏差；γ 为待拼装管片与设计轴线的夹角，有 $\gamma = \alpha + \theta$，α 为上一环管片与设计轴线的夹角，θ 为当前管片的楔形角。

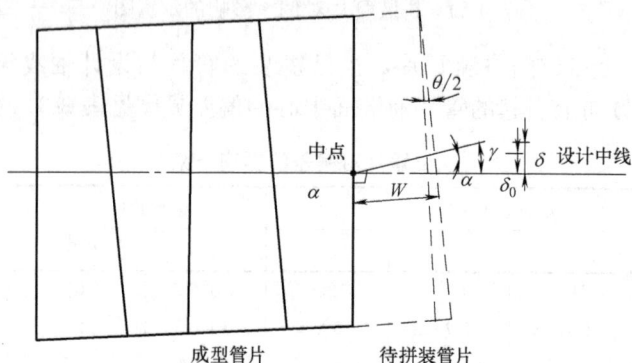

图 3-35　拼装管片对偏差影响的示意图

下面举例说明在成型管片轴线与设计轴线存在偏差、夹角时，拼装管片所引起的偏差。仍以 K7 为例，假设上一环管片的高偏、平偏分别为 +5.2mm、-1.3mm，上一环管片与设计轴线在垂直方向、水平方向上的夹角分别为 +4.7′、-16.4′。则当拼装 K7 管片时，其偏差分别为：

在垂直方向：

$$\delta = \delta_0 + W \cdot \tan\gamma = 5.2 + 1200 \cdot \tan[4.7' + (-14.58')] = 1.75\text{mm} \tag{3-23}$$

在水平方向：

$$\delta = \delta_0 + W \cdot \tan\gamma = -1.3 + 1200 \cdot \tan[-16.4' + (+14.58')] = -1.94\text{mm} \tag{3-24}$$

（2）盾尾间隙

按照"保管片优于保轴线"的原则，在管片拼装的正常状态中，应该保证足够的盾尾间隙以避免管片的破损，并保持管片轴线在允许的偏差范围内。因此，工程中须设定最小的盾尾间隙限值，该限值的确定一般是由管片宽度、隧道设计轴线、注浆工艺等因素确定。对于标准盾尾间隙（一侧）为 25mm 的盾构机，设定其最小的盾尾间隙限值为 10mm，即在盾构推进管片拼装过程中，要求盾尾间隙大于或等于 10mm。特别地，设定盾尾间隙极限值为 5mm。其他规格的盾构机可根据施工经验进行设定。

（3）掘进参数

管片拼装过程中，盾构机的掘进参数对管片成型的质量起着重要作用。因此在正常掘

进的阶段，要注意维持掘进参数的稳定，控制在参考的理论范围，以保证盾构的掘进和管片的拼装。具体的掘进参数及其参考范围见表 3-4。

盾构施工控制参数　　　　　　　　　　　　　　　　表 3-4

施工参数	计 算 依 据	参考值	备注
出土量（m³）	$\pi \cdot D^2/4 \cdot L = \pi \times 6.34^2/4 \times 1.2 = 37.86$	$37.1 \sim 37.86$	$98\% \sim 100\%$
注浆量（m³）	$L \cdot \pi \cdot (D^2 - d^2)/4 = 1.2 \times \pi \times (6.34^2 - 6.20^2)/4 = 1.655$	$1.98 \sim 3.31$	$120\% \sim 200\%$
注浆压力	根据地表监测的沉降情况确定注浆压力，且一般不大于土压力	—	
推进速度（cm/min）	主要参考地表沉降速率、管片拼装质量、轴线偏差等，当穿越施工重点区域时，应适当降低。	3 左右	
土压力	$P = k_0 \gamma h$	—	

注：D 为盾构机直径（m）；d 为管片直径（m）；L 为管片环宽度（m）；k_0 为土侧向静止平衡压力系数；γ 为土体的平均重度（kN/m³）；h 为隧道中心处的埋深（m）。

2. 注意状态（偏差为 5～10cm）

当管片轴线偏差超过 ± 5cm，且在 ± 10cm 之内时，盾构施工过程应予以重视，除结合上述控制因素对管片姿态进行调整，也可以考虑重新设计纠偏曲线进行管片轴线的纠正，因此，此状态可定义为"注意状态"。具体纠偏措施如下：

（1）相关控制因素

在注意状态下的纠偏过程中，应同步控制影响管片拟合的重要因素：

① 充分利用富余的盾尾间隙。在保证最小盾尾间隙的前提下，可利用盾尾间隙的允许改变量控制盾构机掘进的状态；

② 控制千斤顶行程差。千斤顶行程与盾尾间隙、盾构推进姿态紧密联系，在纠偏过程中，应保证盾尾间隙的最小限值，且控制好盾构机的推进姿态，因此必须实时监控千斤顶行程差的发展趋势，以保证盾构机轴线、管片轴线与设计轴线之间的空间关系；

③ 合理调整盾构机推进姿态。盾构机的姿态影响着管片成型的姿态，加大盾构机的首尾差，调整盾构机盾首的方位，可改善盾构机的掘进状态，进而保证管片拼装对设计轴线的拟合；

④ 增加管片超前量的使用。通用楔形管片不同点位的楔形量有所不同，当偏差较大时，可利用大超前量的管片点位，改变管片的成型姿态，逐步拟合设计轴线。

（2）纠偏曲线

轴线偏差在 5～10cm 的范围内，属于盾构施工的关键阶段，在及时调整相关的控制参数外，还可以考虑设计纠偏曲线进行调整。综合施工过程中各种轴线的拟合情况，为简化模型，可将设计轴线简化为一直线。根据成型管片的趋势，可以分为以下三种情况进行讨论，如图 3-36 所示。

1）成型轴线与 DTA 成小夹角（$0 < \theta_1 < 90°$）

可设计一圆曲线的纠偏曲线对轴线进行纠正，如图 3-36（a）纠偏曲线的终点即为圆曲线与设计轴线的切点。取 δ 为设计轴线与成型管片轴线的偏差，即 $5\text{cm} < \delta < 10\text{cm}$，为纠偏的范围，由于 δ 偏差较小，相对于小得多。通过几何关系可推导出纠偏曲线的半径：

$$\left. \begin{array}{l} \sin\theta = \dfrac{L}{2R} = \dfrac{L'}{2R} \\ \tan\theta = \dfrac{\delta}{L'} \end{array} \right\} \Rightarrow R = \dfrac{L'}{2\sin\arctan\left(\dfrac{\delta}{L'}\right)} \tag{3-25}$$

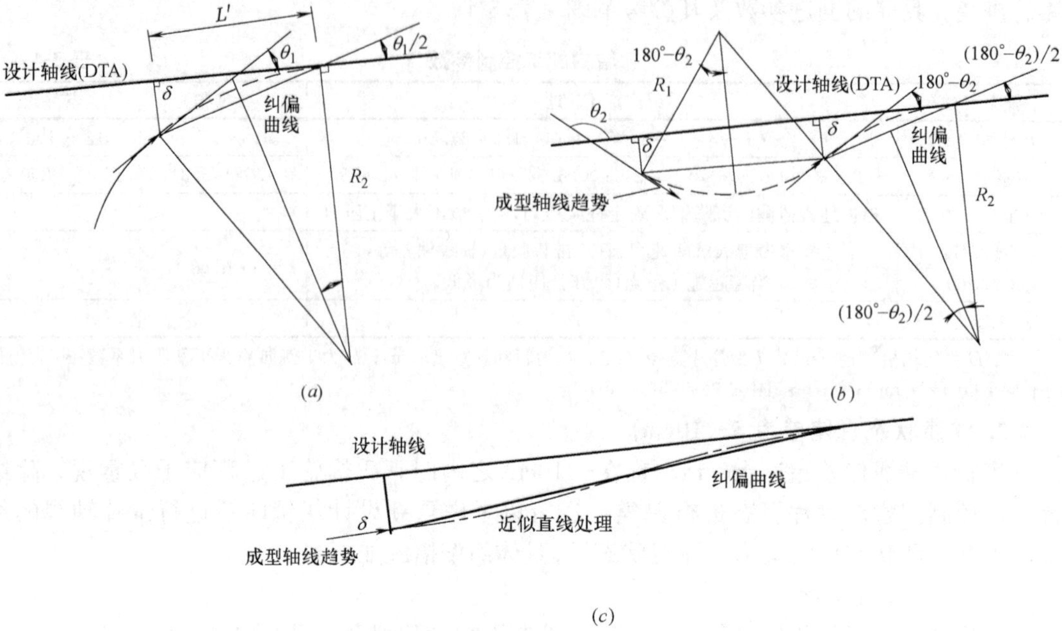

图 3-36　纠偏曲线示意图

（a）成型轴线与 DTA 成小夹角（$0<\theta_1<90°$）；（b）成型轴线与 DTA 成大夹角（$90°<\theta_2<180°$）；

（c）成型轴线平行于 DTA

注：图中 δ 为轴线偏差量，θ 为管片趋势线与设计轴线之间的夹角。

以偏差为 50mm 为例，假定每环纠偏量控制在 5mm/环，则最少需要的纠偏环数为 10 环（50/5），此时的纠偏范围为 12m（1.2m×10），纠偏曲线半径由公式得：

$$R=\frac{L'}{2\sin\arctan\left(\dfrac{\delta}{L'}\right)}=\frac{12}{2\sin\arctan\left(\dfrac{0.05}{12}\right)}=1440\text{m} \tag{3-26}$$

式中 r 为管片环半径，W 为管片环宽，R 为纠偏曲线半径。其中，根据纠偏缓和平稳的原则，每环管片的纠偏量控制在 2～5mm，则对于 5～10cm 的偏差，其所需的纠偏环数最少为 10～20 环。不同偏差情况下的纠偏概况见表 3-5。

50～100mm 偏差的纠偏概况　　　　　　　　　　表 3-5

偏差（mm）	纠偏环数	纠偏量 mm（环）	纠偏距离（m）	纠偏半径（m）	平均每环超前量（mm）
50	10		12	1440	5.17
60	12		14.4	1728	4.31
70	14		16.8	2016	3.69
80	16	5	19.2	2304	3.23
90	18		21.6	2592	2.87
100	20		24	2880	2.58

注：表中的纠偏环数为最少纠偏环数。

值得注意的是，上述的计算方法中，是假定设计轴线为直线，进而设计出所需的纠偏曲线，但对于小半径的设计轴线而言，管片设计排版往往具有一定的超前量，其偏差情况有以下可能性，如图 3-37 所示。根据上文求得不同偏差情况下平均每环的超前量要求，此时，应该与原设计排版的超前量进行叠加，以修正设计曲线的半径。如原设计曲线为半径 300m，其平均每环超前量为 24.8mm，在偏差为 50mm 的情况下，此时修正后的平均每环超前量约为 30mm（24.8+5.17=29.97mm）。

2）成型轴线与 DTA 成大夹角（90°<θ_2<180°）

当成型轴线与 DTA 成大夹角时，首先应减少夹角，缓和盾构机与 DTA 的夹角。此时，纠偏曲线需要设计两段圆弧，见图 3-36（b）。第一段圆弧是缓和管片成型曲线与设计轴线之间的夹角，使管片成型曲线趋向设计轴线，第二段圆弧

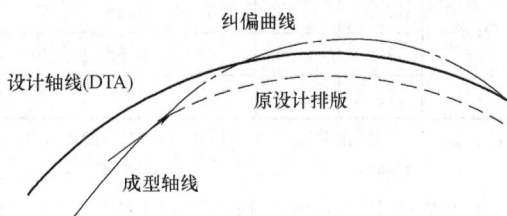

图 3-37　成型轴线与小半径设计轴线成小夹角示意图

类似于 1），使偏向设计轴线的管片成型曲线逐渐缓和过渡，相切于设计轴线。第一段的圆曲线半径 R_1 可自行设定，但应该大于管片能够拟合的最小半径，图中管片成型曲线与设计轴线的夹角 θ_2 可通过测量系统得到。第二段圆曲线的纠偏曲线设计类似于 1），可计算得到圆曲线的半径 R_2[14]。下面以具体算例介绍其计算方法。

一般而言，管片成型曲线与 DTA 的夹角较小，故此处取管片成型曲线与 DTA 的夹角 θ_2 为 179°，偏差为 50mm，取第一段纠偏曲线 a 的半径 R_1 为 300m，在第一段纠偏曲线终点处的偏差同取为 50mm，此时管片成型轴线与 DTA 的夹角为 1°，如图 3-38 所示。由几何关系可得第一段纠偏曲线的弧长为：

$$L=2\pi R_1 \cdot 2 \cdot \frac{180-\theta_2}{360}=2\pi\times300\times2\times\frac{1}{360}=10.47\text{m} \tag{3-27}$$

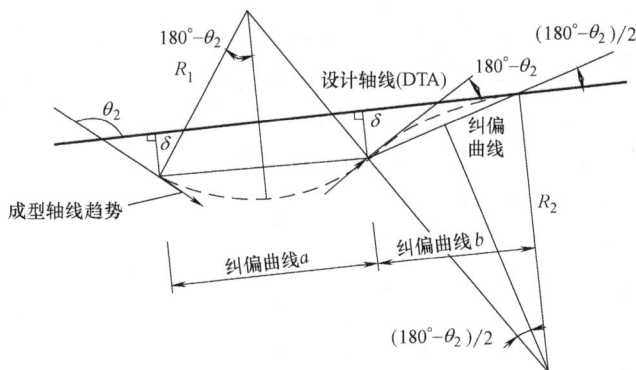

图 3-38　两段纠偏曲线（成型轴线与 DTA 成大夹角）

对应于环宽为 1.2m 的管片环，则需要的管片环数为 9 环，即 10.47/1.2≈8.73 取整。第二段纠偏曲线 b 可以参考①成型轴线与 DTA 成小夹角的纠偏情况。根据上述方法，可得当成型轴线与 DTA 成大夹角时，设定第一段纠偏曲线 a 的纠偏概况见表 3-6。此时的第二段纠偏曲线 b 可参考①。值得注意的是，此处第二段纠偏曲线 b 的起始偏差设定仍为 δ。

成型轴线与 DTA 成大夹角时第一段纠偏曲线设计概况　　　　　　表 3-6

设定第一段 纠偏曲线半径		300m		400m		500m		600m		800m	
		弧长(m)	环数	弧长(m)	环数	弧长(m)	环数	弧长(m)	环数	弧长(m)	环数
夹角(°)	178.5	15.71	13	20.94	18	26.18	22	31.42	26	41.89	35
	179	10.47	9	13.96	12	17.45	15	20.94	18	27.93	23
	179.2	8.38	7	11.17	9	13.96	12	16.76	14	22.34	19
	179.4	6.28	6	8.38	7	10.47	9	12.57	11	16.76	14
	179.6	4.19	4	5.59	5	6.98	6	8.38	7	11.17	9
	179.8	2.09	2	2.79	3	3.49	3	4.19	4	5.59	5

注：1. 表中的纠偏曲线设计是指第一段纠偏曲线 a 的情况，第二段纠偏曲线 b 的纠偏情况请参考上文的1)；
　　2. 表中的弧长是指既定半径下纠偏曲线的弧长，环数即为所需的纠偏环数。

　　表 3-7 给出了管片成型曲线与 DTA 成大夹角时，设定第一段纠偏曲线半径为 300m 时所需的纠偏环数，在实际施工中，应根据通用管片的错缝要求、纠偏效果等进行适当的调整。

成型轴线与 DTA 成大夹角的纠偏情况　（第一段纠偏曲线半径为 300m）　　　表 3-7

偏差	夹角(°)	第一段纠偏曲线		第二段纠偏曲线		总环数
		曲线长	环数	曲线长	环数	
50	178.5	15.71	13	12	10	23
	179	10.47	9			19
	179.2	8.38	7			17
	179.4	6.28	6			16
	179.6	4.19	4			14
	179.8	2.09	2			12
60	178.5	15.71	13	14.4	12	25
	179	10.47	9			21
	179.2	8.38	7			19
	179.4	6.28	6			18
	179.6	4.19	4			16
	179.8	2.09	2			14
70	178.5	15.71	13	16.8	14	27
	179	10.47	9			23
	179.2	8.38	7			21
	179.4	6.28	6			20
	179.6	4.19	4			18
	179.8	2.09	2			16
80	178.5	15.71	13	19.2	16	29
	179	10.47	9			25
	179.2	8.38	7			23
	179.4	6.28	6			22
	179.6	4.19	4			20
	179.8	2.09	2			18

续表

偏差	夹角(°)	第一段纠偏曲线		第二段纠偏曲线		总环数
		曲线长	环数	曲线长	环数	
90	178.5	15.71	13	21.6	18	31
	179	10.47	9			27
	179.2	8.38	7			25
	179.4	6.28	6			24
	179.6	4.19	4			22
	179.8	2.09	2			20
100	178.5	15.71	13	24	20	33
	179	10.47	9			29
	179.2	8.38	7			27
	179.4	6.28	6			26
	179.6	4.19	4			24
	179.8	2.09	2			22

3) 管片成型曲线与设计轴线平行

这是管片轴线与设计轴线夹角的一种极端情况，可采用缓和曲线将偏离点逐渐过渡到设计轴线上，见图 3-36（c）。从图中可知，由于缓和曲线的半径相对较大，可近似直线来处理。只需保证最少的管片环数即可。

3. 纠偏状态（偏差＞10cm）

轴线偏差＞10cm 的情况属于大偏差，造成其后果的因素较多，因此，在调整优化盾构掘进因素的基础上，重点是设计拟合隧道轴线的纠偏曲线。

（1）纠偏曲线

偏差量＞10cm 的纠偏曲线设计可参考 5～10cm 的纠偏曲线设计方法。按照纠偏曲线的分类，各纠偏曲线所需的纠偏环数可为：

①管片轴线与 DTA 成大夹角：30 环以上；

②管片轴线与 DTA 成小夹角：20 环以上；

③管片轴线平行于 DTA：20 环以上。

此处应该注意的是，偏差量＞10cm 的纠偏曲线与原设计轴线已经有较大的偏差，线路的调整对于列车的调坡调速有一定的影响，因此，该纠偏曲线的线路应上报各参建单位，符合相关的要求才能实施该纠偏曲线。

（2）铰接装置

在进行纠偏曲线施工时，特别是小半径施工时，可开启铰接装置，主动改变盾体的掘进方向，使盾构机更容易沿设计中心线掘进。不同曲率半径的曲线段对应不同的铰接角度。如图 3-39 所示，当盾构开启铰接进入半径为 R 的曲线段时，取盾构机前体（含刀盘）的距离为 L，由几何关系得：

$$\frac{\theta}{2\pi} = \frac{L}{2\pi R} \Rightarrow \theta = L/R \tag{3-28}$$

式中，a、b 分别为左右铰接油缸的伸长量。

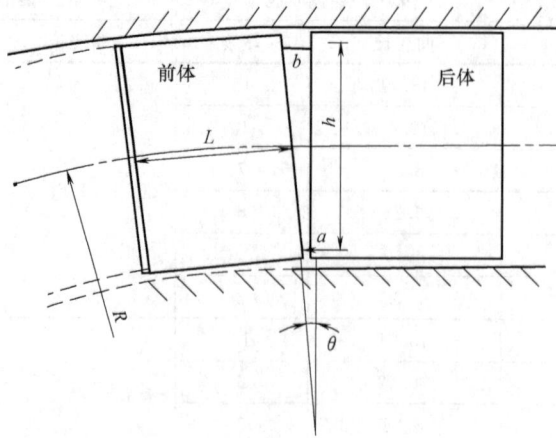

图 3-39　铰接角度计算

不同曲线半径的铰接角度需求　　　　　　　　　　表 3-8

序号	曲线半径(m)	铰接角度(°)	备注
1	200	1.43	
2	300	0.95	此处设盾构前体距离 $L=5.0$m
3	500	0.57	
4	800	0.36	
5	1000	0.29	

3.4.4　考虑盾尾间隙的盾构纠偏掘进方法

管片在盾尾中先拼装成环然后被推出盾尾，加上盾构机在掘进过程中总是有一定的偏移量，这就要求盾壳和管片外表面之间要保持一定的空隙，这个空隙称为"盾尾间隙"。如图 3-40 所示，盾尾间隙是指成型管片前端面的外环到盾壳内环的最短距离。

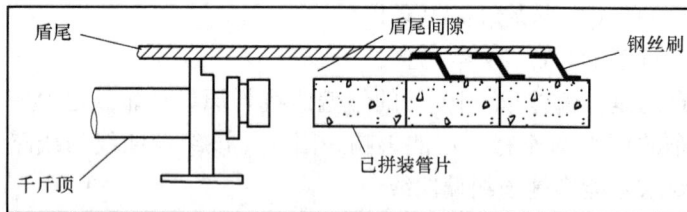

图 3-40　盾尾间隙示意图

在管片选型时，要兼顾盾尾间隙的变化，如果盾尾间隙过小，盾构机在推进过程中，盾尾会与管片发生干扰，轻则加大盾构机向前推进的阻力，重则将使管片错台甚至损坏，造成隧道渗漏或地表沉降。

当管片环拼装完成以后，若管片环圆周的盾尾间隙是均匀的，则盾尾中心是与管片环前端面的中心重合，如图 3-41（a）所示。但在实际施工中，管片环圆周处的盾尾间隙并非均匀的，如图 3-41（b）所示，此时，若已知盾尾中心的坐标，可通过上下左右的盾尾间隙计算出管片环前端面的中心坐标。

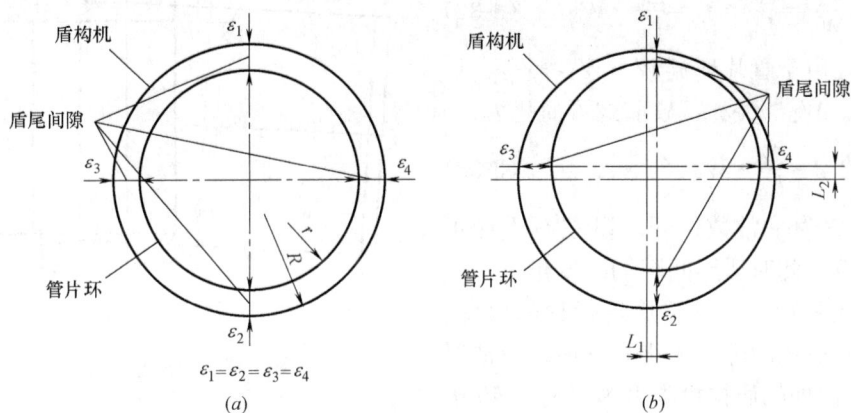

图 3-41　盾尾与管片环空间关系示意图
(a) 管片环周的均匀盾尾间隙　　(b) 管片环周的非均匀盾尾间隙

在图 3-41 中，R 为盾构机内壳的半径；r 为管片环外弧面的半径；ε_1、ε_2、ε_3、ε_4 分别为上下左右的盾尾间隙，其中，ε_0 设为标准盾尾间隙；L_1、L_2 分别为管片环中心相对于盾尾中心的平偏、高偏。在实际施工中，盾尾中心的三维坐标可通过盾构机的测量系统获取，因此，结合盾尾间隙，可求得管片环拼装后前端面中心点与设计轴线的偏差，计算如下：

管片的平偏（相对于盾尾）：

$$R^2 = L_1^2 + \left(\frac{2r+\varepsilon_1+\varepsilon_2}{2}\right)^2 \Rightarrow L_1 = \sqrt{R^2 - \left(\frac{2r+\varepsilon_1+\varepsilon_2}{2}\right)^2} \tag{3-29}$$

管片的高偏（相对于盾尾）：

$$R^2 = L_2^2 + \left(\frac{2r+\varepsilon_3+\varepsilon_4}{2}\right)^2 \Rightarrow L_2 = \sqrt{R^2 - \left(\frac{2r+\varepsilon_3+\varepsilon_4}{2}\right)^2} \tag{3-30}$$

综上所述，盾尾间隙的控制是盾构掘进过程中控制的重中之重，对于盾构推进、管片拼装有着密切联系，故应实时监控盾尾间隙的变化。而在盾构掘进过程中，各控制因素的变化会导致盾尾间隙的变化，下面进行简要介绍。

1. 千斤顶行程

推进千斤顶是连接管片与盾构机之间的纽带，盾构机通过推进千斤顶不同的伸缩量向前掘进，确定了盾构机掘进的姿态，且顶推管片以完成管片的拼装作业。同时，千斤顶行程差较大时，其对盾尾间隙的影响会产生明显的变化。

如图 3-42 所示，选取盾构的水平面为对象。其中，δ_1、δ_2 分别为下一环拼装管片 G_{i+1} 相对于管片 G_i 的左、右盾尾间隙改变量，此处的左右为面向盾构推进方向所看到的方位；W_1、W_2 分别在拼装管片 G_{i+1} 时引起左、右千斤顶对应的伸缩量；Δq 为管片 G_{i+1} 拼装完成后左右千斤顶的行程差，此时千斤顶的工作阶段为未向前伸出推进下一环管片的状态；L_q 为千斤顶之间的中心距离。由几何关系可推导出左边盾尾间隙的改变量为：

$$\frac{\delta_1}{W_1}=\frac{\Delta_q}{L_q}\Rightarrow\delta_1=\frac{\Delta_q}{L_q}\cdot W_1 \tag{3-31}$$

右边的盾尾间隙改变量同理可得：

$$\frac{\delta_2}{W_2}=\frac{\Delta_q}{L_q}\Rightarrow\delta_2=\frac{\Delta_q}{L_q}\cdot W_2 \tag{3-32}$$

其中，由于管片环宽 $W\approx W_1\approx W_2$，且 $W_1\gg\delta_1$、$W_2\gg\delta_2$，故前式可简化为：

$$\delta=\frac{\Delta_q}{L_q}\cdot W=C_1\cdot\Delta_q \tag{3-33}$$

式中 C_1 为一常数，即。以左右千斤顶行程差为例，此时盾尾间隙的改变量为。

由上式可知，通过千斤顶行程的改变，可改变左右盾尾间隙的大小，具体改变情况见表3-9。此处的盾构机类型为奥村6340土压平衡盾构机，取其相应的基本参数，其他类型的盾构机可作相应的调整（下同）。

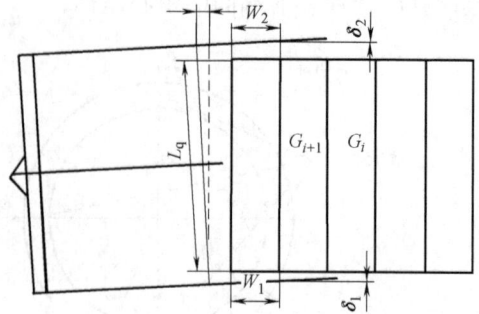

图 3-42 盾构推进示意图

千斤顶行程差对盾尾间隙的影响（左右） 表 3-9

序号	左右千斤顶行程差(mm)	盾尾间隙改变量(mm)		序号	左右千斤顶行程差(mm)	盾尾间隙改变量(mm)	
		左侧	右侧			左侧	右侧
1	10	−2.1	2.1	11	−10	2.1	−2.1
2	20	−4.1	4.1	12	−20	4.1	−4.1
3	30	−6.2	6.2	13	−30	6.2	−6.2
4	40	−8.2	8.2	14	−40	8.2	−8.2
5	50	−10.3	10.3	15	−50	10.3	−10.3
6	60	−12.3	12.3	16	−60	12.3	−12.3
7	70	−14.4	14.4	17	−70	14.4	−14.4
8	80	−16.4	16.4	18	−80	16.4	−16.4
9	90	−18.5	18.5	19	−90	18.5	−18.5
10	100	−20.5	20.5	20	−100	20.5	−20.5

注：1. 取千斤顶中心距离 L_q 为5.85m；管片环宽 W 为1.2m，则常数 C_1 约为0.205；
2. 定义左右千斤顶行程差为"左侧千斤顶行程－右侧千斤顶行程"。"＋"为左侧千斤顶行程＞右侧千斤顶行程，"－"为左侧千斤顶行程＜右侧千斤顶行程；
3. 在盾构间隙变化量中，"＋"为盾尾间隙增加，"－"为盾尾间隙减少。

从表中总结千斤顶行程差对盾尾间隙调整的规律，可知，哪侧的盾尾间隙过小，就相应地缩小该侧的千斤顶行程。同理可得上下千斤顶行程差对盾尾间隙的影响，见表3-10。

千斤顶行程差对盾尾间隙的影响（上下） 表 3-10

序号	左右千斤顶行程差(mm)	盾尾间隙改变量(mm)		序号	左右千斤顶行程差(mm)	盾尾间隙改变量(mm)	
		上部	下部			上部	下部
1	10	−2.1	2.1	11	−10	2.1	−2.1
2	20	−4.1	4.1	12	−20	4.1	−4.1
3	30	−6.2	6.2	13	−30	6.2	−6.2
4	40	−8.2	8.2	14	−40	8.2	−8.2
5	50	−10.3	10.3	15	−50	10.3	−10.3
6	60	−12.3	12.3	16	−60	12.3	−12.3

序号	左右千斤顶行程差(mm)	盾尾间隙改变量(mm)		序号	左右千斤顶行程差(mm)	盾尾间隙改变量(mm)	
		上部	下部			上部	下部
7	70	−14.4	14.4	17	−70	14.4	−14.4
8	80	−16.4	16.4	18	−80	16.4	−16.4
9	90	−18.5	18.5	19	−90	18.5	−18.5
10	100	−20.5	20.5	20	−100	20.5	−20.5

注：1. 取千斤顶中心距离 L_q 为 5.85m；管片环宽 W 为 1.2m，则常数 C_1 约为 0.205；
　　2. 定义上下千斤顶行程差为"上部千斤顶行程−下部千斤顶行程"，"+"为上部千斤顶行程＞下部千斤顶行程，"−"为上部千斤顶行程＜下部千斤顶行程；
　　3. 在盾构间隙变化量中，"+"为盾尾间隙增加，"−"为盾尾间隙减少。

2. 盾构首尾差

盾构机的首尾差是指切口与设计轴线偏差和盾尾与设计轴线的偏差之间的差值，在测量系统中则体现为切口平偏与盾尾平偏的差值、切口高偏与盾尾高偏的差值。可见，盾构首尾差是反映盾构机掘进姿态的重要参数。当盾构机的首尾差较大时，说明盾构机轴线与设计轴线存在较大的夹角，不利于盾构机沿着设计轴线进行掘进，同时，盾构首尾差的状态也会造成盾尾间隙的改变。

取盾构机的水平面为研究对象，如图 3-43 所示，当千斤顶行程存在差值时，会导致盾构机的趋势发生变化，即其盾构首尾差值。盾构机的变化趋势值与千斤顶行程差的关系如下：

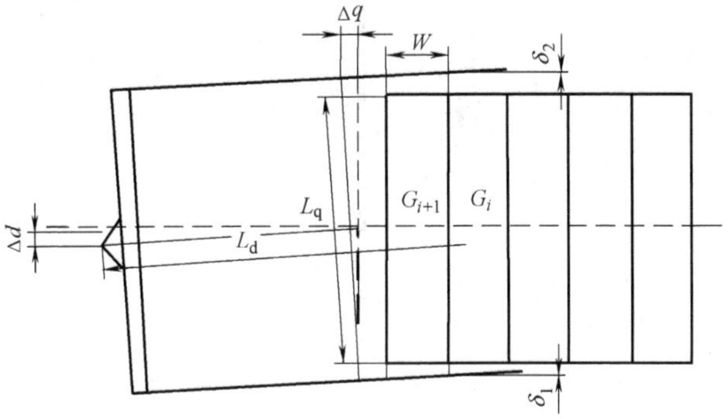

图 3-43　盾构推进示意图

$$\frac{\Delta_d}{L_d} = \frac{\Delta_q}{L_q} \Rightarrow \Delta_d = \frac{\Delta_q}{L_q} \cdot L_d \tag{3-34}$$

式中，Δ_d 为盾构切口、盾尾与设计轴线之间的首尾差值；L_d 为盾构机首尾间的距离，该距离可通过测量系统中切口测点与盾尾测点之间的坐标差值获取；Δ_q 为当前的千斤顶行程差；L_q 为千斤顶之间的中心距离。结合上式，可得盾尾间隙对盾构首尾差的敏感性，结果如下：

$$\delta = \frac{\Delta_d}{L_d} \cdot W = C_2 \cdot \Delta_d \tag{3-35}$$

同理，可得到盾构首尾差改变量对盾尾间隙变化的趋势，见表 3-11。

其中，规定盾构机的掘进趋势示意图如图 3-44 所示。以平偏为例，当盾构机偏向左侧时，①切口平偏 L_1、盾尾平偏 L_2 为负值，且 $L_1-L_2<0$；②切口平偏 L_1、盾尾平偏 L_2 为正值，且 $L_1-L_2<0$。同理可得盾构机偏向右侧时，总有 $L_1-L_2>0$。

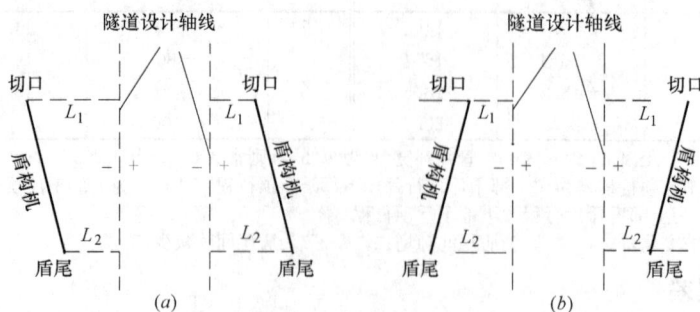

图 3-44 盾构掘进趋势示意图

(a) 偏向左侧；(b) 偏向右侧

盾构首尾差对盾尾间隙的影响（平偏） 表 3-11

序号	盾构首尾差(mm)	盾尾间隙改变量(mm)		序号	盾构首尾差(mm)	盾尾间隙改变量(mm)	
		左侧	右侧			左侧	右侧
1	−10	1.3	−1.3	11	10	−1.3	1.3
2	−20	2.6	−2.6	12	20	−2.6	2.6
3	−30	3.9	−3.9	13	30	−3.9	3.9
4	−40	5.3	−5.3	14	40	−5.3	5.3
5	−50	6.6	−6.6	15	50	−6.6	6.6
6	−60	7.9	−7.9	16	60	−7.9	7.9
7	−70	9.2	−9.2	17	70	−9.2	9.2
8	−80	10.5	−10.5	18	80	−10.5	10.5
9	−90	11.8	−11.8	19	90	−11.8	11.8
10	−100	13.2	−13.2	20	100	−13.2	13.2

注：1. 取盾构切口与盾尾的距离 L_d 为 9.12m；管片环宽 W 为 1.2m，则常数 C_2 约为 0.132；

2. 定义盾构首尾差为"切口平偏−盾尾平偏"。"+"为切口平偏＞盾尾平偏，盾构机向右侧掘进，"−"为切口平偏＜盾尾平偏，盾构机向左侧掘进；

3. 在盾尾间隙变化量中，"+"为盾尾间隙增加，"−"为盾尾间隙减少。

从表中总结盾构首尾差（平偏）对盾尾间隙调整的规律，可知，盾构机向哪侧掘进时，该侧的盾尾间隙增大。同理可得盾构首尾差（高偏）对盾尾间隙的影响，见表 3-12。

盾构首尾差对盾尾间隙的影响（高偏） 表 3-12

序号	盾构首尾差(mm)	盾尾间隙改变量(mm)		序号	盾构首尾差(mm)	盾尾间隙改变量(mm)	
		上部	下部			上部	下部
1	10	1.3	−1.3	11	−10	−1.3	1.3
2	20	2.6	−2.6	12	−20	−2.6	2.6
3	30	3.9	−3.9	13	−30	−3.9	3.9
4	40	5.3	−5.3	14	−40	−5.3	5.3

序号	盾构首尾差(mm)	盾尾间隙改变量(mm)		序号	盾构首尾差(mm)	盾尾间隙改变量(mm)	
		上部	下部			上部	下部
5	50	6.6	−6.6	15	−50	−6.6	6.6
6	60	7.9	−7.9	16	−60	−7.9	7.9
7	70	9.2	−9.2	17	−70	−9.2	9.2
8	80	10.5	−10.5	18	−80	−10.5	10.5
9	90	11.8	−11.8	19	−90	−11.8	11.8
10	100	13.2	−13.2	20	−100	−13.2	13.2

注：1. 取盾构切口与盾尾的距离 L_d 为 9.12m；管片环宽 W 为 1.2m，则常数 C_2 约为 0.132；
　　2. 定义盾构首尾差为"切口高偏−盾尾高偏"。"＋"为切口高偏＞盾尾高偏，盾构机趋势向上，"−"为切口高偏＜盾尾高偏，盾构机趋势向下；
　　3. 在盾构间隙变化量中，"＋"为盾构间隙增加，"−"为盾构间隙减少。

　　盾构的首尾差可以通过盾构的测量系统获得相关的数据，但测量系统只能得到切口、盾尾的平偏和高偏，即只能得到两个投影面上的盾构首尾差。由上文可知，对盾构姿态的改变是通过推进千斤顶不同的行程差获得的，而现场施工中可控制的参数也只有千斤顶行程。因此，千斤顶行程对盾尾间隙的优化起着重要作用。当偏差不大时，可通过控制油缸行程差以改变盾构机的趋势，以达到小偏差量的纠偏，进而使盾构机比较精确的沿DTA 前进。

3. 管片超前量

　　对于具有超前量的通用管片，其安装点位的不同，可拟合不同曲率半径的轴线，对隧道设计轴线的拟合质量影响较大。因此，在正常推进或小偏差的情况下，须实时监控成型管片的超前量，以满足设计轴线的拟合要求。

　　同时，拼装楔形量管片时，管片与盾构机的相对距离发生了改变，如图 3-45 所示，假设在下一环 G_{i+1} 拼装前，盾构轴线与管片轴线重合，即管片 G_i 的前端面与盾构机的盾尾端面平行（$aa'//bb'$），当拼装好下一环管片且千斤顶未向前顶推时，下一环 G_{i+1} 所对应的盾构间隙改变量为：

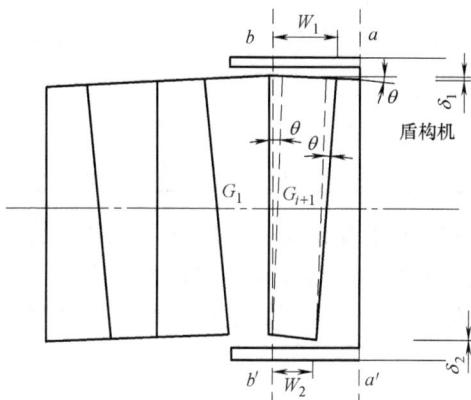

图 3-45　通用管片拼装示意图

$$\begin{cases} \delta_1 = W_1 \cdot \theta \\ \delta_2 = -W_2 \cdot \theta \end{cases} \tag{3-36}$$

　　注：式中 θ 为当前管片 G_{i+1} 楔形角的一半、W_1、W_2 分别为当前位置的环宽，δ_1、δ_2 分别为对应位置的盾尾间隙改变量。其中，由于 $\theta_{max} = 0.003 << 1$，故 $\theta \approx \sin\theta \approx \tan\theta$。

　　以管片点位 K1 为例计算盾尾间隙的改变量：

$$\begin{cases} \delta_1 = 1218.6 \times 0.003 = 3.66\text{mm} \\ \delta_2 = 1181.4 \times 0.003 = 3.54\text{mm} \end{cases} \tag{3-37}$$

K1～K16 点位引起的盾尾间隙改变量如表 3-13 所示。

不同点位对应的盾尾间隙变化量 表 3-13

序号	管片点位	超前量（mm）		盾尾间隙变化量（mm）			
		垂直	水平	上	下	左	右
1	K1	−37.2	0	−3.54	+3.66	0	0
2	K2	−34.36	14.24	−3.28	+3.37	+1.39	−1.37
3	K3	−26.3	26.3	−2.52	+2.57	+2.57	−2.52
4	K4	−14.24	34.36	−1.37	+1.39	+3.37	−3.28
5	K5	0	37.2	0	0	+3.66	−3.54
6	K6	14.24	34.36	+1.39	−1.37	+3.37	−3.28
7	K7	26.3	26.3	+2.57	−2.52	+2.57	−2.52
8	K8						
9	K9			禁 用			
10	K10						
11	K11	26.3	−26.3	+2.57	−2.52	−2.52	+2.57
12	K12	14.24	−34.36	+1.39	−1.37	−3.28	+3.37
13	K13	0	−37.2	0	0	−3.54	+3.66
14	K14	−14.24	−34.36	−1.37	+1.39	−3.28	+3.37
15	K15	−26.3	−26.3	−2.52	+2.57	−2.52	+2.57
16	K16	−34.36	−14.24	−3.28	+3.37	−1.37	+1.39

备注：在盾构间隙变化量中，"＋"为盾尾间隙增加，"－"为盾尾间隙减少。

对于具有超前量的通用管片，其安装点位的不同，可拟合不同曲率半径的轴线，对隧道设计轴线的拟合质量影响较大。因此，在正常推进或小偏差的情况下，须实时监控成型管片的超前量，以满足设计轴线的拟合要求。

3.5 盾构隧道施工管片上浮控制

在盾构掘进过程中，隧道的管片位移一般表现为管片上浮，而在宁波地铁工程项目中，管片上浮的现象也尤为明显，这主要是由工程地质、注浆质量、盾构姿态等方面的影响。管片的上浮，影响了成型的管片轴线，管片姿态的改变，也导致盾构姿态推进轴线，进而影响隧道施工轴线的拟合。因此，必须采取相关措施控制管片的上浮。

3.5.1 管片上浮原因

当盾构机进行掘进时，其刀盘的直径 D 与管片的外径 d 存在一定的差值，施工的空隙为 $\Delta = D - d$。当管片脱出盾尾后，管片与地层间产生一环形的施工空隙，如图 3-46 所示。若不及时填充该空间，在外部压力的作用下，会影响管片的正圆度，同时，还会给管片的上浮提供条件。另外，在透水地层中，盾构掘进所形成的环形建筑空间在充满水（或浆液）的情况下，隧道管片在全断面地下水（或未凝固的浆液）工况下，管片本身就有上浮的趋势。

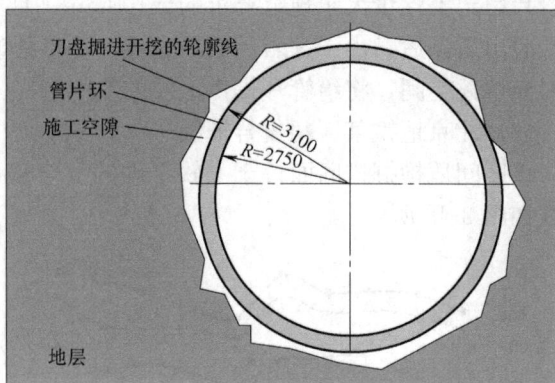

图 3-46　隧道开挖示意图

国内外学者从地层特点，隧道设计及施工等方面对盾构隧道施工期管片上浮的问题展开了研究，认为浆液特性、同步注浆压力、隧道结构刚度、总推力竖向分立、后配套系统压重会对管片上浮产生影响，而土舱压力对管片上浮影响较小。

1. 不同地质条件下成型隧道管片上浮案例

我国上海、广州及北京等不同地质条件下某些已建盾构隧道工程均发生过不同程度的管片上浮。

（1）上海某盾构区间软土地层

该区间盾构掘进断面处于软土地层中，监测数据如图 3-47 所示。

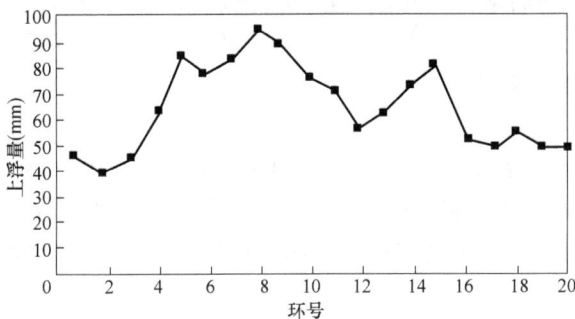

图 3-47　上海某隧道北段管片环上浮曲线

由图可知，在出洞段隧道的上浮较为明显，最大上浮量达到 100mm，平均上浮达 65mm 左右。

（2）广州地铁三号线某区间硬岩地层

该区间隧道底为中、微风化粉砂岩，拱腰为强风化和中风化粉砂，拱顶为强风化和全风化粉砂岩，地下水主要为第四系孔隙水和基岩裂隙水。基岩裂隙水主存于基岩强风化、中风化带的裂隙中，渗水量较大，由大气降水、珠江水及上覆上层孔隙水补给。2006 年 10 月 26 日，该区间右线盾构机在变坡段施工过程中发生管片上浮现象，管片垂直偏移值如表 3-14 所示。

管片垂直偏移值统计表　　　　　　　　　　　　　　　表 3-14

环号	386	387	388	389	390	391	392	393	394	395	396
竖向偏移值(mm)	91	104	114	114	116	122	125	129	136	140	141
环号	395	396	397	398	399	400	401	402	403	404	405
竖向偏移值(mm)	140	141	139	141	139	139	133	129	111	103	78

由表可知，硬岩地层中盾构掘进也会出现施工期管片过量上浮的施工难题，386~405

地铁盾构通用管片结构理论与实践

环管片稳定上浮量大于规范要求的±100mm，且上浮量最大值为 141mm。在硬岩地层中，管片脱出盾尾后，由于其岩层的稳定性，环形建筑空间在相对长的时间内是稳定的，如不及时充填此空间，将给管片提供上浮的空间。

（3）北京地铁某区间复合地层

该区间盾构掘进断面位于上软下硬的复合地层中，200～210 环管片上浮随时间变化曲线如图 3-48 所示。

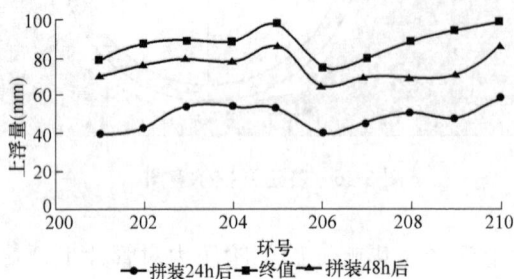

图 3-48　管片随时间变化曲线

由图 3-48 可知，在该工程复合地层中管片的上浮随时间增长逐渐增大，拼装 24h 后就几乎完成了最终上浮的一半左右，脱出盾尾 48h 后上浮增长逐渐变缓。

由此可见，在前述三种不同地质土层条件下，均有可能会产生管片上浮现象，而不同地层特性对管片上浮的影响机理国内外研究成果不多见。

2. 浆液特性对管片上浮影响

张庆贺[15]通过研究得出当管片脱离盾尾时，若同步注浆的浆液不能初凝并达到一定的早期强度，隧道将被包围在壁后注浆的浆液中，而浆液的比重比水要大，从而能提供比水更大的浮力。

杨方勤[16]针对上海长江隧道所采用的坍落度为 12～15mm，密度为 19.1kN/m³的同步注浆配比（灰∶粉煤灰∶膨润土∶砂∶添加剂∶水＝80∶300∶50∶1180∶3∶3000），进行浆液抗压强度试验，抗压强度的试验数据如图 3-49 所示。

3. 同步注浆压力差对管片上浮的影响

Thomas Kasper，GuntherMeschke[17]等国外学者研究不同注浆压力（0.12MPa，0.15MPa，0.18MPa）对管片上浮的影响，得出随同步注浆压力的增大，管片上浮量增大，当注浆压力为最大的 0.18MPa 时，最大上浮量接近 20mm，不同注浆压力对管片上浮的影响曲线如图 3-50 所示。

4. 隧道结构刚度对管片上浮的影响

对于盾构隧道这一细长拼装型地下结构，而沿着隧道轴线方向（纵向）和垂直于隧道轴线方向（横向）的管片分别由螺栓进行连接，隧道横向刚度和纵向刚度受到诸多因素的影响，隧道刚度大小会影响隧道变形，故国内外学者对刚度变化影响施工期管片上浮方面进行过研究。

在横向上，依据对管片接头力

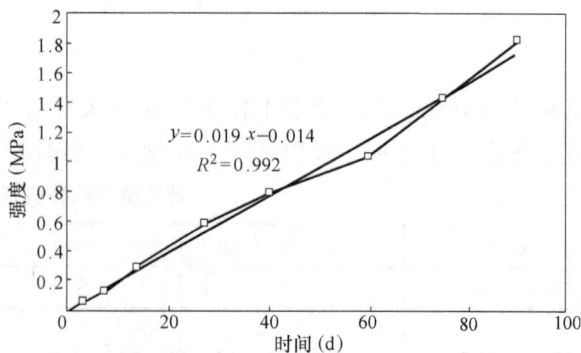

图 3-49　同步注浆体抗压强度

$y=0.019x-0.014$
$R^2=0.992$

学上的处理方法，可以分为惯用计算法，修正惯用计算法，多铰环计算法，梁弹簧计算模型与梁接头模型。在盾构隧道设计方法中，修正惯用法是常用的方法之一，其横向刚度有效率取值合理与否直接影响了隧道衬砌设计是否经济合理。目前对横向刚度的研究主要集中于对隧道刚度有效率的取值及刚度有效率的影响因素等两方面。

盾构隧道衬砌由管片环连接而成，因此沿纵向环与环间的接头处刚度会有较大削弱，近年来，对隧道纵向性能的研究正受到越来越多的关注。日本学者小泉淳（1988，1992）、西野

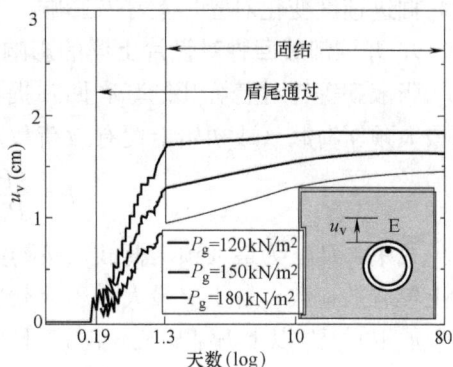

图 3-50　不同注浆压力对管片上浮的影响曲线

健三（1986）、志波由纪夫（1986，1988，1989）等在盾构隧道纵向性能及计算模型方面做了大量研究工作，提出了纵向梁弹簧模型、纵向等效连续化模型等盾构隧道纵向分析模型。

5. 总推力竖向分力对管片上浮的影响

国内有学者认为千斤顶竖直向上的分力也是管片上浮的影响因素之一，且随着总推力竖向分力增加，管片上浮趋势增加。竖向分力的大小受千斤顶总推力、隧道设计线型、盾构机姿态的影响，总推力越大、下坡段坡度越大、盾构磕头推进时俯仰角的绝对值越大，竖向分力也越大，但目前的研究均未给出定量的结果。

6. 后配套系统对抵抗管片上浮的影响

Thomas Kasper，GuntherMeschke[17] 国外学者研究不同后配套压重（1990kN，3980kN，5970kN）对管片上浮的影响，得出随着后配套压重的增大，隧道抵抗上浮的能力变强，5970kN 压重下比 1990kN 压重下管片上浮减小 7mm。

7. 土仓压力对管片上浮的影响

Thomas Kasper，GuntherMeschke[17] 等国外学者研究了不同土仓压力（0.11MPa，0.17MPa，0.23MPa）对管片上浮的影响，得出随着同步注浆压力的增大，管片上浮变化不大。

由于现有研究分析认为土仓压力变化对后部隧道管片施工期上浮影响不大，故借鉴已有国外研究成果，对土仓压力施工参数的因素不作分析。

8. 掘进速度对管片上浮的影响

国内有学者认为在同步注浆浆液配比、注浆参数相同的前提下，若掘进速度增大，在相同时间段内，同步注浆浆液所包裹的隧道长度增加，浮力作用范围加大，上浮合力将增大，其假设盾构推进速度为 v，时间 t 后浆液强度达到土体强度，随着浆液强度变化，隧道所受浮力 q 也在变化，距离盾尾 $L=v\times t$ 处，管片上浮力为时间函数，即 $q=F(t)$，计算区域从盾构机尾部开始，隧道所受上浮力合力为 Q，计算式如下所示：

$$Q = \int_0^L q\mathrm{d}L = V\int_0^t F(t)\,\mathrm{d}t \tag{3-38}$$

由此可知，当 v 增大时，同一时间点 t，上浮力作用范围加大（L 加大），上浮合力增

大，掘进速度变化对管片上浮有影响。

9. 开挖卸载回弹对管片上浮的影响

张淑朝等针对基坑开挖基底回弹提出了卸载比的概念，所谓卸荷比就是卸荷应力 P_z 与最大预压荷载（或初始上覆有效荷载）P_{max} 的比值，即：

$$R=\frac{P_z}{P_{max}}=\frac{(P_{max}-P_i)}{P_{max}} \tag{3-39}$$

式中：P_{max} 为最大预压荷载（按初始上覆有效荷载确定）；P_z 为卸荷应力；P_i 为卸荷后上覆有效荷载，各土层最大预压荷载按其平均埋深下的初始上覆有效荷载来确定。

熊卫兵[18]以上海某盾构法隧道开挖为例，根据原状土卸载应力路径下的回弹试验结果，探讨了土体在卸荷状态下的变形特性，并对盾构法隧道开挖卸荷影响深度进行了初步分析探讨，并引进卸荷比 R 来衡量地基土的卸荷进度或卸荷应力变化，其研究得出当卸荷比 R 小于 0.2 时，土体回弹应变很小，且通过室内试验后⑤₁灰色黏土、⑤₃灰色粉质黏土的卸荷比分别为 0.81、0.3，大于 0.2，土体会产生一定的卸载回弹量；而⑤₄灰绿色粉质黏土、草黄—青灰色砂质粉土的卸荷比分别为 0.15、0.13，小于 0.2，土体卸载回弹量很小。

3.5.2 管片上浮控制目标值的研究

以宁波 1 号线盾构隧道为例，从施工期所呈现出的管片上浮趋势可知，管片上浮的量值大小不一，有些区段上浮量相对较小，有些区段上浮量值甚至超限，上浮量值较小的区段，对管片"渗漏"、"错台"、"破损"以及后期"沉降"等问题影响不显著，而上浮量值大到一定程度以后会对前述问题产生影响，故需对施工期管片上浮控制目标值展开研究，通过鉴别出管片上浮控制目标值，以期达到管片上浮值在控制目标值范围内时，隧道管片成型质量较好，降低管片环"裂"、"漏"的概率，对管片上浮在控制目标值以内的区段可不采用辅助措施来降低管片上浮量；如果管片上浮超出控制目标值范围，则须采用特定的措施来控制管片上浮值。

1. 适应管片结构设计特点的上浮控制目标值

宁波地铁 1 号线盾构隧道区间采用的是通用环结构设计，管片结构断面尺寸设计结合宁波地铁沿线实际特点，其断面尺寸与其他工程管片结构形式存在差异，管片拼装后，受多项管片上浮因素的影响，相邻管片间会出现一定的变形量，由于通用环管片设计时预先考虑管片间可能出现的变形，当管片间变形量小于一定的限值时，对管片成型隧道质量影响较小；而当管片间变形量超过一定的限值时，管片成型质量受到影响。故需在明确宁波 1 号线不同区间上管片上浮未稳定区段上浮变化线形的基础上，提出能够适应管片结构设计特点的上浮目标控制值。

宁波地铁 1 号线海晏北路站—福庆北路站和望春桥站～泽民站两个区间能够代表宁波地区盾构长距离上覆、穿越较软土层，因此在分析计算中以这两个区间为例进行研究。

通过对两个不同区间的数据拟合可以发现，虽然施工参数、土层条件不同，但是管片的最大上浮量都发生在脱离盾尾第 14 环左右。由此可以认为，施工参数、土层条件也许会影响盾构隧道的最大上浮量，但是不会对达到上浮稳定时的环号发生太大影响。因此，这里得到的上浮稳定环号（脱离盾尾第 14 环）可以比较好地反映宁波地区的一般上浮规律，即 $N=14$。

另外，通过对两个区间监测数据的分析发现，施工期管片从上浮到上浮稳定这一短时间内，在出现上浮之后并未出现明显的下沉，即使有略微的下沉，下沉量相对于上浮值来说较小，可以忽略不计。在这一实测数据基础上我们可以做出假定：

（1）在管片脱出盾尾到上浮稳定这一段时间内，管片环之间的相对位移没有发生恢复；（2）考虑最不利情况，环片之间的错台已经发展到极限值，即在榫槽结构限制下所能达到的最大错台量 δ_1；（3）在地质条件、注浆压力、顶推力等施工因素相似的情况下可以认为管片环的上浮是一个动态循环的过程，即认为管片环与环的错动、转角、上浮等量值基本相同。

因此，可以通过几何法来确定上浮控制目标值：

$$H_1 = N \times \delta_1 \tag{3-40}$$

式中，H_1 为上浮控制目标值；N 为上浮稳定是脱出盾尾环数；δ_1 为管片结构允许的最大错台量。

2. 从监测数据分析得到的管片上浮目标值

从监测数据入手分析得到最终上浮控制目标值的思路如下：

（1）由加密测量段的隧道上浮曲线可以得到实际工程中发生的相邻环片的上浮量之差的最大值，记为 Δh_i，该差值可以近似认为是最大错台量。通过分析单环管片的上浮量-时间曲线，得到每一环的最大上浮量 Y_i，并求平均得 $\overline{Y}$，由此定义比例系数：

$$n_i = \frac{\overline{Y}}{\Delta h_i} \tag{3-41}$$

在宁波地铁 1 号线工程中，按照以上算法，甲区间和望泽区间的加密测量段的监测数据可以得到 n_1 和 n_2，比较这两个比例系数，如果二者的差别不大，便可以认为最终上浮量和最大错台之间存在一定的关系，并可以利用这个关系来确定最终的上浮控制目标值。

（2）在考虑螺栓轴向拉伸的情况下，由通用环几何构型计算能够发生的最大错台，记作 δ_2，认为该 δ_2 类似于上一步得到的 Δh_i，因此，最终的上浮控制目标值如式（3-42）所示：

$$H_2 = n \times \delta_2 \tag{3-42}$$

3. 从监测数据分析得到的管片上浮目标值

（1）组合法的基本假定

盾构掘进施工过程中，受诸多因素影响，隧道产生一定的变形量，表现为管片错台和管片张开等形式，在隧道局部区段同一位置可能会出现错台、张开或张错同时发生等形式，又由于管片上浮控制目标值为不影响成型隧道质量的前提下隧道局部区段可发生的最大变形量，而影响成型隧道质量包括两方面，包括管片破损和管片渗漏水，管片破损与管片内力有关，而管片渗漏水与管片张开和错台有一定的关系，故分析管片上浮控制目标值时，基于以下假定：不考虑管片破损，认为管片为刚性材料。

另外，实际施工过程中，每一环片的张开量和错台量的大小是不同的。为了能较好地符合工程实际，就需要找到一种组合，该组合所描述的就是在盾构隧道达到最大上浮量之前，各环片之间错台量、张开量的具体取值。

基于上述思路，本节先就每一环管片的运动做如下描述和假设：

1）无论盾构机处于上坡还是下坡的掘进，认为即将脱离盾尾的管片轴线和盾构机轴线是平行的；

2）将拼装完成且已经脱出盾尾、处于上浮阶段的环片等效成为一个质点，该点位于该环片的轴线上；在考虑了错台和张开的情况下，盾构机每推进一环，该质点的最终位移是由错台量、张开量这两个矢量的合成；

3）认为盾构机的推进方向始终沿轴线方向或与轴线方向偏离不大，因此上述第二点中没有考虑环片自身的宽度；

4）错台方向、张开方向由该质点所在曲率圆的半径方向决定，错台方向为质点所在曲率圆的半径的延长线方向，张开量的方向则由张开量、曲率圆的半径共同决定；由上文内容可知，盾构隧道在脱离盾尾第 14 环后达到最大上浮量，结合上述描述，可以认为盾构隧道的上浮曲线是一个质点经过 14 次两个方向（错台、张开）位移矢量的合成而最终形成的"运动轨迹"。每一次运动的合成记为一次运动单元，如图 3-51 所示。

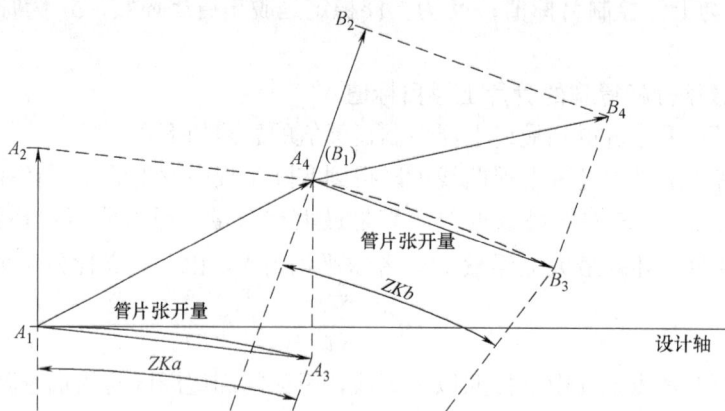

图 3-51　管片质点的"运动单元"

5）在不考虑结构破损的前提下，假设最大错台量即为前面得到的宁波地区通用管片环几何构造所允许的错台最大值（考虑的错台量假定为宁波 1 号线通用环设计中管片块与块间凹凸槽上下允许错动的最大值 4mm），最大张开量取为规范中规定的满足防水要求的最大张开量 6mm。

由此，只需要知道每一环的错台量和张开量的具体取值，就可以得到最终的隧道上浮曲线，而上浮控制目标值确定的问题关键是否能够找到一个合理的组合可以通过计算得到符合宁波地区的上浮曲线。计算中我们假定：在宁波地区采用相同的施工工艺进行隧道开挖及管片拼装时，施工期管片上浮趋势相似。

（2）组合法上浮目标值的确定

基于组合法进行了几类错台量和张开量的组合方式，分别为：1）错台和张开的随机组合；2）单调增减性的错台和张开的组合；3）根据工程监测情况得到的错台和张开组合。可以发现，根据实际的上浮曲线而推导得到的错台量、张开量的组合形式能够更加吻合工程实际，更具说服力。

3.5.3　控制管片上浮措施

控制管片上浮措施主要围绕上文对管片上浮的原因提出的，下面从注浆质量、盾构姿态控制、管片选型等方面分析管片上浮的控制措施。

1. 盾构机姿态控制

盾构掘进过程中，千斤顶竖直向上的分力也是隧道上浮的影响因素之一，且随着总推力竖向分力增加，隧道上浮趋势增加。盾构机千斤顶分力大小受千斤顶总推力、盾构掘进线路设计坡度值以及盾构机俯仰角因素影响，其影响因素示意如图 3-52 所示。

由图 3-52 可知，随着总推力增加，千斤顶的竖向分力 F 也随之增大；假定盾构机俯仰角以盾构机中心轴线向上侧为正、下

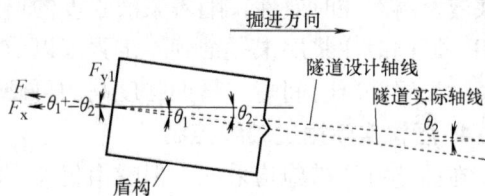

图 3-52　千斤顶竖向分力影响因素示意图

侧为负，当盾构俯仰角 θ_1 负值越大时，千斤顶的竖向分力也随之增大；假定沿着盾构掘进方向隧道设计坡度 θ_2 以下坡的坡度为负，上坡的坡度为正，当坡度负值增大时，千斤顶的竖向分力也随之增大。千斤顶竖向分力的计算公式如式（3-42）、式（3-43）所示。

$$F_y = F \times \sin(\theta_1 + \theta_2) \tag{3-43}$$

$$\alpha = \tan\theta_2 \tag{3-44}$$

在实际盾构掘进过程中，千斤顶总推力主要受开挖面水土压力、盾壳外侧摩擦阻力等因素的影响，而水土压力和摩阻力受埋深、土性因素影响，故总推力要与地层相匹配，不可过度调节其大小；而隧道线形在设计阶段已经确定，不可改变其坡度值；故在总推力和设计坡度不可控时，可控制盾构机姿态在一定范围内改变总推力竖向分力的大小。

当盾构以较大下坡状态掘进且总推力较大时，若盾构机以磕头掘进或沿设计轴线掘进时，竖向分力值较大，若要减小总推力竖向分力，此时可以适当控制盾构机以仰头状态往前掘进，以此达到减小隧道上浮的目的。

2. 同步注浆压力控制

通过现场试验得出同步注浆压力对管片上浮的影响：在上下部同时注浆且注浆压力保持基本一致的情况下调节注浆压力的大小并不能明显改变隧道上浮量，但通过控制注浆点位压力、改变上下点位注浆压力差可改变盾构隧道管片的上浮量，增大注浆压力差相当于增加了作用在管片上向下的作用力，从而起到抵抗隧道管片上浮的效果，理论上认为该作

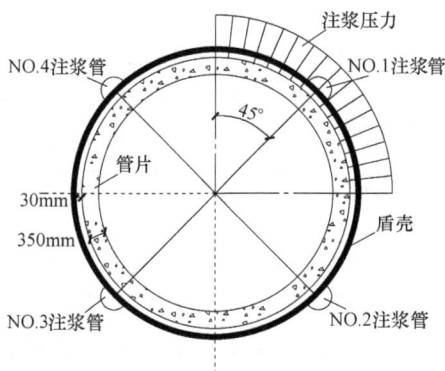

图 3-53　注浆点位示意图

用力越大，抵抗隧道上浮的趋势越明显，但是注浆压力的过大会引起周围土体较大的扰动，必须控制在一定的范围以内。

由此可以得出相应的控制上浮措施：在综合考虑注浆压力不致对周围土体引起较大扰动、不影响管片结构正常使用性能的前提下增大上下注浆压力差，当隧道上浮量较大时，在盾构掘进过程中，可控制上部注浆点位注浆，下部注浆点位不注浆，如图 3-68 所示仅在 NO.1 及 NO.4 注浆而 NO.2 和 NO.3 不注浆，此时同步注浆压力差竖直向下，该压力可以抵抗部分管片上浮力，

起到抑制隧道上浮的目的。

3. 调整同步注浆材料配比

采用盾构法施工，必然会存在隧道与周围土层间的浆液填充层，浆液填充后一方面由于浆液材料存在时效性，随着浆液强度的形成和浆液初凝，注浆层会逐渐起到稳定管片的作用，而同时注浆层未凝结到一定强度以前，会存在对隧道的浮力，引发隧道上浮，故可以通过配置初凝时间短、早期强度高的可硬性浆液来减小隧道上浮。

4. 盾构实际掘进轴线控制

在前述抗浮措施均采取、但隧道仍发生较大上浮时，可通过将隧道实际掘进轴线保证在隧道设计轴线以下一定高度的措施。当盾构掘进后隧道拼装成型脱出、隧道发生一定量上浮后，隧道线型能保持在设计轴线附近。

5. 利用后配套的压载作用

盾构推进过程中，土体开挖引起的卸载回弹始终是隧道管片上浮的主要因素之一，卸载回弹量主要和地层特性有关。其中开挖地层特性由开挖地层的土层性质决定，弹性模量大，相应的开挖卸载回弹量小，在隧道掘进轴向确定的情况下其土层性质也确定。如果要增大土体的弹性模量，则需采取土体加固措施，而综合考虑经济、对周边环境的影响等因素，该措施在工程中一般不取用。盾构开挖隧道中盾构壳体尺寸大于隧道尺寸，在开挖后如未进行及时注浆或者注浆不完全则会在管片外侧和开挖土体临界面之间形成一定的空隙，该空隙不仅会引起地面沉降，还在一定程度上给地层卸载回弹预留了一定的空间，故在盾构推进过程中要做到及时、完全地注浆，使浆液完全充满空隙，以减小隧道的上浮量。卸载回弹主要是由于盾构管片下侧土体对管片向上的作用力大于盾构管片上侧土体施加在管片上的作用力，而引起管片具有上浮的趋势，针对这一点，我们可以通过增加后配套重量，或者在不影响盾构及配套设施正常作业的前提下通过在后续管片及后配套设备上堆载的方式来减少盾构管片的上浮。

6. 二次注浆控制已发生较大的上浮

对于已发生上浮且上浮值较大的管片，我们可以采取暂时停止盾构掘进进行二次注浆的方法，注浆材料取瞬凝双液浆较好，注浆压注顺序应顺着隧道坡度方向，从隧道拱顶至两腰，最后压注拱底。终止注浆以打开拱底注浆孔无渗水为条件，以防止盾构恢复掘进后管片继续上浮。

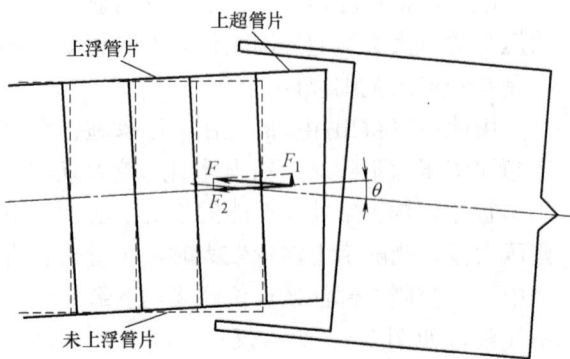

图 3-54　管片受力分析

由于宁波软土的特性，对管片上浮有一定的加剧作用，管片上浮导致的高程偏差甚至有达到 150mm 的情况，因此，针对如此严重的上浮问题，提出了以下控制上浮的建议。

如图 3-54 所示，由于管片上浮，造成了成型管片轴线与盾构轴线发生了变化。从图上的受力分析可知，如果盾构机往下纠偏，拼装上超管片时，盾构机对管片的反力为 F，由力的分解可知：

$$\vec{F} = \vec{F}_1 + \vec{F}_2 \tag{3-45}$$

其中，$\vec{F}_1$ 为向上的分力，与管片轴线垂直，$\vec{F}_2$ 为沿管片轴线方向上的分力。可知，力 $\vec{F}$ 对管片有一个向上的分力 $\vec{F}_1$，此分力会进一步加剧管片的上浮量，造成纠偏的失败，进一步加大了盾构机和管片向上的轴线偏差。如果继续拼装上超管片，造成的后果更为严重。另外，从图中可见，盾构机往下纠偏时，由于产生与成型管片轴线产生了较大的夹角 θ，盾构机下部的尾刷与管片下部的间隙减少，易造成碰撞到管片的下部，造成管片的破损。

根据管片的纠偏原则"缓慢平稳"，因此，此时应先考虑将管片轴线与盾构轴线的夹角缩小，待角度较小且稳定之后，再考虑拼装上超的管片完成纠偏。具体的做法如下：

先拼装下超的管片，并且调整盾构机的坡度，减缓盾构机与管片之间的夹角，在拼装下超管片的同时，尽可能减少盾构机对管片向上的分力。待管片与盾构机夹角调整好以后，适量平推几环管片使其进一步稳定。

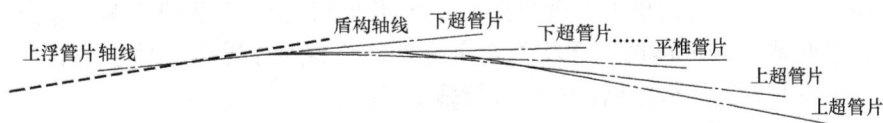

图 3-55　控制严重上浮的盾构推进趋势示意图

在盾构机姿态稳定后，按照此时的偏差量，选用相应的上超管片进行上超量的控制，在每次拼装完成上超组合之间，应适量平推管片，使盾构机的纠偏能平稳过渡。

3.6　盾构施工全过程精细化管理

通用管片排版与纠偏的精细化施工，除了有合理的理论计算作支持，成熟的施工技术作依托，还应有精细化的管理模式作协调。实施"三图四表"的管理体制，以明确各单位职责、落实各人员的内容。本节将对通用管片的精细化施工管理作系统介绍。

3.6.1　设定盾构施工参数预警值

设定盾构施工参数的预警值，实现对盾构施工的精细化施工的动态管控。宁波市地铁 1 号线根据施工要求，设定了盾尾间隙、盾构首尾差、轴线偏差三大指标，其预警值分别如下：①盾尾间隙小于 5mm；②盾构首尾差超过 50mm；③轴线偏差超过 40mm。在盾构推进的施工过程中，一旦出现上述的报警值，应暂停施工，分析原因后，采取相应纠正措施后，方可继续正常施工。

3.6.2　施工过程精细化管控

为规范盾构施工、管片安装等作业，本工程将宁波地铁工程的"三图四表"制度引进盾构的施工管理，并根据通用管片排版与纠偏的关键因素进行严格控制。盾构的三图四表包括：《施工总平面图》、《施工总剖面图》、《管片拼装图》、《当班概况表》、《掘进记录表》、《巡检记录

表》《现场监测分析会记录单》。并在将精细化管理深入至施工的各个阶段,如下:

①在盾构推进前期,技术人员应根据隧道设计轴线、现场工况等条件制定管片拼装计划,以指导盾构施工。同时,上报项目总工审核,审核批准后,技术人员向施工班组交底管片拼装方案及注意事项。

②在管片拼装阶段,盾构机司机在现场负责实时监控盾构掘进参数,根据掘进工况调整优化相关参数,并实时真实地记录管片拼装的控制因素。盾构班组班长负责现场盾构掘进过程中的相关工作的调度,包括管片拼装、盾构机掘进、配浆注浆等作业。管片拼装作业由拼装手完成,同时,应配备相应的跟班测量人员,负责设备无法测量的参数或需人工复核的参数。现场管片拼装作业一般安排白班夜班轮流值班,在每次掘进前,由技术人员与盾构机班长、司机等人员召开盾构施工例会,并下达管片拼装指令单。每天的掘进记录由现场资料人员整理归档,并实时更新。

③在管片纠偏阶段,根据偏差量的不同,当偏差<50mm时,盾构班组班长与盾构机司机确定调整方案,优化盾构机掘进参数,稳定管片姿态与盾构姿态。当偏差>50mm时,应暂停施工,当班盾构班组人员与技术人员召开分析会,分析研究偏差原因,并制定纠偏方案,当偏差>100mm时,盾构施工负责人必须参加分析会。纠偏方案在实施过程中,技术人员应在现场进行监测,实时管控施工工况。

④管片拼装完成后,管片环脱出盾尾后,管片姿态还会发生一定的偏移,隧道施工测量人员应按时复核管片成型姿态,及时反馈给技术人员,进而根据管片姿态的变化规律调整后续管片掘进的技术参数。技术人员应定期总结管片拼装阶段性的工作情况,备份管片拼装记录,并完成管片拼装经验的总结。

宁波市地铁1、2号线于2011年7月底开始成立现场监测监控分中心,分中心最核心的内容为基坑、盾构的"三图四表"实施工作,通过"三图四表"的实施以保证工程的质量安全。盾构"三图四表"已在相关盾构区间推行,"三图四表"在工程实践中已取得一定的成效,但在实施过程中也出现了一些问题,须加强"三图四表"的落实工作,明确并做好各参建单位的职责,使现场监测分中心及"三图四表"真正服务于现场。

3.6.3 管片作业管理框架及流程

按照盾构掘进管片拼装的作业要求,施工现场需要配备相应的盾构班组、技术人员等,以监控管片拼装情况。

在盾构推进前期,技术人员应根据隧道设计轴线、现场工况等条件制定管片拼装计划,以指导盾构施工。同时,上报项目总工审核,审核批准后,技术人员向施工班组交底管片拼装方案及注意事项。

在管片拼装阶段,盾构机司机在现场负责实时监控盾构掘进参数,根据掘进工况调整优化相关参数,并实时真实地记录管片拼装的控制因素。盾构班组班长负责现场盾构掘进过程中的相关工作的调度,包括管片拼装、盾构机掘进、配浆注浆等作业。管片拼装作业由拼装手完成,同时,应配备相应的跟班测量人员,负责设备无法测量的参数,或须人工复核的参数。现场管片拼装作业一般安排白班夜班轮流值班,在每次掘进前,由技术人员与盾构机班长、司机等人员召开盾构施工例会,并下达管片拼装指令单。每天的掘进记录由现场资料人员整理归档,并实时更新、上传盾构的"三图四表"。

在管片纠偏阶段，根据偏差量的不同，当偏差<50mm时，盾构班组班长与盾构机司机确定调整方案，优化盾构机掘进参数，稳定管片姿态与盾构姿态。当偏差>50mm时，应暂停施工，当班盾构班组人员与技术人员召开分析会，分析研究偏差原因，并制定纠偏方案，当偏差>100mm时，盾构施工负责人必须参加分析会。纠偏方案在实施过程中，技术人员应在现场进行监测，实时管控施工工况。

管片拼装完成后，管片环脱出盾尾后，管片姿态还会发生一定的偏移，隧道施工测量人员应按时复核管片成型姿态，及时反馈给技术人员，进而根据管片姿态的变化规律调整后续管片掘进的技术参数。技术人员应定期总结管片拼装阶段性的工作情况，备份管片拼装记录，并完成管片拼装经验的总结。

根据上述的管理作业分工，可总结得到如下施工职责表（表3-15）。不同单位的施工作业人员职责略有不同，施工单位应该根据自身的人员安排进行职责分工。

盾构施工作业的职责明细表 表3-15

施工内容	项目总工	技术人员	盾构负责人	盾构班组班长	盾构机司机	管片拼装辅助人员	测量人员	资料员
管片拼装计划方案	●	★	★					
管片拼装前工程例会		★	★	▲		▲	▲	
现场盾构施工监控				★	★			
管片拼装作业				▲	★	▲		
盾构掘进参数记录		●	★		★			
管片纠偏分析会	●	★	★	▲	▲		▲	
管片动态纠偏	●	★	★	▲	▲	▲		
盾构施工参数测量		●					★	
管片成型姿态复核		●					★	
管片拼装资料		●						★

注：★为该工作的主要负责人员；▲为该工作的主要参与人员；●为该工作的审核人员。

根据上述的人员职责要求，为实现现场的通用管片精细化施工，应配备以下的基本人员如表3-16所示。

盾构施工现场人员配备表（单台盾构机） 表3-16

职位	基本人数	备注
盾构施工负责人	1	
技术人员	2	
专兼职安全员	1~2	负责盾构施工的安全管理工作
施工作业班长	2~3	
盾构机司机	2~3	根据实际施工，每天分2班或3班人员进行盾构施工作业
管片拼装辅助人员	3~5/每班	
人工测量复核	1	
资料员	1~2	

注：盾构施工负责人、技术人员、盾构机班长、盾构机司机必须由施工企业的正式员工担任，并全职负责相关的现场施工作业。

3.6.4 盾构"三图四表"管理

基于基坑的"三图四表"，结合盾构施工的管理要求，指挥部制定了盾构施工过程的"三图四表"，并在实施过程中进行了图表的优化。包括施工总平面图、施工纵剖面图、盾构施工基本参数表、掘进关键参数记录表、巡检记录表、现场监测分析会记录单。下面将结合【出入段～东环南路站】区间的"三图四表",对其进行一一介绍并分析。

1. 施工总平面图

施工总平面图是用于记录现场盾构推进的进度,以及对盾构推进过程中影响的因素进行动态管控。将盾构每天推进的进度在图纸中作相应的标识,并记录相应的问题;根据隧道的设计轴线参数,标识了管片拟合轴线的状态,如不同曲线段所需的每环楔形量,以便于指导管片拼装作业;针对盾构推进过程中对周边环境引起的影响,图中对周边建筑结构以及重点危险源进行了一一标识,以期在盾构推进到其影响范围时,加以重点关注,对其布设的监测点记录在另外的图表中。通过以上的记录,及时对推进中存在的问题进行分析讨论。

2. 施工纵剖面图

施工纵剖面图的作用类似于施工总平面图,但前者是从施工场地的竖平面的要素进行记录,而后者是从平面上的要素进行记录。在施工纵剖面图中,每天推进的进度在图纸中也进行相应的标识。同样地,记录该纵剖面图上的相关参数以确定合理的盾构推进参数,便于后期及时对推进中存在的问题进行分析讨论,包含的要素有:详细地质情况、联络通道、竖曲线要素、周边环境及建筑基础剖面情况(建筑物、道路、河流、桥梁、管线等)、掘进方向及环号里程、工程进度等。其中,为实时监控盾构姿态,以进行及时的调整,在纵剖面图中,还应作出盾构的切口、盾尾的平偏图和高偏图。

3. 盾构施工基本参数表

用于记录现场盾构推进作业的基本参数,包括盾构机类型、电瓶车编组、注浆参数等,这些参数在盾构作业中基本不变或变化较小,因此,在盾构机开始掘进时,就可以根据相关资料填写完成,在后期的盾构作业中作为固定参数,供现场施工参考,便于及时对推进中存在的问题进行分析讨论,具体参数可见表 3-17。

盾构施工基本参数表 　　　　　　　　　　　表 3-17

土压平衡盾构机	品　牌		开挖直径(mm)			
	标准盾尾间隙(mm)		驱动方式	电驱动/液压驱动		
	最大推力(t)		铰接形式	主动/被动		
	导向系统		刀盘开口率(%)			
平面最小半径(m)			最大纵坡			
盾构覆土深度(m)			土压力设定范围(bar)			
电瓶车编组	渣土车(　)+浆液车(　)+管片车(　)		牵引机车(t)			
龙门吊参数	吨位(t)	跨度(m)	渣土车容积(m³)			
同步注浆参数	理论填充量(m³)		正常注浆量(m³)			
	正常注浆压力(bar)		注浆孔布置			
盾尾密封	压力(bar)		每环用量(kg)			
浆液配比 (折算成每方用量)	水泥/石灰	粉煤灰	膨润土	黄砂	水	添加剂
备注:						

4. 掘进关键参数记录表

掘进关键参数记录表主要是用于记录现场盾构推进作业中的关键施工参数。经研究,主要记录以下参数：盾构机姿态、管片姿态、盾尾间隙、千斤顶行程差等，如表 3-18 所示。实时监控对管片拼装起主要作用的掘进参数，有利于控制管片拼装质量与安全。

盾构掘进关键参数记录表　　　　　　　　　　　　　　　　　表 3-18

环号	盾构姿态偏差（±mm）				盾尾间隙（mm）				管片姿态（±mm）		千斤顶行程差（±mm）		管片点位
	切口高偏	切口平偏	盾尾高偏	盾尾平偏	方位				高偏	平偏	上下	左右	
					上	下	左	右					

备注：
1. 管片偏移值：以盾尾高偏、平偏为基准，通过盾尾间隙反算。
2. 前面为日班环号，日班、夜班之间空一行以示分隔。

盾构司机：　　　　　　　　　盾构技术员：　　　　　　　　　盾构总工：

5. 巡检记录表

巡检记录表主要是针对施工过程中检测的项目进行归类统一，方便管理。盾构的联合巡检内容主要包括：（1）隧道内：铰接密封、管片破损、管片错台、管片间渗漏水、盾尾漏浆状况及其他情况；（2）周边环境：建构筑物变形及开裂情况、地表变形及开裂情况、管线沿线地面开裂、渗水、塌陷情况、跑浆及泡沫流失，管线检查井开裂及积水变化和其他情况；（3）其他。

6. 现场监测分析会记录单

现场监测分析会记录单是用于施工单位、监理单位及第一方监测单位等对现场工况进行记录、监测要点分析、现场问题及处理措施进行相应记录的。每周一次的监测分析会，由施工方项目经理或总工、监理总监、第一方监测项目经理参加并签字。当发生报警时，需要召集相关单位的负责人召开预警的现场监测分析会。

参考文献

[1]　竺维彬，鞠世健. 盾构隧道管片开裂的原因及相应对策 [J]. 现代隧道技术，2003，40（1）：21-25.
[2]　陈俊生，莫海鸿，梁仲元. 盾构隧道施工阶段管片局部开裂原因初探 [J]. 岩石力学与工程学报，2006，25（5）：906-910.
[3]　钟小春，张金荣，秦建设，朱伟. 盾构隧道纵向等效弯曲刚度的简化计算模型及影响因素分析[J]. 岩石力学．2011，32（1）：132-136.
[4]　曾东洋，何川. 地铁盾构隧道管片接头刚度影响因素研究 [J]. 铁道学报，2005，27（4）：90-95.
[5]　秦建设，朱伟，陈剑．. 盾构姿态控制引起管片错台及开裂问题研究 [J]. 施工技术，2004，33（10）：25-27.
[6]　徐志玲，朱雁飞，王解先. 一种基于矢量运算的通用管片选型计算方法 [J]. 工程勘察，2009，01：73-77.
[7]　胡珉，韩占伟，孙向阳，滕丽. 隧道通用楔形管片封顶块位置优选研究 [J]. 现代隧道技术，2009，

46（5）：13-18.

[8] 高春香. 盾构施工中管片拟合 DTA 问题研究［D］. 华中科技大学，2004.

[9] 刘凤华. 盾构隧道通用管片拟合排版与管片选型技术研究［D］. 同济大学，2007.

[10] 朱继文，林平，成琨，等. 宁波轨道交通通用管片排版与纠偏技术研究［J］. 城市道桥与防洪，2014（03）：160-163.

[11] 毕小伟. 盾构机位姿测量系统的关键技术研究［D］. 上海交通大学，2010.

[12] 潘明华. 盾构自动导向系统的研究与实现［D］. 华中科技大学，2005.

[13] 赵文，王剑宇，李建强，等. 盾构隧道施工中上浮管片的受力分布研究［A］. 第八届海峡两岸隧道与地下工程学术与技术研讨会论文集［C］. 中国岩石力学与工程学会地下工程分会，中国土木工程学会隧道与地下工程分会，台湾隧道协会 . 2009：6.

[14] 潘国荣，荣一夫. 盾构通用管片排版与纠偏控制的简化解算［J］. 大地测量与地球动力学 . 2014，（01）：55-58.

[15] 董泽龙，张庆贺，周禾. 盾构通过矿山法隧道上浮问题分析研究［J］. 铁道建筑，2011，（5）：60-62.

[16] 杨方勤. 超大直径泥水盾构隧道抗浮关键技术综述［J］. 地下工程与隧道，2011，2：1-5.

[17] Thomas Kasper, Gunther Meschke. A 3D finite element simulation model for TBM tunneling in soft ground［J］. International Journal for Numerical and Analytical Methods in Geomechanics，2004. Volume. 28（14）：1441-1460.

[18] 熊卫兵，石长礼，杨子良. 盾构法隧道开挖卸荷回弹试验研究［J］. 上海国土资源，2011，32（2）：71-74.

第4章　盾构隧道结构的运营及维护

4.1　引言

盾构法隧道由于其自动化作业的施工过程、不影响交通、不受气候限制等优点，受到了越来越多的城市的青睐，成为城市轨道交通的主要结构形式。特别是在东部沿海软土地区，如上海、南京等城市，地铁隧道普遍采用盾构隧道的形式。然而，部分盾构隧道在投入运营一定时间后，逐渐进入了结构的维护期，一些病害现象也已影响到了盾构隧道的正常运营，其中盾构隧道的大变形病害严重影响到了盾构隧道的安全运营和结构的安全可靠度[1]，盾构隧道管片局部损害如图 4-1 所示。

(a)　　　　　　　　　　　　　　(b)

图 4-1　盾构隧道管片局部损害图

本章在分析管片耐久性规律及环境扰动下隧道结构受力机制的基础上，对宁波地区通过微扰动注浆法治理盾构隧道不均匀沉降时的注浆相关施工参数及工艺提出改进，并给出适合该地区的微扰动注浆施工关键技术，以指导后续的宁波地铁盾构隧道抬升控制施工。

4.2　隧道管片耐久性演化规律

近年来，工程结构物的耐久性问题已日益引起业界人士的普遍关注，并成为各类重大工程建设项目论证和结构设计中不可或缺的一项主要内容。对结构耐久性的定义和内涵，《混凝土耐久性设计规范》征求意见稿中已写明：在设计确定的环境-引起混凝土结构材料性能劣化的环境因素（工程周围大气温湿度变化，CO_2、O_2、氯盐、酸碱等有害化学离子施加于结构主体等）的作用和在正常维修、使用条件下，结构构件在规定期限内保持其适用性和安全性的能力，即工程结构的耐久性。

盾构隧道的主要特征是管片通常就是隧道的唯一支撑结构，含有侵蚀性离子的地下水渗漏、隧道内部释放的有害气体腐蚀，管片结构损伤裂缝的产生与开展，均会引起隧道衬砌管片内部钢筋、接头螺栓锈蚀以及管片混凝土腐蚀等病害产生，耐久性问题复杂而严重。本节从理论分析入手，在已有的混凝土材料单一因素作用下耐久性退化的数值模型基础上，提出多重耐久性因素耦合作用下盾构隧道混凝土管片的承载能力与耐久性退化模型[2]。

4.2.1 盾构隧道混凝土管片的耐久性失效机理与模型

1. 盾构隧道混凝土管片工作的特殊环境

对于盾构隧道混凝土管片结构外部环境而言，处在地面之下与土壤相接触。影响因素主要是土壤中的一些化学物质，在江河湖海底的土层和地下水中可能含有一定的硫酸盐、氯盐等离子，对混凝土产生化学侵蚀作用。硫酸盐腐蚀会导致混凝土强度的降低，氯离子扩散渗透会引起钢筋锈蚀，对于这些的研究是十分必要的。内部环境相对比较封闭，隧道内湿度较高，空气流动差，车流量大，显然隧道内空气中的 CO_2、SO_2 浓度较高，因此盾构隧道混凝土管片结构碳化、中性化腐蚀环境较为严酷，必须专门进行抗碳化耐久寿命研究。

对于地铁隧道还存在比较严重的杂散电流对钢筋的电化学腐蚀作用。地铁杂散电流是城市地下铁道采用直流供电牵引运营时由走行轨泄漏到地铁车站、区间隧道道床及其周围土壤中的散乱电流[3]。在地铁运营时会有大量的杂散电流从轨道泄入大地，这会对埋在地铁附近的地下金属管线和区间隧道主体结构中的钢筋产生电化学腐蚀。

综上所述，盾构隧道混凝土管片结构耐久性的破坏因素主要有 4 种：一是混凝土碳化、二是氯离子侵蚀、三是硫酸盐腐蚀、四是地铁杂散电流腐蚀。本节重点从以上四个方面进行研究。

2. 混凝土碳化作用

（1）混凝土碳化机理

空气、土壤、地下水等环境中的酸性气体或液体侵入混凝土中，与水泥中的碱性物质发生反应，使混凝土的 pH 值下降的过程称为混凝土的中性化过程，其中，由大气环境中的 CO_2 引起的中性化过程称为混凝土的碳化。由于大气中均有一定含量的 CO_2，碳化是最普通的混凝土中性化过程。

混凝土碳化是一个复杂的物理过程。普通硅酸盐水泥的主要矿物成分有硅酸三钙 C_3S（$3CaO \cdot SiO_2$）、硅酸二钙 C_2S（$2CaO \cdot SiO_2$）、铁铝酸四钙 C_4AF（$4CaO \cdot Al_2O_3 \cdot Fe_2O_3$）和铝酸三钙 C_3A（$3CaO \cdot Al_2O_3$）和石膏等。在拌和混凝土时，它们会发生水化反应。其主要产物为氢氧化钙（约占 5%）、水化硅酸钙（约占 60%）、水化铝酸钙和水化硫铝酸钙等，其中，氢氧化钙和水化硅酸钙都是可碳化物质。在水化过程中，氢氧化钙在水中溶解度极低，少量溶解于孔隙溶液中，使得混凝土内部的孔隙水溶液为氢氧化钙的饱和溶液，其 pH 值约为 12~13。在这种高碱性环境下会在混凝土中的钢筋四周形成一层钝化膜，保护钢筋不受锈蚀。但混凝土内部并不是完全密实的，存在着许多大小不一的毛细管、孔隙和气泡等，成为大气中的二氧化碳向混凝土内部扩散的渠道。二氧化碳进入混凝土后不断溶解于孔隙水，形成酸性产物，并与水泥水化过程中的可碳化物质发生碳化反应，主要的化学反应如下[4]：

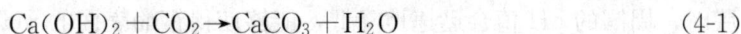

$$Ca(OH)_2 + CO_2 \rightarrow CaCO_3 + H_2O \tag{4-1}$$

$$(3CaO \cdot 2SiO_2 \cdot 3H_2O) + 3CO_2 \rightarrow (3CaCO_3 \cdot 2SiO_2 \cdot 3H_2O) \tag{4-2}$$

显然，碳化反应的主要产物为非溶解性钙盐。在反应过程中，一方面生成的 $CaCO_3$ 和其他固态物质堵塞在混凝土孔隙中，使混凝土的孔隙率下降，大孔减少，从而减弱了后续的 CO_2 扩散，并使混凝土的密实度提高；另一方面，$Ca(OH)_2$ 浓度降低使得混凝土中的 pH 值降低，破坏钢筋周围的"保护膜"，引起钢筋锈蚀，因锈蚀就会引起体积膨胀使混凝土保护层发生开裂、破坏，从而发生沿钢筋界面出现裂缝以及混凝土保护层剥落等现象，导致混凝土结构承载力下降。

（2）混凝土碳化深度的预测模型

混凝土碳化深度是确定混凝土内部钢筋锈蚀开始的重要因素。国内外学者提出了许多碳化深度的预测模型，基本可以分为两大类型：基于扩散理论建立的理论模型；基于碳化实验的经验模型。在各种理论模型和经验模型中，碳化深度与碳化时间的平方根成正比的规律得到了几乎所有学者的公认，即：

$$X = k\sqrt{t} \tag{4-3}$$

式中，X 为混凝土碳化深度；k 为碳化速度系数；t 为碳化时间。

理论模型包括阿列克谢耶夫模型[5]、Papadakis 模型[6]，由于这两个模型中的有些参数定义较模糊，并且在相对湿度较低的情况下与实验结果差别较大，不利于实际工程的应用，在此就不赘述。

经验模型的差异较大，理论公式物理意义明确，但不利于实际工程的应用；经验公式多数以混凝土抗压强度标准值、水灰比和水泥用量为参数，并考虑其他因素影响对公式进行了修正。对于本次项目的碳化寿命耐久性预测，将采用规范推荐模型。

规范推荐模型[7]：

$$X(t) = k_{co_2} k_{k_1} k_{k_t} k_{k_s} TE^{0.25} RH(1-RH)\left(\frac{58}{f_{cuk}} - 0.76\right)\sqrt{t} \tag{4-4}$$

式中，$X(t)$ 为混凝土碳化深度（mm）；t 为混凝土碳化时间；k_{co_2} 为 CO_2 浓度影响系数，$k_{co_2} = \sqrt{C_0/0.03}$，$C_0$ 为 CO_2 浓度；k_{k_1} 为位置影响系数，构件角区取 1.4，非角区取 1；k_{k_t} 为养护浇筑影响系数，取 1.2；k_{k_s} 为工作应力影响系数，受压时取 1，受拉时取 1.2；TE、RH 为环境温度和相对湿度；f_{cuk} 为混凝土抗压强度标准值（MPa）。

3. 氯离子侵蚀作用

（1）氯离子侵入对钢筋锈蚀的机理

当混凝土内部钢筋表面处的氯离子浓度达到临界浓度时，钢筋表面的钝化膜遭到破坏，失去了对钢筋的保护作用，钢筋开始锈蚀。氯离子侵入混凝土腐蚀钢筋的机理可以主要概括 4 个方面：

1）破坏钝化膜

混凝土在养护过程中的水化产物的高碱性使得内部钢筋表面产生一层致密的钝化膜，

对钢筋有很强的保护作用。但是，该钝化膜只有在高碱性的环境中才是稳定的，研究表明，当 pH 值小于 11.5 时，该钝化膜就开始不稳定了；当 pH 值低于 9.88 时该钝化膜已难以生存并逐渐破坏，失去对钢筋的保护能力。当氯离子到达钢筋表面并吸附于局部钝化膜时，周围的 pH 值会迅速地降低，能够使得钢筋表面的 pH 值小到 4 以下，从而破坏钢筋表面的钝化膜。

2）形成腐蚀电流

往往氯离子对钢筋表面钝化膜的破坏首先发生在局部，使这些部位露出了铁基体，与完好的钝化膜区域之间构成电位差。铁基体作为阳极而受腐蚀，大面积钝化膜区域作为阴极。腐蚀电池作用会导致钢筋表面产生蚀坑，同时，由于大阴极对应于小阳极，蚀坑的发展会十分迅速。

3）去极化作用

Cl^- 还加速了电化学反应，阳极反应 Fe^{2+} 一般会吸附在阳极表面，抑制了阳极的反应速度。如果存在 Cl^-，Fe^{2+} 与 Cl^- 结合生成 $FeCl_2$，Fe^{2+} 将会被"运走"，使阳极过程顺利地进行甚至加速地进行。一般定义使阳极过程受阻为阳极极化作用，加速阳极极化作用为去极化作用，Cl^- 正是发挥了阳极去极化作用。$FeCl_2$ 是可溶性物质，遇到 OH^- 会能生成 $Fe(OH)_2$ 沉淀，再进一步氧化成铁的氧化物，就是我们所说的铁锈。而反应过程中 Cl^- 不会被消耗，在反应过程中起着催化剂作用。

4）导电作用

腐蚀电池的要素之一是要有离子通路。混凝土中 Cl^- 的存在，强化了离子通路，降低了阴、阳极之间的欧姆电阻，提高了腐蚀电池的效率，从而加速了电化学腐蚀过程。

（2）氯离子侵入的预测模型

氯离子在混凝土中的扩散过程，国内外一般都用 Fick 第二定律描述：

$$\frac{\partial c}{\partial t}=\frac{\partial}{\partial t}\left(D\frac{\partial c}{\partial t}\right) \tag{4-5}$$

式中，C 为 t 时刻距表面 x 处的氯离子浓度；D 为氯离子扩散系数；x 为距混凝土表面的深度；t 为扩散时间。

在 Fick 第二定律的基础上，国内外学者做了大量理论和实验研究提出了一些扩散模型。包括 Clear 模型[8]、Fick 第二扩散定律模型[9]、Maage 模型[10]、余红发-孙伟模型[11]等，其中，余红发-孙伟模型是综合考虑混凝土氯离子结合能力、扩散系数的时间依赖性和混凝土结构微缺陷影响的理论模型，预测值和实际观测结果也较接近，是目前比较完善的氯离子扩散模型，已经成功运用在氯盐环境下混凝土结构耐久性设计，只是需要通过试验才能准确地确定模型中各参数的取值范围。

余红发-孙伟模型：

$$C(x,t)=C_0+(C_s-C_0)\left[1-erf\left(\frac{x}{2\sqrt{\frac{HD_{cl,0}\cdot t_o^m}{(1+R)(1-m)}\cdot t^{1-m}}}\right)\right] \tag{4-6}$$

式中，$C(x,t)$ 为 t 时刻距表面 x 处的氯离子浓度；C_0 为混凝土内初始氯离子浓度；C_s 为混凝土暴露表面氯离子浓度，等于混凝土周围环境的氯离子浓度；erf 为误差函数，$erf(x)=\frac{2}{\sqrt{\pi}}\int_0^x e^{-t^2}dt$；$x$ 为距混凝土表面的距离；$D_{cl,0}$ 为初始氯离子扩散系数；t_0 为初始水化龄期；t 为散时间；m 为常数，一般为 0.64；H 为混凝土氯离子扩散性能的劣化效应系数；R 为混凝土的氯离子结合能力。

4. 硫酸盐侵蚀作用

（1）硫酸盐对混凝土腐蚀的机理

混凝土硫酸盐腐蚀是一个非常复杂的物理化学过程，机理十分复杂，实质是混凝土周围环境中硫酸根离子侵入混凝土内部与混凝土的某些水化产物产生化学反应，产生具有膨胀性的腐蚀产物，在混凝土内部产生膨胀内应力，当其膨胀内应力超过混凝土的抗拉强度时，就会导致混凝土开裂、剥落等现象，使混凝土强度严重下降，导致混凝土结构的破坏，并导致混凝土结构耐久寿命降低。

硫酸盐侵蚀的现象是混凝土表面发白、剥落，一般在边角处发生破坏，导致混凝土成为一种容易破碎疏松的状态。根据结晶产物和破坏形式的不同，硫酸盐侵蚀可分为两种形式[12]：

1）钙矾石膨胀破坏

可溶性硫酸盐对混凝土有着明显的腐蚀作用。这主要是硫酸根离子与水泥中的 $Ca(OH)_2$ 反应生成 $CaSO_4$，$CaSO_4$ 再跟水化铝酸钙反应生成钙矾石（$3CaO \cdot Al_2O_3 \cdot 3CaSO_4 \cdot 31H_2O$），以 Na_2SO_4 为例反应方程式为：

$$Na_2SO_4 \cdot 10H_2O + Ca(OH)_2 = CaSO_4 \cdot 2H_2O + 2NaOH + 8H_2O \tag{4-7}$$

$$3(CaSO_4 \cdot 2H_2O) + 4CaO \cdot Al_2O_3 \cdot 12H_2O + 14H_2O = 3CaO \cdot Al_2O_3 \cdot 31H_2O + Ca(OH)_2 \tag{4-8}$$

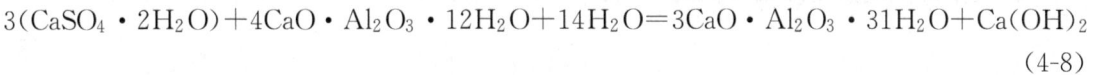

钙矾石的溶解度极小，其化学结构上结合了大量的结晶水，体积是水化铝酸钙的 2.5 倍。由于生成物体积膨胀变大，相互之间挤压形成内应力，导致混凝土膨胀破坏。钙矾石膨胀破坏的特征是混凝土表面出现少数较粗大的裂缝。

2）石膏型破坏

当混凝土周围环境中硫酸根离子浓度很高时，不仅会有钙矾石生成，而且在混凝土内部还会有石膏结晶析出。反应方程式为：

$$Na_2SO_4 \cdot 10H_2O + Ca(OH)_2 = CaSO_4 \cdot 2H_2O + 2NaOH + 8H_2O \tag{4-9}$$

当 $Ca(OH)_2$ 反应生成石膏时，体积会增大到原来的两倍，导致混凝土膨胀破坏。石膏膨胀破坏的特点是混凝土表面没有粗大裂纹但遍体溃散。

（2）硫酸盐对混凝土腐蚀的预测模型

1）混凝土腐蚀过程中的损伤定义

在腐蚀因素作用下，混凝土损伤的失效过程反映了混凝土结构随着腐蚀时间破坏的过程，即混凝土承载能力丧失的过程。根据损伤力学原理[13]，混凝土的损伤变量为：

$$D = 1 - \frac{E_t}{E_0} \tag{4-10}$$

式中，D 为混凝土损伤变量；E_0 为混凝土初始动弹性模量；E_t 为混凝土损伤后动弹性模量。在混凝土耐久性试验中，一般耐久性指标采用相对动弹性模量 E_r 表示，$E_r = E_t/E_0$，代入上式可得混凝土损伤变量与相对动弹性模量关系为：

$$D = 1 - E_r \tag{4-11}$$

2）混凝土损伤演化方程

余红发[14]在大量实验数据的分析上提出了混凝土损伤失效模式为单段损伤模式和双段损伤模式：

单段损伤模式的数学方程：

$$E_r = 1 + bt + \frac{1}{2}ct^2 \tag{4-12}$$

式中，t 为腐蚀时间；b 为混凝土的损伤初速度，$b>0$；c 为混凝土的损伤加速度，$c<0$。

双段损伤模式的数学方程：

$$E_{r1} = 1 + at, 0 \leqslant t \leqslant \frac{a-b}{c} \tag{4-13}$$

$$E_{r2} = 1 + \frac{(b-a)^2}{2c} + bt + \frac{1}{2}ct^2, t \geqslant \frac{a-b}{c} \tag{4-14}$$

式中，t 为腐蚀时间；a 为混凝土的损伤初速度；b 为混凝土的二次损伤初速度；c 为混凝土的损伤加速度，$b>a>0$，$c<0$。

3）混凝土腐蚀强度降低时间的确定

混凝土受硫酸盐腐蚀时动弹性模量是先上升在下降，这里我们定义混凝土腐蚀开始时间为动弹性模量开始下降的时间，即 $E_r=1$，分别代入上述两式得：

单段损伤模式强度开始降低的时间：

$$t = -\frac{2b}{c} \tag{4-15}$$

双段损伤模式强度开始降低的时间：

$$t = -\frac{b + \sqrt{2ab - a^2}}{c} \tag{4-16}$$

（3）混凝土标准抗压强度与混凝土动弹性模量关系

前人给出了混凝土弹性模量和动弹性模量之间的关系[15]：

$$E_c = 1.25E_t - 19 \tag{4-17}$$

式中，E_c 为混凝土弹性模量（kN/mm²）；E_t 为混凝土动弹性模量（kN/mm²）。

混凝土弹性模量与混凝土抗压强度标准值关系为：

$$E_c = \frac{10^5}{2.2 + 33/f_{cuk}} \tag{4-18}$$

上面两式解得：

$$f_{cuk} = \frac{41.25E_t - 627000}{141600 - 2.75E_t} \tag{4-19}$$

式中，f_{cuk} 为混凝土抗压强度标准值（N/mm²）；E_t 为混凝土动弹性模量（N/mm²）。

通过混凝土损伤演化方程可以得出腐蚀 t 时间后，混凝土的相对动弹性模量再根据初始动弹性模量得出混凝土的动弹性模量，进而可以求得腐蚀 t 时间后混凝土抗压强度。

5. 杂散电流作用

（1）杂散电流对钢筋的腐蚀机理

我国的地铁均是采用直流电力牵引的方式。在这种供电方式中，牵引电流并不是完全的由钢轨回到牵引变电所，总是由于一些原因（例如绝缘不良等），直流电在土壤和混凝土介质中发生泄漏，如图 4-2 所示。这些泄漏的电流统称为杂散电流（又称迷流）。

在杂散电流作用下，混凝土中的电位发生大幅度变化，阳极部位电位趋向负值，阴极部位电位趋向正值，当外加电位超过临界值时，钢筋的钝化膜遭到破坏，开始发生钢筋锈蚀[16]。根据杂散电流的流动方向不同，把钢筋可分为阳极腐蚀和阴极腐蚀，当混凝土内部钢筋位于阳极时，就会发生氧化反应，从而钢筋锈蚀膨胀导致混凝土保护层胀裂；当钢筋位于阴极时，由阴极保护机理可知，当电流较小时一般不会发生锈蚀，如果电流很大时，钢筋表面阴极反应速度加快，产生大量的 OH^- 和 H_2，导致混凝土开裂[17]。

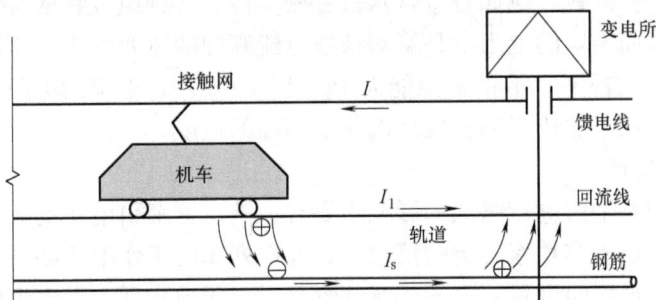

图 4-2　地铁供电系统及杂散电流的形成

从图 4-2 中可以看出，杂散电流从轨道经过混凝土流到钢筋，再从钢筋经过混凝土流向钢轨，钢筋分别起着阳极和阴极作用。其实杂散电流的电化学腐蚀反应就是受腐蚀金属发生氧化还原反应，可以概括为 2 种[18]，当钢筋处于酸性环境下，发生的氧化还原反应为析氢腐蚀；当钢筋处于中性或碱性环境下，发生的氧化还原反应为吸氧腐蚀。其化学反应方程式如下：

① 析氢腐蚀

阳极：$2Fe \rightarrow 2Fe^{2+} + 4e^-$；阴极：$4H^+ + 4e^- \rightarrow 2H_2 \uparrow$（酸性）；$4H_2O + 4e^- \rightarrow 4OH^- + 2H_2 \uparrow$（中性无氧）

② 吸氧腐蚀

阳极：$2Fe \rightarrow 2Fe^{2+} + 4e^-$；阴极：$O_2 + H_2O + 4e^- \rightarrow 4OH^-$（有氧碱性）

从方程式可以看出，反应生成产物为 $Fe(OH)_2$，氧气充足的情况下可以氧化成 $Fe(OH)_3$ 和棕红色铁锈 Fe_2O_3，$Fe(OH)_3$ 可以进一步生成黑色铁锈 Fe_3O_4。

（2）杂散电流腐蚀的主要影响因素

法拉第电解定律为：

$$\Delta W = KIt \tag{4-20}$$

式中，ΔW 为金属在 t 时间内的腐蚀量（kg）；K 为金属电化学当量 $[kg/(A \cdot s)]$；I 为流出阳极金属的电流（A）。

杂散电流对混凝土钢筋的腐蚀机理就是金属的电化学腐蚀，符合法拉第电解定律。由上式可知，金属腐蚀量跟电流成正比，杂散电流越大，钢筋的腐蚀程度就越严重，对混凝土整体结构的破坏就越严重。影响地铁杂散电流强度及其腐蚀程度的主要因素，可以归纳为混凝土自身结构、土壤内部结构和地铁内部构造。

1）混凝土自身结构

电化学反应的前提是钢筋周围有氧气和水，若混凝土密实性较好，钢筋处在干燥环境下并无腐蚀性离子侵入时，钢筋是不会发生电化学腐蚀的；混凝土的电阻率在腐蚀中起着重要作用，当混凝土电阻率较大时，泄漏的杂散电流就小，从而抑制了钢筋发生电化学腐蚀的速度，实际结果表明只要混凝土的电阻率超过一定数值约 $50000\Omega \cdot cm$ 时[19]，混凝土中的钢筋就不会发生腐蚀；混凝土配合比的不同还影响着钢筋在混凝土中电化学当量，杜应吉研究表明钢筋在混凝土中电化学当量随着水灰比呈线性增长。

2）土壤内部结构

土壤内部的一些因素，例如自身含水量、密实性、各种组成物的含量等，直接影响着土壤电阻率大小。而土壤的电阻率是影响杂散电流腐蚀的重要因素。不同土壤的电阻率差别很大，有的能小 $1\Omega \cdot m$，有的甚至能大于几千 $\Omega \cdot m$。若土壤的电阻率很小时，泄漏的杂散电流就越大，从而加快了钢筋发生电化学腐蚀的速度。

3）地铁内部构造

地铁内部构造对杂散电流腐蚀的影响主要有地铁运营牵引电压的大小、排流方式、负载导体电阻。在牵引机车功率一定的情况下，地铁列车的工作电流随着工作电压的升高而减小；在钢轨和地铁之间设置一定的排流装置可以显著地降低杂散电流的大小；选用较大横截面积的钢轨以及缩短变电站之间的距离能够有效地减小负载导体电阻，负载导体电阻越小，泄漏的杂散电流就小。

（3）杂散电流对混凝土结构耐久性的影响

杂散电流对钢筋混凝土结构主要危害是钢筋的腐蚀，由杂散电流对钢筋的腐蚀机理可知，电解后在钢筋表面主要生成 Fe_2O_3 与 Fe_3O_4 的混合产物，俗称铁锈。钢筋锈蚀后由于其产物体积膨胀，将对四周的混凝土产生压力，使混凝土内部出现拉应力。而混凝土本身抗拉强度很小，随着腐蚀产物的不断增加，拉应力也越来越大。当拉应力大于抗拉强度时，混凝土表面会产生沿着钢筋方向的裂缝，称为顺筋破坏。

混凝土开裂后会加速周围环境腐蚀离子侵入，促进了混凝土内部的腐蚀，同时又会削弱混凝土与钢筋之间的黏结力和钢筋的抗拉强度，从而导致钢筋混凝土结构的承载能力下降。前人研究表明[20]，在外加直流电作用下，钢筋混凝土试件中的钢筋被腐蚀后，不管混凝土试件是否产生裂缝，其力学参数中的变形模量、弹性模量、抗拉强度和单轴抗压强度都下降，而且有裂缝产生的试件下降幅度最大。

由法拉第电解定律可得，金属发生电化学腐蚀的腐蚀当量 ΔW 与流过金属的电量 Q 成正比。铁的电化学当量为 $K_{铁} = 2.89 \times 10^{-7} kg/(A \cdot s)$，可以计算得出，1A 的电流在一年内可以腐蚀钢筋 9.11kg。据检测北京地铁在运营时所产生的杂散电流高达 220A 以上，则一年内可以腐蚀掉 2004.2kg 钢筋，这个显然不符合实际。主要是因为钢筋在混凝土中发生电化学腐蚀的电化学当量不能确定，西南交通大学赵宇辉通过腐蚀试验得出混凝土中钢筋的电化学当量 $K = 0.7466 \times 10^{-7} kg/(A \cdot s)$，河海大学杜应吉研究表明混凝土中钢筋的电化学当量跟水灰比成正比，$K = 0.1133X + 0.6952$ [其中 X 为混凝土水灰比，单位为 $10^{-7} kg/(A \cdot s)$]。

杂散电流还会对混凝土造成一定的腐蚀，主要是因为地下土壤相对比较潮湿，并且含有大量的离子，这就导致混凝土表面处在电解质溶液中。当有杂散电流经过时，相当于混凝土处在电解池中，在这个电解池中混凝土孔隙中离子在电场作用下将会向外迁移，不断

地带走溶出的 Ca^{2+}，Ca^{2+} 的不断溶出会导致混凝土中水化产物 $Ca(OH)_2$、C-S-H 发生分解，混凝土孔隙率增加，强度下降，最终会导致混凝土的破坏。

综上所述，在杂散电流腐蚀作用下，钢筋混凝土将会发生开裂、强度降低等一系列破坏，导致混凝土结构的承载能力下降，影响结构的耐久性。

4.2.2　盾构隧道管片的承载能力退化模型

1. 退化模型的介绍

盾构隧道管片由于其特殊的工作环境，存在碳化作用、硫酸盐和氯离子腐蚀，其中以碳化为主；对于地铁隧道，还存在着杂散电流的影响，其破坏作用以碳化和杂散电流为主。由于钢筋的锈蚀和混凝土腐蚀将会导致钢筋混凝土结构承载能力下降，根据已有的锈蚀钢筋强度衰减模型和混凝土腐蚀强度劣化模型，建立混凝土结构承载能力退化模型。

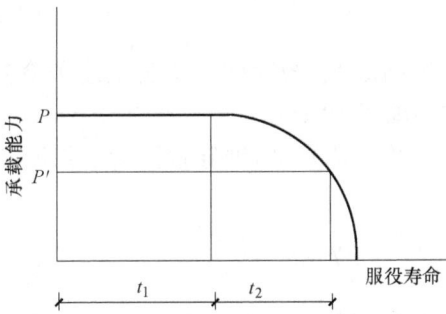

图 4-3　盾构隧道管片的承载能力退化示意图

该模型由水平段和下降段组成，见图 4-3，其中水平段的时间长度由碳化、氯离子扩散或者杂散电流以及这些耐久性因素的耦合作用引起钢筋开始锈蚀的时刻，或者是硫酸盐腐蚀导致混凝土强度开始下降的时刻来确定；而下降段则是由不同耐久性因素及其耦合作用引起钢筋发生锈蚀过程中钢筋强度的降低速率和截面损失速度、硫酸盐腐蚀导致混凝土发生强度的降低速率来确定，下降段的曲线形状由锈蚀钢筋屈服强度、抗拉强度以及腐蚀混凝土的抗压强度的衰减理论方程或经验公式决定。当承载能力下降到极限状态时，认为该结构寿命终止。由图 4-3 可得基于承载能力限值的混凝土结构耐久性寿命 T 为：

$$T = t_1 + t_2 \tag{4-21}$$

2. 退化模型水平段时间 (t_1) 的确定

（1）水平段时间 (t_1) 的确定

盾构隧道管片承载能力退化模型水平段时间是指盾构隧道管片从开始工作时起到其承载能力开始下降的这段时间，即：

$$t_1 = \min(T_{CO_2}, T_{Cl^-}, T_{SO_4^{2-}}, T_D) \tag{4-22}$$

式中　T_{CO_2}——碳化深度到达钢筋表面，破坏钢筋表面钝化膜使钢筋开始锈蚀的时间；

T_{Cl^-}——钢筋表面 Cl^- 浓度达到临界值，引起钢筋开始锈蚀的时间；

$T_{SO_4^{2-}}$——SO_4^{2-} 腐蚀导致混凝土强度开始下降的时间；

T_D——在杂散电流作用下钢筋开始锈蚀的时间，建议取 $T_D = 10$ 年。

（2）T_{CO_2} 的确定

目前都是以混凝土碳化深度到达钢筋表面时作为钢筋锈蚀的标志，即 $X(t) = c$，其中 $X(t)$ 为碳化深度，c 为保护层厚度，代入式（4-4）得：

$$T_{CO_2} = \left(\frac{c}{k}\right)^2 \left[\frac{c}{k_{CO_2} k_{k_1} k_{k_t} k_{k_s} T E^{0.25} RH(1-RH)\left(\frac{58}{f_{cuk}} - 0.76\right)}\right] \tag{4-23}$$

式中　c——钢筋混凝土保护层厚度。

（3）T_{Cl^-}的确定

氯离子侵入混凝土内部，当钢筋表面氯离子浓度达到临界浓度时，钢筋开始锈蚀，即代入式（4-6）得：

$$[Cl^-]=C_0+(C_s-C_0)\left[1-\mathrm{erf}\left(\frac{c}{2\sqrt{\frac{HD_{Cl,0}\cdot t_0^m}{(1+R)(1-m)}\cdot t_{Cl}^{1-m}}}\right)\right] \tag{4-24}$$

式中，c为钢筋混凝土保护层厚度；$[Cl^-]$为氯离子临界浓度，一般在 $0.15\%\sim 0.4\%$。

（4）$T_{SO_4^{2-}}$的确定

当混凝土为腐蚀破坏时，混凝土实际服役时间与快速试验服役时间有以下关系：

$$t=\frac{c_0}{c}\cdot t_0 \tag{4-25}$$

式中，t为混凝土实际服役时间；t_0为混凝土快速试验服役时间；C_0为快速实验腐蚀溶液中腐蚀离子浓度；C为混凝土所处周围环境中腐蚀离子浓度。

将式（4-25）代入式（4-15）和式（4-16）中，可得 SO_4^{2-} 腐蚀导致混凝土强度开始下降的时间为：

$$T_{SO_4^{2-}}=-\frac{2b}{c}\times\frac{C_0}{C} \text{ 或 } T_{SO_4^{2-}}=-\frac{b+\sqrt{2ab-a^2}}{c}\times\frac{C_0}{C} \tag{4-26}$$

式中，a、b、c 通过快速试验确定；C_0为快速试验腐蚀溶液中 SO_4^{2-} 浓度；C 为混凝土所处周围环境中 SO_4^{2-} 浓度。

3. 退化模型下降段时间（t_2）的确定

（1）锈蚀钢筋混凝土受弯构件正截面承载力计算模型

在钢筋混凝土受弯构件正截面承载能力计算模型的基础上，结合锈蚀后钢筋力学性能的变化规律，提出了锈蚀钢筋混凝土受弯构件正截面承载力计算模型为：

$$M_{su}=\alpha_1 f_c bx\left(h_0-\frac{x}{2}\right),x=\frac{A(1-\eta_s)f_{ys}}{\alpha_1 f_c b} \tag{4-27}$$

式中，M_{su}为锈蚀钢筋混凝土受弯构件正截面承载力；α_1为受压区混凝土矩形应力图所取应力与混凝土轴心抗压强度的比值；f_c为混凝土轴心抗压强度；b为截面宽度；h_0为截面有效高度；A为受拉钢筋截面面积设计值；η_s为钢筋锈蚀截面损失率；f_{ys}为锈蚀钢筋的名义屈服强度。

（2）钢筋锈蚀截面损失率计算模型

钢筋锈蚀深度与钢筋锈蚀截面损失率之间的关系：

在大气碳化条件下，假设钢筋是均匀腐蚀，则

$$\eta_s=\frac{\pi\left(\frac{d}{2}\right)^2-\pi\left(\frac{d}{2}-\delta\right)^2}{\pi\left(\frac{d}{2}\right)^2}=\frac{4\delta(d-\delta)}{d^2}\approx\frac{4\delta}{d} \tag{4-28}$$

式中，η_s为钢筋锈蚀截面损失率；δ为筋锈蚀深度；d为钢筋直径。

在氯离子扩散条件下，钢筋不是均匀锈蚀，而是溃烂性腐蚀，在上式的基础上增加一

项大于 1 的不均匀系数 K，即：

$$\eta_s = k \frac{4\delta}{d} \tag{4-29}$$

式中，η_s 为钢筋锈蚀截面损失率；δ 为筋锈蚀深度；d 为钢筋直径。

混凝土保护层开裂时钢筋锈蚀深度计算公式：

$$t_{cr} = k_{crs}(0.008\frac{c}{d} + 0.0005 f_{cu} + 0.022) \tag{4-30}$$

式中，c 为混凝土保护层厚度（mm）；d 为钢筋直径（mm）；f_{cu} 为混凝土立方体抗压强度（MPa）；k_{crs} 为钢筋位置影响系数，角部钢筋取 1.0，其他钢筋取 1.35。

混凝土保护层开裂时间计算公式[21]：

$$t_{cr} = \frac{\delta_{cr}}{k\lambda_{\theta 1}} \tag{4-31}$$

式中，t_{cr} 为钢筋开始锈蚀到混凝土开裂时的时间；λ_{e1} 为混凝土开裂前钢筋锈蚀速度；δ_{cr} 为混凝土开裂时钢筋锈蚀深度；K 为不均匀系数，如果是碳化引起的钢筋锈蚀 $K=1$，如果是氯离子引起的钢筋锈蚀 $K>1$。

求出 t_{crt}、λ_{e1} 后可以得出混凝土开裂后钢筋的锈蚀深度，进而求出混凝土开裂后钢筋锈蚀截面损失率。

（3）杂散电流腐蚀下钢筋锈蚀截面损失率计算模型

假设钢筋是均匀腐蚀，钢筋锈蚀截面损失率等于钢筋重量损失率，则

$$\eta_s = \frac{\Delta W}{W} = \frac{K I_s t}{W} \tag{4-32}$$

式中，η_s 为钢筋锈蚀截面损失率；W 为钢筋原始重量；K 为钢筋在混凝土中化学当量；I_s 为钢筋中杂散电流。

（4）腐蚀混凝土轴心抗压强度计算模型

前人给出混凝土轴心抗压强度与混凝土抗压强度标准值关系为：

$$f_c = 0.8 f_{cuk} \tag{4-33}$$

式中，f_c 为腐蚀混凝土轴心抗压强度；f_{cuk} 为混凝土抗压强度标准值。

若混凝土损伤演化方程为单段损伤模式数学方程，可以得出腐蚀后混凝土轴心抗压强度计算模型为：

$$f_c = 1.25 \times \frac{41.25 E_0 \left(1 + bt + \frac{1}{2}ct^2\right)}{141800 - 2.75 E_0 (1 + at)}, 0 \leq t \leq \frac{a-b}{c} \tag{4-34}$$

$$f_c = 1.25 \times \frac{41.25 E_0 \left(1 + \frac{(b-a)^2}{2c} + bt + \frac{1}{2}ct^2\right) - 62700}{141800 - 2.75 E_0 \left(1 + \frac{(b-a)^2}{2c} + bt + \frac{1}{2}ct^2\right)}, t \geq \frac{a-b}{c} \tag{4-35}$$

特别注意：上式中时间 t 为混凝土在快速试验中所腐蚀的时间，若混凝土在实际环境

已服役 T_1 时间，则相比在快速试验中腐蚀时间 t 为：

$$t = \frac{c}{c_0} \cdot T_1 \qquad\qquad (4\text{-}36)$$

式中，c_0 为快速实验腐蚀溶液中腐蚀离子浓度；c 为混凝土所处周围环境中腐蚀离子浓度。

综上所述，锈蚀钢筋混凝土受弯构件正截面承载力计算模型就是一随着时间 t 的增加而下降的函数，简写成 $M_{su} = M(t)$，如果已知承载能力极限值为 M_{lim}，代入可以求出锈蚀后钢筋混凝土寿命时间 t_2。

4.2.3 提高盾构隧道管片耐久性的综合措施

管片结构耐久性的研究目前已经基本形成共识，即耐久性涉及整个隧道工程的设计、施工、材料、管理、维护甚至规范等方面。尤其在混凝土配合比设计、施工过程的质量控制和维修养护等方面更为重要。

1. 混凝土设计方面的主要措施

(1) 使用高掺矿渣或粉煤灰混凝土；

(2) 掺入高效减水剂和引气剂；

(3) 选用质量良好、技术性能指标合格的砂石骨料；

(4) 严格控制水胶比及控制硬化混凝土的体积稳定性。

2. 施工方面的主要措施

(1) 混凝土表面涂层保护

在混凝土构件的结构表面覆盖一些防护材料，可以阻止或延缓外界的盐类、氧和水等腐蚀性介质向混凝土内部的扩散和渗透，防止钢筋进一步腐蚀和延缓混凝土碳化。混凝土表面涂层有无机材料和有机材料两种。

无机材料的覆盖层，如石膏、水泥砂浆等，其延迟混凝土的碳化机理是覆盖层中含有可碳化的成分，能消耗一部分扩散进的 CO_2，延迟了 CO_2 接触混凝土表面的时间，CO_2 透过覆盖层以后浓度降低，使得混凝土的表面 CO_2 浓度比大气中 CO_2 浓度要低，并且覆盖层干燥硬化以后在基层表面形成了连续而坚韧的保护膜，封闭了混凝土表面的部分开口孔道，增强了混凝土表面密实性，阻止了 CO_2 渗透，从而实现减慢混凝土的碳化。

有机材料涂层对混凝土的作用效果，不单决定于其阻止外部水的扩散和渗透能力，还和混凝土的内部含水量相关。通过采用有硅烷系列特殊改性树脂、有机聚合物系列等疏水材料与强弹性聚合物、丙烯酸树脂类乳浊剂和强弹性丙烯酸橡胶等防水材料制成的混凝土表面涂层，既能阻止外部水向混凝土内部的扩散和渗透，又不影响混凝土的内部水向外扩散，有很好的防护性能。

(2) 添加钢筋阻锈剂

钢筋阻锈剂掺入到混凝土的拌合物中，通过单分子层之间的化学反应，实现抑制钢筋表面阴极或阳极的反应，主要用于预防由于盐类侵入混凝土而造成的钢筋腐蚀。一般外加剂是用于改善混凝土的自身性能，而钢筋阻锈剂主要用于改善和提高钢筋抗腐蚀的能力。

钢筋阻锈剂按使用方法不同可以分为渗透型和掺入型，前者是涂在混凝土的表面，通过渗透进入混凝土的内部并达到钢筋周围，主要作用于修复现有的工程；后者加到拌合料中，多在新建工程中使用。

（3）阴极保护法

阴极保护法有外加电流和牺牲阳极两种方式。

外加电流法，在电化学过程中只会腐蚀阳极，采用外加电流的方法使被保护的钢筋上的阳极区均变成阴极区就不会再锈蚀了，一般做法是在混凝土的表面埋设导电材料或涂一层导电涂料与直流电的正极连接，形成新的电位差，使得原来钢筋的骨架转化为阴极，则钢筋锈蚀会被抑制。

牺牲阳极法，是采用比铁更活泼的金属（锌合金，铝合金等）作为阳极，同被保护的钢筋相连，通过锈蚀自己来保护钢筋，因不需有外接电流，使施工简便而且不用经常保护管理。因为提供的电流有限，所以不适用于暴露在大气中的混凝土结构。

（4）采用涂层钢筋

在钢筋的表面静电涂喷环氧树脂粉末，形成一层连续、密实不渗透、具有一定厚度的绝缘层，以隔离腐蚀介质与钢筋。即使有 O_2 和 Cl^- 渗入混凝土中，由于涂层对氯离子的渗透性极低，使钢筋不被侵蚀。

使用这种钢筋时应注意涂层应规定最小厚度以掩盖钢筋表面的缺陷，但是厚度不能过大以免影响与混凝土的粘结作用和正常固化，该钢筋在加工、运输、绑扎、存放和浇筑混凝土时要特别注意涂层的保护，防止涂层发生破坏。一旦涂层破坏，钢筋锈蚀速率可能会加快，因为涂钢筋层时喷洒过清除钢筋表面氧化膜的液剂。

3. 维修养护方面的主要措施

必须严格贯彻"预防为主，早期发现，及时维护，对症下药"原则。

（1）在开始使用前进行初次检查，并从初次检查出来的变异中选定劣化现象，根据管片的特征以及基于劣化因素的外因和变异的特征进行劣化机理的推定；

（2）对检查中发现的劣化现象要进行劣化预测，推定管片的性能是否达到满足要求的水准，推定结构物残存的使用期间和是否要采取进一步检查和处理；

（3）根据检查、劣化预测、调查、评价及判定的结果，进行对应的设计和施工，治理衬砌结构的变异。

4.2.4　小结

本节内容主要有以下几点：

（1）分析了盾构隧道混凝土管片特殊工作环境，得出了其耐久性的破坏因素主要有四种：混凝土碳化、氯离子侵蚀、硫酸盐腐蚀、地铁杂散电流腐蚀。分析混凝土碳化机理及影响因素，并比较各混凝土碳化深度预测模型；分析氯离子对钢筋锈蚀和硫酸盐对混凝土腐蚀的机理，对氯离子扩散方程的预测模型优劣进行分析；分析杂散电流对混凝土腐蚀的机理、影响因素，说明杂散电流对混凝土结构耐久性的影响。

（2）提出了盾构隧道管片的承载能力退化模型，确定其是由水平段和下降段组成，并给出了影响各段时间的因素；根据影响因素的不同，分别给出承载能力退化模型水平段和下降段耐久性寿命的计算方法，进而可以预测盾构隧道管片的耐久性寿命。

（3）从混凝土设计、施工、维修养护等方面阐述了提高管片耐久性的措施，重点从施工的角度进行描述，包括混凝土表面涂层保护、添加钢筋阻锈剂、阴极保护法、采用涂层钢筋等方法。

4.3　周边环境扰动下隧道结构的受力机制及其控制

维护既有轨道交通结构的服役性能、充分保障其运营安全，是城市轨道交通运营管理所面临的新问题。目前已有因周边堆土或基坑开挖等工程活动引发隧道结构受损的工程案例发生。这些案例中，受损隧道渗漏水或变形往往不能满足结构正常使用的要求；若损伤进一步积累有可能会导致结构承载力的失效，进而引发灾难性事故的发生[22]。有鉴于此，有必要对周边环境扰动下盾构隧道结构的承载性能进行深入研究，为有效掌握结构的服役状态，继而制定合理的维护或保护措施提供理论依据。

4.3.1　盾构隧道结构的整体安全性

随着隧道运营时间的增加，隧道的结构安全问题日益突出，合理评价运营盾构隧道结构安全对保障隧道安全运营和科学养护具有重要意义。

1. 盾构隧道结构安全性评价

参照已有铁路隧道、公路隧道常见病害及结合地铁盾构隧道检测工作经验，可将盾构隧道病害评价指标归纳以下 3 个方面：

（1）隧道结构表观评价内容，包括有裂缝情况、破损情况、渗漏情况、接缝情况。

（2）隧道结构安全性评价内容，包括衬砌混凝土强度、衬砌钢筋强度、管片螺栓强度、接头部位强度等，还可包括钢筋和衬砌的弹性模量等参数。

（3）隧道结构的耐久性评价内容，包括渗水水质、空气烟雾质量、混凝土保护层厚度、钢筋锈蚀等。

已有的铁路隧道和公路隧道的评价方法主要针对结构裂缝、结构渗漏水、结构纵横断面变形、材质老化等某一单方面进行研究，而地铁隧道深埋于土层之中，在运营过程中影响其设计使用年限内安全的因素错综复杂，尤其是盾构隧道整体变形、衬砌裂缝、螺栓锈蚀、接头裂损等病害之间具有密切联系。因此，对地铁结构安全状态的判定不仅要考虑单个项目所反映的局部性态，还要考虑多个项目所反映的整体性态。地铁结构的安全评估问题是一个多项目、多层次的递阶分析问题。另外，现有的盾构隧道安全评价主要关注结构病害或某些局部指标，对结构的健康状态是一个定性的划分。或者通过层次分析法建立了病害指标评价体系，虽然通过模糊理论考虑了多种病害对隧道结构综合作用，但是对结构整体性能状态缺乏量化评价，并且过于依赖数学、模糊等理论，不能很好地反映工程结构实际情况。

2. 结构鲁棒性的概念及意义

（1）鲁棒性的概念

鲁棒性是系统控制理论中的术语，指系统抵抗外部环境干扰和内部不确定性因素影响而能保持稳定工作的能力[23,24]。相对于工程结构在正常情况下的安全性、适用性和耐久性的性能，工程结构的鲁棒性是指整体结构抵御意外事件的能力。事实上，结构的安全性往往只有在意外事件情况下才能体现出来。

意外事件是指在工程结构使用阶段可能出现，但其量值、作用形式和作用位置难以估计的非正常荷载和作用（如罕遇地震、飞机撞击、恐怖爆炸袭击、重大人为失误等）。对于意外事件，在工程结构的设计阶段通常无法进行细致全面和深入的分析，并给予充分保证。工程结构在意外事件发生时和发生后，应能保持整体稳定性，不应发生与其原因不相称的倒塌或连续破坏，造成重大的生命和财产损失。因此当遭遇意外事件时，结构能否经受得住而不产生垮塌，需要结构具有较高的鲁棒性。

（2）鲁棒性与安全性的关系

鲁棒性与安全性既有联系，又有区别。两者都是关心的工程结构安全问题，但鲁棒性是以避免工程整体结构的终极垮塌为目标，是无法接受的安全性上限，而安全性通常是以结构的最大承载力为目标，即按所谓的"承载力极限状态"来考虑的安全性。结构达到最大承载力（极限状态）并不意味着结构的垮塌。安全性是针对正常使用荷载和作用来考虑的，而鲁棒性是针对意外荷载和作用来考虑。由于目前各种结构设计规范对于结构安全性的具体计算，最终都是着落于具体的结构构件，这显然没有能够使得结构工程师更多地考虑整体结构的安全性，这是导致某些工程结构鲁棒性不够的重要原因。

研究结构的鲁棒性，首先要从整体结构的安全性着手，在满足每个具体构件安全性要求的前提下，更多地关注整体结构的安全性。

（3）鲁棒性中结构破坏的定义

鲁棒性是研究结构在意外荷载和作用下产生灾害性后果的破坏，如垮塌、连续破坏、倾覆等[25]。根据现有的资料，对于结构的破坏定义有以下几种：

1）以构件的破坏定义

结构中任一个构件的破坏即导致结构垮塌。显然，符合这种破坏定义的结构，其鲁棒性很小，要提高这类结构的鲁棒性，结构中的关键构件应具有更高的安全储备。

2）以结构的最大承载力定义

对于超静定结构，一个构件达到最大承载力，并不意味着整体结构达到最大承载力。如果先破坏的构件具有足够的延性，则整体结构的承载力在第一个构件破坏后仍然可以继续增加，但整体结构刚度有所降低，直至结构中有足够多的构件达到破坏，结构才达到最大承载力。根据这一定义，显然达到结构最大承载力的时间与结构中首先破坏构件的时间相差越大，结构的鲁棒性就越高。这意味着构件的延性对提高结构鲁棒性具有重要意义。

3）以结构的极限变形定义

对于延性好的结构，在达到最大承载力后并不会立即垮塌，而是可以在保持一定承载力的情况下继续经受一定的变形，直至达到极限变形。因为结构的极限变形通常发生在结构的最大承载力之后，故该定义反映了结构破坏前的变形能力，代表结构实际破坏的极限状态。

4）以结构形成可变机构定义

随着结构体系塑性铰数量的增多，结构超静定次数不断降低，成为无法继续承载的可自由变形的机构。本书以形成可变机构定义为结构破坏。

由于经济的原因，不可能设计一个可以在任意大的意外事件作用下保持完好的结构。也就是说当意外事件强度达到一定程度时，结构总是会产生破坏的。问题是结构的破坏模式是否符合鲁棒性要求，也就是能够做到坏而不倒的目标。结构的破坏模式可以分为整体型破坏模式和局部型破坏模式。只有对于具有整体型破坏模式的结构，提高结构鲁棒性的措施才具有实际意义。具有整体型破坏模式的结构，其结构构件的重要性层次明确，即具有整体型关键构件、一般构件、次要构件和赘余构件。次要构件和赘余构件的破坏，即使从结构去除，也不会对整体结构的安全性有重大影响。

（4）鲁棒性与结构延性

结构的鲁棒性高，意味着结构有更高的安全储备，通常人们所理解的结构的安全储备，是指结构的最大承载力与使用荷载的比值[26]。实际上，延性大小也是结构安全储备的重要组成部分。结构延性反映了结构在破坏阶段的变形能力，也是结构安全储备的重要组成部分。结构和构件的延性对结构的意义有以下几方面：

1）延性是结构抗破坏能力的重要指标，足够的延性能力有利于避免结构的突然倒塌。

2）对于超静定的结构，足够的延性有利于充分的内力重分布，提高整体结构的承载力，显著增加整体结构的鲁棒性。

3）从结构冗余度观点来看，脆性构件的破坏通常导致与该构件相关联的所有冗余度均丧失，并使结构的构形发生突变；而延性构件的破坏则不会导致与该构件相关联的所有冗余度同时丧失，即可维持整体结构的原有构形。

在讨论结构延性问题时，不能仅仅局限于延性系数，而要将结构的延性与结构的破坏模式联系起来。通常，构件的延性是保证出现塑性铰部位的变形能力和耗能能力，而结构的延性与构件的延性既有联系、又有区别，它反映的是整体结构在某种荷载下的宏观变形能力。具有整体型破坏模式的结构，结构中大部分构件的延性得以充分发挥，结构的鲁棒性大；而局部型破坏模式，即使局部破坏部位构件的延性很大，其结构鲁棒性也不好。因此，结构延性也只有对具有整体型破坏模式的结构才具有意义。因此基于以上概念，提高结构的承载力和变形能力对提高结构的鲁棒性都具有重要意义。

3. 盾构隧道衬砌结构的鲁棒性

结构安全有两个层面的要求：（1）结构在正常设计、施工、使用过程中能够承受结构的设计荷载和活荷载，保持整体安全；（2）结构在偶然、突发作用引起局部损伤情况下，必须保证结构的整体稳定性，不致发生不相称破坏，如连续坍塌。第一层面对应可靠度设计中的安全性要求，在正常结构设计中依靠分项系数为结构提供一定的可靠度和安全性。第二层面则涉及结构鲁棒性要求。

盾构隧道埋置于地下土层中，其鲁棒性研究不关注局部初始损伤，只关注意外事件下结构承受非正常荷载工况对整体安全性的影响，以避免隧道整体结构的终极垮塌为目标。盾构隧道衬砌结构的鲁棒性，可以理解为衬砌结构在遭受意外事件下避免整体垮塌的能力。

从分析角度来看，盾构隧道的鲁棒性不同于材料强度安全，材料强度安全只是以材料破坏作为隧道安全评价标准，若材料发生局部破坏，即认为结构是不安全的。对于盾构隧道管片，结构按照钢筋混凝土偏心截面设计，能够保证截面钢筋不屈服，混凝土不出现压碎，裂缝宽度不超过规定值，这样可满足截面的正常使用和承载能力安全性。对于管片接缝，同样可看成承受弯矩和轴力的截面，螺栓可考虑成截面中的受拉钢筋，因此接缝的安全性也类似于截面的安全性。但是局部衬砌截面达到最大承载力并不意味着整体结构的垮塌。鲁棒性则将隧道衬砌系统作为一个整体考虑，将所有可能的影响因素归结到衬砌结构鲁棒性评价指标中，允许隧道衬砌结构在整体稳定的前提下发生局部破坏和屈服。本节中，将衬砌结构整体形成可变机构定义为结构破坏，超静定的衬砌结构随着不利荷载的增大，结构体系逐渐出现多处塑性铰，结构超静定次数不断降低，最终成为无法继续承载的可自由变形的机构。

4.3.2　通用环管片结构的极限承载能力

盾构隧道管片的拼装方式有通缝和错缝两种。通缝拼装的衬砌结构被认为符合"柔性衬砌"[27]的设计理念。能够充分调动周围土体的自承能力，在设计上更加经济合理。错缝拼装的衬砌结构则能使圆环接缝刚度分布，减小接缝及整个结构的变形，对于结构防水较为有利。我国使用盾构隧道技术已有 50 余年的历史[28]，但尚未形成统一的设计施工标准，通、错缝拼装方式均有应用。关于通缝和错缝拼装方式的对比及选用问题，还没有得到圆满解决。

通过模型试验对隧道结构的力学特性进行研究是最为直接有效的手段。本节结合轨道交通受周边环境扰动的工程实践，根据周边基坑开挖产生卸载的受力工况设计和实施了通缝和错缝拼装盾构隧道极限承载力的足尺对比试验。旨在掌握不同拼装方式的管片结构在卸载工况下的结构行为和极限承载力，明确其结构性能发展的全过程。为不同拼装方式盾构隧道的选用、设计和运营维护提供支撑和依据。

1. 结构极限承载力试验方案

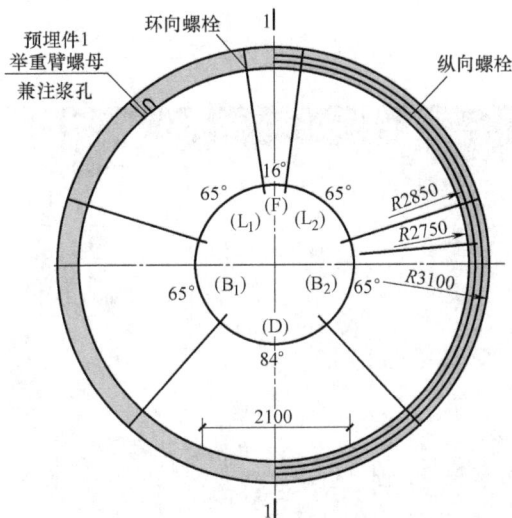

图 4-4　通缝试验试件示意图

（1）试验试件

试验试件分别采用通缝和错缝方式的盾构隧道管片，通缝试件参照上海地铁通缝拼装盾构单环管片制作（图 4-4）。衬砌圆环尺寸为外径 6.2m、内径 5.5m、管片厚度 0.35m、环宽 1.2m。全环由一块封顶块（F）圆心角 16°、二块邻接块（L_1、L_2）圆心角 65°、二块标准块（B_1、B_2）圆心角 65°和一块拱底块（D）圆心角 84°组成。试验试件管片各块之间，使用 2 根 5.8 级 M30 的直螺栓连接。直螺栓中心距离管片内弧面距离为 120mm。纵缝接头面采用平面式，无榫槽，设定位棒。

错缝拼装试件参照宁波地铁通用环错缝拼装盾构隧道管片。衬砌圆环尺寸为外径 6.2m、内径 5.5m、管片厚度 0.35m、平均环宽 1200mm（1181.4mm 至 1218.6mm）。管片材料采用 C50 混凝土和 HRB335 钢筋。全环由一块封顶块（F）圆心角 20°、二块邻接块（L_1、L_2）圆心角 68.75°、三块标准块（B_1、B_2、B_3）圆心角 67.5°组成（图 4-5）[29]。

试验试件管片的环与环及各块之间，装入橡胶止水带，使用 5.8 级 M30 弯螺栓连接。在纵向设 16 个螺栓，每隔 22.5°设一个。弯螺栓中心距离管片内弧面距离为 140mm。管片衬砌环缝接头面采用凹凸榫槽（图 4-6），纵缝接头面采用平面式，不设榫槽与定位棒（图 4-7）。

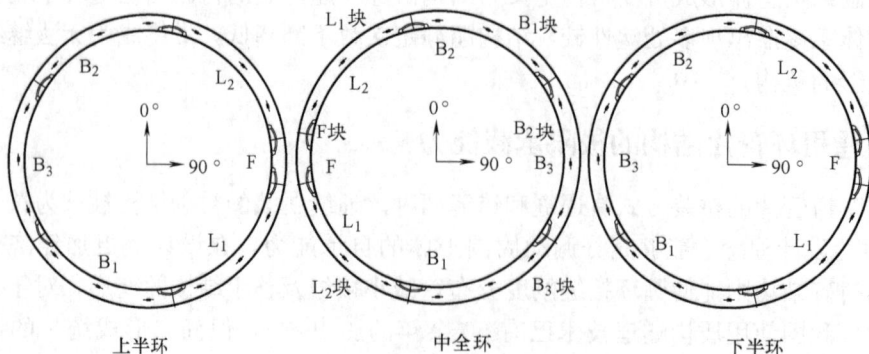

图 4-5　错缝衬砌环拼装示意图

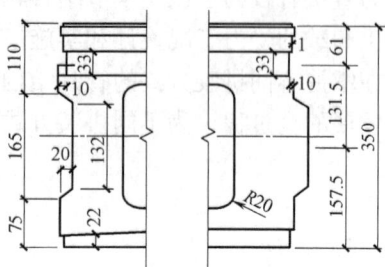

图 4-6　环缝构造示意

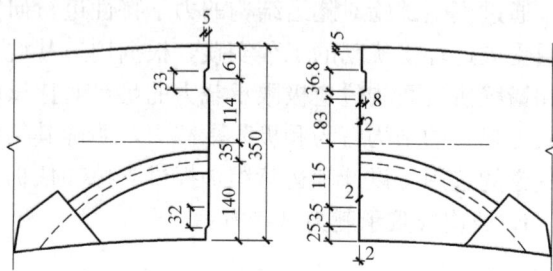

图 4-7　纵缝构造示意

试验采用环宽 1.2m 的中全环和环宽 0.6m 的上下半环，环缝间错缝水平拼装。为保证管片纵向面平滑，将上、下半环相对中间环旋转 180°布置（图4-8）。

（2）加载设备及加载程序

1）加载设备

① 通缝试验

通缝试验加载系统如图 4-9、图 4-10所示，沿隧道环共设置 24 个加载点来模拟分布荷载。所有加载点荷载汇于中心钢环，构成自平衡加载系统；每个加载点由一个荷载分配梁、一个持荷梁和两个钢拉杆构成。持荷梁的作用是作为主动加压的垫梁，用于保证荷载沿竖向力求均匀。加载系统所能提供的最大水平荷载为 1000kN/点，单点最大位移为 300mm。

图 4-8　试验试件

如图 4-11 所示，在试件底部与支座钢面板间设置 192 个圆钢球，以形成摩阻力小的滚动支承条件。

② 错缝试验系统

错缝试验装置加载设备主要由水平加载装置和竖向加载装置所组成。

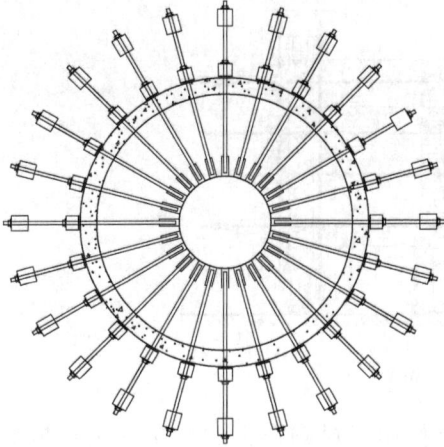

图 4-9　加载装置布置平面示意

图 4-10　通缝试验加载装置

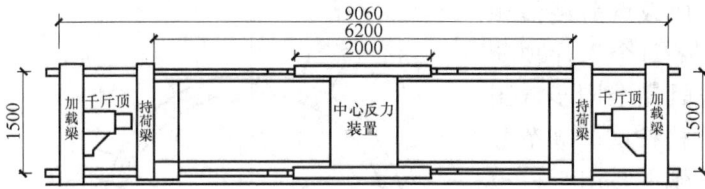

图 4-11　加载装置布置剖面示意

水平加载：共 24 个加载点，所有加载点荷载汇于中心钢圆环，构成自平衡加载系统（图 4-12）。每个加载点由 4 个千斤顶及相应的张拉索组成。根据有限元预分析结果，设计反力装置每个千斤顶能提供的最大水平荷载为 100t，单个千斤顶最大行程 300mm。

纵向加载：共 24 组对称张拉加载点，每组加载点由两个张拉千斤顶及两个加载梁组成（图 4-13）。每组加载点由两根张拉索、两个 20t 的千斤顶所组成。

2）荷载设计

试验加载采用液压加载系统，通过 24 点的集中荷载来模拟实际盾构隧道结构所承受的地层抗力、水土压力和地面超载等荷载。本次试验设计采用深埋管片配筋计算埋深 22m。24 个加载点按对称原则分成 3 组，分别为 P_1（6 个加载点）、P_2（10 个加载点）与 P_3（8 个加载点）。P_1 主要用来模拟隧道顶部的水土压力，P_2 用来模拟隧道侧向水土压力，P_3 则模拟隧道肩部

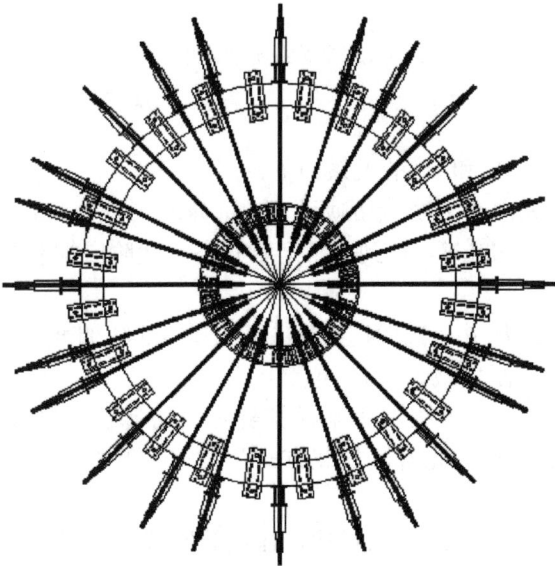

图 4-12　加载装置布置平面示意图

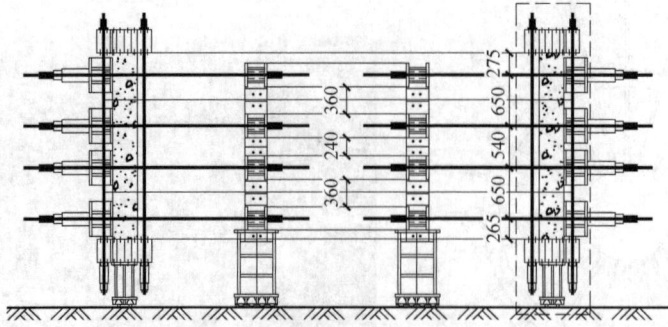

图 4-13　加载装置剖面图

过渡段水土压力。P_1，P_2 和 P_3 集中力的大小通过作用于衬砌环上的均布力进行换算得到，并基于结构变形和控制截面内力在实际运营和试验条件下等效的原则进行调整，以保证结构变形和控制界面内力的误差在一定范围内。

同组内每个加载点荷载值相同，同一加载点中每个千斤顶荷载值相同，加载时完全同步（图4-14）。加载时严格按试验规范分级加载。纵向荷载主要用于模拟盾构机顶进之后残余的顶推力。在深埋工况（22m）中，盾构机的总推力取为 1000t。考虑盾构推进拼装完成之后的纵向力的消散，参考青草沙输水隧道结构试验，取折减系数为 0.15，此时每个加载点的千斤顶力为 $F = P \times 0.015/24 = 62.5$kN，取为 6.25t/点。

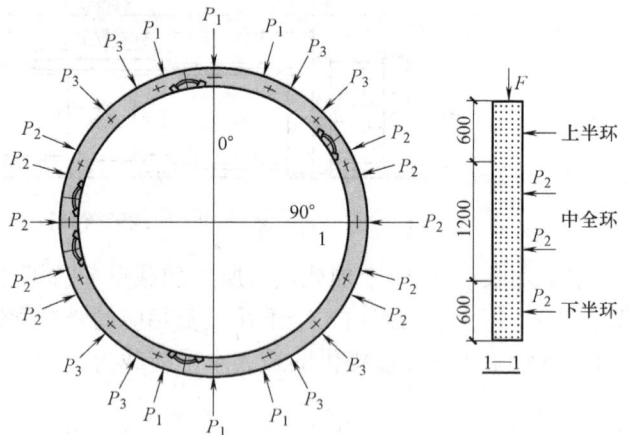

图 4-14　水平荷载分组示意图

3）加载程序

整个试验分为三个阶段，各阶段中 P_1，P_2 和 P_3 的关系如下：

①由零加载至正常运营状态荷载：在纵向 F 施加完成后，P_1 由 0kN 加载至 233kN，P_2 由 0kN 加载至 156kN，P_3 由 0kN 加载至 163kN，达到正常运营状态。此阶段加载方式为荷载控制加载。

②卸除水平抗力：P_1 和 P_3 维持不变，P_2 由 156kN 逐级减小至 145kN。此时 $P_3 = 0.43 \times (P_1 + P_2)$，此阶段加载方式为荷载控制加载。

③继续卸载至极限状态：P_1 维持不变，P_2 逐级减小来模拟隧道周边卸载，P_3 保持 $P_3 = 0.43 \times (P_1 + P_2)$，直至达到试验极限状态。此阶段加载方式为位移控制加载。加载步曲线见图 4-15。

在正常运营状态下，$P_1 - P_2 = 77$kN。为方便后文的描述，在试验卸载阶段的荷载级描述时定义相对荷载 $P = (P_1 - P_2)/77$，来表示该荷载级相对于正常运营状态的卸载程度。由此，正常运营状态下 $P = 1$。

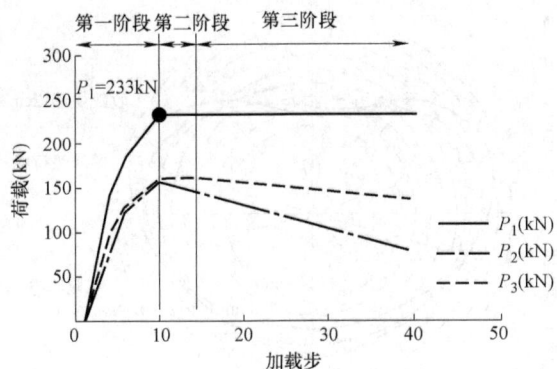

图 4-15　卸载工况加载制度

试验过程中，加载模式采用先荷载控制后位移控制的混合加载模式，即综合预估破坏荷载和实时监控情况。

2. 量测方案

极限承载试验过程中量测的内容包括：结构整体位移、主筋应变、混凝土应变、接缝螺栓应变、纵缝内外侧张开和环缝错动，同时观测各级荷载下管片表面裂缝和接缝破损的发展情况。

各物理量测试传感器布置原则如下：

（1）结构周边径向位移。结合纵缝所在位置，沿隧道圆周均匀布设千分之一精度的拉线位移计进行量测。

（2）隧道结构内力。根据有限元计算结果，在结构正负弯矩最大处以及对应前后环纵缝处的内外侧主筋和管片上对称布设环向箔式应变片，测试对应的主筋应变和混凝土应变，据此计算相应的截面内力。

（3）接缝螺栓内力。每根连接螺栓两侧切槽，并对称布设应变片，测试连接螺栓应变值，以此计算螺栓内力。

（4）纵缝张开。在管片纵缝内、外侧各布置 2 个电子位移传感器进行量测。

（5）环缝错动。在对应各纵缝位置的环缝内外弧面分别布设径向错动测点，使用电子位移计对上下半环相对于中全环的径向错动进行量测。

上述测点的数值范围、精度与数量汇总于表 4-1。

测点数量统计　　表 4-1

量测内容	测试传感器	精度	测点数
整体位移	拉线位移计	0.01mm	24
主筋应变	箔式应变片	1με	416
混凝土应变	箔式应变片	1με	288
环缝错动	电子位移计	0.01mm	48
纵缝张角	电子位移计	0.01mm	48
螺栓应变测量	箔式应变片	1με	96
裂缝观测	裂缝观测仪	0.01mm	♯
总计			920

除裂缝观测外，主筋应变、混凝土应变、螺栓应力、纵缝张开和环缝错动都采用静态应变电测法。由箔式应变计、电子位移传感器将试件被测机械量（应变、位移等）转换成相应电信号后，接入 DH3816 静态应变数据采集仪。整套数据采集系统由传感器、DH3816 静态数据采集仪、计算机与支持软件等组成。测试仪器的应变测量范围为 -2×10^4με～2×10^4με、分辨率为 1με、零漂不大于 4με/h，系统不确定度＜0.5%、±3με。整套测试仪器具有正确、可靠、快速等特点。

3. 通缝拼装隧道的试验结果

（1）收敛变形

试验结束后，通缝整环整体变形如图 4-16 所示。结构顶底向内凹陷，腰部向外凸出，整体变形呈左右对称的"横鸭蛋"形态。顶底相对变形 481.8mm（收敛率 77.7‰），腰部相对变形 469.4mm（收敛率 75.7‰），管片顶底相对变形量与腰部相对变形量相当，远超过收敛率 2‰的设计要求。

（2）管片裂缝

在进入卸载阶段后，管片第一次出现了受拉裂缝。裂缝位于拱底块内弧面 180°位置附近。之后在 150°～225°的范围内拱底块裂缝继续发展。最后一级荷载下，拱底块内弧面裂缝基本出齐。

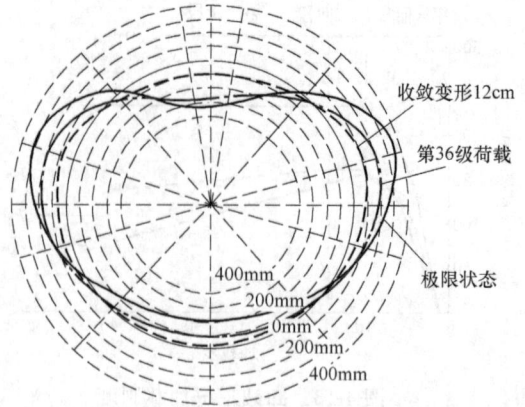

图 4-16　通缝整环整体变形玫瑰图

试验结束后，除接缝部位外，管片外弧面没有出现明显裂缝。管片内弧面裂缝主要集中出现在拱底块上（图 4-17）。180°位置内弧面出现大量贯通管片宽度方向的受拉裂缝，180°附近裂缝和拱底块其他位置裂缝相比，沿管片宽度方向和厚度方向的长度更长，端面上的裂缝长度为 15～20cm，裂缝宽度超过 0.2mm。

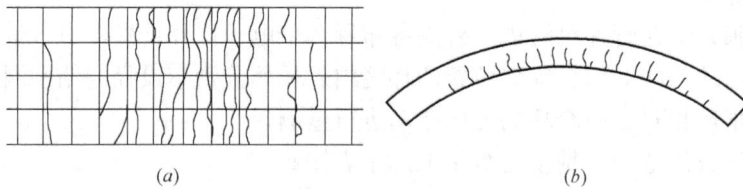

图 4-17　拱底块裂缝展开图
(a) 内弧面裂缝；(b) 端面裂缝

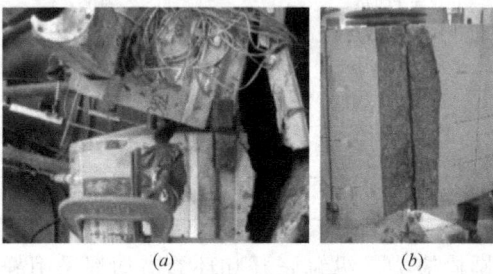

图 4-18　352°接缝试验后照片
(a) 端面；(b) 外弧面

（3）管片纵缝

8°和 352°接缝内侧张开而外侧压紧（图 4-18）。试验结束时，8°接缝完好，没有发生破坏现象；352°接缝内侧大幅张开，外弧面混凝土大面积拱起并脱落。

73°和 287°接缝外侧张开而内侧压紧（图 4-19）。试验结束时，73°管片顶端面出现压碎，内侧混凝土出现大面积脱落，脱落范围位于邻接块和标准块上；287°接缝顶端面混凝土压碎脱落，内侧混凝土有大面积压碎并脱落现象。

138°和 222°接缝内侧张开而外侧压紧（图 4-20），试验结束时，138°接缝管片顶端面出现裂缝，外侧混凝土受压起酥。222°接缝内侧张开较大，外弧面大面积压碎并脱落。

（4）接缝螺栓

试验结束时，352°接缝两处螺栓均发生滑丝并脱落现象，73°和 287°接缝各有一处螺栓拉断（图 4-21）。222°螺栓均发生滑丝现象，但螺帽未脱落，其余接缝螺栓均完好。

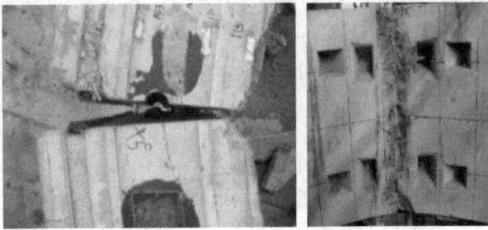

图 4-19　73°接缝试验后照片
(a) 端面；(b) 内弧面

图 4-20　222°接缝试验后照片
(a) 端面；(b) 外弧面

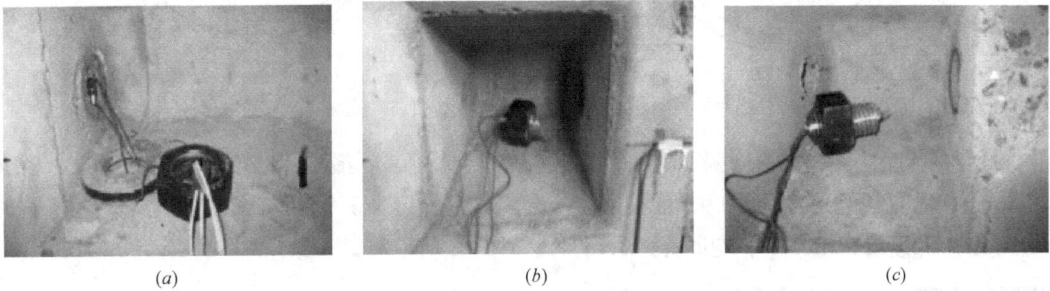

图 4-21　螺栓破坏图
(a) 352°螺栓滑丝；(b) 73°螺栓断裂；(c) 287°螺栓断裂

4. 错缝拼装隧道的试验结果

错缝拼装试验模拟标准直线段，试验试件的封顶块位于 90°和 270°位置。上下半环与中全环左右对称，故试验结果的描述以中全环为主，上下半环为辅。

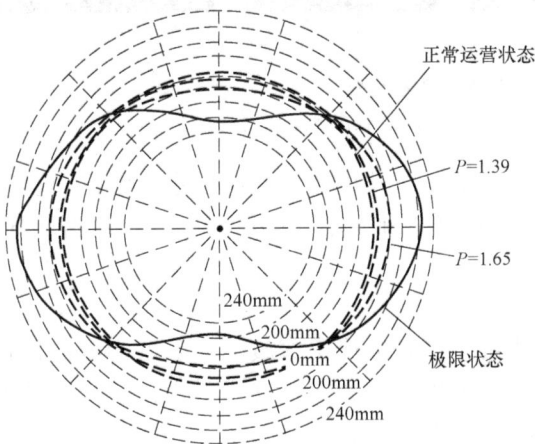

（1）中全环收敛变形

极限状态下，管片整体变形呈"横鸭蛋"形态（图 4-22）。管片顶部与底部向管片内部变形，腰部向管片外部变形。上半环顶底相对变形为 409.19mm，中全环顶底相对变形为 401.94mm，下半环顶底相对变形测点损坏。上下半环与中全环收敛率均超过 60‰。管片顶底相对变形量与腰部相对变形量相当。

（2）管片裂缝及本体破坏

在第一阶段加载过程中，当荷载达到正常运营状态荷载的 90% 时，管片表面第一次出现了受拉裂缝。裂缝位于上

图 4-22　中全环管片整体变形玫瑰图

半环外弧面 260°位置、中全环外弧面 80°和 100°位置以及下半环外弧面 260°和 280°位置，宽度为 0.02mm。

当荷载正常运营状态荷载时，管片内弧面第一次出现了受拉裂缝。裂缝位于上下半环内弧面的 191.25° 位置。同时外弧面裂缝随荷载增加而发展，最大裂缝宽度为 0.06mm，符合设计要求中裂缝宽度不大于 0.2mm。

随着卸载的继续进行，裂缝宽度不断增加，在裂缝最大宽度达到 0.78mm，裂缝基本出齐（裂缝条数不在增加，只是深度和宽度增长）。

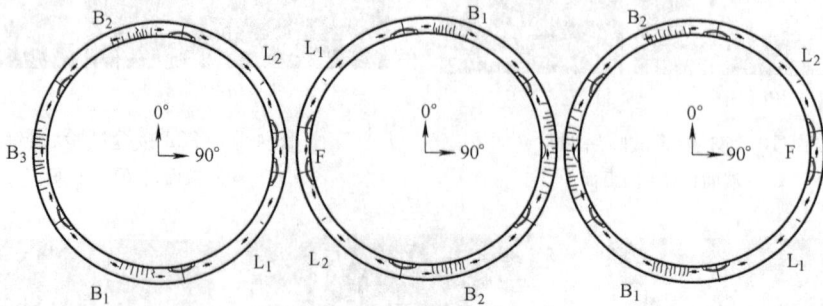

图 4-23　裂缝位置示意图

试验结束后，中全环外弧面裂缝集中在 80° 和 100°，最大裂缝宽度 4.63mm，深度 217mm，平均间距 8cm；内弧面裂缝主要集中在 11.25° 和 168.75°，最大裂缝宽度 3.86mm，深度 233mm，平均间距 10cm。

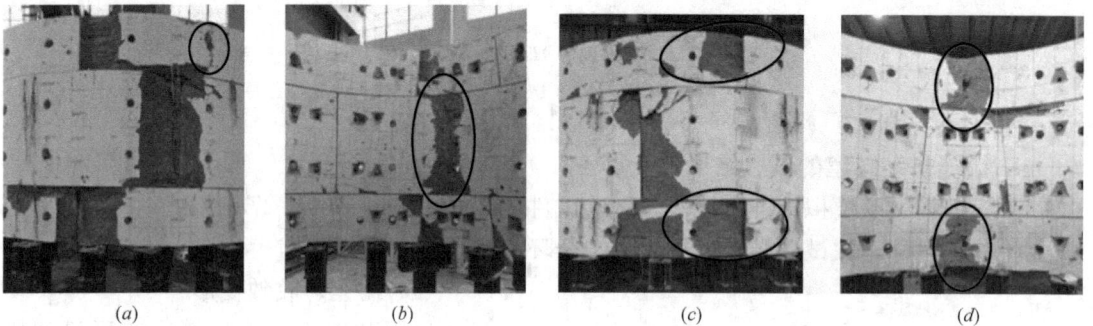

图 4-24　管片本体最终破坏状态

(a) 0°外弧面；(b) 90°内弧面；(c) 180°外弧面；(d) 270°内弧面

上半环外弧面 191.25° 和 348.75° 附近以及内弧面 90° 出现管片本体受压破坏。全环内弧面 270° 出现管片本体受压破坏（图 4-24）。下半环内弧面 90° 和外弧面 191.25° 出现管片本体受压破坏（图 4-24）。

（3）管片纵缝

进入卸载阶段后，中全环 348.75° 接缝外弧面首先出现压剪破坏。随着卸载的进行，中全环 191.25° 接缝外弧面出现压剪破坏，中全环 260° 及 280° 接缝内弧面出现压剪破坏。之后，中全环 191.25° 和 348.75° 接缝嵌缝搭上，受压破坏。

试验终止时，各纵缝的破坏状态如图 4-25 所示。191.25° 和 348.75° 接缝内侧张开外侧压紧，接缝处混凝土受压剥落现象均延伸至接缝核心区混凝土。260° 和 280° 接缝内侧压紧外侧张开，内弧面上中环缝处均出现压剪破坏。280° 接缝内弧面出现小范围混凝土压酥。56.25° 和 123.75° 接缝内侧压紧，外侧张开，接缝内外弧面均未发生破坏。

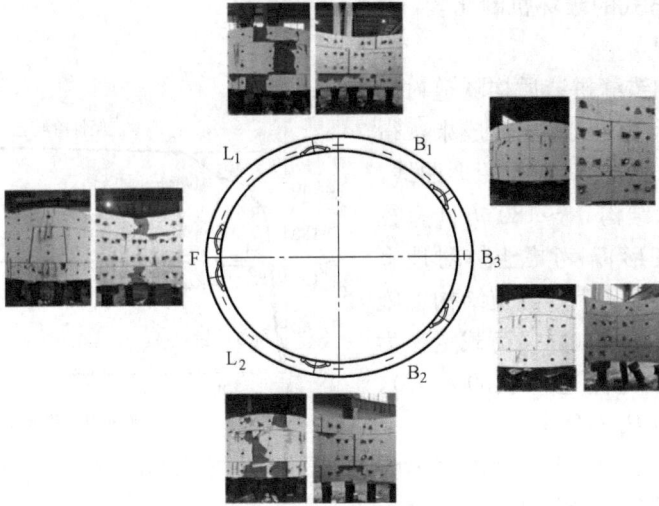

图 4-25　纵缝最终破坏状态

（4）管片环缝

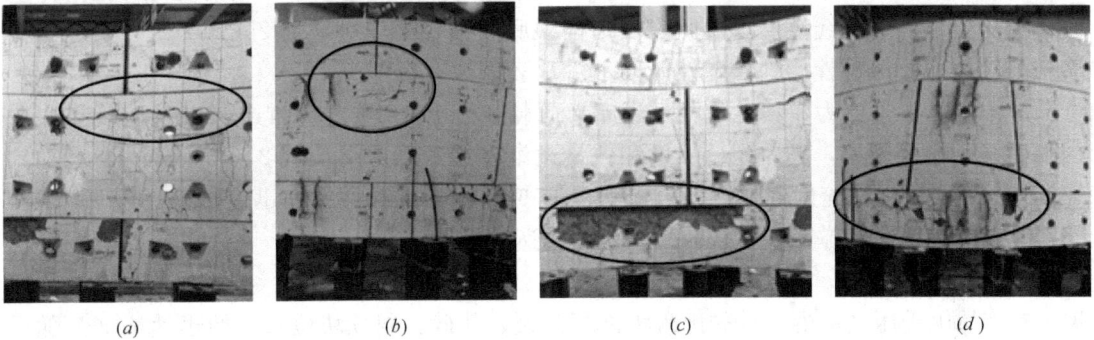

（*a*）　　　　　　（*b*）　　　　　　（*c*）　　　　　　（*d*）

图 4-26　环缝最终破坏状态

（*a*）上中环缝 11.25°内弧面；（*b*）上中环缝 303.75°外弧面；（*c*）中下环缝 348.75°内弧面；（*d*）中下环缝 280°外弧面

试验进入卸载阶段后，中全环 168.75°内弧面（上中环缝）首先出现拉剪破坏。随着卸载的继续进行，中全环 348.75°外弧面（上中环缝）出现压剪破坏。之后，中全环 11.25°内弧面（上中环缝）出现拉剪破坏。中全环 191.25°外弧面（上中环缝）出现压剪破坏。中全环 260°及 280°内弧面（上中环缝）出现压剪破坏。达到极限状态时，中全环 80°外弧面（上中环缝）出现拉剪破坏，中全环 303.75°外弧面（上中环缝）出现拉剪破坏。中全环 45°附近内弧面（上中环缝）出现纯剪破坏。试验结束时，环缝典型破坏状态如图 4-26 所示。

（5）连接螺栓

当环缝出现大量破坏后，下半环 80°环向螺栓屈服。上半环与中全环 202.25°纵向螺栓屈服。之后，中全环 191.25°环向螺栓屈服。试验结束时，上半环 11.25°和 80°环向螺栓屈服。上半环与中全环 90°纵向螺栓屈服。在整个试验过程中，无螺栓出现断裂的情况。

5. 不同拼装方式的破坏机制比较

（1）破坏过程

根据对通缝和错缝拼装盾构隧道衬砌结构开展的极限承载力试验研究成果，得到如图 4-27 所示的结构荷载与变形曲线。其中横坐标取隧道结构 $0°\sim180°$ 方向直径的变化量（收敛变形）。考虑土体对地下结构的约束作用，定义为在隧道结构上施加逐步增大的广义荷载（广义荷载定义为隧道结构顶部荷载与侧边荷载的差值），因此纵坐标取 $2\times(P_1-P_2)$。

图中 1-1′ 表示结构初裂，2-2′ 表示弹性阶段与塑性发展阶段分界点，3-3′ 表示首个螺栓或截面屈服，4-4′ 表示塑性阶段分界点。

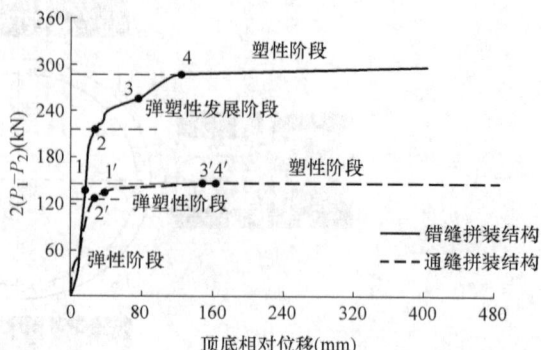

图 4-27　不同拼装方式的隧道的荷载-位移曲线

1）通缝拼装盾构隧道破坏过程

在广义荷载 $2\times(P_1-P_2)$ 从 0 增加到 126kN（2′号点）过程中，结构处于弹性工作阶段，结构变形一直呈线性增加。此阶段结构顶底收敛位移较小，为 25mm。2′号点之前接缝张开较小，接缝螺栓均处于弹性阶段，管片表面没有裂缝产生。

2′号点至 4′号点为弹塑性阶段。当广义荷载 $2\times(P_1-P_2)$ 增加到 130kN 时，拱底块内弧面开始出现裂缝，之后裂缝长度和数量逐渐发展。当广义荷载 $2\times(P_1-P_2)$ 增加到 142kN，$8°$ 和 $352°$ 螺栓达到弹性极限，螺栓应变也随着荷载增加而迅速增长，随后 $73°$ 和 $287°$ 螺栓也相继达到弹性极限，$8°$ 和 $352°$ 螺栓达到屈服。

进入塑性阶段后，广义荷载 $2\times(P_1-P_2)$ 增加到 146kN 时，结构位移开始快速发展。$352°$ 外侧受压区混凝土首先出现大面积开裂、压碎，封顶块位移开始迅速增加。随后 $73°$ 和 $287°$ 内侧受压区混凝土出现压裂缝，螺栓达到屈服。试验结束前，$352°$ 螺栓首先出现螺帽滑丝现象，随后 $287°$ 螺栓和 $73°$ 螺栓相继拉断。$222°$ 接缝外弧面混凝土大面积压碎并脱落，螺栓均发生滑丝现象，结构整体刚度继续下降。在荷载维持不变的情况下，结构顶底位移不断增加，达到最终承载力极限状态。试验中极限荷载下（$P_1=300kN$，$P_2=166kN$，$P_3=233kN$），顶底相对变形 481.8mm。

2）错缝拼装盾构隧道破坏过程

在广义荷载 $2\times(P_1-P_2)$ 从 0 增加到 216.12kN（2′号点）过程中，结构处于弹性工作阶段，结构变形一直呈线性增加。此阶段结构顶底收敛位移较小，为 26.36mm。2′点之前纵缝张开和环缝错动均较小，螺栓均处于弹性阶段。当广义荷载 $2\times(P_1-P_2)$ 增加到 137.52kN，在上半环外弧面 $260°$、下半环外弧面 $260°$ 和 $280°$ 附近及中间整环 $80°$ 和 $100°$ 位置附近出现受拉裂缝。

当荷载位移曲线达到 2′号点位置时，广义荷载 $2\times(P_1-P_2)$ 增加到 216.12kN，裂缝最大宽度达到 0.2mm，同时环缝开始出现破坏。顶部和腰部接缝张开始加速发展，顶底正弯矩螺栓应变开始随荷载快速增长，荷载位移曲线斜率下降。结构开始进入弹塑性阶段。

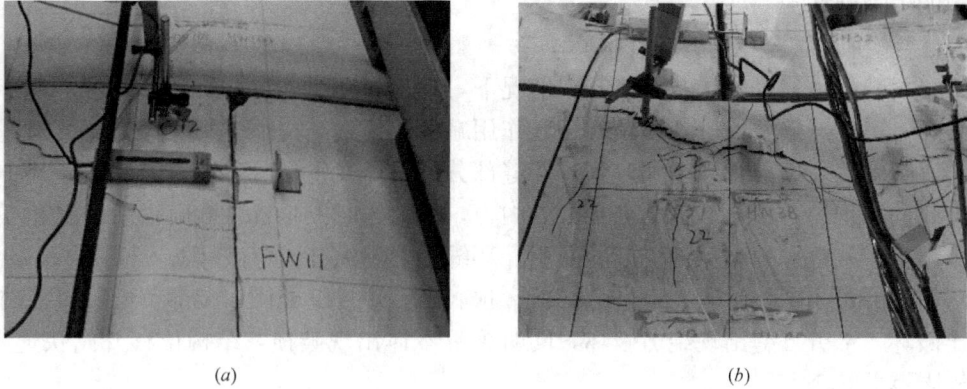

图 4-28　环缝破坏示意

(a) 上中环缝中全环 348.75°外弧面压剪破坏；(b) 上中环缝中全环 168.75°内弧面拉剪破坏

2′号点至 4′号点为弹塑性阶段。持续增加，管片环缝部分凹凸榫发生受剪破坏，当广义荷载 $2\times(P_1-P_2)$ 增加到 255.42kN，上半环 260°和 280°外侧主筋屈服，下半环 80°环向螺栓屈服，上中环缝 202.25°纵向螺栓屈服。同时，结构顶部和底部出现大量接缝的压剪和拉剪破坏。

当广义荷载 $2\times(P_1-P_2)$ 增加到 286.86kN，上半环 11.25°和 168.75°、中全环 191.25°和 348.75°以及下半环 168.75°接缝外侧混凝土压碎。上半环 180°和 348.75°内侧、中全环 100°外侧以及下半环 280°外侧主筋屈服。下半环 191.25°（中下环缝）、下半环 348.75°（中下环缝）出现剪切破坏，混凝土发生脱落。结构到达破坏荷载并进入塑性阶段。试验结束前，顶底正弯矩接缝外侧，腰部负弯矩接缝内侧出现受压破坏、部分环缝出现纯剪破坏，同时管片本体出现破损，管片达到极限承载状态。试验中极限荷载下 $P_1=$ 233.81kN，$P_2=$84.89kN，$P_3=$137.05kN，结构顶底相对变形达到 401.94mm。

（2）破坏机制

1）通缝拼装盾构隧道的破坏机制

通缝拼装隧道衬砌结构在周边卸载情况下，接缝是结构的薄弱环节。由于接缝处混凝土受压区高度跨过螺栓所在位置，受压混凝土面积大大减小，从而螺栓开始承受拉力，各接缝开始明显张开，接缝处刚度减小，结构进入弹塑性阶段。随着荷载的增大，顶部和腰部螺栓屈服和受压侧混凝土开裂相继发生，接缝也开始快速张开。极限荷载下，352°螺栓螺帽发生滑丝脱落，之后 287°和 73°螺栓断裂，结构 180°内弧面衬砌出现大量受力裂缝，结构成为几何可变机构，无法继续承载。

接缝截面破坏形式类似为混凝土截面中的偏心受压破坏，接缝螺栓类似于受拉钢筋。当接缝处的螺栓受拉屈服，并且受压混凝土压碎时，可认为此接缝成为一个塑性铰。试验中 352°、287°和 73°接缝先后成为塑性铰。180°截面弯矩较大，属于大偏压，极限荷载下出现大量受力裂缝，根据裂缝宽度可判断截面钢筋已经屈服，此截面也认为成为塑性铰。

因此，通缝拼装隧道结构的破坏过程中，管片接缝由于受压区高度变化或混凝土受压开裂退出工作等，导致隧道结构刚度逐渐降低，直至形成几何可变机构而破坏，属梁铰机制。试验隧道结构的破坏是荷载作用下由于接缝强度问题而引发的结构刚度降低，进而导致结构的失稳破坏。

2）错缝拼装盾构隧道破坏机制

错缝拼装隧道衬砌结构在周边卸载情况下，不仅有环缝和纵缝的破坏，还出现管片本体的破坏。由于环缝开始破坏，环间相互作用减弱，导致结构整体刚度降低，结构进入弹塑性阶段。随着荷载的持续增加，管片环缝部分凹凸榫发生受剪破坏。错缝效应减小，环内受力趋向不均匀，部分截面承受更大的内力，继而同时发生首个截面钢筋屈服和环向螺栓屈服。随着接缝螺栓和截面主筋的屈服、环缝受剪和纵缝压弯破坏的不断发展，结构到达破坏荷载并进入塑性阶段。极限荷载下，顶底正弯矩接缝外侧，腰部负弯矩接缝内侧出现受压破坏、部分环缝出现纯剪破坏，同时管片本体出现破损，结构位移开始快速发展，达到极限承载状态。

错缝拼装隧道结构的环间和环内刚度匹配合适，表现出较好的整体性。当结构第一次出现裂缝时，腰部收敛位移约为 2‰D（D 为隧道外直径）—裂缝产生和达到收敛变形条件同时发生；在环缝开始破坏时，最大裂缝宽度达到 0.2mm—环缝破坏和裂缝宽度控制条件同时发生；当首根螺栓出现屈服时同时出现首个截面钢筋屈服—接缝截面和管片截面同时发生屈服。由此得出，试验所采用的衬砌结构的环间和环内刚度匹配合适，具有较好的整体性能。

因此，错缝拼装隧道结构的破坏过程中，管片环缝部分凹凸榫先期发生受剪破坏，随后管片纵缝发生压弯破坏，直至管片本体发生受弯破坏后，最终形成几何可变机构。结构的破坏是荷载作用下环缝和纵缝强度失效，从而引发结构刚度降低，进而导致整体结构的失稳破坏。

（3）对比分析

1）裂缝开展及破坏

从试验过程的荷载位移曲线上看，通缝与错缝拼装隧道均表现为明显的三个阶段：弹性阶段、弹塑性阶段和塑性阶段。但由于环间作用的相互影响，通缝和错缝拼装结构发生破坏的顺序不同。

从裂缝开展的时机上看，错缝拼装隧道裂缝开展较通缝拼装隧道早。由于环间剪力所产生的弯矩传递，使得错缝拼装隧道部分截面内力增大，管片更早开裂。当管片初裂时，错缝拼装隧道仍处于弹性阶段，结构顶底位移为 16.45mm。通缝拼装隧道的管片初裂则发生在弹塑性阶段，此时结构顶底位移为 36.49mm。

通缝和错缝拼装结构的极限破坏状态均为接缝破坏和管片截面钢筋屈服引起的环内成铰，形成几何可变机构。通过比较可知，极限破坏时，通缝和错缝拼装结构环内成铰数量一致。但考虑到封顶块的位置以及错缝拼装结构相邻环的限制作用，成铰的部位不同。

2）性能指标

在结构变形的弹性阶段，除去初始拼装误差的影响，由于环间摩擦力以及凹凸榫的限位作用，错缝拼装隧道相比于通缝拼装隧道结构整体刚度较大。通过广义荷载和结构顶底位移对结构刚度进行计算，通缝拼装结构整体刚度为 5040kN/m，错缝拼装结构为 8199kN/m。错缝拼装隧道结构整体刚度较通缝有较大提升。

由于环间相互作用的影响，通缝和错缝拼装结构在各阶段受力机制不同，结构延性存在一定差异。通常用延性系数来表示结构的延性。

$$\mu = u_\mathrm{m}/u_\mathrm{y} \tag{4-37}$$

式中，u_m 为结构最大变形，u_y 为结构屈服变形。

通缝拼装结构的延性系数为 $\mu = 20.5'$，错缝拼装隧道的延性系数为 $\mu = 15.2°$。通缝拼装隧道结构相比于错缝拼装隧道结构具有更大的延性。

3）极限承载力

当试验结构达到一定的临界荷载后，为维持结构的平衡必须不断降低荷载，定义此时的临界荷载为不同工况下隧道结构的极限承载力。并定义卸载工况下结构所承受的设计工作荷载与所能承受的极限荷载的比值，为结构的承载力安全系数。通缝中埋隧道的承载力安全系数为 1.17，错缝深埋的承载力安全系数为 1.84。从而得出，卸载工况下错缝深埋管片的承载力安全系数较通缝中埋管片有较大的提升，且极限承载力较高。

4.3.3　内张钢圈加固技术

针对盾构隧道中出现的大变形问题，当前工程中逐渐总结出内张钢圈加固盾构隧道结构的方法。这种加固方法在实施上与建筑工程中黏钢加固工法类似，但由于盾构隧道结构特定的力学行为和破坏机制，采用内张钢圈加固后结构的整体承载性能和破坏机制等仍尚不清晰，有必要开展系统地研究。

足尺试验是全面了解结构承载性能的研究手段之一。近来针对周边环境扰动下盾构隧道的破坏机制及其特点进行了深入的试验研究[30]，但对采用内张钢圈加固后盾构隧道结构的承载性能，尚未有系统的研究报导。

本节针对采用内张钢圈加固后的足尺结构，通过模拟隧道上覆土层不断增加的过程，进行了静力加载试验。从结构受力全过程、破坏模式及极限承载力等方面考察了内张钢圈对于提高盾构结构受力性能的作用并研究其机制，拟探明加固后盾构隧道结构的极限承载能力；试验中存在着试验加载大、结构变形大、持荷状态下进行结构加固并进行二次加载，以及试验过程控制难度大等技术难点[31]。下文将具体介绍内张钢圈加固盾构隧道结构的方法、本次足尺试验研究的方案设计及主要的试验结果。

1. 内张钢圈加固方法

内张钢圈加固盾构隧道方法主要用于治理运营隧道顶部堆载、周边基坑卸载等不利情况下隧道结构所产生的大变形问题。钢圈加固过程主要包括拱底块牛腿凿除、钢板定位及环氧树脂灌注等步骤。按其适用对象的不同，内张钢圈加固方法可分为整环加固和半环加固方式两种，本书仅对整环加固方式进行重点叙述。

整环加固方式如图 4-29 所示。加固隧道所用钢圈由 6 块钢板组成，每分块对应 60°范围钢板厚度为 20mm，宽度为 850mm，沿管片环向中线进行加固，各钢板间采用电焊连接。钢板与混凝土间隙用于灌注环氧树脂。

2. 试验方案

（1）试验试件

试验研究所采用的试件参照上海地铁中埋（即隧道顶部至自然地面的垂直距离为 15m）通缝拼装盾构隧道制作，如图 4-31 所示。其外直径为 6200mm，内直径为 5500mm，管片厚 350mm，环宽 1200mm。全环分为六块，包括一个封顶块（F 块）、两个邻接块（L_1 和 L_2 块）两个标准块（B_1 和 B_2 块）和一个拱底块（D 块）。其中，封顶

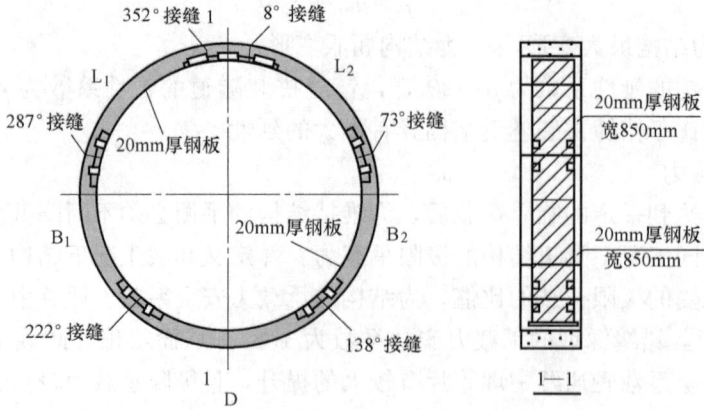

图 4-29　整环加固隧道结构示意图

块圆心角为 16.0°，两邻接块和标准块圆心角均为 65.0°。管片内配筋及构造均参照实际工程施工图设置，管片混凝土强度等级为 C55，钢筋采用 HPB235 级、HRB335 级钢，主筋净保护层取 50mm。块与块间采用 12 根 5.8 级 M30 的直螺栓连接。

（2）加载系统

1）水平加载系统

水平加载系统如图 4-30 所示，沿隧道环共设置 24 个加载点来模拟分布荷载。所有加载点荷载汇于中心钢环，构成自平衡加载系统；每个加载点由一个荷载分配梁、一个持荷梁和两个钢拉杆构成。持荷梁的作用是作为主动加压的垫梁，用于保证荷载沿竖向力求均匀加载系统所能提供的最大水平荷载为 100t/点，单点最大位移为 400mm。此外，在试件底部与支座钢面板

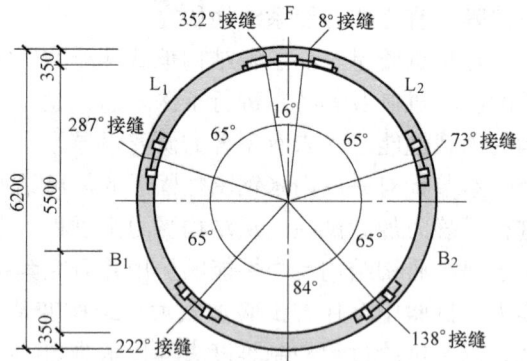

图 4-30　试验试件示意

间设置 192 个圆钢球，以形成摩阻力小的滚动支承条件。

2）变形保持系统

为保持隧道结构的变形以便开展内张钢圈施工，同时考虑到加固结构的二次加载，设计了试验隧道变形保持系统。其作用为：

① 加载时作为垫梁，保证荷载沿竖向均匀。

② 在千斤顶停止工作状态下，作为被动受压的反力梁，通过螺帽锁紧持荷梁为管片提供反力，从而保持试件的变形量，以利于内张钢圈加固施工加固操作完成后，松开保载装置，继续进行加固后盾构隧道结构的承载试验。

（3）加载方案

加载系统中通过 24 点的集中荷载来模拟实际盾构隧道结构所承受的地层抗力、水土压力和地面超载等荷载。24 个加载点按对称原则分为三组，即 P_1（6 个加载点）、P_2（10 个加载点）和 P_3（8 个加载点）。试验加载采用液压加载系统，组内每点荷载值相同，加载时完全同步。试验前对实际运营和试验条件下隧道结构的变形和内力进行对比分析，

并基于变形和控制截面内力等效的原则来设计试验荷载。

试验过程中，加载模式采用先荷载控制后位移控制的混合加载模式。即综合预估破坏荷载和实时监控情况，在加载初期采用分级加载和数据间隙采集的方式；在出现非线性后，则采用连续加载和数据连续采集方式直至试验结束整个加载程序分为三个阶段，各阶段中 P_1、P_2 和 P_3 的关系如下：

1）由 0kN 加载至试验加固点：此过程中 P_1 每级增量为 30kN，保持 $P_2 = 0.65 \times P_1$、$P_3 = 0.5 \times (P_1 + P_2)$；此阶段加载方式为荷载控制。

2）继续加载至 P_2 达到被动土压力：此阶段中 P_1 每级增量为 5kN，保持 $P_2 = 0.65 \times P_1$、$P_3 = 0.5 \times (P_1 + P_2)$；此阶段加载方式为荷载控制。

3）继续加载至试验极限状态：此阶段中荷载 P_2 维持被动土压力值不变，P_1 按每级 5kN 逐级增加，保持 $P_3 = 0.5 \times (P_1 + P_2)$；此阶段加载方式为先荷载控制，后位移控制。

（4）测试方案

试验过程中量测的内容包括：结构整体位移、内外侧混凝土或钢板应变、接缝螺栓应变、接缝内外侧张开和错动，同时观测各级荷载下管片表面裂缝和缝破损的发展情况。

各物理量测试传感器布置原则如下：

1）结构周边径向位移。从封顶块开始，沿隧道圆周以顺时针方向每15°布设1个差动变压器式位移传感器进行量测。

2）结构内力。以10°为单位在管片内、外侧对称布设环向电阻应变片，测试内外侧应变值。

3）接缝张开。在管片接缝内、外侧各布置布设 4 个差动变压器式位移传感器进行量测。

4）接缝错动。在管片接缝内、外侧各布置布设 2 个差动变压器式位移传感器进行量测。

5）接缝螺栓内力。每根连接螺栓两侧切槽，并对称布设应变片，测试接缝螺栓应变值，以此计算连接螺栓内力。

6）黏结面相对滑移。在黏结面两边各布置布设 2 个差动变压器式位移传感器进行量测。

上述测点的数值范围精度与数量汇总于表 4-2。

测点汇总表　　　　　　　　　　　　　表 4-2

测点名称	量测数值范围	精度	数量（点）
整环径向位移	$-150 \sim 150$mm	0.1mm	14
钢板及混凝土应变	$-40 \sim 3$MPa	0.1MPa	160
接缝张开	$-20 \sim 100$mm	0.1mm	24
接缝错动	$-20 \sim 20$mm	0.01mm	12
螺栓应力	$0 \sim 480$MPa	0.1MPa	24
相对滑移量	$-20 \sim 20$mm	0.01mm	12
裂缝观测	—	0.01mm	—
数量（点）总计			246

除裂缝观测外，不论是钢筋及混凝土应变、螺栓应力还是接缝张开或错动，都采用静态应变电测法。由箔式应变计、电子位移传感器将试件被测机械量（应变、位移等）转换

成相应电信号后，接入数据采集仪。

3. 破坏过程及破坏形态

由于内张钢圈加固后的隧道属于二次受力结构，故将试验分为未加固与加固两个阶段。在未加固阶段，试验隧道在荷载作用下达到预设变形后（加固点），通过变形保持系统保持结构的变形，同时进行内张钢圈加固施工。加固阶段试验以加固点为起点，持续加载直至结构达到承载力极限状态。下面将主要介绍整环加固阶段结构的破坏过程及破坏形态。

（1）结构变形

结构变形达到试验加固点时，管片顶部与底部向管片中心变形，腰部向管片外部变形，整体变形呈左右对称的"横鸭蛋"形态。

加固试验阶段，随着荷载的增加，结构变形变化较小。如图 4-31 所示，荷载 P_1 由 372kN 加载至 586kN 时的变形图基本重合。当荷载 P_1 超过 586kN 后，加固结构封顶块附件的钢板脱开，结构变形在荷载不变的情况下持续增加，达到承载力极限，当管片顶底相对变形 127mm 时结束试验。

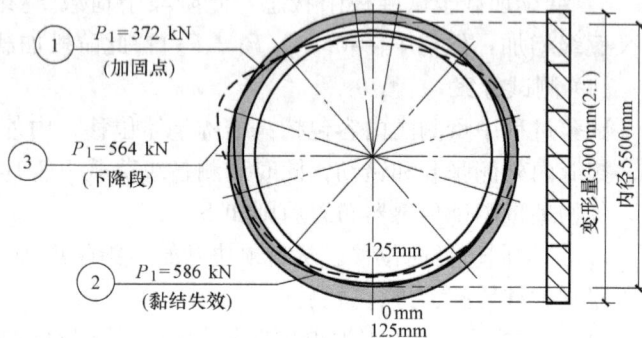

图 4-31　隧道结构整体变形玫瑰图

（2）管片裂缝

未加固试验阶段，隧道表面已有裂缝开展。裂缝主要分布在邻接块 L_2 与标准块 B_2 的外弧面，以及拱底块 D 的内弧面，裂缝沿管片宽度方向发展，宽度均在 0.1~0.2mm。

加固试验阶段，随着荷载的增加，管片外弧面裂缝数目继续增加。当荷载 P_1 达到 586kN 时，邻接块 L_1 与 L_2 沿管片宽度方向出现贯通裂缝，宽度在 0.1~0.2mm。

试验结束时，观测发现管片外弧面裂缝集中在邻接块 L_1 与 L_2 标准块 B_1 与 B_2 附近，且在 270° 位置附近出现了多条贯通裂缝，宽度在 0.2mm 左右；内弧面裂缝集中在拱底块位置，裂缝密集且贯通，宽度大多在 0.2mm 左右。

（3）混凝土应变

加固试验阶段，混凝土应变测点沿隧道外弧面布置。试验数据表明隧道顶部 330°~30°、底部 150°~220° 范围内的外弧混凝土受压，腰部 60°~140°、240°~290° 范围内的外弧混凝土受拉。

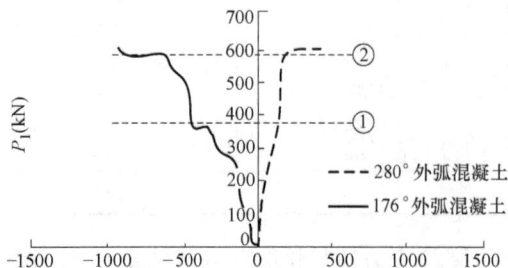

图 4-32　典型测点载荷-混凝土应变发展曲线

各应变测点的发展规律基本一致：当荷载 P_1 由 372kN 逐级增加至 586kN 时，混凝土应变发展缓慢；当荷载 P_1 达到 586kN 时，混凝土应变剧增，应变曲线出现拐点，并进入平台段。图 4-32 给出了隧道外弧面 176° 和 280° 处混凝土应变随荷载 P_1 的发展曲线，其中以混凝土受拉为正，受压为负。

（4）钢板应变

加固试验阶段，钢板应变测点沿隧道内弧面布置。试验数据表明隧道顶部 340°～60°、底部 140°～230°范围内的钢板受拉，腰部 70°～120°、260°～330°范围内的钢板受压。

各应变测点的发展规律基本一致：荷载 P_1 为 372kN 时，所有测点应变为 0；当荷载 P_1 由 418kN 逐级增加至 586kN 时，钢板应变缓慢发展；当荷载 P_1 达到 586kN 时，钢板应变剧增，应变曲线出现拐点，并进入平台段。图 4-33 给出了隧道内弧面 176°和 280°处钢板应变随荷载 P_1 的发展曲线，其中以钢板受拉为正，受压为负。

试验结束时，试验数据表明隧道 0°～10°、70°～80°及 280°～290°范围内的钢板进入屈服平台，但钢板表面及焊缝处并无明显破坏现象。

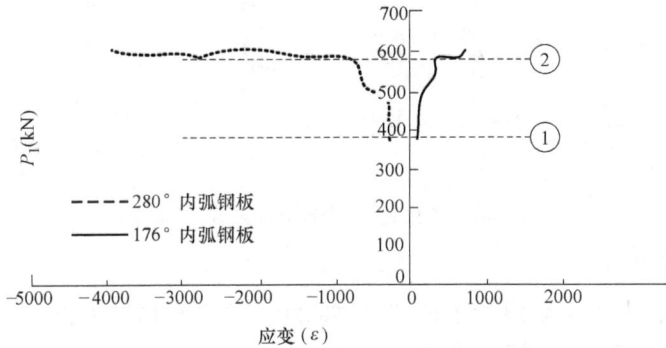

图 4-33　典型测点荷载-钢板应变发展曲线

（5）管片接缝

试验结构各接缝的荷载-张开曲线如图 4-34 所示，图中接缝以张开为正，压紧为负。加固试验初期，各接缝张开量均无明显变化，也没有明显破坏现象发生。当荷载 P_1 达到 586kN 时，8°接缝张开量发生突变，内侧张开而外侧压紧，接缝外侧受压区混凝土进一步破坏，出现掉块现象；73°与 287°接缝张开量同时发生突变，内侧压紧而外侧张开，接缝内侧出现少量掉块。试验结束时，8°接缝外侧受压区保护层厚度内的混凝土已完全脱落，但尚未延伸至混凝土核心区；73°与 287°接缝出现少量掉块现象。而 352°、138°与 222°接缝在整个加固试验阶段中张开量均无明显变化，且没有明显破坏现象出现。

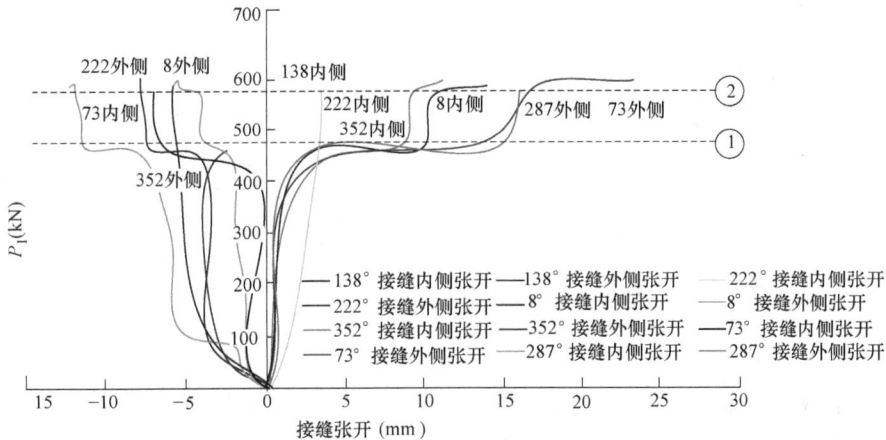

图 4-34　各接缝荷载-张开曲线

（6）连接螺栓

图 4-35 给出了接缝处螺栓的荷载-应变曲线。如图 4-35 所示，从加固点至荷载 P_1 达 586kN 前，各连接螺栓应变发展较为缓慢；当荷载 P_1 达到 586kN 时，8°、73° 与 287° 接缝连接螺栓中拉应变迅速发展并进入屈服状态，其他接缝处连接螺栓应变较小，均未达到屈服状态。

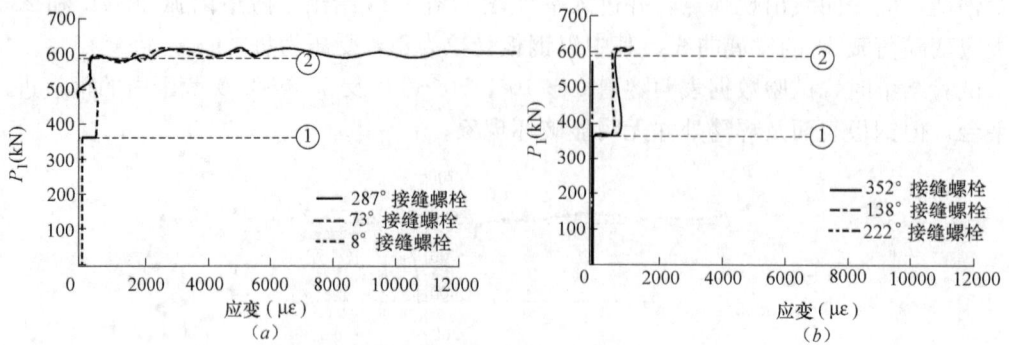

图 4-35　各接缝连接螺栓荷载-应变曲线

（7）黏结面滑移

图 4-36 给出了试验钢板-混凝土黏结滑移曲线，其中滑移量为正表示钢板相对管片逆时针转动，为负表示钢板相对管片顺时针转动。

如图所示，加固试验初期，钢板与混凝土粘结良好，没有滑移与剥离现象出现，各测点黏结滑移量基本无变化；当荷载 P_1 为 586kN 时，发现 8°～40° 及 70° 附近钢板与混凝土黏结面上部开始滑移，表明钢板和混凝土黏结失效；且各测点黏结滑移量和失效范围不断增大，直至试验结束。试验结束后，观测发现钢板与混凝土黏结面 320°～70°、210°～290° 范围内出现黏结破坏。

4. 分析与讨论

（1）破坏模式分析

试验研究所测得隧道径向位移变化规律基本一致，图 4-37 给出了整环加固隧道结构荷载与整体位移关系曲线，其中横坐标取隧道结构 0°～180° 方向直径的变化量（收敛变形）。

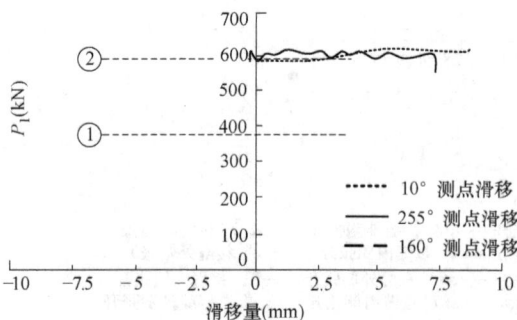

图 4-36　钢板-混凝土黏结滑移曲线

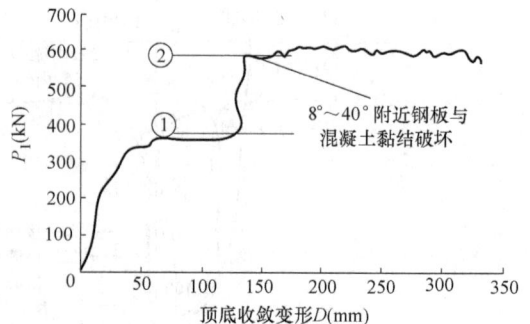

图 4-37　整环加固试验荷载-变形曲线

由图 4-37 可知，在加固试验初期，即试验加固点至荷载 P_1 达到 586kN 前，钢板与混凝土管片黏结良好，两者共同承载，隧道的整体结构刚度相对于未加固阶段有显著提高，表现为荷载逐级增加时，结构的变形缓慢发展。

当荷载 P_1 达 586kN 时，随着加固结构 8°～40°附近钢板与混凝土之间局部发生黏结滑移破坏，之前作为整体共同承载的结构已失效，荷载将转为由钢板与混凝土管片各自承担，结构整体刚度迅速下降，试验曲线进入平台段。

当荷载 P_1 达 586kN 后，在维持荷载 P_1 不变的情况下结构变形持续发展，荷载由钢板与混凝土管片各自承担，局部黏结失效处的钢板受力显著增加，失效范围不断扩展，部分钢板进入屈服阶段；脱开后独自受力管片本体、接缝和连接螺栓的受力也显著增加，8°和352°接缝处混凝土产生受压破坏。

（2）承载能力分析

定义内张钢圈加固结构发生局部黏结失效时的荷载为加固隧道结构的极限承载力，并定义加固结构与未加固结构极限荷载的比值，为加固结构的极限承载力提高率。此外，荷载-位移曲线中的切线模量反映了结构的承载变形能力，定义试验荷载-位移曲线中加固前后切线模量的比值，为加固结构的刚度提高率。试验数据列于表 4-3。

<table>
<tr><td colspan="4">结构承载能力 表 4-3 </td></tr>
<tr><td>试验工况</td><td>P_1(kN)</td><td>极限承载力提高率</td><td>刚度提高率</td></tr>
<tr><td>整环加固方式</td><td>586</td><td>1.308</td><td>20.919</td></tr>
<tr><td>半环加固方式</td><td>560</td><td>1.250</td><td>18.505</td></tr>
</table>

从表 4-3 可以看出，内张钢圈加固方法可提高隧道结构的极限承载力，并可有效提高结构的刚度，从而可有效遏制未加固隧道的变形。此外，定义结构极限承载力时所对应的收敛变形为结构的极限变形，整环加固方式和半环加固方式下结构的极限变形分别为138mm 和 121.5mm，较加固点变形的增幅并不明显（分别为 8.7% 和 5.1%），表明加固后结构的刚度有明显提升，也反映出加固结构的破坏具有一定的脆性特征。

4.4　隧道纵向变形影响分析及其控制

盾构隧道衬砌由管片环连接而成，因此沿纵向环与环之间的接头处刚度会有较大削弱，沿隧道纵向的埋深荷载也随时变化。同时存在土体与结构共同作用问题，加之沿隧道纵向的土层性质的不均匀性，使得盾构隧道纵向结构性态、内力分布和变形特性非常复杂。

与结构横向受力性能相比，盾构隧道在纵向的变形特性要脆弱得多。因为在横向上，衬砌周围的土压力和地层抗力总是趋于将管片环压紧，只要管片不首先破坏，不产生对防水造成影响的接头间裂缝，其横向上的稳定性和安全性是有保证的。而在纵向上，其纵向变形通常对结构非常不利，当纵向变形或变形曲率达到一定量值后，隧道即可能出现环缝张开过大而漏水或管片纵向受拉破坏。而且，如果地铁盾构隧道纵向不均匀沉降变形过大，就会导致轨道纵向高低差过大，进而造成轨道高低差和平整性超过标准，又由于地铁车辆速度快，对沉降差的适应性差，当不均匀变形差超过一定界限后，对高度运行的车流容易发生恶性事故。

4.4.1 隧道纵向变形特点与机理

在含水松软地层中，无论在施工阶段还是运行阶段，隧道都会产生一定沉降，而且由于地质条件和施工条件沿隧道纵向变化，隧道的纵向变形往往是不均匀的。当不均匀沉降积累到一定程度时，会使隧道产生较大变形，并导致隧道接头张开错开和管片开裂，进而使隧道接头漏水。接头的渗漏进一步加剧隧道不均匀沉降，进而恶性循环。以上海地铁一号线为例，自 1995 年 4 月投入使用以来，地铁隧道出现了较严重的纵向沉降问题，1995~2007 年，共完成长期沉降监测 20 次。从图 4-38 可以看出，在地铁 1 号线隧道已经形成两个较为明显的沉降槽。从图 4-39 中沉降速率曲线可以看出，1995~2000 年期间隧道的沉降速率最大，为 20~40mm/年，大于整个运营期的年平均沉降速率，而 2000 年后隧道沉降速率有所下降，为 5~15mm/年，小于整个运营期间的平均沉降速率。监测结果表明：地铁结构在区域性地层沉降基础上，其隧道结构自身还产生了明显的附加沉降，隧道的沉降仍未最终稳定。

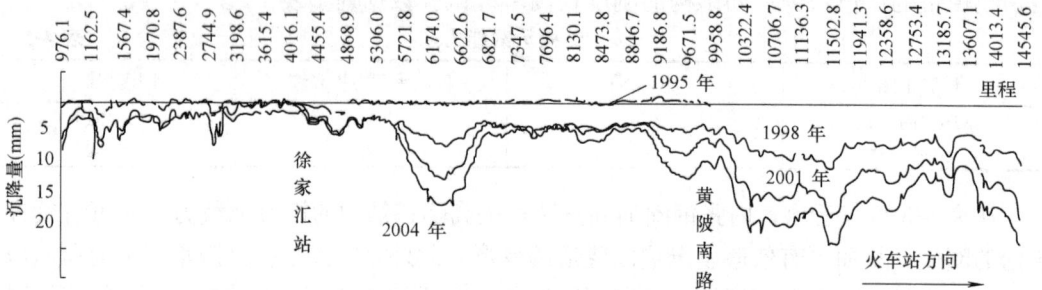

图 4-38　上行线隧道历年纵向累计沉降曲线

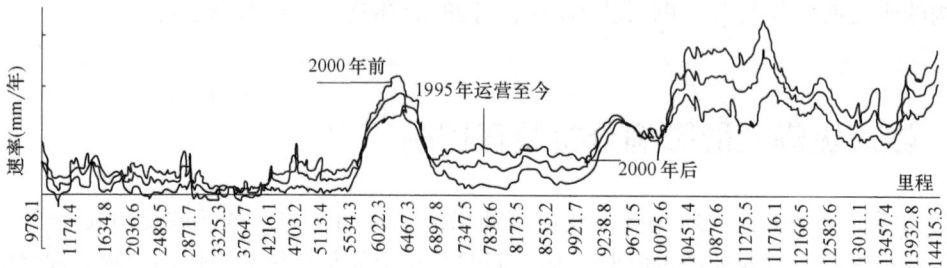

图 4-39　上行线隧道运营至今平均沉降速率曲线

总体上来说，盾构隧道纵向的变形主要有沉降和上浮两种，因盾构隧道运营阶段主要表现为纵向沉降，本节仅从纵向沉降方面进行重点分析。

从理论上分析，盾构隧道运营期沉降发展大致分为三个阶段：1）隧道管片入土后的初始沉降；2）隧道下卧土层超孔隙水压力消散而引起的固结沉降；3）隧道下卧土体骨架长期压缩变形产生的次固结沉降。而实际上，地铁隧道长期运行中的沉降受多方面因素影响下，初步分析研究表明，已建软土层中地铁隧道主要沉降影响因素可归纳为：①长期车辆振动荷载作用下地层振陷；②隧道渗漏引起的沉降；③隧道周边建筑施工活动的影响；④区域性大范围地面沉降的影响；⑤地质条件差异性产生的沉降。以下对这些影响因素进行详细阐述：

（1）长期车辆振动荷载引起的沉降

振陷是指循环荷载作用下土层产生的附加沉降。地铁列车振动引起的地基周围软弱地层结构破坏、土体液化及振陷频繁出现在实际工程中。通过对上海地铁隧道运行期的纵向沉降监测发现：上海地铁隧道在建成并投入使用之后，车辆的循环振动荷载对隧道结构和周围土体受力变形有很大影响。尤其是地铁一号线某些区间，隧道纵向差异沉降很大，已超过 10cm，监测结果也表明隧道纵向沉降较大的区域正是位于对振动荷载敏感的软土地层中。因此对于运行期的地铁隧道，其沉降一部分可能来源于隧道施工扰动引起的超静孔压消散的主固结沉降，但对于软土地层来说地铁长期运营振动引起的长期地层振陷也是地铁纵向沉降的主要组成部分。

影响土层振陷的因素主要有：列车动荷载大小和行车密度、振动频率、地质条件、隧道接头的施工质量和防渗漏水可靠性，其中土体振动弱化特性和行车振动程度最终决定振陷值的大小。土层的振陷沉降如果不进行有效控制，对我国沿海软土层深厚的城市会引起严重后果。

（2）隧道渗漏引起的沉降

我国大部分地铁隧道都建于地下水位以下的土层中，处于饱和软土地层中的地铁隧道受地铁运营循环荷载、盾构施工工艺、土质分布不均等影响，在水压力作用下，渗漏水已成为目前运营地铁隧道中主要的病害之一。隧道的渗漏水病害主要是指隧道在运营过程中，地下水直接或间接的以渗漏、涌入等形式进入隧道内。隧道的局部渗漏会加速隧道长期沉降的发展，而不均匀沉降导致的接头变形过大又会加剧渗漏水的发生，进一步损害隧道衬砌结构的安全，如果不采取措施，将会形成恶性循环，危及地铁隧道的正常运营和结构安全。

隧道的渗漏主要可分为两种情况，一种是主要有接头处渗漏引起的局部渗漏，另外一种是隧道长期运行过程中，低渗透土层中的隧道衬砌混凝土的整体渗漏。盾构隧道的衬砌管片通常采用通缝或者错缝的形式拼装，在软土地层中，不论采用何种拼装方式，管片的接缝在隧道长期运营过程中不可避免会产生局部渗漏现象。漏水点主要集中在注浆孔、手孔、环缝及管片破裂处等。

导致隧道局部接头漏水的因素有很多，如橡胶止水带质量问题、管片制作精度问题、隧道结构变形和初始施工缺陷问题等。但其根本原因是由于隧道不均匀沉降造成的接头张开错开引起的地下水渗漏。从调研结构来看，50%～90%的隧道局部渗漏点出现在管片环缝处；而纵缝处的渗漏水相对较少。这是因为圆形盾构管片在水土压力下管片纵缝受到压缩，纵向橡胶垫在环向力的作用下压密，从而抵挡了地下水的渗入。

许多运行已久的隧道，其接头漏水现场也许并不严重，但隧道周围衬砌整体表现潮湿、渗水。许多监测结果证明，埋置于低渗透土层中的隧道，即使隧道周围已注浆，长期运行过程中隧道的排水边界仍可视为透水的。伦敦某些运行很久的隧道周围的孔压实测结构也可说明这个问题。隧道周围孔压随隧道轴线变化如图所示，从图 4-40 中可以看出，随着与隧道轴线距离的减小，隧道 A～D 周围孔压呈现出减小的趋势。这与隧道全周透水情况下孔压分布式吻合的。隧道 E 周围的孔压基本没有变化，这是由于隧道 E 周围土体的渗透系数相对隧道来说大得多，所以隧道就相对表现的"不透水"。因此，经过对比发现，只有在低渗透土层中，隧道衬砌混凝土在长期运行过程中会表现出整体渗漏趋势。

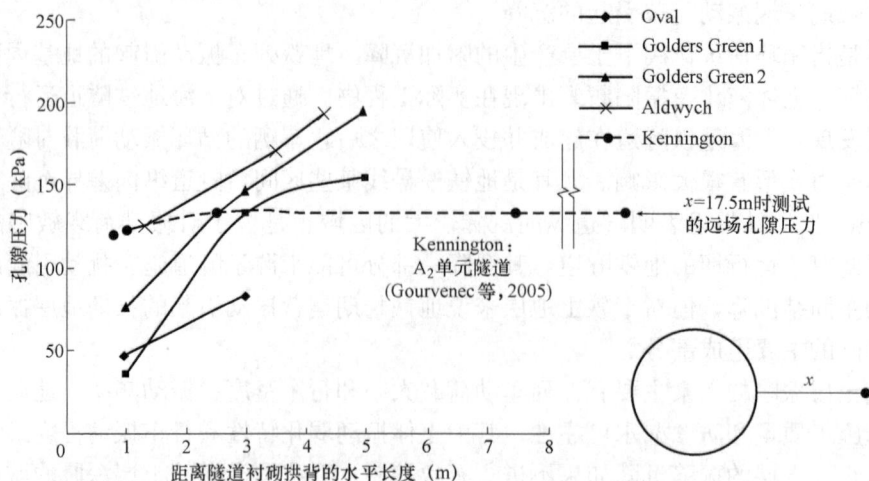

图 4-40　隧道周围孔压随隧道轴线变化

（3）隧道周边建筑施工活动的影响

自上海地铁运营至 2007 年，在地铁保护区内实施的工程项目有近 200 个，而直接建于隧道上方的项目有 18 项，距地铁隧道边线 10m 以内项目有近 50 项。而随着国内轨道交通的蓬勃发展，类似工程项目将会越来越多，尽管不同区域施工时地质条件、施工环境、施工水平等会有所不同，但均对已有地铁隧道的结构安全产生一定影响。

（4）区域性沉降的影响

隧道埋置于地层当中，尤其在软土深厚的区域，会受到地层区域性大面积沉降的影响。其因素比较复杂，归纳起来主要有两个原因：地下水开采或建筑施工降水导致的土层沉降以及地面众多大体积大重量建筑造成的大面积超载引起的沉降。通过对上海市地表产期沉降监测，发现运营中地铁隧道结构的沉降与隧道地表沉降之间存在一定联系。凡是地表沉降量大的区域，该区域内地铁隧道沉降量也较大。

4.4.2　通用环管片结构纵向受力机制

软土地层中盾构隧道在施工及运营阶段均会出现纵向沉降变形，主要表现为不均匀沉降，这已被上海、杭州等地区的工程实践所证明。实测表明，在 1995～1999 年间，上海地铁一号线人民广场～新闸路站区间隧道最大累计沉降量超过 145mm；黄陂南路站～人民广场站区间隧道差异沉降量近 90mm，仅在 1998～1999 年度差异沉降量就达 21mm，截止 2006 年，上海地铁一号线累积沉降超过 50mm 的测点数占总测点数（1683 个测点）的 66%，超过 100mm 的测点数占总测点数的 47%。

宁波地区在地质条件上与上海、杭州等地区较为相似，宁波地区的土层多为软弱场地土，地貌类型为第四纪滨海淤积平原，普遍存在较厚的淤泥质粉质黏土与淤泥质黏土土层。宁波软土的主要物理力学指标及其与上海典型软土的比较如表 4-4 所示。

由表 4-7 可知，宁波地区软土孔隙比均大于 1，局部可达 1.5，含水率最大可达 74%，液性指数均大于 1，其土体工程性质较差，且极易受施工扰动的影响。随着宁波地铁运营里程及时间的不断增加，通用环管片盾构隧道不均匀沉降问题必然会发生。

宁波软土物理力学性质指标及比较　　　　　表 4-4

地区	岩土名称	物理性质指标				力学性质指标		灵敏度 S_t
		含水率 $w(\%)$		液性指数 I_L	孔隙比 e	压缩模量 E_s(MPa)		
		范围	最大值			范围	最小值	
宁波	②淤泥质黏土	37.5~74.0	74%	1.1~1.6	1.1~1.5	1.69~4.97	1.69	3~5.9
	④淤泥质粉质黏土	34.4~51.4	51.4%	1.1~1.9	1.0~1.4	2.08~8.48	2.08	
上海	淤泥质粉质黏土	36.0~49.7	49.7%	1.0~1.1	1.0~1.3	2.2~5.9	2.2	2.5~3.5

4.4.3　运营期不均匀沉降治理技术

软土地区的微扰动注浆技术是通过在隧道底部一定区域内进行注浆作业，通过浆液的挤压与渗透作用，抬升隧道结构，加固隧道下部土体，进而达到修正隧道线位、控制隧道沉降的目的。微扰动注浆技术目前已经在长三角地区开始应用，宁波地区也在对这一技术进行尝试。由于宁波地区地质条件不同，采用微扰动注浆法治理隧道不均匀沉降时也不同于其他地区，该技术的应用主要存在着以下难点：

（1）宁波地区土体更易受注浆施工扰动的影响

与上海软土相比，宁波软土工程性质更差，具有明显的含水量高、流动性强、灵敏度高、压缩性高、抗剪能力差等特点，其对环境扰动反应更加敏感，更易出现不均匀沉降变形。当注浆施工参数不合理时，注浆施工不但不能抬升隧道，还有可能因施工扰动导致隧道进一步的沉降，因此合理的微扰动注浆施工参数及过程控制对宁波地铁盾构隧道抬升工程的成败极为重要。

（2）隧道的抬升量值大

由于土层性质更差，与上海、杭州等地区相比，宁波地区地铁盾构隧道可能发生的不均匀沉降量将更大后续为保持线型所需的隧道抬升量也更大。根据已有经验，抬升量越大，隧道结构承受的外加荷载越大，引起的横断面变形也越大。因此抬升过程中如何减小隧道变形及附加内力、保证隧道结构安全、维持地铁正常运营也是需要研究的目的之一。

（3）宁波地铁管片横向刚度大

宁波地铁 1、2 号线盾构区间采用通用环错缝拼装形式，每环隧道衬砌由一块封顶块（F）、二块邻接块（L_1、L_2）和三块标准块（B_1、B_2、B_3）共六块管片组成，并在接缝位置设置有凹凸榫槽，管片拼装时在凹凸榫槽位置相扣，成型隧道整体刚度较大。而刚度较大的管片在受到外力作用（注浆产生）下，其结构内部产生的附加内力也更大，使得管片更容易出现破损、开裂。

1. 隧道注浆抬升机理

注浆的分类较多，根据注浆压力分可分为静压注浆和高压喷射注浆两大类。其中高压喷射注浆的注浆压力较高，一般在 20~70MPa 之间，显然该注浆法是不适用于盾构隧道沉降治理的。静压注浆中根据注浆地质条件、注浆压力等可分为充填或裂隙注浆、渗透注浆、压密注浆、劈裂注浆四大类。注浆抬升机理可分为以下两类：

（1）注浆引起地表隆起机理

如图 4-41 所示，当上抬力 U 超过上层土体的重量时，一个圆锥形破坏模式将会产生，相应地表就会发生较为明显的隆起，当上抬力小于上层土重时，仅周围土发生弹性或塑性变形，地面抬升量很小。

当发生锥形剪切破坏时其机理较为复杂，锥体同周围土体之间的摩擦力很难确定，Moh. Yany 和 H. Wang 假定土体处于极限状态，摩擦力可以忽略，建立了锥形破坏条件：

$$U-M>0 \tag{4-38}$$

$$U=\pi r^2 p_c \tag{4-39}$$

$$W=\frac{\pi r}{3k^2}\left[(D+kr)^3-k^3r^3\right] \tag{4-40}$$

式中，U 为注浆抬升力；W 为锥形土体的重量；r 为浆泡的半径；D 为浆泡的中心深度；p_c 为浆泡的空腔压力；γ 为土体重度；k 为锥体锥面斜率。

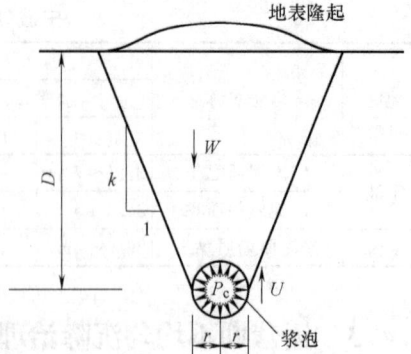

图 4-41　注浆地表抬升示意图

（2）浅埋盾构隧道注浆抬升机理

对于浅埋隧道注浆抬升过程中，根据注浆压力及隧道顶覆土状态不同可分为三个阶段，如图 4-60 所示：

① $U\leqslant W_1+\gamma h$ 时，隧道底注浆压力值小于隧道自重及作用于隧道顶覆土的合力，注浆压力无法使隧道抬升；

② $W_1+\gamma h\leqslant U\leqslant W_1+W_2+2f$ 时，隧道出现抬升，但上覆土并未完全破坏。

③ $U\leqslant W_1+W_2+2f$ 时，隧道上覆土并完全破坏，地表出现明显隆起。

式中，W_1 为隧道自重；W_2 为锥形土体的重量；f 为周围土体作用与破裂面上的阻力。

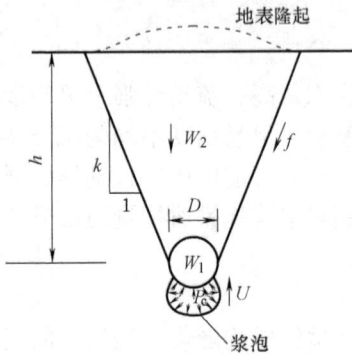

图 4-42　隧道注浆抬升示意图

2. 注浆抬升对结构内力的影响

（1）注浆抬升过程结构内力实测

宁波地铁 TJ2105 在实施注浆抬升试验时对注浆过程中的结构内力进行了间接监测，通过对架设在隧道内的支撑轴力监测来反映隧道结构受力状态。本节针对注浆抬升过程中的典型断面（168 环和 169 环）的结构内力变化来体现注浆施工对结构的影响。

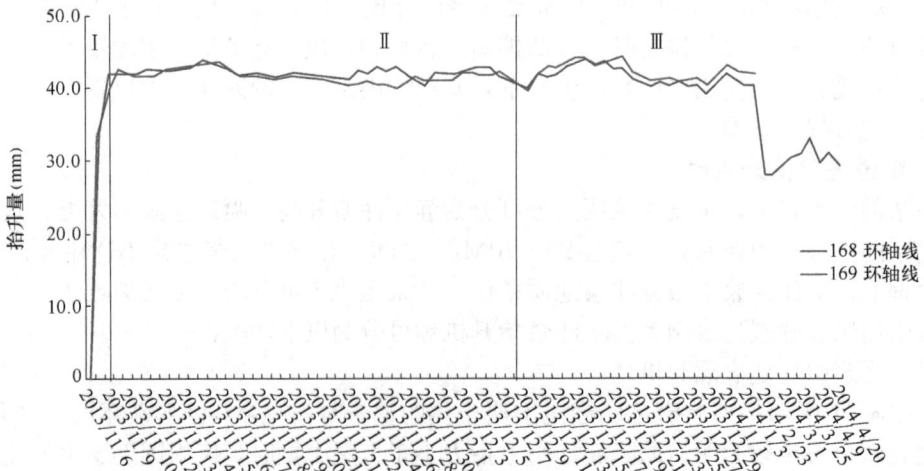

图 4-43　168 环、169 环隧道抬升量变化图

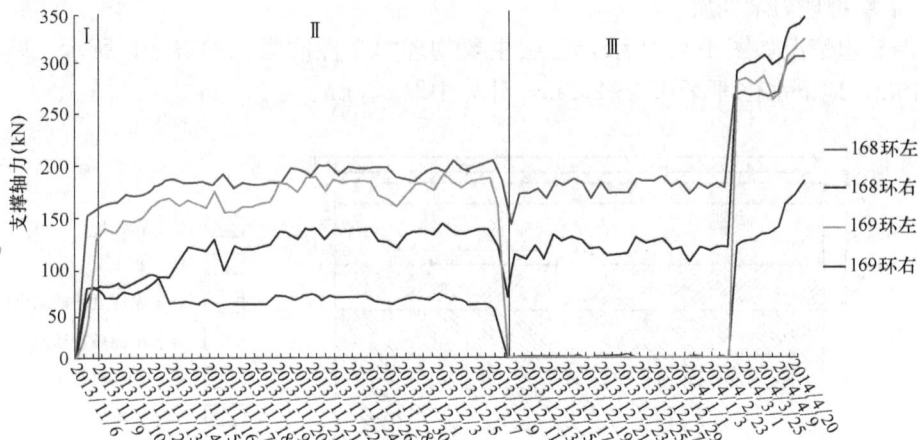

图 4-44　168 环、169 环支撑轴力变化图

168 环、169 环隧道抬升量、支撑轴力随时间变化情况分别如图 4-43、图 4-44 所示，由于 168 环、169 环地表垂直隧道轴线方向未设置监测点，所以用靠近 168 环、169 环的 170 环垂直隧道轴线方向地表监测数据代替，地表隆沉变化情况如图 4-45 所示。

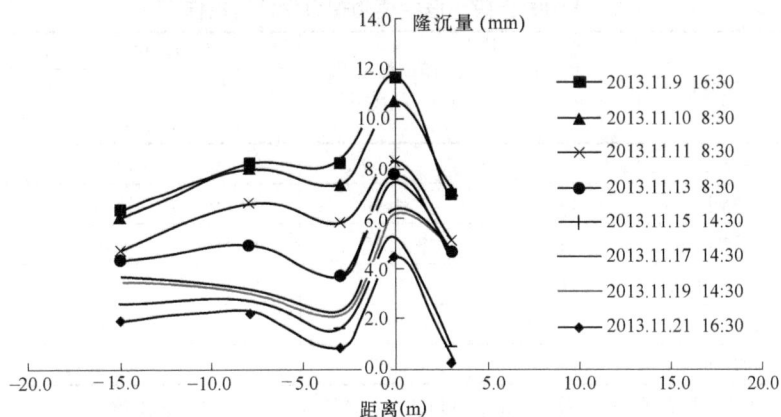

图 4-45　170 环垂直隧道方向地表隆沉变化图

168 环、169 环注浆抬升主要发生在 11 月 6 日～11 月 9 日，此后至 12 月 10 日，隧道受加固注浆影响抬升量小幅波动；上行区间隧道在 12 月 10 日掘进至注浆区段附近，受此影响，隧道抬升量小幅上升，12 月 31 日后上行线隧道施工对注浆区段隧道已基本无影响；1 月～4 月期间，隧道受联络通道施工和上行隧道工后沉降的影响，出现了 10mm 左右的沉降。根据隧道抬升量和轴力随时间变化情况，结合周边工程活动，将隧道抬升量和轴力随时间变化分为三个阶段，其中以Ⅰ、Ⅱ为主要研究阶段。

（2）注浆施工参数对结构内力影响的有限元计算

1）计算背景

① 盾构隧道结构参数

研究以宁波地铁 2 号线工程为背景，盾构隧道由外径为 6.2m，内径 5.5m 的钢筋混凝土管片错缝拼装而成，混凝土强度为 C50，采用弯螺栓，螺栓强度等级为 5.8 级，每环管片分别由一块封顶块、两块邻接块、三块标准块拼接而成。

② 土层物理力学性质

土层分层情况如图 4-46 所示，土层主要物理力学性质指标如表 4-5 所示。隧道顶覆土 11.48m，地下水位埋深 0.6～2.2m，计算中取 0.6m。

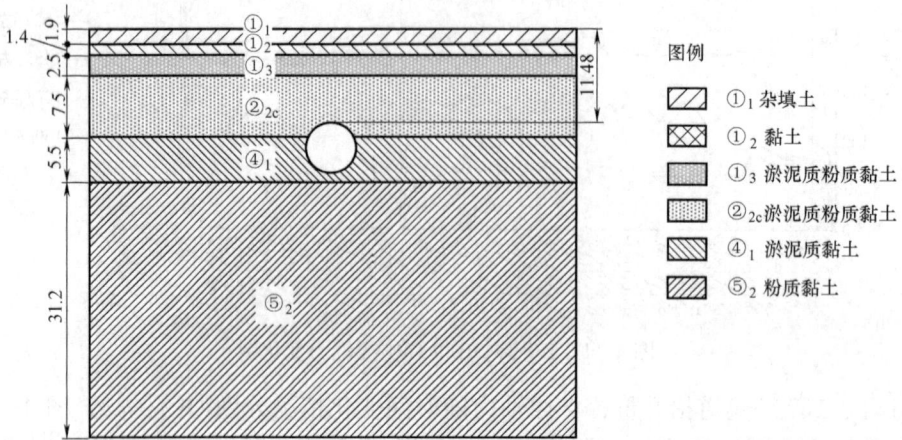

图 4-46　土层分层示意图

图例

☒ ①₁ 杂填土
☒ ①₂ 黏土
▨ ①₃ 淤泥质粉质黏土
▤ ②₂c 淤泥质粉质黏土
▨ ④₁ 淤泥质黏土
▨ ⑤₂ 粉质黏土

TJ2105 标段土层主要物理力学性质指标　　　　　　　　　　　表 4-5

土层编号	土层名称	天然重度 γ (kN/m³)	压缩模量 E_s (kPa)	直剪固快		静止侧压力系数 K_0
				c (kPa)	φ (°)	
①₁	素填土	18.00	4.30	30.00	14.00	0.53
①₂	黏土	19.00	4.40	30.00	14.00	0.53
①₃	淤泥质粉质黏土	18.00	3.10	15.80	8.90	0.70
②₂c	淤泥质粉质黏土	17.60	2.88	16.90	9.80	0.75
④₁	淤泥质黏土	17.50	2.83	17.20	9.80	0.75
⑤₂	黏土	19.30	5.92	38.40	17.30	0.50

注：注浆过程中为了提高隧道的整体性，减少隧道变形，在隧道注浆各环内架设支撑。

③ 结构内力计算模型选取

经过对比，本次研究将基于地层结构模型模拟不同注浆点位和注浆顺序对隧道结构内力的影响。利用有限元软件 Plaxis2D 2012 建立的地层结构模型如图 4-47 所示，计算中隧道左右两侧边缘距离隧道中心 50m（大于 3 倍隧道直径），因此边界影响可忽略。土体采用摩尔库伦本构模型，具体土层

图 4-47　地层结构计算模型简图

参数如表 4-5 所示，隧道结构假定为均质圆环，采用板单元模拟，刚度折减系数取为 0.75，具体结构参数如表 4-6 所示。

结构参数表　　　　　　　　　　　　　　表 4-6

结构名称	单元类型	$EI(\text{kN} \cdot \text{m}^2/\text{m})$	$EA(\text{kN/m})$	泊松比 ν
隧道管片	板单元	9.24×10^4	1.21×10^7	0.15

计算工况如表 4-7 所示，计算分为两个工况，内容如表 4-7 所示。

各阶段模拟内容表　　　　　　　　　　　　表 4-7

工况名称	工况内容
工况一	生成初始应力场
工况二	冻结隧道内土体，激活隧道管片

图 4-48　计算模型局部图

④ 注浆抬升引起的结构内力模拟方法

在地层结构模型基础上，于工况二后添加隧道注浆抬升相关工况，根据实际支撑布置情况在隧道内增加支撑，隧道中部支撑用杆单元模拟，板单元选用参数如表 4-11 所示。对隧道 K8、K10 两注浆孔下方土体进行注浆，模型如图 4-48 所示，图中隧道下方深色单元为注浆单元。

结构参数表　　　　　　　　　　　　　　表 4-8

结构名称	单元类型	$EA(\text{kN/m})$	泊松比 ν
竖向支撑	杆单元	8.65×10^5	0.15
横向支撑	杆单元	2.95×10^5	0.15

⑤ 注浆模拟流程

采用地层结构模型模拟隧道注浆抬升时，通过对"注浆单元"（代表注浆土体的单元）施加体应变使单元体积膨胀来模拟抬升过程，模拟过程包括 2 个步骤：

A. 增加注浆区域的土体刚度和强度；

B. 施加各向大小相同的体应变。

数值模拟过程中，通过判断隧道抬升量是否达到实际隧道抬升量来控制模拟注浆过程。

实际上，由于注浆过程的复杂性，施加在注浆单元上的体应变与实际注浆量不同，迄今为止，尚无法准确反应注浆量与体应变之间的关系，但二者有相同的变化趋势，即随着注浆量的增加，体应变也相应增加，反之亦然。

2）有限元计算结果与实测数据对比

地表隆沉计算结果对比如图 4-49 所示：

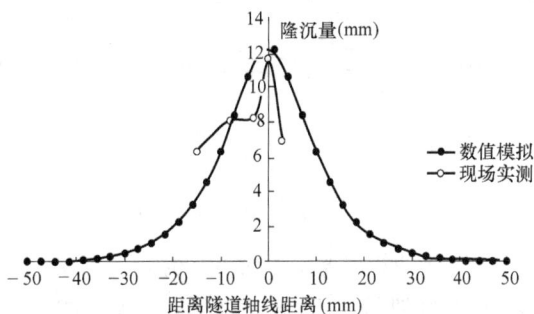

图 4-49　地表隆沉量对比图

当隧道注浆抬升 42mm 时，地层结构模型计算所得隧道正上方隆起量为 12.3mm，实测隧道正上方隆起量为 11.7mm，二者相差 5.1%；地层结构模型计算所得地表隆起影响范围约为 80m，通过对实测地表隆起拟合得出地表隆起影响范围约为 60m，模型计算结果略大于实际监测数据。

隧道内支撑轴力及水平直径收敛变形对比如表 4-9 所示，地层结构模型计算所得支撑轴力 198kN，168 环实测轴力平均值 162kN，二者相差 22%；169 环实测轴力平均值 122kN，二者相差 62%，计算所得隧道水平直径收敛量 2.0mm，实测 168 环直径收敛量 8.0mm，169 环直径收敛量 6.0mm。

数值模拟与现场实测数据对比　　　　　　　　　　　　表 4-9

		隧道抬升量（mm）	支撑轴力（kN）			水平直径变形（mm）	正上方隆起量（mm）
			左侧	右侧	平均值		
数值模拟		42.0	198.0	198.0	198.0	2.0	12.3
现场实测	168 环	42.0	195.3	129.7	162.0	6.0	11.7
	169 环	41.7	180.5	63.3	122.4	8.0	11.7

实际注浆过程中，168、169 环隧道的两侧支撑轴力相差较大，且隧道发生了较大的横向收敛变形，由此可以推测得出隧道支撑（尤其是右侧支撑）可能在架设时未和隧道管片结构紧密贴合，造成隧道的变形较大。而在地层结构模型中无法考虑这一因素，从而造成了计算结果与实测值产生了偏差。

由以上分析可以认为，有限元计算模型较为可靠，所得结果与实测数据基本保持一致。

3）横向注浆范围对隧道结构内力的影响

通过有限元计算，对比单孔注浆（K9）、3孔注浆（K8～K10）、5孔注浆（K7～K11）以及 7孔注浆（K6～K12）的情况（图 4-50），研究单环管片横向注浆范围对隧道结构内力的影响。计算结果如图 4-51、图 4-52所示。

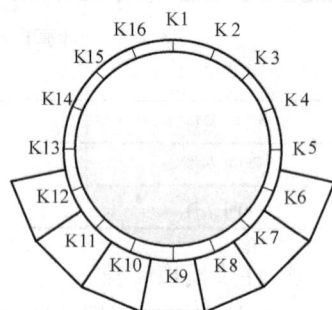

图 4-50　注浆孔位示意图

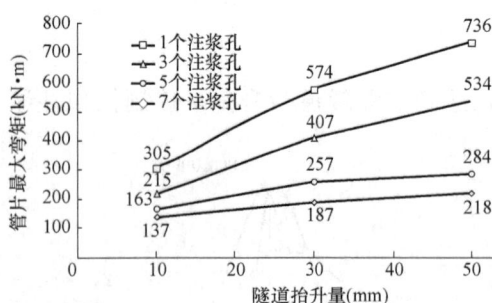

图 4-51　管片最大弯矩变化图

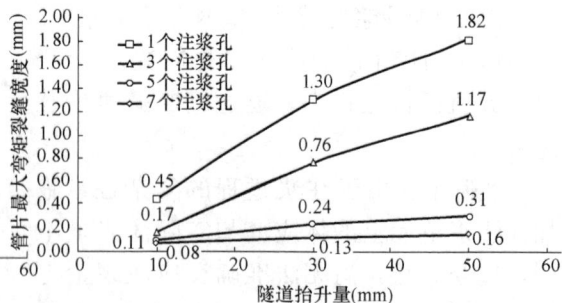

图 4-52　管片最大弯矩处裂缝宽度变化图

根据计算结果，隧道注浆抬升相同高度时，3孔、5孔、7孔注浆在最大弯矩及最大弯矩处的裂缝宽度方面均小于单孔注浆，当抬升量为 50mm 时，最大弯矩分别减小 27.4%、61.4%、70.4%，裂缝宽度分别减小 35.7%、83.0%、91.2%；当抬升量小于

10mm 时，3 孔注浆、5 孔注浆、7 孔注浆之间在最大弯矩和裂缝宽度方面的绝对值相差较小。

4）横向注浆顺序对结构内力的影响下

通过有限元计算，对比先中间（K9）后两边注浆（K8、K10）与先两边（K8、K10）后中间注浆（K9）两种顺序注浆（图 4-71），研究单环管片横向注浆顺序对隧道结构内力的影响。计算结果如图 4-53、图 4-54 所示。

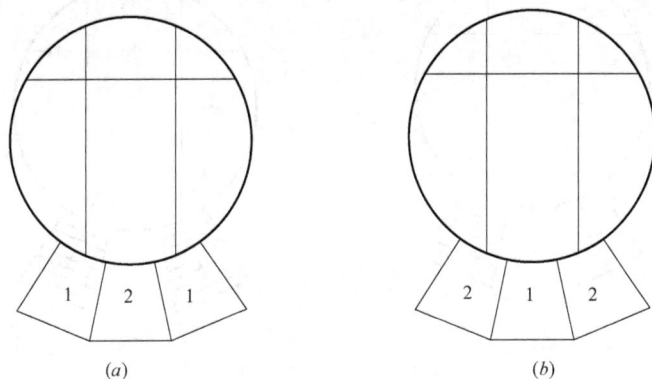

图 4-53　横向不同注浆顺序示意图
（a）先两边后中间；（b）先中间后两边

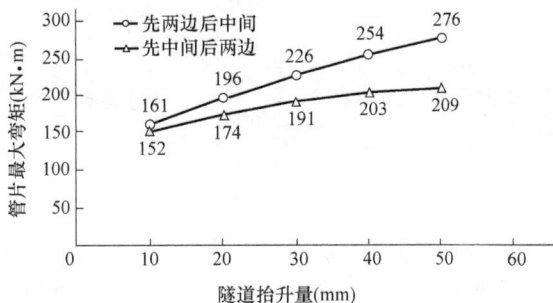

图 4-54　管片最大弯矩变化图

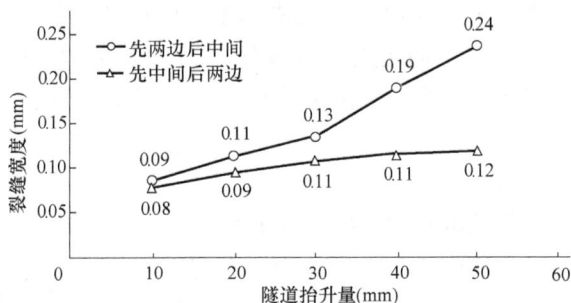

图 4-55　管片最大弯矩处裂缝宽度变化图

根据计算结果，隧道注浆抬升相同高度时，先中间后两边的注浆顺序在最大弯矩及最大弯矩处的裂缝宽度方面均小于先两边后中间的注浆顺序，当抬升量为 50mm 时，采用先中间后两边的注浆顺序可减小最大弯矩 24.3%，裂缝宽度 50%；但是，当抬升量为

10mm 时，弯矩和裂缝的减小量仅为 5.5％和 10.0％。

5）深度方向注浆顺序不同对结构内力影响

通过有限元计算，对比 K8、K10 两注浆孔采用自上而下与自下而上两种注浆顺序（图 4-56），研究单环管片深度方向不同注浆顺序对隧道结构内力的影响。计算结果如图 4-57、图 4-58 所示。

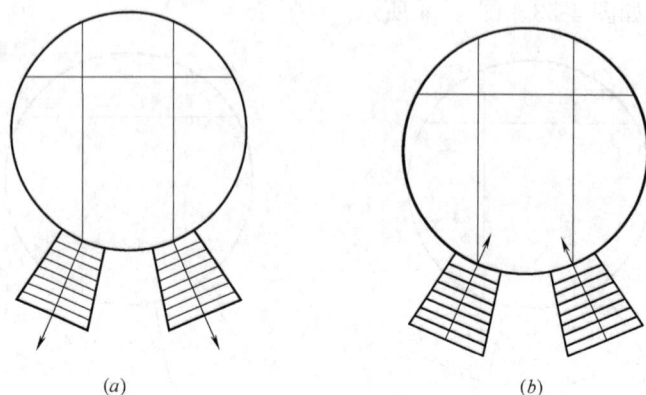

图 4-56　深度方向不同注浆顺序示意图

(a) 自上而下；(b) 自下而上

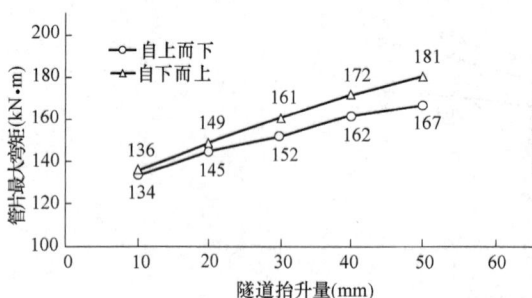

图 4-57　管片最大弯矩变化图

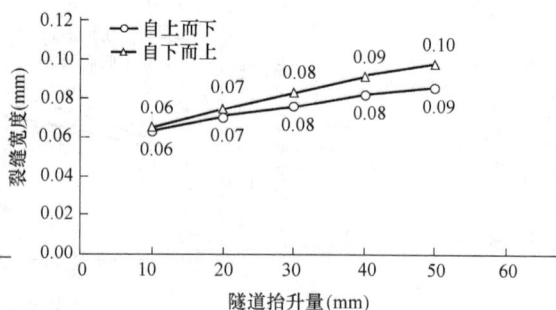

图 4-58　管片最大弯矩处裂缝宽度变化图

根据计算结果，隧道注浆抬升相同高度时，自上而下的注浆顺序在最大弯矩及最大弯矩处的裂缝宽度方面略小于自下而上的注浆顺序，当抬升量为 50mm 时，采用自上而下的注浆顺序可减小最大弯矩 7.7％，裂缝宽度 10.0％；但是，当抬升量小于 20mm 时，两种注浆顺序的差别极小。

3. 微扰动注浆浆液配比

微扰动注浆过程中，浆液的选取对隧道抬升效果会产生一定的影响。不同浆液配比情况下，浆液的初凝时间及抗压强度值差别较大，在现场注浆过程中根据实际情况不同往往会对浆液初凝时间及抗压强度值提出不同要求。为了为现场注浆过程中浆液的选取提供依据，对不同浆液配比情况下浆液的初凝时间及抗压强度值的变化规律进行了室内试验。

（1）水泥-水玻璃双液浆

1）初凝时间

水玻璃水泥浆体积比与浆液初凝时间之间的关系见图 4-59。

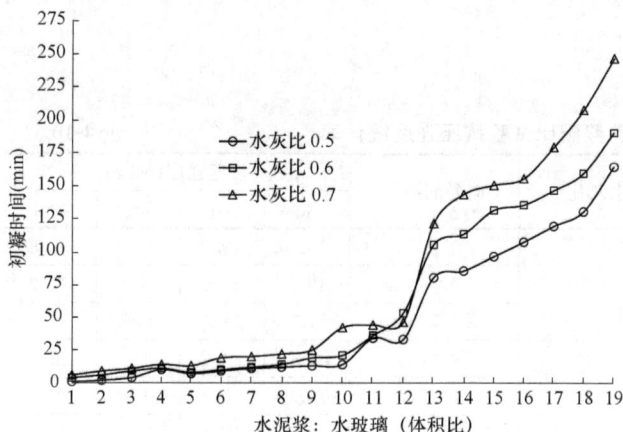

图 4-59　水玻璃水泥浆体积比与浆液初凝时间关系图

由图 4-59 可知，当水泥浆液水灰比在 0.5～0.7、水泥浆与水玻璃体积比在 1∶1～19∶1 的情况下，浆液初凝时间在 1～246min 范围内变化；当水玻璃加量一定时，浆液的初凝时间随水灰比的增加而增加；当水灰比一定时，浆液初凝时间随着水泥浆与水玻璃体积比的增大而增大，其中当水泥浆与水玻璃体积比小于 9 时，初凝时间的增长幅度趋于平缓，基本在 25min 以下，当体积比超过 9 后，随水玻璃加量减少浆液初凝时间增幅变大。

2）抗压强度

试块养护 3d 后，其抗压强度随着水泥浆与水玻璃的体积比的增大而增大；养护 7d 后的变化趋势与 3d 的相同，但增长趋势相比养护 3d 后有所减缓；14d 后试块的抗压强度随着体积比的增加，呈现出先增加后减小的发展趋势；28d 后试块的抗压强度相比 14d 增长不明显，强度增长在 2MPa 以内。水泥浆与水玻璃的体积比为 8 时，浆液的抗压性能较好，其中水灰比为 0.5 时的 28d 抗压强度达到 27MPa。同一水玻璃掺量情况下，随着水灰比的增加，试块抗压强度呈现出明显的递减规律，水灰比越大，抗压强度越小；相比水灰比由 0.6 增大到 0.7，水灰比由 0.5 增大到 0.6 时试块抗压强度的减小幅度更大。三种水玻璃掺量下，水泥浆与水泥浆体积比为 8 时，试块 28d 的抗压强度较大；体积比为 6 时，试块由 7d 到 28d 的抗压强度增长不明显，在 2.5MPa 以内。

（2）外加速凝剂水泥浆

1）初凝时间

速凝剂掺量与浆液初凝时间之间的关系见图 4-60。

由图 4-60 可知，当水泥浆液水灰比在 0.5～0.7、速凝剂与水泥质量比在 1∶10～1∶2 的情况下，浆液初凝时间在 1～561min 范围内变化；同一速凝剂掺量下，水灰比越大，浆液的初凝时间越长；由于速凝剂有一个适宜掺量范围，当速凝剂与水泥的质量比小于 0.35 时，随着速凝剂掺量的增加，浆液的初凝时间显著降低，而当速凝剂与水泥的质量比大于 0.35 时，浆液的初凝时间趋于

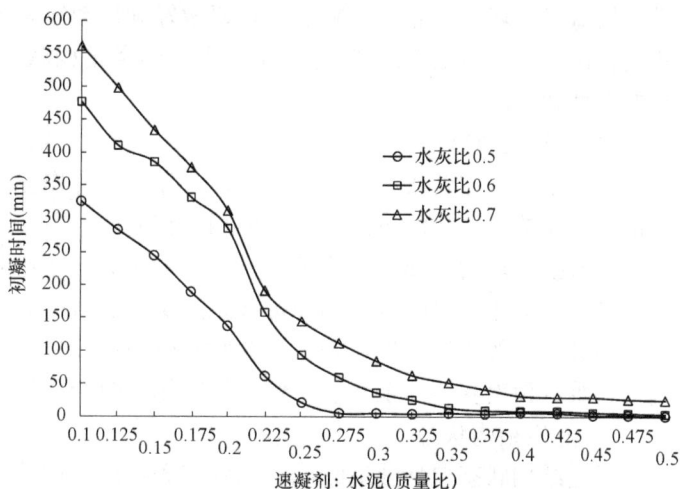

图 4-60　速凝剂掺量对浆液初凝时间的影响

稳定，基本在 50min 以内。

2）抗压强度

速凝剂试验抗压强度统计见表 4-10。

外加速凝剂水泥浆配比试验抗压强度统计表   表 4-10

浆液	水泥等级	水灰比	速凝剂掺量	抗压强度（MPa）			
				3d	7d	14d	28d
外加速凝剂水泥浆	P.O 42.5	0.5	0.325	15.8	19.8	31.9	33.8
			0.350	19.5	21.2	31.4	34.2
			0.375	27.0	31.3	34.3	36.1
		0.6	0.325	8.3	14.2	20.6	22.9
			0.350	10.9	15.5	19.0	20.1
			0.375	12.3	18.6	22.8	24.4
		0.7	0.325	5.9	7.5	13.3	14.7
			0.350	5.3	9.0	13.1	14.9
			0.375	7.5	12.8	18.6	19.4

水灰比一定时，试块养护 3d、7d 后，其抗压强度随着速凝剂掺量的增加而增大，并且强度增长的趋势逐渐变大；养护 14d 后试块的抗压强度随着速凝剂掺量的增加，呈现出先减小后增加的发展趋势；28d 后试块的抗压强度相比 14d 增长不明显，强度增长在 2MPa 以内，其中水灰比为 0.5，速凝剂掺量为 0.375 时的 28d 抗压强度达到 36.1MPa。速凝剂掺量一定、养护天数相同时，随着水灰比增加，试块抗压强度呈明显递减趋势，水灰比越大，抗压强度越小；相比水灰比由 0.6 增大到 0.7，水灰比由 0.5 增大到 0.6 时试块抗压强度的减小幅度更大。

4. 微扰动注浆加固技术

微扰动注浆工程具有高难度、低容错、持续时间长的特点，因此在注浆施工前应明确注浆流程，做好前期工作，优化注浆设计，从而提升注浆施工质量，保证注浆的效果。

（1）注浆前期准备

微扰动注浆是一项精细的工程，其要在修正隧道线形、控制隧道沉降的同时避免对隧道结构造成破坏，因此在注浆前有必要做好微扰动注浆的前期工作，掌握相关的资料。这些资料包括（但不限于）：隧道运营状态、隧道结构状态、隧道周边地质情况、微扰动注浆的类型和目的。

1）隧道运营状态

对于未投入运营或无法运营的隧道，注浆抬升作业几乎没有时间限制，且可以在隧道内部架设支撑体系，注浆作业的难度相对较低。

对于投入运营的隧道，注浆抬升作业及相关监测作业必须在不影响线路正常运营的条件下进行，即作业时间应控制在每天晚上 12 点至次日 4 点之间，并且还需在该段时间内完成相关设备的搬运工作，施工作业时间较短。此外，为了不影响列车的正常通行，隧道内部将难以架设支撑体系，这将使得抬升作业时管片结构更易发生变形。

2）隧道结构状态

隧道结构状态包括隧道纵向结构状态和横向结构状态。

隧道纵向结构状态包含隧道沉降情况和沉降发展趋势等要素，是确定微扰动纵向注浆范围的重要依据，过大的纵向注浆范围会加大对隧道下方土体的扰动，可能会增加隧道后续沉降。

隧道横向结构状态包含管片横断面变形、接头张开错台量、开裂程度等要素，其反映的是隧道横断面结构安全性能。在隧道横断面变形较大、接头发生较大的张开与错台、管片混凝土发生开裂的情况下，隧道承受注浆抬升荷载的能力较低，极易引起隧道结构进一步恶化，影响结构的长期使用。

3）周边地质情况

对于因地质条件引起的隧道不均匀沉降，在微扰动注浆时因格外注意对注浆压力和注浆时间间隔的把控，将注浆引起的地层扰动降到最低。

4）确定注浆类型和目的

目前宁波地区采用微扰动注浆技术可依据施工目的的不同大致分为两类：一类是以修正隧道线形为目的抬升注浆技术，一类是以控制隧道沉降趋势为目的的加固注浆技术。这两者由于出发点不同，注浆的施工参数及浆液类型也会不同。

对于抬升注浆，微扰动注浆时应严格控制每次注浆的注浆压力和注浆量，不能因抬升量较大而一次性大量注浆；对于加固注浆，应根据下卧土层的渗透性能，将注浆时间间隔适当延长，使得浆液在土体中有充足的时间进行扩散渗透。

（2）注浆范围

注浆范围包括注浆的总深度、纵向范围和横向范围，如图 4-61 所示。

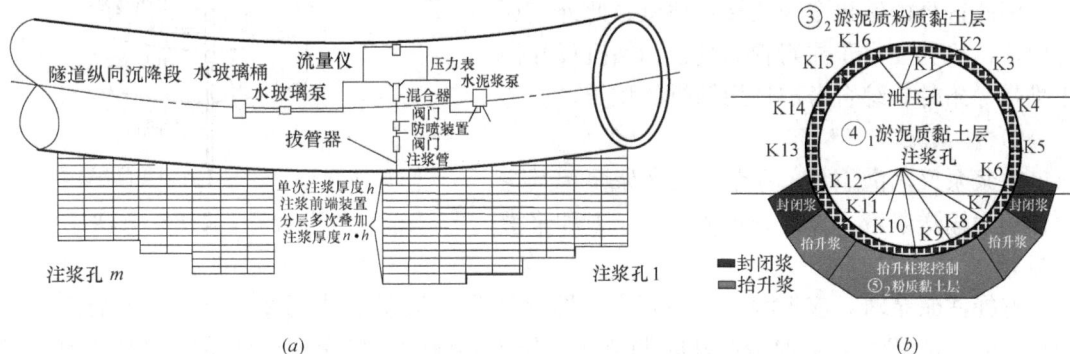

图 4-61　注浆范围示意图

（a）纵向注浆范围及注浆深度示意图；（b）横向注浆范围示意图

对于注浆总深度，即沿深度方向上注浆的厚度。根据调研结果，当隧道下卧土层中软弱土层较薄时，一般注浆至软弱土层下方较好土层，这样既可以为上部注浆抬升提供较好持力层，提高浆液利用率，又能减少注浆过后隧道下卧层土体的沉降，缩短注浆作业的周期。而根据有限元计算结果，当隧道下卧土层中软弱土层较厚，并采用自上而下的顺序注浆时，注浆位置达到 1.6m 下方，隧道抬升效果将会有明显的下降，因此一般情况下不建议注浆总深度超过 2.0m。

对于纵向注浆范围，应根据隧道沉降曲线及沉降发展趋势综合确定，但该范围不宜过大，以避免对下方土体的过度扰动。

对于横向注浆范围，根据宁波地铁前期的注浆试验及数值计算结论，隧道注浆范围不宜小于 3 个注浆孔，以使隧道结构的受力更为均匀，避免局部结构破损。对于隧道横向结构状况不良或隧道抬升量较大的区段，横断面注浆范围应适当放大。

（3）注浆顺序

1）纵向上因考虑隧道线型制定，由沉降最大或曲率最大位置向两边分区进行。

2）在隧道横向结构状态不良的条件下，单环管片上的注浆顺序建议采用"自上而下，先中间后两边，中间加固两边抬升"的注浆抬升方法，增加管片的受力范围，减小注浆对隧道结构的影响。

3）隧道纵向宜采用间隔跳孔施工的原则，间隔不少于 1 环管片，对于抬升量较大的区段可不采用间隔跳孔的顺序，但须控制单孔的注浆量，防止单环抬升过大。

（4）注浆设备选取

注浆设备是注浆技术的重要组成部分，是注浆材料能否进入地层裂隙和孔隙的关键，直接关系到注浆效果的好坏。近几年为了适应注浆技术的发展和满足不同条件下的注浆要求，注浆设备得到了不断改进与更新。目前国内现有产品已基本满足了微扰动注浆技术的要求，微扰动注浆设备主要包括管片开孔设备、注浆泵、注浆流量记录仪、混合器、拔管设备等。微扰动注浆设备基本组成示意图如图 4-62 所示。

1）钻机

钻机选取时主要考虑地层的性质，对于宁波地区，由于隧道周边土层多为软土，工程地质性质较差，钻机钻孔时一般不会出现钻机卡钻的现象，因此选择的钻机多为旋转式钻机。此外，还应保证钻机孔径大于注浆管的直径、钻机尺寸便于携带等条件，综合考虑选用钻机的型号。

2）注浆泵

注浆泵又名灌浆泵、泥浆泵、灰浆泵。其主要作用为输送浆液，保证一定的注浆压力和浆液流量。

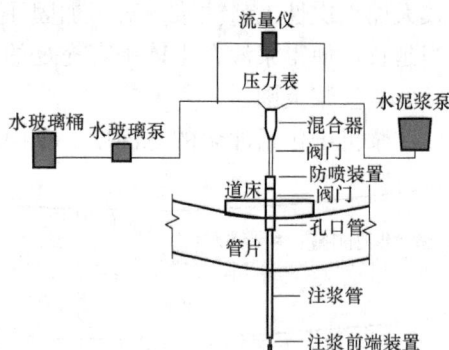

图 4-62　微扰动注浆设备示意图

选择注浆泵时，应先满足使用要求，即保证浆液流量能达到 20L/min（单液浆）或 16L/min（双液浆），同时应能随时调节注浆压力和流量，确保压密注浆的注浆效果，控制单次注浆抬升量。

3）混合器

混合器为两种注浆材料的汇合部位，同时将混合后的浆液与注浆管连通。混合器一般仅用于双液浆的注浆过程，其一端连接水泥浆和水玻璃送浆管，另一端连接注浆管。混合器外接压力表，以便及时反映双液浆压力。

混合器的在使用时应保证连接部位的密封性能，防止浆液的喷出，同时在使用前应确保其内部不发生堵管现象，确保浆液能以适当的比例均匀混合，保证浆液性能。

4）注浆前端装置

注浆前端装置，如图 4-63 所示，注浆前端装置上布置了 2 排梅花形喷浆孔，孔径为 4mm，每排均匀分布 4 个。在注浆之前，用保护套保护喷浆孔，以避免下管过程中喷浆孔被泥土堵塞，在注浆时，脱开保护套管，同时打开 8 个喷浆孔，以实现同时均匀地注入浆液。

5）计量仪器

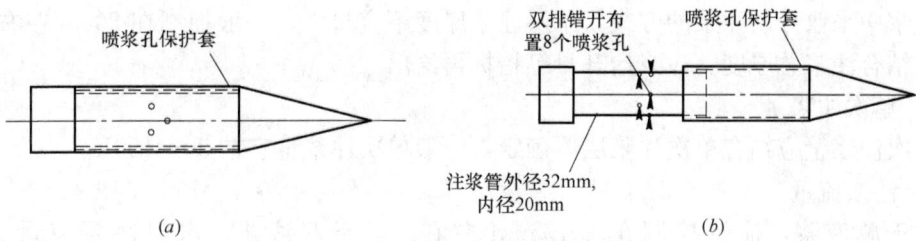

图 4-63　前端装置结构示意图

（a）注浆前；（b）注浆时

注浆参数计量仪器是对注浆过程中注浆压力、浆液流量进行全过程监测的一种仪器。目前施工单位大多采用浮子标杆测量法来测定注浆泵的流量，这种测量法虽简单易行，但测量误差较大，当制浆机往贮浆桶输浆时，还不能进行测量，造成泵量指示不及时，注浆压力则大多数通过观察泵压的办法推定，难以准确记录。

国内现已研制成功注浆流量、压力自动记录仪，并已在水利水电工程中投入实际应用，如中国水利水电基础工程局科研所研制的 J31 型智能灌浆记录仪，已完成了 1 万余 m^3 注浆工程量的施工记录。上海隧道公司科研所也研制出了 SPQ-850。流量压力自动记录仪，正处于试验试用阶段。

J31 型智能灌浆记录仪运用电子计算机对注浆过程的技术参数进行自动采集和记录，可以显示流量、压力的瞬时值和注浆总量。该仪器是我国研制成功的第一台注浆自动记录仪，已通过技术成果鉴定。目前国内比较普遍采用的是 JRD-HSD610-X3 灌浆记录组。

6）拔管设备

图 4-64 所示为简易拔管装置结构示意图。该装置在运营隧道内搬运方便，施工过程辅以皮尺测量，可以实现均匀拔管。

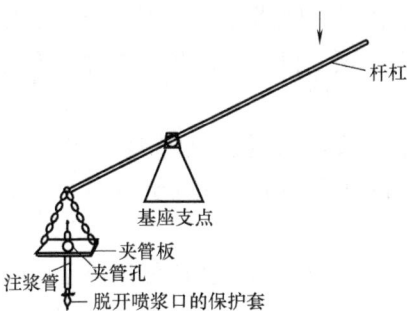

图 4-64　拔管装置结构示意图

7）止浆塞

止浆塞是实现分段注浆、合理使用注浆压力和控制浆液分布范围、保证注浆质量的一种设备。止浆塞一般由穿在注浆管上的胀塞组成。胀塞通常用坚硬的、加纤维材料合成的橡胶制品加工，可用机械方法或通过充气或充水的方法使其膨胀。

（5）注浆施工参数

在各孔每次注浆过程中，严格掌握注浆参数是注浆成败的关键，也是微扰动注浆技术的核心，技术参数由隧道所处地质条件、隧道沉降特点、地面与现场试验确定，根据调研总结和试验结果，提出注浆参数如下：

1）注浆材料

浆液的选择可根据现场初凝时间要求确定，当注浆以抬升或以封堵为目的时，建议采用初凝时间较短的水泥-水玻璃双液浆；当注浆以加固或控制沉降为目的时，建议采用初凝时间较长的水泥单液浆。注浆材料的选择可根据具体工程案例做适当的调整。

2）单次注浆厚度

注浆中采取分层注浆的方式，单层注浆厚度不宜过大，一般控制在 20cm 左右，具体厚度应结合注浆总厚度、注浆抬升量等指标再给出。

3）单次注浆量

单次注浆量应结合单次注浆层厚确定，一般单次注浆量宜在 80~100L。

4）注浆流量

对于单液浆，流量控制在 20L/min 左右；对于双液浆，水泥浆泵流量为 14~16L/min，水玻璃泵流量为 4~6L/min。

5）注浆压力

微扰动注浆时应避免土体因注浆压力过大产生劈裂，因此注浆时注浆压力应控制在 0.1~0.6MPa，当下方软土层较厚、隧道横向结构状态不良时，应选取较小的注浆压力。

6）拔管速度

拔管速度根据单次注浆量、单次注浆层厚、双液浆流量进行确定，具体如下式所示。

$$v = \frac{l}{(Q/q)} \tag{4-41}$$

式中，v 为拔管速度（mm/min）；l 为单次注浆层厚（mm/min）；Q 为单次注浆量（L）；q 为双液浆流量（L/min）。

7）单孔注浆时间间隔

注浆过程中每个孔的注浆都是分阶段进行的，如图 4-83 所示大致可分为第一抬升注浆、第二抬升阶段、间隔注浆、固结稳定补浆四个阶段。

第一抬升阶段，注浆时间间隔一般控制在 1~3 天，使注浆抬升量始终大于注浆间隔内的土层固结沉降量，当各阶段所引起的隧道注浆抬升量满足预期要求时，即标志着第一注浆阶段的结束。当所需隧道抬升量较小时，可适当延长注浆时间间隔，使得浆液有充足的时间进行扩散。

第一注浆阶段完成一段时间后，隧道空隙水压力的消散，隧道会随着土体的固结沉降发生回落，并剩余一定的抬升量，此时因根据监测数据、预期目标等判断是否进行第二次注浆抬升，具体操作同第一注浆阶段一致。

当隧道沉降速率大于 0.02mm/d 时进行间断注浆阶段，当隧道沉降速率在 0.02~0.01mm/d 之间时可进入固结稳定补浆阶段，当隧道沉降速率小于 0.01mm/d 时，可结束补浆。

在各个注浆阶段，每次注浆的时间间隔因地质条件差异而不同，在淤泥质黏土中，抬升注浆阶段时间间隔为 1~3 天，间隔补浆阶段时间间隔为 2~3 周，固结稳定补浆阶段时间间隔为 1 个月以上。

（6）微扰动注浆施工要点

1）确定单日注浆的点位和顺序

根据隧道纵向沉降曲线，在确定了注浆区域后先对隧道的线形和横断面结构情况后，针对不同区域制定出每日的注浆环

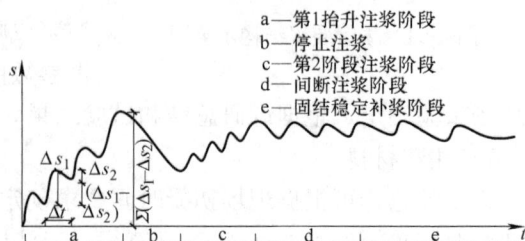

a—第1抬升注浆阶段
b—停止注浆
c—第2阶段注浆阶段
d—间断注浆阶段
e—固结稳定补浆阶段

图 4-65　单孔分阶段注浆规律示意图

数和注浆点位，并根据不同注浆要求及抬升方法确定具体的注浆顺序。

2）运送注浆设备

对于处在运营期的地铁盾构隧道，注浆前需将设备从地表运送至地下，并且应在列车运营的天窗时间内进行。因此，需准备特定的运送车辆，将设备安全、快速、准确得运送至当日施工区段，并在施工结束后将设备运至区间外。运送时间节点应在和地铁运营单位做了充分的沟通后确定。

3）依次安装 2 寸变丝接头、2 寸球阀、防喷装置

在孔口管安装完毕后，按照顺序依次安装 2 寸变丝接头、2 寸球阀、防喷装置，确保不会漏泥或涌砂。

4）安装带顶尖及阀门的注浆管

在依次安装 2 寸变丝接头、2 寸球阀、防喷装置后，下放注浆花管。注浆花管可采用 6 分直径的注浆管（可顺利穿过 2 寸球阀及放喷装置），管长约 0.3m，管顶安装一顶尖，并将其振入土中，最大深度初定超出隧道外壁约 1m，由近及远分层进行注浆抬升，且须根据施工实际情况进行调整。注浆管另一端依次安装变丝接头、1 寸球阀，并接通注浆管路，如图 4-66 所示，管路可以采用各种规格接长到要求长度来达到希望的深度。

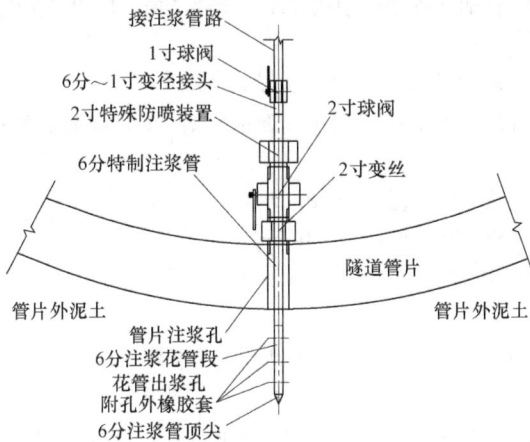

图 4-66　插管注浆示意图

5）配置浆液

依据不同区段、不同注浆深度、不同抬升量等因素，在注浆前根据设计参数配置不同的浆液。当注浆以抬升或封堵为目的时，建议采用初凝时间较短的水泥—水玻璃双液浆；当注浆以加固或控制沉降为目的时，建议采用初凝时间较长的水泥单液浆。注浆材料或浆液配比可根据具体工程案例做适当的调整。

6）注浆

在以上工作全部完成后，开始进行压浆。在环与环纵向上由中心向两端并以梅花跳孔方式进行注浆缓缓而抬；在单环竖向上先进行底部压浆孔试压，再根据试压情况进行封闭注浆，然后由底部中心位置向两侧缓缓抬升注浆，注浆深度由近及远分层注浆，并根据实际情况进行多点多次抬升施工。对于封闭浆区域，建议采用水泥—水玻璃双液浆，在满足浆液流动性和管路畅通的情况下尽可能缩短浆液的凝结时间，达到快速封堵的目的；对于抬升浆区域，可采用水泥单液浆或单液浆＋双液浆的组合，确保不会因为水玻璃过多造成浆液长期性能下降。

7）拔除注浆管

按要求完成注浆，注浆管停滞 5 分钟以上，待浆液初凝后，利用专用拔管设备将注浆管全部拔除；关闭球阀，拆除防喷装置，单次注浆完成。

8）拆除球阀，封孔

当日注浆作业完成后，拆除球阀，用亲水环氧或硫铝酸盐水泥进行封孔，加盖闷盖，完成单孔工艺。

参考文献

[1] 叶耀东. 软土地区运营地铁盾构隧道结构变形及健康诊断方法研究 [D]. 上海同济大学, 2007.

[2] 江大虎. 盾构隧道混凝土管片的耐久性退化规律及其寿命预测 [D]. 南京：南京航空航天大学, 2010.

[3] 周晓军. 地铁杂散电流对衬砌耐久性影响及防护的探讨 [J]. 地下空间与工程学报, 2007, 3 (3)：522-528.

[4] 张誉, 蒋利学, 张伟平, 等. 混凝土结构耐久性概论 [M]. 上海：上海科学出版社, 2003.

[5] 阿列克谢耶夫著, 黄可信, 吴兴祖, 等译. 钢筋混凝土结构中钢筋腐蚀与保护 [M]. 北京：中国建筑工业出版社, 1983.

[6] Papadakis V G, Vayenas C G, Faris M N. Fundamental modeling and experimental investigation of concrete carbonation [J]. ACI Materials Jouunal, 1991 (88)：363-373

[7] 上海市工程建设规范. DG/TJ 08—804—2005 既有建筑物结构检测与评定标准. 上海, 2005.

[8] 王新友, 李宗津. 混凝土使用寿命预测的研究进展 [J]. 建筑材料学报, 1999, 2 (3)：249-256.

[9] 李积平, 潘德强. 海工高性能混凝土抗氯离子侵蚀耐久性寿命预测 [A]. 土建结构工程的安全性与耐久性, 北京, 2001.

[10] 杜应吉. 地铁工程混凝土耐久性研究与寿命预测 [D]. 南京：河海大学, 2003.

[11] 余洪发, 孙伟, 鄢良慧, 等. 混凝土使用寿命预测方法的研究Ⅰ—理论模型 [J]. 硅酸盐学报, 2002, 30 (6)：696-690.

[12] 张丽. 混凝土硫酸盐侵蚀的机理及影响因素 [J]. 东北公路, 1998, 21 (4)：40-43.

[13] 李兆霞. 损伤力学及其应用 [M]. 北京：科学出版社, 2002：2-20.

[14] 余红发. 盐湖地区高性能混凝土的耐久性、机理与使用寿命预测方法 [D]. 南京：东南大学, 2004.

[15] BRITISH STANDARD. Structural use of concrete—Part 2：Code of practice for special circumstances：45-46.

[16] Sun Wei, Mu R, Luo X et al. Effect of Chloride Salt, Freeze-thaw Cycling and Externally Applied Load on the Performance of the Concrete [J]. Cement and Concrete Research, 2002, 32 (12)：1859-1864.

[17] 惠云玲. 混凝土结构中钢筋锈蚀程度评估和预测实验研究 [J]. 工业建筑, 1997, 37 (6)：6-9.

[18] 李威. 地铁杂散电流腐蚀监测及防护技术 [M]. 徐州：中国矿业大学出版社, 2004.

[19] 赵宇辉. 地铁杂散电流腐蚀及其对隧道结构可靠度与耐久性的影响 [D]. 成都：西南交通大学, 2006.

[20] 黄文新, 殷素红, 李铁锋, 等. 杂散电流对广州地铁混凝土溶蚀性能响的加速试验研究 [J]. 混凝土, 2008, 30 (8)：17-33.

[21] 牛荻涛. 混凝土结构耐久性与寿命预测 [M]. 北京：科学出版社, 2003.

[22] 唐亮. 隧道病害调查分析及衬砌结构的风险分析与控制研究 [D]. 杭州：浙江大学, 2008.

[23] 吕大刚, 宋鹏彦, 崔双双, 等. 结构鲁棒性及其评价指标 [J]. 建筑结构学报, 2011, 11：44-54.

[24] 高扬, 刘西拉. 结构鲁棒性评价中的构件重要性系数 [J]. 岩石力学与工程学报, 2008, 12：2575-2584.

[25] 熊前锦. 大跨度空间网格结构的鲁棒性研究 [D]. 杭州：浙江大学, 2013.

[26] 方召欣. 基于消能观点的结构鲁棒性分析与实现 [D]. 武汉：华中科技大学，2008.

[27] 钟小春，朱伟，秦建设. 盾构隧道衬砌管片通缝与错缝的比较分析 [J]. 岩土工程学报，2003，01：109-112.

[28] 严长征，张庆贺，王慎堂. 盾构隧道通、错缝拼装管片受力及变形比较 [J]. 地下空间与工程学报，2007，04：703-706＋731.

[29] 宋成辉. 软土地层地铁盾构通用环管片结构设计研究 [J]. 地下空间与工程学报，2011，04：733-740.

[30] 毕湘利，柳献，王秀志，等. 通缝拼装盾构隧道结构极限承载力的足尺试验研究 [J]. 土木工程学报，2014，47（10）：117.

[31] 毕湘利，柳献，王秀志，等. 内张钢圈加固盾构隧道结构极限承载力的足尺试验研究 [J]. 土木工程学报，2014，11：128-137.

[32] 柳献，张乐乐，李刚，等. 复合腔体加固盾构隧道结构承载能力的试验研究 [J]. 城市轨道交通研究，2015，（7）：52-57.

[33] 柳献，唐敏，鲁亮，等. 内张钢圈加固盾构隧道结构承载能力的试验研究——整环加固法 [J]. 岩石力学与工程学报，2013，32（11）：2300-2306.

[34] 柳献，张浩立，唐敏，等. 内张钢圈加固盾构隧道结构承载能力的试验研究——半环加固法 [J]. 现代隧道技术，2014，51（3）：131-137.

[35] CECS 146：2003

第5章 通用环管片结构在宁波的应用

宁波市地铁工程场地地貌类型单一，其岩土成分复杂，土质软弱，软土层厚度为17.4～31.0m，硬土层顶板起伏较大，地下水位高，且有孔隙潜水、孔隙微承压水和承压水等多种类型，是典型的软土地区。宁波地铁1号线、2号线绝大部分区间采用盾构法施工，而通用环管片结构由于能够提高在软土地层中管片抵抗沉降变形的能力，在宁波地铁中全线使用。

本章在分析宁波市地铁盾构施工现状及基础上，简要介绍通用环管片在宁波地铁施工及运营维护中的应用。

5.1 宁波市轨道交通盾构施工现状及问题

5.1.1 宁波轨道交通项目概况

宁波市轨道交通网络规划以主城区为核心，以跨三江（姚江、甬江、奉化江）、连三片（三江片、镇海片、北仑片）、沿三轴（商业轴、水轴、公建轴）为指导思想构成骨架，由6条线组成放射式线网，辐射范围覆盖全宁波市区和余慈地区以及奉化组团，规划线网全长247.5km（主城区内全长177.4 km）。其中1、2、3号线为轨道交通主干线，4、5、6号线为辅助线。

鉴于目前宁波轨道交通建设进展情况，本书所涉盾构通用环管片工程关键技术主要以1号线一期为背景，部分涉及2号线一期工程。宁波轨道交通1号线、2号线一期工程线路走向如图5-1所示，1号线路始于市区西部高桥镇，以高架线形式向东敷设，在望春附近转入地下，此后线路沿中山西路向东经鼓楼、天一广场，下穿奉化江后沿中山东路向东，经世纪大道后线路沿宁穿路向东延伸，穿过东部新城，到达1号线一期工程的终点东环南路。线路正线长20.878km，其中高架线约7km，地下线约14km，共设车站20座，其中高架站5座，地下站15座。

宁波轨道交通1号线一期工程共包含13个单圆盾构隧道区间，从望春桥站至东环南路站之间的十四个区间除鼓楼—天一广场站区间外均为盾构隧道区间。

表5-1为13个盾构隧道区间的线路长度及隧顶埋深情况，其中隧顶埋深最浅处位于福庆北路站—盛莫路站区间，为6.9m；埋深最深处位于天一广场站—江夏桥东站区间，最大埋深达到21.1m。

宁波轨道交通2号线一期工程线路始于机场站，终于东外环路站，线路全长28.350km，其中地下线21.604km，高架线6.392km，过渡线0.354km，共设22座车站，其中地下车站18座，高架车站4座。2号线一期工程共包含17个单圆盾构隧道区间，从

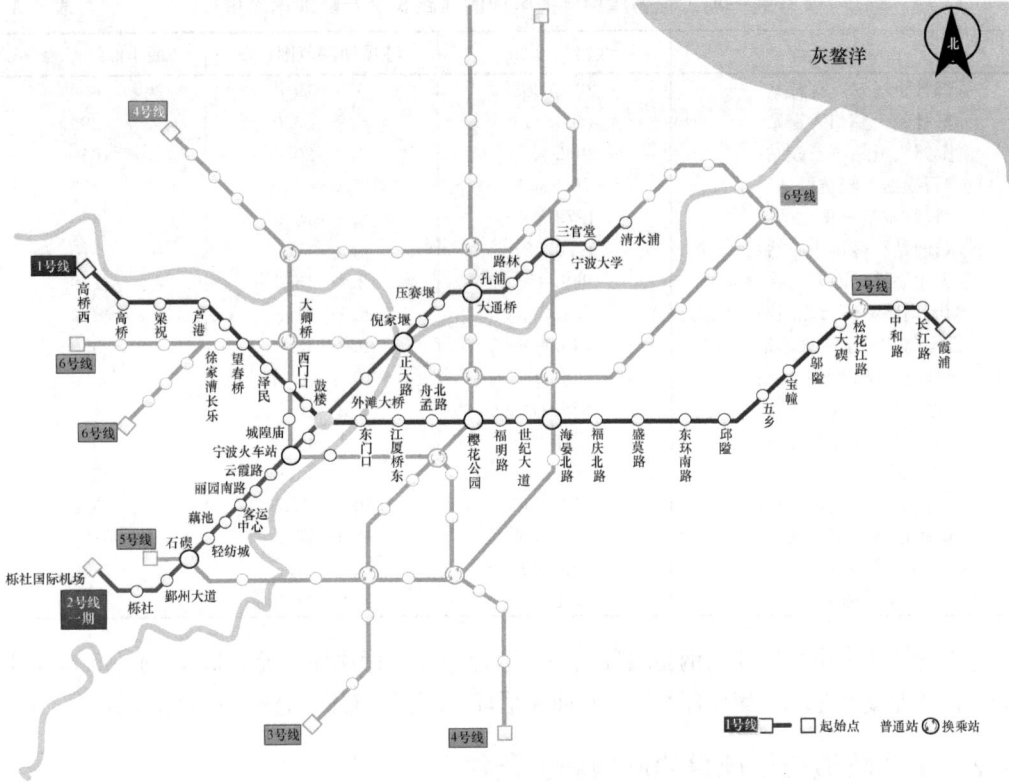

图 5-1　宁波轨道交通 1 号线、2 号线一期工程线路走向示意图

栎社国际机场站至孔浦站之间的十六个区间除压赛堰站—大通桥站区间外均为盾构隧道区间，加上孔浦站后一个盾构区间。

1 号线一期工程各盾构隧道区间的线路长度及隧顶埋深情况　　　　　　表 5-1

区间	线路长度(m)	隧顶埋深范围(m)	最小曲线半径(m)
望春桥—泽民站区间	831.4	7.2～14.3	400.000
泽民站区间—大卿桥站	896.0	10.0～20.0	1500.000
大卿桥站—西门口站区间	832.0	8.0～13.5	1000.000
西门口站—鼓楼站区间	795.0	9.2～16.5	600.000
天一广场站—江夏桥东站区间	775.2	10.5～21.1	399.859
江夏桥东站—舟孟北路站区间	716.2	9.8～15.0	1999.955
舟孟北路站—樱花公园站区间	501.7	9.5～9.8	449.851
樱花公园站—福明路站区间	1075.0	9.8～16.1	400.000
福明路站—世纪大道站区间	701.0	10.2～15.1	800.000
世纪大道站—海晏北路站区间	818.0	10.4～15.7	400.000
海晏北路站—福庆北路站区间	748.0	8.9～16.0	600.000
福庆北路站—盛莫路站区间	1002.8	6.9～17.5	1500.000
盛莫路站—东环南路站	1245.3	9.4～16.8	1500.000

　　表 5-2 为 2 号线一期工程 17 个盾构隧道区间的线路长度及隧顶埋深情况，其中隧道顶埋深最浅处位于站后盾构区间，为 4.8m；而埋深最深处位于栎社站—鄞州大道站区间，为 22m。

区间	线路长度(m)	隧顶埋深范围(m)	最小曲线半径(m)
栎社机场站—栎社站	2206.008	6.5～19.7	600
栎社站—鄞州大道站	1466.318	6.8～22.0	380
鄞州大道站—石碶站	982.497	9.4～20.0	650
石碶站—轻纺城站	765.503	11.0～17.2	450
轻纺城站—藕池站	1273.062	8.5～18.5	350
藕池站—客运中心站	1090.727	8.3～17.6	310
客运中心站—丽园南路站	949.852	8.4～15.0	350
丽园南路站—云霞路站	601.353	8.3～11.2	300
云霞路站—宁波火车站	949.956	9.3～18.9	350
宁波火车站—城隍庙站	1194.976	10.4～17.7	300
城隍庙站—鼓楼站	555.772	9.2～10.5	450
鼓楼站—外滩大桥站	1174.893	9.1～17.8	350
外滩大桥站—正大路站	654.384	9.7～12.6	350
正大路站—倪家堰站	913.136	10.2～17.6	500
倪家堰站—压赛堰站	1023.35	9.3～17.2	330
大通桥站—孔浦站	868.712	9.8～17.5	350
站后盾构	1001.271	4.8～12.7	380

隧道管片环为小直径预制钢筋混凝土平板型管片环，管片环外径 6.2m，内径 5.5m，环宽 1.2m，管片厚度 0.35m，管片环设计为双面楔形环，环面设置凹凸榫，采用错缝拼装形式。

5.1.2　宁波轨道交通项目的盾构施工条件

1. 工程地质

宁波轨道交通工程的盾构施工穿越的地层主要有①$_2$层、②$_{2-1}$层、②$_{2-2}$层、③$_1$层、③$_2$层、④$_{1-2}$层以及④$_2$层。其中，①$_3$层、②$_{2-1}$层、②$_{2-2}$层是本场地软土层，③$_1$层灰色粉砂在盾构掘进过程中，当具有一定水头的动水压力作用时易发生流土现象。

①$_3$灰色淤泥质黏土：呈流塑状，高压缩性，高灵敏度，层位起伏较大，一般厚度为 1.4～7.9m，层顶埋深为 0.6～4.0m，层顶标高为 -1.98～1.25m。

②$_{2-1}$灰色淤泥：呈流塑状，高压缩性，高灵敏度，一般厚度 2.1～8.0m，层位起伏相对较大，层顶埋深为 2.2～10.1m，层顶标高为 -7.31～-3.03m。

②$_{2-2}$灰色淤泥质黏土：呈流塑状，高灵敏度，一般厚度为 2.4～12.8m，层位起伏较大，层顶埋深为 8.5～16.0m，层顶标高为 -13.23～-7.00m。

③$_1$灰色粉砂：呈稍密状态，中压缩性，一般厚度为 1.1～2.6m，层位相对稳定，层顶埋深为 17.5～18.7m，层顶标高为 -16.06～-15.44m，该土层含水量平均值为 24.9%，当具有一定水头的动水压力作用时易发生流土现象。

③$_2$灰色粉质黏土夹粉砂：呈软塑状，中压缩性，一般厚度为 0.9～4.9m，层位起伏较大，层顶埋深为 15.0～23.0m，层顶标高为 -20.23～-15.56m。

④$_{1-2}$灰色粉质黏土：呈软塑状，中压缩性，一般厚度为 1.0～11.6m，层位起伏较大，层顶埋深为 18.0～26.0m，层顶标高为 -23.23～-16.53m。

④$_2$灰色黏土：呈软塑状，高压缩性，一般厚度为 1.0～8.0m，层位起伏相对较大，层顶埋深为 20.0～27.5m，层顶标高为 -24.95～-16.93m。

主要地质土层特征表　　　　　　　　　　　　　　　表 5-3

层号	地层名称	状态	特征描述	分布情况
①₃	淤泥质黏土	流塑	土质不均,含少量有机质,夹薄层团状粉砂,切面光滑,有光泽,干强度中,韧性中,无摇振反应	均布
②₂₋₁	淤泥	流塑	高压缩性,高灵敏度,无摇振反应	零星
②₂₋₂	淤泥质黏土	流塑	土质不均,局部为淤泥,切面光滑,呈油脂光泽,干强度中,韧性中,无摇振反应	均布
③₁	粉砂层	软塑	土质不均,夹薄层黏性土,局部为细砂,含云母	局部
③₂	粉质黏土夹粉砂	软塑	土质不均,局部粉性较重为粉土,切面稍光滑,无光泽,干强度中,韧性中,无摇振反应	均布
④₁₋₂	粉质黏土	软塑	土质不均,局部夹薄层粉土,含少量有机质,切面稍光滑,无光泽,干强度高,韧性高,无摇振反应	均布
④₂	黏土	软塑	土质不均,局部夹薄层粉土,含少量有机质,切面光滑,有光泽,干强度高,韧性高,无摇振反应	均布

2. 水文地质

场地地下水由浅部土层中的潜水、砂性土中的微承压水及深部粉(砂)性土层中的承压水组成。

(1) 潜水：潜水主要在浅部黏性土、粉性土中,地下水位随降雨、潮汐影响而略有变化,根据区域地质资料,地下水位变化幅度不大,一般在 0.5～1.0m 之间。

(2) 承压水：场区内承压水在③₁层粉砂,根据区域地质和水文地质资料,承压水水头埋深在 5.0～7.0m。

3. 沿线建筑穿越

工程沿线的建筑物结构形式不一,沿线主要分布有居民住宅、商业建筑和办公楼,多为多层及高层楼,且与隧道地相对位置有一定的差异。盾构穿越施工对不同位置的建筑物会产生不同程度的影响。建筑物与隧道的相对位置分类如表 5-4 所示。

建、构筑物与隧道的相对位置表　　　　　　　　　　表 5-4

相对位置分类	盾构推进的影响
正下方穿越	盾构推进断面完全在建筑物下方,穿越后可能造成建筑物基础的整体下沉和倾斜
侧下方穿越	盾构部分推进断面在建、构筑物下方,穿越后可能造成构、建筑物基础的不均匀沉降和倾斜以及墙体开裂
侧面穿越	盾构推进断面在构、建筑物侧下方,构、建筑物下方土体位于盾构的侧面。穿越后可能造成构、建筑物基础的不均匀沉降

盾构从建筑物正下方及侧下方穿越时对建筑物的影响较大,从侧面穿越的影响相对小些。为保护建筑物的安全,减小盾构推进对周围环境的影响,须编制相应的专项应急预案,准备相关的应急物资来预防不可预见的各种风险。

4. 注浆工艺

为盾构机掘进过程中形成的管片与土体之间的空隙将采用注浆回填,浆液是通过运浆车送到洞内,注浆与掘进保持同步,采用同步注浆。根据地质条件,须确定浆液配比、注浆压力、注浆量及注浆起讫时间等参数,以判断能否达到预期效果。

同步注浆选择惰性浆液进行及时、均匀、定量压注,确保其建筑空隙得以及时和足量的充填,压浆量视地层变形监测数据而定,稠度控制在 9～11cm。压浆属一道重要工序,须指派专人负责，对压入位置、压入量、压力值均作详细记录，并根据地层变形监测信息及时调整，确保压浆工序的施工质量。在盾构掘进的过程中，每环注浆量控制在150％～200％，为减少地下的后期变形，必要时进行衬砌壁后注浆，注浆参数及注浆量的选择根据实际情况而定（待100m试验段施工得出的数据），为防止浆液在注浆系统内硬化，定时对注浆系统及拌浆系统进行清洗，严禁在同步注浆系统堵塞的情况下进行盾构掘进。

表5-5列出了宁波轨道交通工程部分标段所使用的浆液配比情况。

从上表中可知，所配的浆液在不同的地段有所不同，但都具备以下性能：

（1）初始黏度低，以更好地充填盾构掘进造成的间隙；

（2）凝结速度快，以避免沉陷；

（3）不得堵塞盾尾密封。

同时，在盾构穿越过程中，还应进行跟踪补浆及二次补浆，严格控制隧道的沉降，确保隧道的安全。在同步注浆施工过程中，对穿越隧道有影响的施工区段，从隧道预留注浆孔中打入适当数量的预埋注浆管，预埋注浆管深度暂定为1.5m。预埋注浆管打入后，根据监测数据和实际要求，随时准备进行跟踪注浆加固，在变形较大时起到一定的应急作用。

对部分区段隧道上部（90°～180°）1.5m范围土体进行双液注浆加固。加固后的土体应有良好的均匀性和较小的渗透系数，注浆加固后土体强度要求 $p_s \geqslant 1.2MPa$。隧道推进结束后，根据实测资料，可对变形较大的部分，打开预留的注浆孔进行再注浆，达到控制变形的目的。注浆压力控制在≤0.5MPa，注浆流量控制在10～15L/min。

浆液配比（单位：kg/m³）　　　　　　　　　　　　　　　表5-5

标段	区间名称	砂	膨润土	粉煤灰	水	水泥	生石灰	外加剂		配比
		kg	kg	kg	kg	kg	kg	kg	名称	（砂：膨润土：粉煤灰：水）
Ⅰ标	望春桥站—泽民站	620	120	270	600					1.03：0.200：0.45：1
		720	100	400	500					1.44：0.200：0.80：1
		800	80	400	450	50				1.78：0.178：0.89：1
Ⅱ标	泽明站—大卿桥站	600	42	444	666	76				0.90：0.063：0.67：1
Ⅳ标	樱花公园站—舟孟北路站	1180	100	300	250		80			4.72：0.400：1.20：1
Ⅵ标	福明路站—世纪大道站	667	266	600	400		60	1	增稠剂	1.67：0.665：1.50：1
Ⅶ标	海晏北路—福明路	866	100	250	300	66	33	0.3	增稠剂	2.89：0.330：0.83：1
Ⅷ标	盛莫路—福庆路	880	60	360	320		120			2.75：0.190：1.12：1

5. 隧道管片参数

（1）通用管片内径为5500mm，外径为6200mm，厚度为350mm，环宽为1200mm。

（2）隧道衬砌采用通用楔形环错缝拼装。楔形衬砌环设计为双面楔形环，最大楔形量为37.2mm，每环楔形角20′37.59″。

（3）管片共有16个拼装点位如图5-2所示，通用管片效果如图5-3所示。管片环缝采用凹凸榫槽结构。

5.1.3 宁波市轨道交通项目盾构机选型

盾构机类型的选择应根据拟建区间隧道的外径、

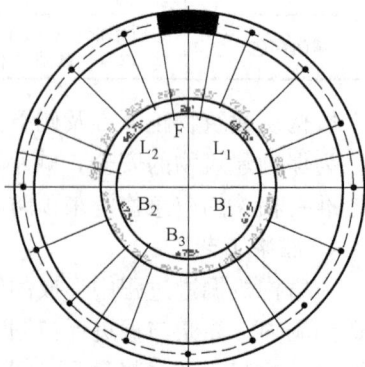

图5-2　通用管片点位图

注：F为封顶块；L₁、L₂为邻接块；
　　B₁、B₂、B₃为标准块。

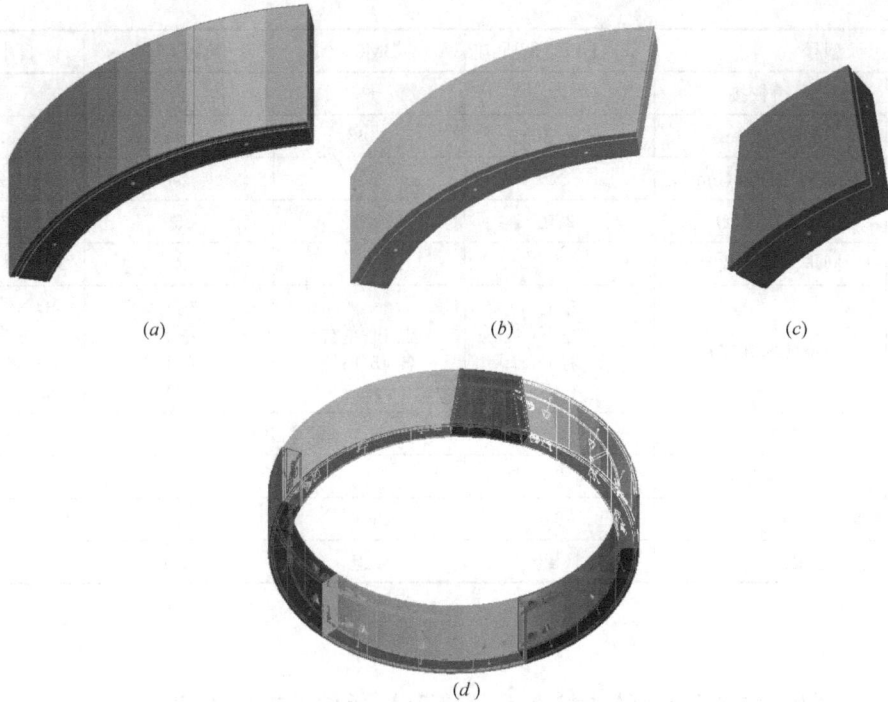

图 5-3　通用管片效果图
（a）标准块；（b）邻接块；（c）封顶块；（d）拼接图

埋深、地质条件、岩土特征、土体颗粒级配、土层渗透系数、地层硬稠度系数等特征，以及线路曲线半径、坡度、周边环境、地下构筑物等施工条件综合考虑。其遵循的内容包括：地铁隧道设计、施工规范及标准、招标文件、地质勘查报告等。

宁波轨道交通项目的地层松软、软土广布、地下水丰富，因此应选用封闭式盾构机进行区间隧道掘进施工，且适用于黏土、砂质黏土、粉质黏土、粉砂等地质条件。除此之外，选用的盾构机应该也符合了宁波地区盾构施工的特殊要求，总结如下：

（1）小半径大坡度的线形要求。宁波轨道交通的隧道轴线最小的转弯半径为 300m，且有不同的纵坡线性要求。

（2）轴线偏差控制。在盾构推进过程中，结合使用盾构机的铰接装置与仿形刀，在一定的参数调整下修正为盾构推进的正常状态，进而确保隧道轴线满足设计要求。

（3）管片拼装的精度。管片拼装的准确与否，影响着盾构推进的趋势，并进一步地影响管片成型的姿态。因此，盾构机必须有一定的仪器装置以保证管片拼装的可行性与准确性。

表 5-6 列出了宁波轨道交通项目中所采用的四种盾构机。

宁波轨道交通项目各标段区间的盾构技术参数　　　　　　　　　　表 5-6

型号	863 土压平衡盾构	TBM6340	奥村 6340	日本小松
应用区间	樱花公园站—舟孟北路站区间	福明路站—世纪大道站区间	盛莫路站—福庆路站区间	泽明站—大卿桥站区间

型号		863 土压平衡盾构	TBM6340	奥村 6340	日本小松
盾构机 主要参数	是否铰接	否	是	否	是
	主体长度(m)	8.8	8.68	7.623	8.68
	标准盾尾间隙(mm)	30	30	25	25
	盾体重量(t)	250	300	250	236.5
注浆参数	同步注浆孔数量	4	4	4	4
	同步注浆孔位置	左上 左下 右上 右下	上下、左右 各45°角处	左上 左下 右上 右下	34°30′(右上) 34°30′(左上) 53°30′(左下) 53°30′(右下)
	注浆泵类型	德国施维英			
	注浆泵数量	2	1	1	2
拼装机自由度		6	360°	5	220°
千斤顶编组		16 组	4 组	22 个	22 个

5.2 宁波轨道交通盾构隧道通用管片关键技术施工

5.2.1 自动化导向系统和排版系统应用技术

1. 工程背景

(1) 工程实例 1-TJ2101 标

宁波市轨道交通 2 号线一期工程 TJ2101 标项目包含"两站两区间"(机场站、栎社新村站、机—栎区间、栎—鄞区间)。机场站~栎社新村站区间设计起点里程为 SK0+348.000，终点里程为 SK2+551.500，全长 2203.500 双线米。区间隧道均采用盾构法施工。最小平曲线半径 600m，线间距 13~15m。竖曲线半径为 3000m 和 5000m；区间隧道最小埋深 6.2m，最大埋深 19.6m，线路最大纵坡为 22‰，隧道外径 6.2m，管片厚度 350mm，环宽 1200mm；区间设 3 座联络通道，中心里程分别为 SK0+870.000、SK1+441.300 和 SK2+0.30.000，其中 SK1+441.300 处联络通道结合泵站设置。

机场站—栎社新村站区间所处地层为①₁杂填土、①₂黏土、①₃淤泥、②₁黏土、②₁ₐ砂质粉土、②₂ₐ淤泥、②₂ᵦ淤泥质黏土、②₂ᵧ淤泥质粉质黏土、③₁粉砂、③₂粉质黏土、④₁淤泥质黏土、④₂黏土、④₃粉质黏土、⑤₁粉质黏土、⑤₁ₐ砂质粉土、⑤₂黏土层。

(2) 工程实例 2-TJ1211 标

宁波市轨道交通 1 号线二期工程 TJ1211 标项目范围为"一站两区间"，包括东环南路站—邱隘站区间、邱隘站、邱隘站—U 形槽明挖区间(含 U 形槽明挖段)。

邱隘站—U 形槽区间左线线路出邱隘站转东南方向，区间沿线穿越主要构筑物有：天童庄车辆段桩基、规划货场、北仑铁路支线等最后进入 U 形槽。左线区间起讫里程为 K22+247~K23+67.782，区间全长 825.759m(长链 4.977m)。与区间右线线间距为

9.7～13.5m。隧道外径 6.2m，管片厚度 350mm，环宽 1200mm；纵坡为"V"形坡，区间左线线路最小纵坡 4.944‰，最大纵坡 28.63‰。区间左线出邱隘站先以平坡出洞由竖曲线半径 5000m 曲线逐步变坡 4.944‰直线下坡，至旁通道位置竖曲线 5000m 半径变坡至上坡 6.13‰，至 195.8m 后竖曲线 5000m 变坡成 28.63‰上坡，完成进洞。隧道顶部埋深 4.5～8.5m。区间在 K22＋747.5 处设一联络通道及泵站。

邱隘站—U 形槽区间所处地层为②₂灰色淤泥质黏土、②₃灰色淤泥质粉质黏土、③₁灰色粉土夹粉砂，其土石可挖性等级均为Ⅰ级，盾构掘进较容易，但土体自稳性一般较差。②₂淤泥质黏土、②₃淤泥质粉质黏土呈流塑状，在外力作用下易扰动且强度降低，盾构掘进中保持土压平衡较为困难，而且上述两层土灵敏度高，开挖扰动易产生结构破坏，强度降低，重新固结导致隧道产生过大沉降或不均匀沉降。

③₁粉土夹粉砂，呈松散状态，中等压缩性土，盾构掘进时，由于粉土、粉砂不仅流动性好，而且渗水性大，故需确保止水性；盾构施工过程中，粉土、粉砂在具一定水头的动水压力作用下易产生管涌、流砂、涌水等现象，易产生开挖面失稳、地面沉降及塌陷。

2. 工程实例

（1）工程实例 1

试验选取 TJ2101 标机场站—栎社新村站区间上行线 56 个样本数据，均穿越⑤₁层粉质黏土，分别进行了一次计算整体排版 20 环和排版后取第一环每环计算两种方式。"演算工坊 20 环排版"指基于上一环管片资料，连续计算出后续 20 环整体排版点位；"演算工坊每次排版取第 1 环"指基于上一环管片资料计算出 20 环点位后取第一环作为下一环的点位，然后选取下一环为基准环重复计算。

排版计算与实际点位对比表　　　　　　　　　表 5-7

环号	实际拼装点位	演算工坊20 环排版	演算工坊每次排版取第 1 环	环号	实际拼装点位	演算工坊20 环排版	演算工坊每次排版取第 1 环
102	15	2	2	130	12	6	15
103	4	4	1	131	4	14	4
104	12	15	12	132	12	6	12
105	4	4	4	133	4	14	4
106	12	12	12	134	6	6	2
107	4	1	4	135	4	14	1
108	12	6	12	136	12	6	15
109	7	14	7	137	4	1	1
110	2	6	2	138	12	6	15
111	7	14	7	139	4	11	1
112	12	6	12	140	12	16	15
113	4	14	4	141	4	6	1
114	12	16	12	142	12	14	12
115	4	5	4	143	4	16	14
116	15	13	14	144	6	14	14
117	4	5	4	145	11	6	11
118	12	7	12	146	6	4	3
119	14	12	14	147	4	6	4
120	6	14	6	148	12	14	15
121	11	4	4	149	4	3	1
122	3	12	16	150	12	14	11
123	14	4	14	151	4	6	4
124	6	12	6	152	15	14	15
125	4	4	4	220	12	15	15
126	12	2	12	221	4	13	1
127	7	7	7	222	4	5	15
128	12	12	12	223	4	3	1
129	7	1	7	224	12	14	2

工程案例中盾构操作手实际选择点位未必是最优点位，但盾构操作手选择的点位综合考虑了实际施工条件，并且案例中管片没有出现破损、渗漏等问题，说明司机选择的点位基本合理，因此作为对比依据是可行的。试验结果分析如下：

相同点位：通过表格中对比数据可以得出"演算工坊 20 环排版"所取点位与实际拼装点位完全相同的共有 5 个，为总数的 8.9%；"演算工坊每次排版取第 1 环"所取点位与实际拼装点位完全相同的共有 30 个，为总数的 53.6%。可见由于施工原因，整体排版与实际选取差别较大，但每次选点位时都重新计算取到的第一环点位和实际选择的点位有 53.6%是相同的，超过了总数的一半。

相近点位：若实际拼装点位与软件排版所得的点位同时处于图 5-4 中"Ⅰ"、"Ⅱ"、"Ⅲ"、"Ⅳ"其中的一个区域，但不相同，则认为这两个点位是相近点位。在案例 1 试验结果中，"演算工坊 20 环排版"所取点位与实际拼装点位相近的共有 8 个，为总数的 14.3%；"演算工坊每次排版取第 1 环"所取点位与实际拼装点位相近的共有 9 个，为总数的 16.1%。

竖直一致点位：若实际拼装点位与软件排版所得的点位同时处于图 5-4 中"线 1"的上部分或下部分，则认为这两个点位在竖直方向上是一致的。在案例 1 试验结果中，"演算工坊 20 环排版"所取点位与实际拼装点位在竖直方向一致的点位共有 30 个，为总数的 53.6%；"演算工坊每次排版取第 1环"所取点位与实际拼装点位在竖直方向一致的点位共有 46 个，为总数的 82.1%。

水平一致点位：若实际拼装点位与软件排版所得的点位同时处于图 5-4 中"线 2"的左边或右边，则认为这两个点位在水平方向上是一致的。在案例 1试验结果中，"演算工坊 20 环排版"所取点位与实际拼装点位在水平方向一致的点位共有 30 个，为总数的 53.6%；"演算工坊每次排版取

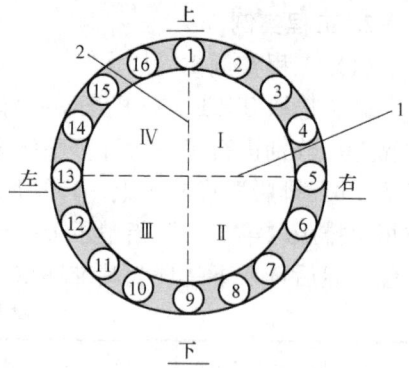

图 5-4　盾构机拼装点位示意图

第 1 环"所取点位与实际拼装点位在水平方向一致的点位共有 51 个，为总数的 91.2%。

由图 5-5、图 5-6 可知：

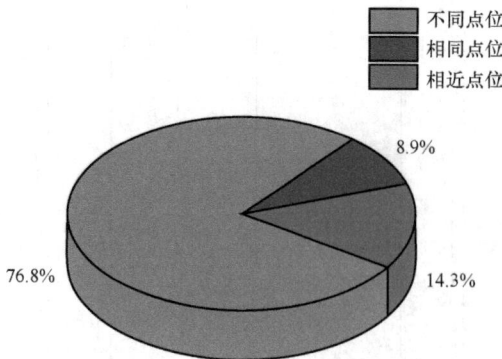

图 5-5　"演算工坊 20 环整体排版"
所取点位与实际拼装点位对比

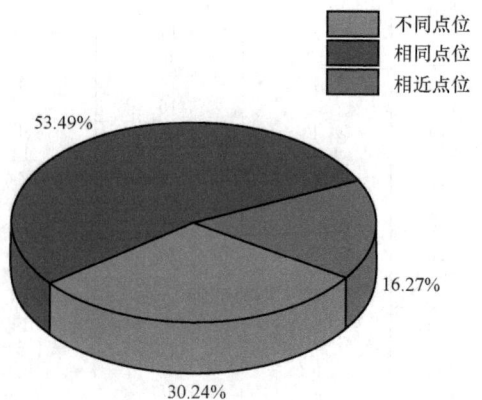

图 5-6　"演算工坊每次排版取第 1 环"
所取点位与实际拼装点位对比

① 整体排版计算点位与实际推进过程选择的点位差别较大，分析其原因可能为盾构机无法严格按照计算的纠偏曲线推进，推进过程中盾构机实际推进路线与纠偏路线误差越来越大，导致根据纠偏线计算出的点位无法使用。而每次排版取第 1 环在计算点位时均重新计算，误差较小，因此该软件在宁波使用时应注意推进一环、计算一次、每环必排。

② 在每次取一环排版和实际施工选择不同的 26 个点位中，软件计算得到的点位在实际选取点位上方的有 24 个，即软件选择了很多下超较大的点位，分析原因可知，实际施工中，为避免管片上浮带来的偏差，盾构机基本保持在线下一定距离推进，而软件计算的纠偏线在垂直方向会不断向上纠偏，因此软件计算的点位多是下超点位。

（2）工程实例 2

本次对比试验选取 TJ1211 邱隘站—U 形槽区间左线直线段的 50 个样本数据，大部分都穿越②₂层灰色淤泥质黏土，分别进行了以演算工坊排版后取第一环每环计算和以自编排版软件排版的两种方式的排版。"演算工坊每次排版取第 1 环"指基于上一环管片资料计算出 20 环点位后取第一环作为下一环的点位，然后重复计算；"自动选点程序"指报告自主开发的基于上一环管片资料计算出下一环的点位的程序。以"演算工坊每次排版取第 1 环"和"自动选点程序"两者所得结果与实际拼装点位进行对比。演算工坊排版软件和自动选点程序的主要权重参数为盾尾间隙、千斤顶行程差和平滑度，为保证这两个软件的可比性，同时把各自排版的关键参数权重设置为盾尾间隙：千斤顶行程差：柔和度＝3：3：4，设置为这样的比例是考虑了自动排版软件与实际施工的差异性，均衡的权重比例较适应直线段。

实际拼装点位与演算工坊排版计算和自动选点程序点位对比表　表 5-8

环号	实际拼装点位	演算工坊每次排版取第 1 环	自动选点程序	环号	实际拼装点位	演算工坊每次排版取第 1 环	自动选点程序
104	13	13	13	129	5	14	14
105	5	15	5	130	13	13	13
106	13	13	7	131	5	5	5
107	5	11	5	132	13	7	13
108	13	13	7	133	15	11	15
109	5	11	5	134	13	4	13
110	13	16	13	135	5	15	11
111	11	15	5	136	13	6	13
112	13	3	13	137	5	2	5
113	5	15	11	138	7	16	7
114	3	16	13	139	5	7	5
115	5	11	5	140	13	15	16
116	13	13	5	141	5	2	11
117	5	11	15	142	7	16	16
118	7	16	13	143	5	15	12
119	5	5	2	144	13	16	13
120	7	7	13	145	5	2	5
121	12	5	2	146	7	3	13
122	13	14	14	147	15	15	12
123	5	11	2	148	7	7	4
124	7	16	3	149	5	2	12
125	5	11	12	150	7	13	13
126	13	13	13	151	15	12	13
127	5	11	5	152	7	13	4
128	16	5	13	153	15	5	15

在工程实例2中的试验采用的是新版演算工坊自动排版软件，新版的演算工房软件对选环系统的管片组计划功能模块了作了部分的修改，增加了盾尾间隙、千斤顶行程差、平滑度三个关键参数的自主分配比重。

试验结果分析如下：

相同点位：通过表格中对比数据可以得出"演算工坊每次排版取第1环"所取点位与实际拼装点位完全相同的共有11个，为总数的22%；"自动选点程序"与实际选取相同的点位共有21个，为总数的42%。

相近点位：在案例2试验结果中，"演算工坊每次排版取第1环"所取点位与实际拼装点位相近的共有7个，为总数的14%；"自动选点程序"所取点位与实际拼装点位相近的共有3个，为总数的6%。

竖直方向一致点位：在案例2试验结果中，"演算工坊每次排版取第1环"所取点位与实际拼装点位在竖直方向一致的点位共有42个，为总数的84%；"自动选点测试程序"所取点位与实际拼装点位在竖直方向一致的点位共有44个，为总数的88%。

水平方向一致点位：在案例2试验结果中，"演算工坊每次排版取第1环"所取点位与实际拼装点位在水平方向一致的点位共有25个，为总数的50%；"自动选点程序"所取点位与实际拼装点位在水平方向一致的点位共有31个，为总数的62%。

由图5-7、图5-8可知：

（1）基于VB开发的自动选点程序点位计算结果与自动选环系统点位计算结果比较接近，验证了对自动选环系统的选环思路和计算原理的推测。

（2）对比图5-7和图5-8可以发现，自动选环系统对淤泥质土层适用性较差，说明自动选环系统无法考虑不同土层对盾构施工的影响。分析原因可能为，当地质条件较差时，盾构机姿态极难控制，由于地质条件和盾构操作手自身经验等原因导致盾构机无法按照自动排版软件计算出的纠偏曲线推进，软件计算出的点位无法在实际施工中使用。

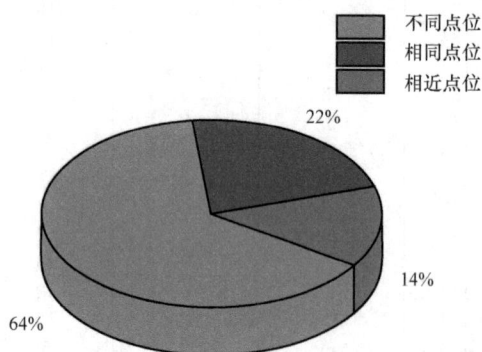

图5-7 "演算工坊每次排版取第1环"所取点位与实际拼装点位对比

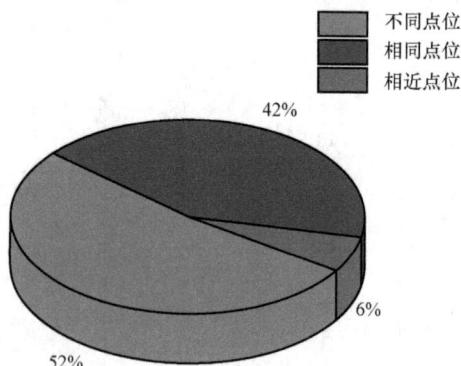

图5-8 "自动选点程序"所取点位与实际拼装点位

3. 实例对比

通过表5-9中两个工程实例的点位对比，同为"演算工坊每次排版取第1环"所取点位与实际拼装点位，工程实例1的数据要全面优于工程实例2，造成这种现象的原因盾构穿越的土层不同，工程实例 1 中盾构穿越的土层是⑤₁层粉质黏土，工程实例 2 中盾构穿越的土层是②₂层淤泥质黏土，分析可知自动选环系统对淤泥质土层适用性较差。

工程实例 1 与工程实例 2 点位对比表　　　　　　　　　　　　表 5-9

工程实例	穿越土层（环数）	对比项目		相同点位	相近点位	竖直方向一致点位	水平方向一致点位
1	⑤₁层粉质黏土（56 环）	"演算工坊 20 环排版"所取点位与实际拼装点位	数量	5	8	30	30
			百分比	8.9%	14.3%	53.6%	53.6%
		"演算工坊每次排版取第 1 环"与实际拼装点位	数量	30	9	46	51
			百分比	53.6%	16.1%	82.1%	91.2%
2	②₂层淤泥质黏土（50 环）	"演算工坊每次排版取第 1 环"所取点位与实际拼装点位	数量	11	7	42	25
			百分比	22%	14%	84%	50%
		"自动选点程序"所取点位与实际拼装点位	数量	21	3	44	31
			百分比	42%	6%	88%	62%

5.2.2　信息化自动采集系统与选环系统应用技术

1. 工程概况

本工程为宁波轨道交通 2 号线一期地下土建工程 TJ2107 标段工程，包括通途路站、环城北路站 2 座地下车站，桃渡路站—通途路站区间、通途路站—环城北路站区间、环城北路站—汽车市场站区间 3 个隧道区间，合计 2 站 3 区间。本工程区间隧道全长总计为5175.335m，为地下双线单圆盾构隧道，结构采用装配式钢筋混凝土双面楔形通用管片，错缝拼装，管片内径 5.5m，外径 6.2m，宽 1.2m。

盾构掘进中涉及的主要土层有②₂ᵦ层淤泥质黏土、②₃层淤泥质粉质黏土、③₁层粉土夹粉砂、③₁ᵦ层粉质黏土、③₂层粉质黏土、④₁层淤泥质粉质黏土、④₂层黏土、⑤₁层黏土、⑤₂层粉质黏土，其土石可挖性等级均为Ⅰ～Ⅱ级，盾构掘进较容易，但除⑤₁层黏土和⑤₂层粉质黏土外，土体自稳性一般较差。根据《地下铁道、轻轨交通岩土工程勘察规范》GB 50307，拟建隧道围岩类别为Ⅰ类。

②₂ᵦ层淤泥质黏土、②₃层淤泥质粉质黏土、④₁层淤泥质粉质黏土，呈流塑状，在外力作用下易扰动且强度降低，具高压缩性，盾构掘进中往往会出现前期沉降及盾构通过后沉降长期不收敛；另外，该上述两层土灵敏度高，开挖扰动易产生结构破坏，强度降低，重新固结导致隧道产生过大沉降或不均匀沉降。

③₁层粉土夹粉砂，呈稍密—中密状态，局部松散状态，盾构掘进时，由于粉土、粉砂不仅流动性好，而且渗水性大，故需确保止水性；盾构施工过程中，粉土、粉砂在具一定水头的动水压力作用下易产生管涌、流砂、涌水等现象，易产生开挖面失稳、地面沉降及塌陷，不利于盾构施工。

③₁ᵦ层粉质黏土、③₂层粉质黏土层、流塑或局部软塑状态，中等压缩性土，有利于盾构施工。

④₂层黏土，软塑状态，有利于盾构施工。

⑤₁层黏土、⑤₂层粉质黏土，软塑—可塑状态，有利于盾构施工。

盾构掘进开挖面处在软硬不同土性地层上，如②$_3$层和③$_1$层、③$_1$层和②$_2$层（或③$_{1b}$层、④$_1$层）、④层和⑤层等等，有可能因软土排土过多，造成地层下沉使盾构在线路方向上产生偏离，因此施工作业时须控制出土量，随时保持盾构的稳定性。

盾构掘进过程中需穿越多种不同性质的土层，甚至处于软硬交界处，盾构隧道的纵向不均匀沉降是不可忽视的，尤其是盾构工作井与区间隧道连接处、车站与区间隧道连接处、隧道底部下卧土层特性及分层突变处等都会有较明显的差异沉降。因此在推进过程中要注意纵向的沉降。

2. 施工工作流程及原则

（1）施工工作流程

当盾构推进一环的距离后，通过导向系统测出的盾构机的位置信息、盾尾间隙和千斤顶行程等信息计算环片位置，之后通过设置纠偏的参数来计算目标纠偏曲线的线形，根据纠偏的结果和选环的关键参数设定来计算排版的结果，最后根据给出的排版结果来合理化的选择管片点位拼装管片，待管片安装到位以后，及时伸出相应的推进油缸顶紧管片，然后继续推进，如此循环。

（2）选环排版原则

通用管片在点位选择时要考虑到管片拼装的可行性、可操作性和工程质量安全性。在管片点位选择时要切忌"大通缝"，这种情况是决不允许的。所谓"大通缝"是指两管片之间有 3 条及 3 条以上的通缝，相应的"小通缝"则指两管片之间的通缝有 1～2 条。"小通缝"的拼装方式在管片受力允许的情况下，是可以适当采用的，当可选点位中有完全错缝的点位时还是优先考虑错缝拼装。管片错缝拼装的优点很多，如整体受力性能好、止水性能好、圆环整体刚度大等。本工程采用通用管片错缝拼装的方式。考虑到错缝拼装对点位选择有限制，因此本工程选择的通用管片在纵向连接上有 16 个螺栓孔，对应的有 16 个拼装点位，可选择的错缝拼装点位较多一些，可选择性强，有利于管片的安装。同时，通用管片的封顶块是最后安装的，考虑到管环底部位置受力较大，且不易安装，如果封顶块安装在底部位置，将加大拼装的难度，且对于施工安全有一定的隐患，故避免将封顶块安装在底部的范围。

总结以上的选环要求，可得出排版的三大原则：

① 不能出现"大通缝"的拼装方式；

② 封顶块 F 块不能拼装在 157.5°～202.5°这个范围内（底部 45°以下范围内），即 K8、K9、K10。通常选择腰部以上。

③ 管片拼装优先从底部块开始。

根据以上原则，管片拼装时的可选点位（包括错缝拼装和"小通缝"拼装）总结见表5-10，其中划线部分表示禁止拼装的点位。

表 5-10

管片拼装可选点位表

当前环点位	错缝拼装点位					小通缝点位			
K1	K3	K6	~~K9~~	K12	K15	K2	K5	K13	K16
K2	K4	K7	~~K10~~	K13	K16	K3	K6	K14	K1
K3	K5	~~K8~~	K11	K14	K1	K4	K7	K15	K2

续表

当前环点位	错缝拼装点位					小通缝点位			
K4	K6	~~K9~~	K12	K15	K2	K5	~~K8~~	K16	K3
K5	K7	~~K10~~	K13	K16	K3	K6	~~K9~~	K1	K4
K6	~~K8~~	K11	K14	K1	K4	K7	~~K10~~	K2	K5
K7	~~K9~~	K12	K15	K2	K5	~~K8~~	K11	K3	K6
~~K8~~	~~K10~~	~~K13~~	~~K16~~	~~K3~~	~~K6~~	~~K9~~	~~K12~~	~~K4~~	~~K7~~
~~K9~~	~~K11~~	~~K14~~	~~K1~~	~~K4~~	~~K7~~	~~K10~~	~~K13~~	~~K5~~	~~K8~~
~~K10~~	~~K12~~	~~K15~~	~~K2~~	~~K5~~	~~K8~~	~~K11~~	~~K14~~	~~K6~~	~~K9~~
K11	K13	K16	K3	K6	K9	K12	K15	K7	~~K10~~
K12	K14	K1	K4	K7	~~K10~~	K13	K16	~~K8~~	K11
K13	K15	K2	K5	~~K8~~	K11	K14	K1	~~K9~~	K12
K14	K16	K3	K6	~~K9~~	K12	K15	K2	~~K10~~	K13
K15	K1	K4	K7	~~K10~~	K13	K16	K3	K11	K14
K16	K2	K5	~~K8~~	K11	K14	K1	K4	K12	K15

3. 通用管片选环要素分析

通用管片选环的关键要素主要有盾尾间隙、千斤顶行程差、平滑度和轴线偏差等，具体的一些细小差别各软件以及各版本都有所区别。图 5-9 为演算工房早期版本，图 5-10 为新版本。

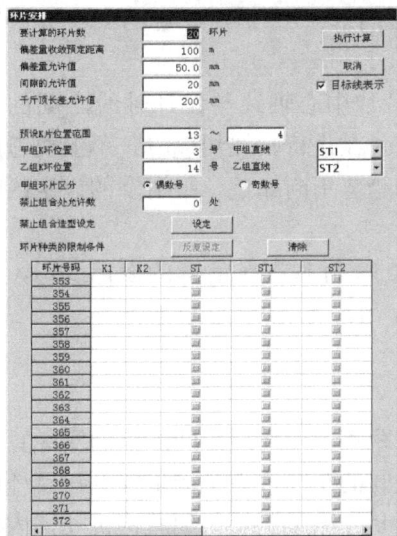

图 5-9 演算工房早期版本排版界面图

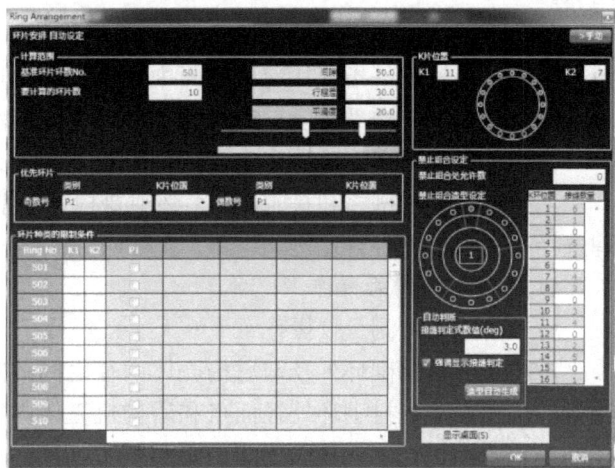

图 5-10 演算工房新版本排版界面图

在环片类型和安排方面新老版本基本相同，在选环要素上略有差别。

之前的版本中主要有五大关键选环要素包括：要计算的环片数、偏差量收敛预定距离、偏差量允许值、间隙的允许值和千斤顶长差允许值。

（1）要计算的环片数：指定要模拟的环片数。最大可以设定到二十环，考虑计算机误差累积，计算精度需要，20 环计算精度相对精确。

（2）偏差量收敛预定距离：指定使偏差量结束的距离。偏差量收敛预定距离是计算纠偏曲线的重要参数。当这个指标设定完成后，最优的纠偏曲线即唯一确定。在该距离后，盾构机回到设计轴线上，该距离的设定应该满足最小纠偏半径要求。

（3）偏差量允许值：指定管片与目标线形相应的最大误差量。偏差量容许值是指通过计算每一环管片的中心位置与纠偏曲线坐标进行比较，剔除与设计轴线偏差超出误差量允许值的点位，若该值大于设定的偏差量允许值，则相应的这个点位不能被选取。

（4）间隙的允许值：不允许间隙比设定值小的环片，即盾尾间隙值。通过计算得到的下一环管片的中心坐标，反算得到的盾尾间隙值，将盾尾间隙过小的点位剔除，得到排版结果，盾尾间隙过小会影响盾构机正常推进以及管片的拼装，严重时会导致管片破损。

（5）千斤顶长差允许值：不选择千斤顶长比设定值大的环片点位。盾构机向哪个方向掘进，该侧的盾尾间隙就会变大。由于盾构姿态的改变是通过推进千斤顶不同的行程来获得，能现场施工能控制的只有千斤顶行程，而千斤顶行程对盾构机姿态控制起着至关重要的作用，同时对盾尾间隙又有着重要作用，因此对千斤顶的控制需要精确把握。

新版本中除了设定要计算的环片数以后，将其他参数归纳总结为三个关键参数：间隙、行程差和平滑度。并且设置三个参数根据手动设定比例分配而不同于之前的固定阀值。

（6）间隙：即指盾尾间隙值。比例的选择区间 $0\sim100\%$，比例的大小表示盾尾间隙在这次选环中的重要性，若当前盾尾间隙较小，在以后的排版中需要调整盾尾间隙，这时就应该将盾尾间隙的这个比列设定较大。

（7）行程差：即指千斤顶行程之差。比例的选择区间 $0\sim100\%$，设定的大小方法同间隙。

（8）平滑度：指纠偏的平稳程度。在几何上是指管片中心轴线与设计轴线之间的夹角。管片中心轴线是指管片前后端面中心点之间的连线。在进行轴线纠偏时，不但要考虑轴线偏差值还要兼顾平滑度，确保管片偏差逐渐减小和趋势不断靠近。平滑度的设定区间 $0\sim100\%$，也是根据重要性来定。

上述三者的比例之和是 100%。必须要根据当前环的实际情况和后续的设计线形，合理选择三个参数的各自比例。

4. 通用管片排版操作

（1）盾尾间隙测量仪操作

盾尾间隙是衬砌环外径与盾构壳体内径之间的间隙距离。然而盾尾间隙仪的实际直接测量的位置并非是衬砌环外径面点和盾构机壳体内径之间的距离，而是测量仪到衬砌环内径面点和盾构机壳体内径面之间的距离。实际操作过程是先测量测量仪到盾构机壳体内径面之间的距离 D_1，然后在测量到衬砌环内径面点的距离 D_2，再根据已知管片的厚度 H 就能得到盾尾间隙值。盾尾间隙计算公式：

$$L=D_1-D_2-H \tag{5-1}$$

盾尾间隙仪的操作界面如图 5-11 所示，具体操作流程如下：

① 测量间隙仪到盾构外壳板内面的距离。

② 待管片拼装完成后测量间隙仪到管片内径面的距离。

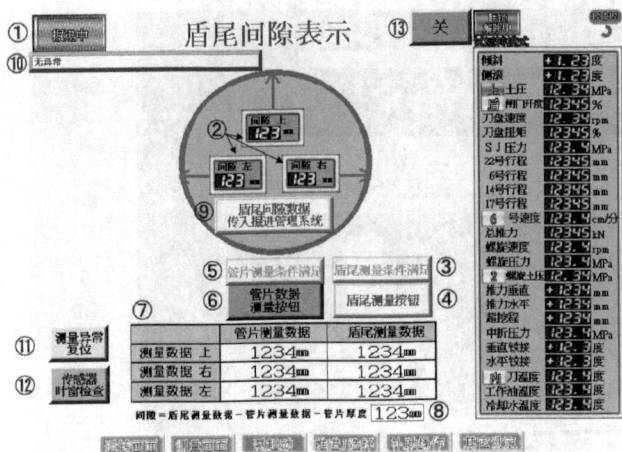

图 5-11　盾尾间隙测量仪主界面图

③ 通过测量所得数据计算得到盾尾间隙值。

④ 测量数据传输到演算工房软件测量系统和选环系统中，提供使用。

在使用盾尾间隙测量仪的时候，要注意管片表面和盾构机内壳表面有污垢会导致测量结果的不精确，因此需要及时做好清洁工作。另外要确保良好的操作环境，除了要保证工作人员的安全还要保证仪器的安全。

（2）选环系统排版操作

首先，选择 survey 模块。主界面包括：计划线设定、环片设定、基准点设定、机内棱镜设定、盾构测量、环片位置计算、环片测量、环片组计划、历史数据、建筑图表和显示地图。

其中，计划线设定和环片设定是前期的准备工作，可以提前将信息输入。计划线指设计轴线，主要是将设计轴线的数据按照软件规定的格式导入到软件系统中，环片设定主要是指工程项目中使用的管片类型和管片的信息数据。

基准点设定、机内棱镜设定、盾构测量和环片测量主要是测量的相关的工作，在测量工作开展时同步进行。

环片位置计算和环片组计划是选环的关键部分。主要是根据测量的结果和手动设定的参数选择最佳的管片排版安排。

历史数据、建筑图表和显示地图是统计和分析部分。从中可以查询信息以图表的形式直观表达。

① 环片位置计算

图 5-12 为软件环片位置计算界面图，点击左边环片位置计算按钮，选择需要计算的环片号码和环片型式和封顶块位置。系统正常工作时，打开界面时环片号码即为当前环号。要根据实际情况选择是环装前还是换装后。选定后软件会自动显示对应管片状态的盾构机坐标、回转角和千斤顶行程差。盾尾间隙四个方向值可由盾尾间隙仪得到，如果未装仪器或者测量不准确时，可通过人工测量，将其结果手动输入。点击计算，结果获得结果中环片位置信息。点击保存供后续提取分析。

② 环片设定和纠偏

在计算完环片位置之后，点击环片组计划，选择需要进行排版的基准环，此时环片的信息包括坐标、方位、俯仰角等会从环片位置计算结果中提取显示出来，如图 5-13 所示。

此时要根据需要选择环片排列设定来选择合适的纠偏要素和选环要素，如图 5-14 所示。设定目标线时要选择合理的倾向，尽量将当前的轴线调整到符合之后设计轴线的走向。因此在倾向中选择两环管片需要考虑周全并且合理、科学。

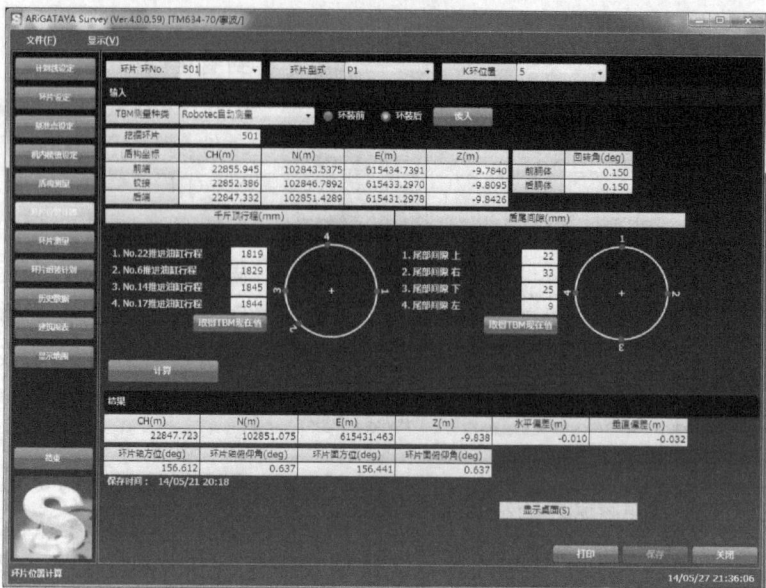

图 5-12　环片位置计算界面图

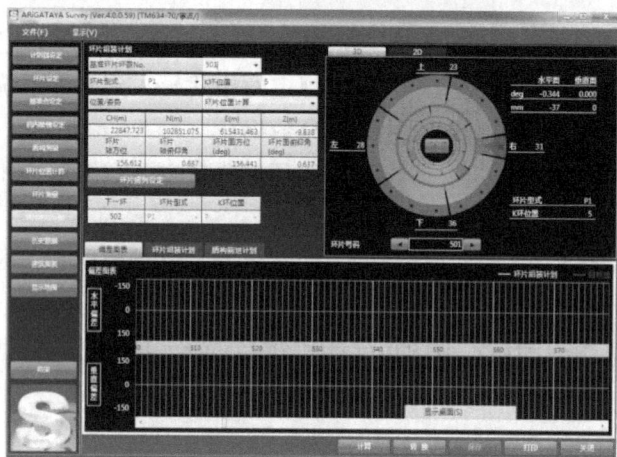

图 5-13　环片设定

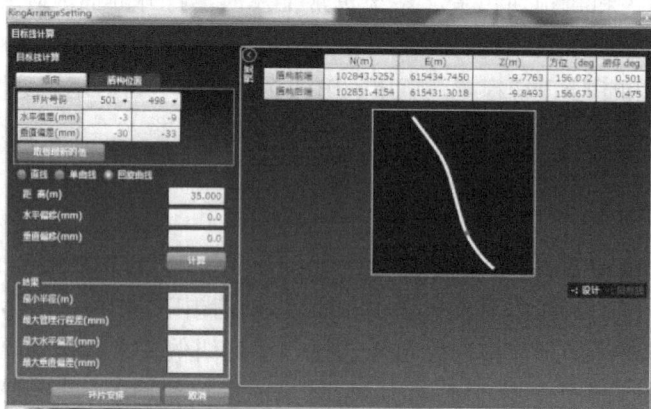

图 5-14　纠偏设定图

纠偏曲线的线形通常选择回旋曲线，相比于直线和单曲线较为平滑。为了保证纠偏的平稳，收敛距离的设定不宜过大，在轴线偏差不大的情况下，通常将收敛距离设定在20～40m。点击计算，即可得到计算的纠偏曲线的信息：最小半径、最大水平偏差和垂直偏差。后侧显示纠偏曲线的线形走向。如果计算纠偏曲线结果不太合适，可以通过调整目标线和收敛距离来重新计算纠偏曲线，直至取得合适的结果。

③ 环片排版安排

在执行完纠偏曲线计算后，点击环片安排进行环片安排设定。根据当前基准环的偏差情况设定选择合理的间隙、行程差和平滑度三者的比例权重，如图 5-15 所示。在间隙和行程差的状态不是很差的情况下可以以平滑度为主。环片禁止组合的设定通常是禁止"大通缝"。设定完成之后点击 ok。回到之前的界面点击环片组装计划就能查看环片后续的排版安排结果，如图 5-16 所示。如要查看盾构的推进计划即可点击盾构前进计划结果显示如图 5-17 所示。

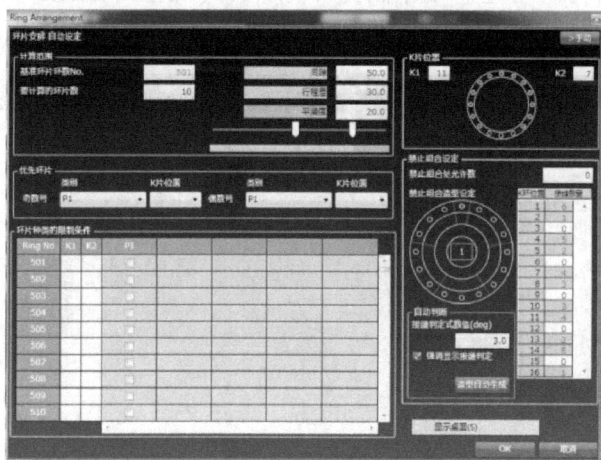

图 5-15　环片排版安排图

图 5-16　环片组计划图

其中，环片组装计划主要包括环片的水平偏差、垂直偏差、俯仰角差、坐标、空隙等信息。

盾构前进计划主要包括环号、盾构机前后筒方位、铰接角度、俯仰角、行程差、盾构机前端坐标和后端坐标等等。

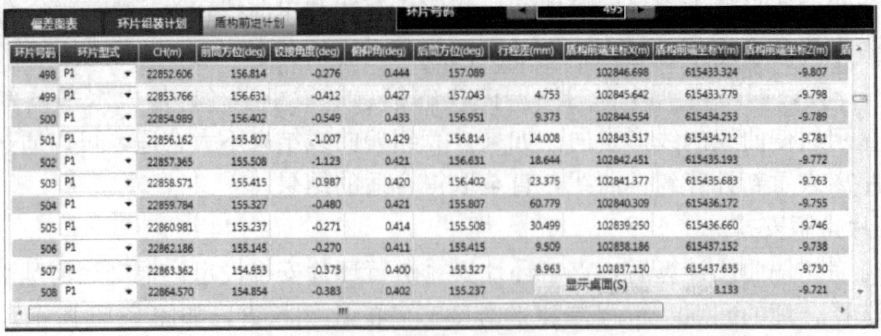

环片号码	环片型式	CH(m)	前筒方位(deg)	铰接角度(deg)	俯仰角(deg)	后筒方位(deg)	行程差(mm)	盾构前端坐标X(m)	盾构前端坐标Y(m)	盾构前端坐标Z(m)
498	P1	22852.606	156.814	-0.276	0.444	157.089		102846.698	615433.324	-9.807
499	P1	22853.766	156.631	-0.412	0.427	157.043	4.753	102845.642	615433.779	-9.798
500	P1	22854.989	156.402	-0.549	0.433	156.951	9.373	102844.554	615434.253	-9.789
501	P1	22856.162	155.807	-1.007	0.429	156.814	14.008	102843.517	615434.712	-9.781
502	P1	22857.365	155.508	-1.123	0.421	156.631	18.644	102842.451	615435.193	-9.772
503	P1	22858.571	155.415	-0.987	0.420	156.402	23.375	102841.377	615435.683	-9.763
504	P1	22859.784	155.327	-0.480	0.421	155.807	60.779	102840.309	615436.172	-9.755
505	P1	22860.981	155.237	-0.271	0.414	155.508	30.499	102839.250	615436.660	-9.746
506	P1	22862.186	155.145	-0.270	0.411	155.415	9.509	102838.186	615437.152	-9.738
507	P1	22863.362	154.953	-0.375	0.400	155.327	8.963	102837.150	615437.635	-9.730
508	P1	22864.570	154.854	-0.383	0.402	155.237			8.133	-9.721

图 5-17　盾构前进计划图

④ 历史数据分析

点击历史数据，显示结果如图 5-18 所示。选择需要查询或提取的文件，其中包括 ROBOTEC 测量、盾构机测量、环片位置计算、环片测量等数据。选择需要提取的环号和区间。点击转换，选择需要保存的环片区间和保存的位置。通常以 . csv 文件形式保存。

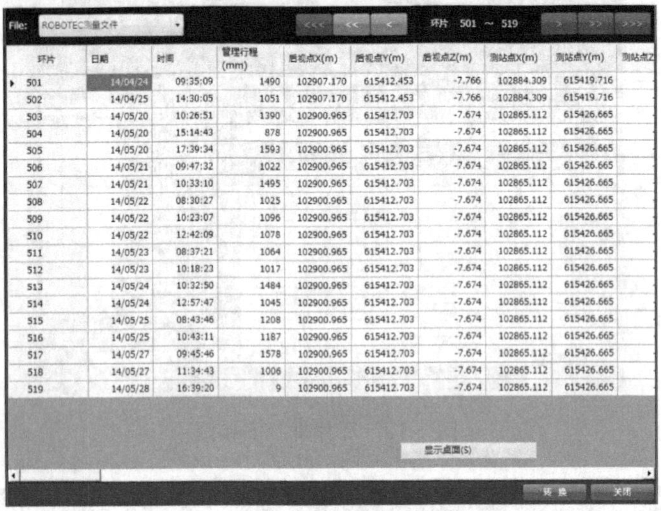

环片	日期	时间	管理行程(mm)	盾视点X(m)	盾视点Y(m)	盾视点Z(m)	测站点X(m)	测站点Y(m)
501	14/04/24	09:35:09	1490	102907.170	615412.453	-7.766	102884.309	615419.716
502	14/04/25	14:30:05	1051	102907.170	615412.453	-7.766	102884.309	615419.716
503	14/05/20	10:26:51	1390	102900.965	615412.703	-7.674	102865.112	615426.665
504	14/05/20	15:14:43	878	102900.965	615412.703	-7.674	102865.112	615426.665
505	14/05/20	17:39:34	1593	102900.965	615412.703	-7.674	102865.112	615426.665
506	14/05/21	09:47:32	1022	102900.965	615412.703	-7.674	102865.112	615426.665
507	14/05/21	10:33:10	1495	102900.965	615412.703	-7.674	102865.112	615426.665
508	14/05/22	08:30:27	1025	102900.965	615412.703	-7.674	102865.112	615426.665
509	14/05/22	10:23:07	1096	102900.965	615412.703	-7.674	102865.112	615426.665
510	14/05/22	12:42:09	1078	102900.965	615412.703	-7.674	102865.112	615426.665
511	14/05/23	08:37:21	1064	102900.965	615412.703	-7.674	102865.112	615426.665
512	14/05/23	10:18:23	1017	102900.965	615412.703	-7.674	102865.112	615426.665
513	14/05/24	10:32:50	1484	102900.965	615412.703	-7.674	102865.112	615426.665
514	14/05/24	12:57:47	1045	102900.965	615412.703	-7.674	102865.112	615426.665
515	14/05/25	08:43:46	1208	102900.965	615412.703	-7.674	102865.112	615426.665
516	14/05/25	10:43:11	1187	102900.965	615412.703	-7.674	102865.112	615426.665
517	14/05/27	09:45:46	1578	102900.965	615412.703	-7.674	102865.112	615426.665
518	14/05/27	11:34:43	1006	102900.965	615412.703	-7.674	102865.112	615426.665
519	14/05/28	16:39:20	9	102900.965	615412.703	-7.674	102865.112	615426.665

图 5-18　历史数据查询图

以环片位置计算为例，将环片位置计算保存的 . csv 文件主要信息整理如表 5-11 所示。

环片位置计算主要信息表　　**表 5-11**

环片号码	环片形式	水平偏差(m)	垂直偏差(m)	俯仰角差(m)	X 坐标(m)	Y 坐标(m)	Z 坐标(m)
101	P1	5	−0.031	0.045	−0.135	103289.4	615249.7
102	P1	3	−0.043	0.075	−0.109	103288.5	615250.5
103	P1	5	−0.061	0.112	−0.109	103287.5	615251.2
104	P1	3	−0.086	0.142	−0.082	103286.6	615252
105	P1	5	−0.116	0.172	−0.082	103285.7	615252.7
106	P1	3	−0.152	0.202	−0.056	103284.7	615253.5
107	P1	5	−0.195	0.239	−0.056	103283.8	615254.3

续表

环片号码	环片形式	水平偏差(m)	垂直偏差(m)	俯仰角差(m)	X 坐标(m)	Y 坐标(m)	Z 坐标(m)
108	P1	3	−0.243	0.265	−0.03	103282.9	615255
109	P1	5	−0.298	0.303	−0.03	103282	615255.8
110	P1	7	−0.36	0.329	−0.051	103281.1	615256.6
111	P1	5	−0.427	0.366	−0.056	103280.2	615257.4
112	P1	13	−0.494	0.328	−0.056	103279.3	615258.2
113	P1	5	−0.561	0.366	−0.056	103278.4	615259
114	P1	13	−0.629	0.329	−0.056	103277.4	615259.7

5. 精细化施工及管理

通用管片排版与纠偏的精细化施工，除了有合理的理论计算作为支撑，成熟的施工技术作为依托，还应有系统的施工管理模式作为协调，明确各单位职责、落实各人员的工作内容。

作为工作重心的排版与选环工作，在操作时要坚持"每环必排，每环必纠"的原则，在此基础上要注意以下问题：

（1）实时测量盾构机的位置，保证盾构机沿着设计轴线掘进，管片随着盾构机走，这样在控制盾构机与设计轴线的偏差的同时也就确保了管片的轴线偏差。

（2）在轴线偏差不大的情况下，排版主要考虑选择点位与盾构机姿态相协调。

（3）在轴线偏差较大的情况下，排版选择点位既要考虑与盾构机姿态相协调，又要兼顾轴线偏差不能超过限定偏差范围。

（4）在进行纠偏时，既要考虑管片安装和掘进方向，又要保证纠偏的平缓稳定即一次的纠偏量不能过大，避免急纠造成管片错台甚至破碎。

总结以上情形，为了能及时发现轴线偏离和制定纠偏措施，必须对盾构推进中的关键数据进行实时监控。根据科研前期的实践总结出三个关键参数：盾尾间隙、轴线偏差和管片面法线与盾构机轴线夹角的管理指标，并且通过交流与工程案例验证符合实际施工要求。

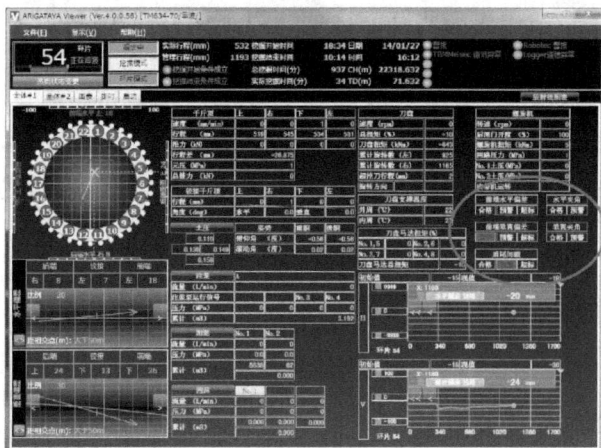

图 5-19　关键参数监控界面

（1）轴线偏差：小于 40mm 为合格，40～50mm 为预警，大于 50mm 为超标。

（2）盾尾间隙：15～30mm 为合格，小于 15mm 为预警，小于 10mm 为超标。

（3）管片面法线与盾构机轴线夹角：

水平方向上：0°～0.4°为合格（黄色），>0.4°为预警（橙色）。

竖直方向上：0°～0.5°为合格（黄色），>0.5°为预警（橙色）。

实时监测的画面如图 5-19 和图 5-20 所示。其中椭圆圈范围内表示加入的关键参数的情形显示，是在软件界面原有的基础上新加入的数据块。

在盾构推进阶段，要根据关键参数的指标范围，及时将信息反馈给技术人员。技术人员要根据信息记录和整理盾构推进关键参数表，及时上交项目部。技术人员要根据当前关键参数信息、隧道设计轴线、现场工况等条件结合软件排版制定管片拼装计划，以指导盾构施工。技术人员要向施工班组交底管片拼装方案以及管片拼装过程中的注意事项和要点。

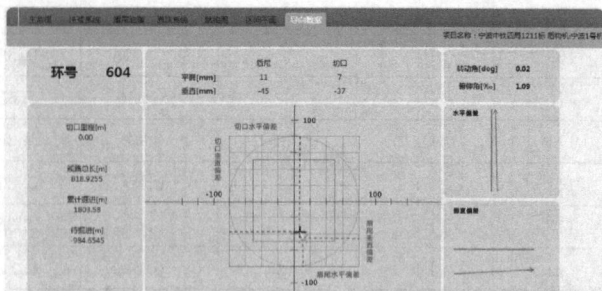

图 5-20　环片监控界面

当管片出现偏差时要根据不同的情形进行及时上报，供上级部门技术人员了解，并且及时做出相应的决定和措施。

（1）当盾尾间隙和轴线偏差二者任一出现超标的情形时，要上报项目部和指挥部，及时召开会议，分析出现超标的原因，并制定合理的纠偏方案，并且及时进行纠偏。

（2）当管片面法线与盾构机轴线夹角在水平方向上或竖直方向上出现预警状态时，需要向项目部和指挥部汇报，查看管片具体的偏移的方向和大小，及时召开分析会，讨论出现问题的原因，总结合理化的调整方案并及时实施。

（3）盾尾间隙和轴线偏差出现预警状态时，盾构技术人员要及时向项目部汇报，在项目部内要及时召开分析研究会，分析原因，并制定措施及时控制偏差走向并进行调整。

（4）当三者都处于合格状态时，盾构技术人员要注意哪项数据偏大，继续优化盾构机掘进参数，稳定管片姿态和盾构机姿态。

5.2.3　盾构隧道施工期上浮控制技术

1. 工程概况

宁波地铁 1 号线一期工程的海晏北路站—福庆北路站区间（以下简称"A 区间"）及望春桥—泽民站区间（以下简称"B 区间"）均出现管片上浮现象，以 20～60 环为试验区段为例，观察管片上浮量监测数据，总结软土地区盾构隧道上浮的规律。

工程地质方面，A 区间盾构主要穿越土层为③₁粉砂层和③₂粉质黏土夹粉砂，下卧层以③₂粉质黏土夹粉砂层、④₁₋₂粉质黏土层为主；B 区间盾构主要穿越地层为②₂₋₁淤泥层、②₂₋₂淤泥质黏土层、③₁₋₂黏土层，下卧土层主要为④₁₋₂淤泥质黏土层。

线形和周边环境方面，A 区间位于缓和曲线上，30 环为变坡点（＋2‰和－24‰），20～34 环穿老杨木渫河；B 区间位于缓和曲线和 R－450 圆曲线上（20～48 环和 48～60 环），32 环为变坡点（＋2‰和－26‰）。

两区间前述 40 环区段的管片上浮量、第 40 环单环管片随时间上浮变化曲线分别如图 5-21、图 5-22 所示。监测仪器采用水准仪和标尺，通过采集不同时间管片的高程并与其初始的高程相比较得到管片上浮状态。

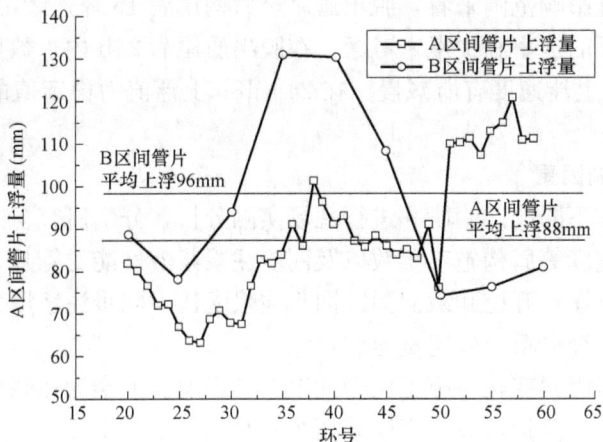

图 5-21　两区间试验区段管片上浮情况

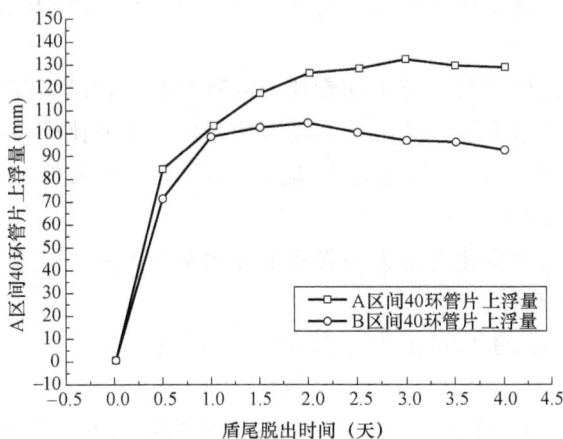

图 5-22　两区间试验区段上浮量随脱出盾尾时间关系

由图 5-21 可知，两区间 20～60 环区段管片均发生较大上浮，其中 A 区间 20～60 环施工期管片上浮量平均值为 88mm，管片最大、最小上浮量分别为 120mm、63mm；而 B 区间 20～60 环施工期管片上浮量平均值为 96mm，管片最大、最小上浮量分别为 131mm、74mm。

由图 5-22 可知，两区间 20～60 环区段中典型的第 40 环管片从管片拼装完成到最终上浮稳定管片上浮随时间的变化趋势相似，其中 A 区间典型的单环管片拼装完 24h 后上浮达到稳定，此时管片上浮量约为 100mm；B 区间典型的单环管片拼装完成 36h 后上浮达到稳定，此时管片上浮量约为 118mm，两区间管片上浮稳定后均略有波动，但幅度很小。

通过分析上述数据，可得管片上浮规律如下：

（1）从地层地质情况来看，管片上浮在各种土质的施工中均有发生，在上软下硬地层中引起的管片上浮较严重。

（2）从线路特征来看，在变坡点尤其是在竖曲线的最低点，管片上浮比较严重。

（3）从管片上浮影响范围来看，脱出盾尾至盾构尾后 15 环连续出现上浮情况。

（4）从管片上浮的速率和快慢来考虑，在脱出盾尾后 24h 内，数值一般可以达到稳定值的 2/3，随后管片上浮速度有所减慢，在 24～48h 上浮值为稳定值的 1/4～1/3，在 48h 后管片基本稳定。

2. 隧道上浮影响因素

通过在现场建立不同的试验段并进行现场实测分析，分别研究了总推力竖向分力、同步注浆压力、掘进速度等盾构施工参数以及同步注浆浆液性能对管片上浮的影响，得到上浮影响因素敏感性排序：开挖卸载回弹＞同步注浆配比＞同步注浆压力＞总推力反力的竖向分力＞盾构及后配套自重，并定量得到：

（1）注浆压力单因素变化对施工期管片上浮有影响，下半侧注浆压力高于上半侧注浆压力时，施工期管片上浮量增大，当注浆压力差值为＋0.3MPa（方向竖直向上）时，管片上浮量增加约 20mm；

（2）总推力反力的竖向分力单因素变化对施工期管片上浮有影响，随着向上的总推力反力的竖向分力增大，施工期管片上浮量也增大，当向上的分力增加约 260kN 时，管片上浮量增加约 15mm；

（3）同步注浆配比单因素对施工期管片上浮有影响，在同步注浆胶凝材料总量、浆液总质量、非胶凝材料掺量不变的基础上，随着粉灰比、水灰比的减小，浆液抗压强度、黏聚力提高，初凝时间缩短，管片上浮量减小，当每 3m³ 浆液中水泥的相对掺量增加150kg，管片上浮最大约减小 18.8mm；

（4）掘进速度单因素变化对施工期管片上浮无明显影响。

3. 隧道上浮控制措施

根据管片上浮程度的不同将上浮控制分为正常区段（＜40mm）、一般控制区段（40～56mm）、重点控制区段（＞56mm），在以上研究基础上提出各个区段相对应的上浮控制措施，具体如表 5-12 所示。上浮控制的技术路线如图 5-23 所示，详细如下：

各个不浮区上浮控制措施 表 5-12

上浮区段划分	控制措施	具体方法
正常区段 （＜40mm）	调整盾构姿态	通过改变千斤顶行程差来改变盾构机与管片环之间夹角，使千斤顶竖向分力向下
一般控制区段 （40～56mm）	调整注浆压力差	调整注浆压力，使上部压力大于下部压力，或仅对上部进行注浆
	调整浆液配比	在浆液中增加水泥用量
重点控制区段 （大于 56mm）	二次补浆	对已脱出盾尾的管片环采用水泥浆或双液浆进行二次补浆，每隔五环注一环，主要以上部注浆为主

（1）在管片上浮正常区段（上浮量＜40mm），在综合考虑施工的便利性及施工成本后，建议采用盾构仰头掘进、上侧注浆点位注浆、下侧不注浆的方式来减少管片上浮。

（2）在管片上浮一般控制区段（40mm＜上浮量＜56mm），建议采取合适的浆液配比、盾构仰头掘进、上侧注浆点位注浆、下侧不注浆的方式来减小管片上浮。

（3）在管片上浮重点控制区段（上浮量＞56mm），建议采用下调盾构实际掘进轴线、后配套压载、采取合适的浆液配比、盾构仰头掘进、上侧注浆点位注浆、下侧不注浆及二次注浆等方式来减小管片上浮。

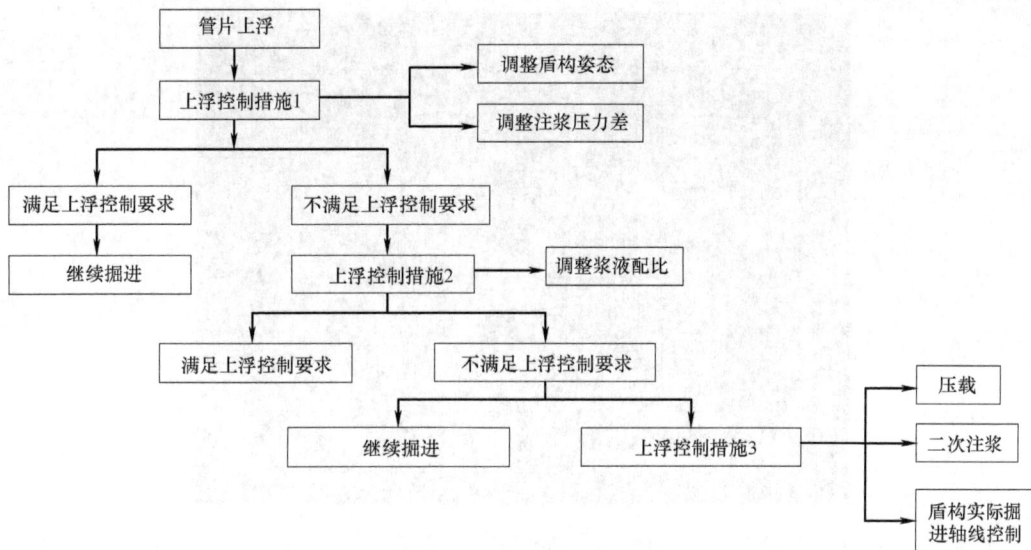

图 5-23 上浮控制技术路线

5.3 宁波轨道交通盾构隧道通用管片运营及维护区间案例

5.3.1 工程背景

宁波市轨道交通 2 号线一期地下土建工程 TJ2105 标段包括：丽园南路站、云霞路站、丽园南路站—云霞路站—宁波火车站区间，共两站两区间。盾构机从丽园南路站 C 区东端头井下井，从下行线始发掘进，到达云霞路站西端头井后盾构过站，继续沿隧道下行线施工至宁波火车站。到达宁波火车站后盾构机调头，从宁波火车站沿隧道上行线掘进，到达云霞路站东端头井后盾构过站，继续沿隧道上行线施工至丽园南路站 B 区东端头井，从而结束施工，如图 5-24 所示。

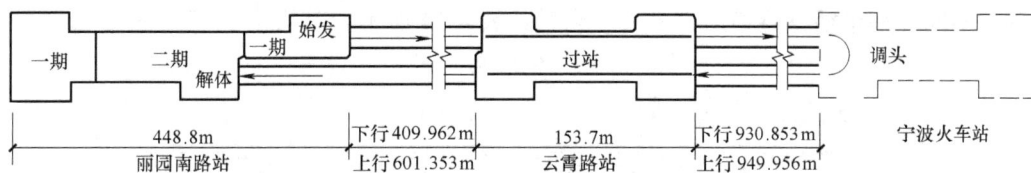

图 5-24 地下土建工程 TJ2105 标段总体概况

区间采用外径 6.2m，内径 5.5m 的通用型管片，每环管片由 6 块管片拼装而成，并在管片环缝位置设置凹凸榫，拼装时采用错缝拼装的方式。在联络通道左右各 20 环范围内设置特殊环，每环设置有 16 个注浆孔，如图 5-25 所示。

其中丽云南路站—云霞路站区间隧道主要穿越土层为②$_{2c}$层灰色淤泥质粉质黏土、④$_1$层灰色淤泥质黏土和⑤$_1$黏土层及⑤$_2$层粉质黏土层，土层参数如表 5-12 所示。地层分布如表 5-13 所示，下行线 90 环～133 环隧道穿越土层为④$_1$、⑤$_2$，隧道下卧土层为⑤$_2$，

图 5-25　特殊环管片结构

133 环开始隧道全断面穿越④₁，其中⑤₂层的地基承载力及压缩模量为④₁层的 3～4 倍。

土层参数　　　　　　　　　　　表 5-13

层号	地层名称	含水量 （%）	重度 （kN/m³）	孔隙比	黏聚力 （kPa）	内摩擦角 （°）	压缩模量 （MPa）	地基土承 载力（kPa）
②₂c	淤泥质 粉质黏土	43.5	17.6	1.234	16.9	9.8	2.88	55
④₁	淤泥质 黏土	43.7	17.5	1.257	17.2	9.8	2.83	70
⑤₁	黏土	27.9	19.4	0.813	39.8	16.3	7.57	190
⑤₂	黏土	29.3	19.3	0.839	38.4	17.3	5.92	170

　　盾构在掘进过程中，因下卧土层突变等原因，隧道于 140 环开始发生较大的沉降变形。区间下行线于 2012 年 11 月 1 日施工完成，截至 2013 年 4 月 9 日隧道最大沉降量为214mm，位于 170 环位置，且由于施工过程中纠偏较快，导致成型隧道轴线曲率半径偏小，存在限界不足等问题，对后期铺轨造成了一定影响，因此须对沉降较大区段进行抬升处理。不同曲率半径下隧道所需最大抬升量如表 5-14 所示，其均位于 170 环位置。

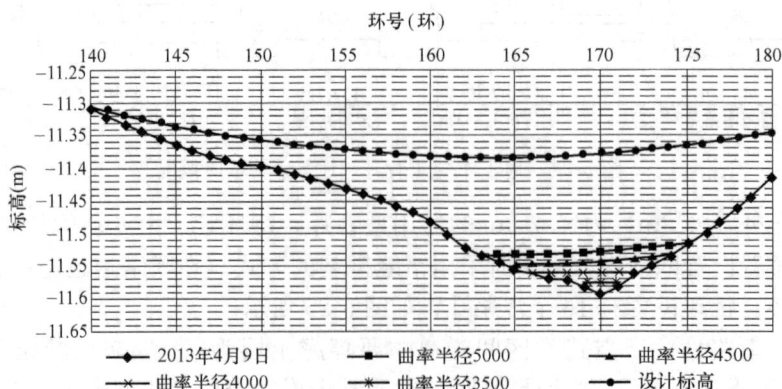

图 5-26　盾构隧道沉降示意图

不同曲率半径情况隧道所需抬升量　　　　　　　　　　　表 5-14

曲率半径(m)	3000	3500	4000	4500	5000
所需抬升量(mm)	4	19	34	49	64

自 140 环开始，成型隧道上方有 3 根管线（污水管、饮用水、通信），沿隧道方向铺设，距隧道中心线水平距离 2～4m；在 140 环至 155 环已成型隧道地面位置上方，垂直于隧道有两根 DN400 的饮用水管。

160 环至 180 环已成型隧道地面位置位于恒春街下方，宁兴小区 10 号楼南侧，距成型隧道 7.1m，该楼为 5 层混凝土结构，基础为 φ377 沉管灌注桩结构，桩长为 20.7～21.5m。

5.3.2　注浆抬升方案

为了满足隧道限界要求，并减小隧道后期沉降，在充分考虑隧道结构刚度大、下卧土层软弱、所须抬升量大的背景基础上，提出了"下部注浆、内部支撑、实时监控、即时调整"的隧道抬升加固措施。施工中以稳定后剩余抬升量 34mm 作为目标值，在抬升隧道的同时改善隧道线型，加固隧道下卧土层。

1. 注浆工艺

隧道单孔注浆流程如图 5-27 所示，整体注浆流程如图 5-28 所示。

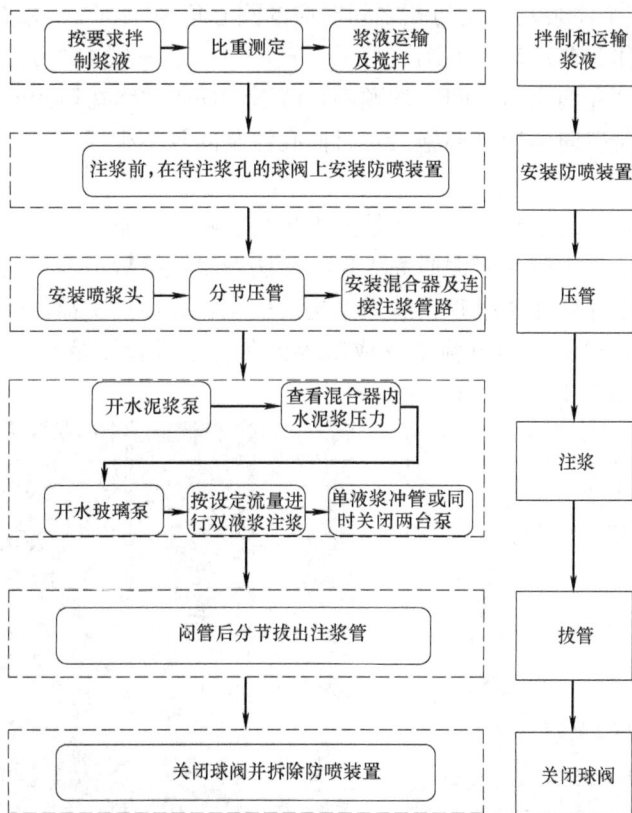

图 5-27　单孔单次注浆流程图

为缩短凝结时间，以减小对隧道周围土体的扰动，采用双液微扰动注浆工艺，以水玻璃：水泥浆体积比为 1∶3 的双液浆或仅采用水泥单液浆作为注浆材料，水泥浆水灰比 0.6～0.7，采用中性水玻璃，玻美度为 35°。

水泥浆泵流量：14～16L/min；水玻璃泵流量：5～6L/min，单次注浆量为 80L，注浆时间 4min 左右。

单孔注浆自下而上，依次搭接，考虑注浆区段土层特点，注浆深度范围为隧底至⑤₂层，具体深度根据初次钻孔取土所得土样情况而定。

单节注浆高度 20cm，拔管速度如下式所示：

$$v=\frac{l}{Q/q} \tag{5-2}$$

式中，v 为拔管速度（mm/min）；l 为单次注浆厚度（mm/min）；Q 为单次注浆量（L）；q 为双液浆流量（L/min）。

因隧道沉降区段位于联络通道位置，根据以往经验，联络通道两侧各 20 环范围内往往为不均匀沉降多发地段，因此除常规吊装孔外，设置了注浆预留孔，如图 5-29 所示，即每环管片留有 16 个注浆孔，孔与孔之间对应的圆心角为 22.5°。注浆中以预留孔作为注浆孔，以拱底 3 孔作为单环注浆范围。

单环注浆采取"先两边后中间"的顺序，隧道纵向主要考虑隧道整体线型及结构受力特征，由沉降最大位置向两边跳环施工，且同孔注浆间隔不少于 2 天。

2. 支撑体系

考虑隧道所需抬升量值较大，主要抬升力来自于隧底注浆压力，注浆过程中隧道竖向压力增大，而隧道所处土层为淤泥质黏土层，无法产生抵抗隧道变形所需抗力，隧道易发生横断面变形。为了保证注浆过程中隧道结构的安全，并通过支撑的受力情况实时监控隧道结构的受力状态，在保证隧道施工形成限界的条件下设计了隧道门式支撑体系，如图 5-30 所示，支撑采用 I22b 工字钢。

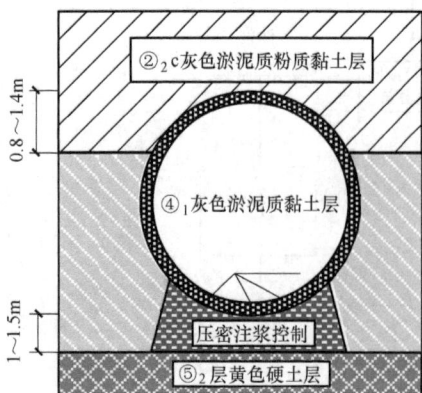

图 5-28　整体注浆流程示意图

图 5-29　注浆孔位示意图

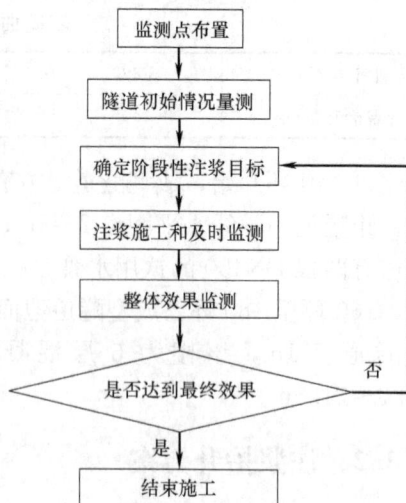

图 5-30　支撑体系

5.3.3　监测方案

为了及时反映结构及周边环境的状态，注浆全程采用信息化施工手段，主要包括隧道收敛、隧道隆沉、支撑轴力、地表隆沉、建筑物隆沉监测，具体监测频率及监测手段如表 5-15 所示。

监测手段及频率　　　　　　　　　　　　表 5-15

监测项目	监测手段	监测频率
隧道收敛	激光测距仪定点测距	注浆阶段：对注浆环实行
隧道隆沉	水准仪测量	实时监测，其余 2 次/天
支撑轴力	采用钢筋测力计、表面应力计测量	非注浆阶段：2 次/天
地表隆沉	建筑物隆沉	2 次/天
水准仪测量	水准仪测量	

钢筋计、应变计通过焊接的方式固定于竖向支撑上，每根竖撑均分别布设钢筋计、应变计。

注浆范围为 160~175 环，测点在其左右各 5 环范围内沿轴线每隔 5 环布设一次，并每隔 10 环布设一条监测断面，其间距如图 5-31 所示，地表隆沉测点布设如图 5-32 所示。

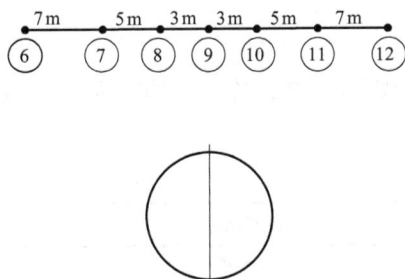

图 5-31　地表测点断面布设示意图

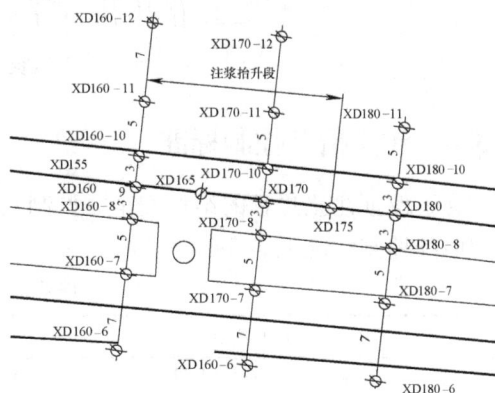

图 5-32　地表隆沉测点布置示意图

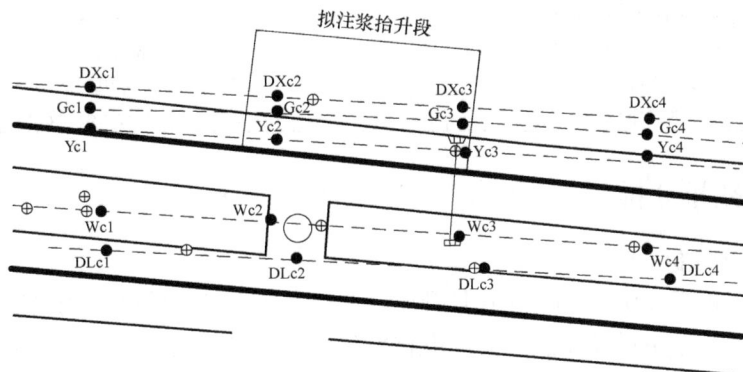

图 5-33　管线测点布设示意图

管线隆沉测点布设时，重要管线如给水、燃气每隔 15m 布设一点，其他管线 20m 布设一点。用相应符号表示各种管线，如 Gc 代表给水，DLc 代表电力电缆，DX 代表电话、军缆和信息管，Yc 代表雨水管线，Wc 代表污水管线。测点布设如图 5-33 所示。建筑物测点布设如图 5-34 所示。

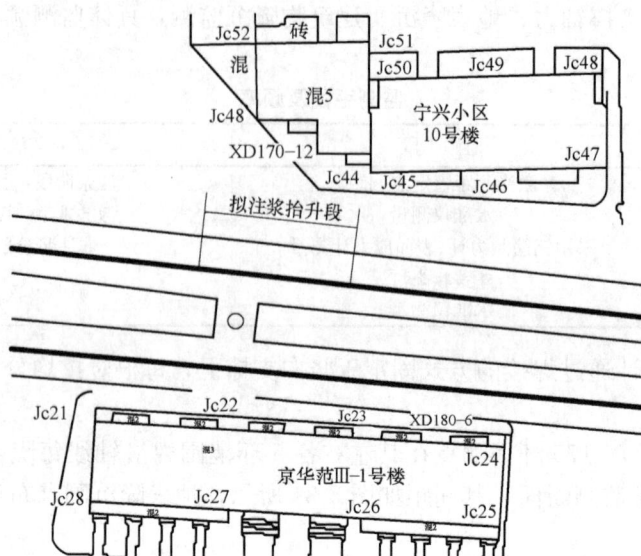

图 5-34　建筑物测点布设示意图

5.3.4　注浆抬升控制标准

为了保证注浆过程的结构安全，控制对周边环境的影响程度，确定盾构隧道注浆抬升过程中的控制标准如表 5-16 所示。

注浆抬升控制标准　　　　　　　　　　　　　　　表 5-16

控制项目	控制指标
单次注浆引起管片隆沉	≤5mm
管片累计收敛变形	≤5mm
相邻管片错台量	≤4mm
地面最大累积沉降量	−30mm～+10mm
管线最大累积沉降量	−10mm～+10mm
建筑物最大累积沉降量	−10mm～+10mm
隧道支撑轴力	小于设计极限的80%
管片结构	不出现开裂、破损

5.3.5　注浆效果分析

1. 注浆抬升分析

本次注浆工程于 2013 年 11 月 6 日开始，具体注浆工况和每日注浆情况如图 5-32 所示。初始注浆阶段注浆量及注浆深度范围相对较大，11 月 6 日～11 月 8 日，采取自下而上分层注浆的方式，但单次注浆深度范围为⑤₂层至隧道底全范围，单孔单次注浆量大，单次注浆量在 1000L 左右，该阶段隧道抬升明显。根据监测数据发现 11 月 9 日隧道抬升量基本已满足预期要求。此后严格控制单次注浆范围及注浆量，注浆单层厚度控制在15～

20cm，注浆量控制在 27～36L。

各环管片随时间抬升变化情况如图 5-32 所示，隧道抬升主要发生在 11 月 6 日～11 月 9 日，此后至 12 月 10 日，隧道受加固注浆影响抬升量小幅波动；上行区间隧道在 12 月 10 日掘进至注浆区段附近，受此影响，隧道抬升量小幅上升，12 月 31 日后上行线隧道施工对注浆区段隧道已基本无影响；1～4 月期间，隧道受联络通道施工和上行隧道工后沉降的影响，出现了 10mm 左右的沉降。隧道抬升量随时间变化主要可分为三个阶段：

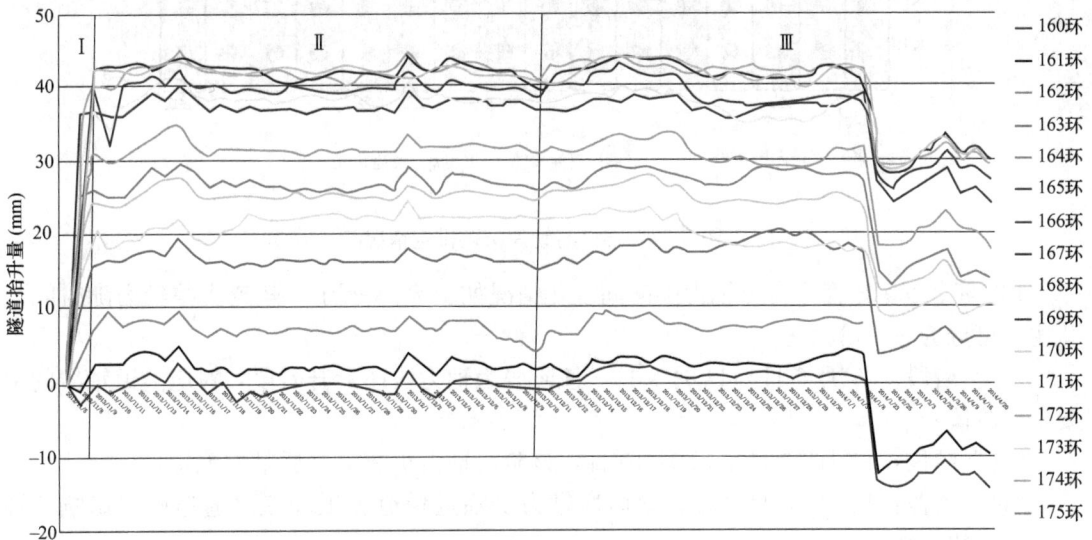

图 5-35　隧道抬升量随时间变化

"Ⅰ"阶段：11 月 6 日～11 月 9 日，该阶段隧道抬升量快速增大，即隧道主要抬升阶段；

"Ⅱ"阶段：11 月 10 日～12 月 10 日，该阶段隧道受加固注浆影响，抬升量稳定波动；

"Ⅲ"阶段：12 月 10 日至今，该阶段隧道受上行隧道施工和联络通道施工影响，抬升量出现较大波动。

由图 5-35 可知，注浆主要位于 166～175 环。隧道轴线变化图如图 5-36 所示，160 环，161 环隧道轴线变化很小，161 环最大抬升量为 2.8mm，而此时总体最大抬升量在 42mm 左右，位于 168 环，168 环的最大抬升量约为 161 环的 15 倍，隧道注浆抬升对 161 环影响很小，可认为注浆影响范围为 5 环（6m）左右。

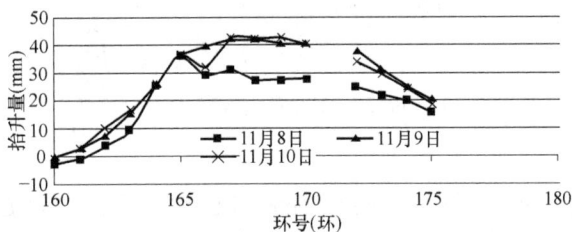

图 5-36　隧道轴线变化图

2. 支撑轴力变化情况

11月12日根据监测数据，发现隧道支撑轴力变化不大，还有负值的出现，经排查发现部分支撑并未和管片完全密贴，具体排查结果如图5-37所示。

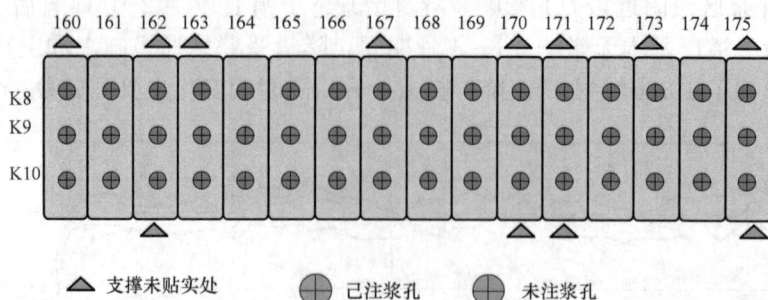

图5-37　支撑与管片密贴排查情况

168环、169环管片支撑轴力随时间变化情况如图5-38所示，隧道支撑轴力随时间变化主要可分为三个阶段：

"Ⅰ"阶段：11月6日～11月9日，该阶段为轴力快速上升阶段，对应隧道轴线的主要抬升阶段；

"Ⅱ"阶段：11月10日～12月10日，该阶段轴力小幅上升后基本稳定；

"Ⅲ"阶段：12月10日至今，该阶段轴力受临近隧道施工和联络通道施工影响，轴力变化规律复杂。

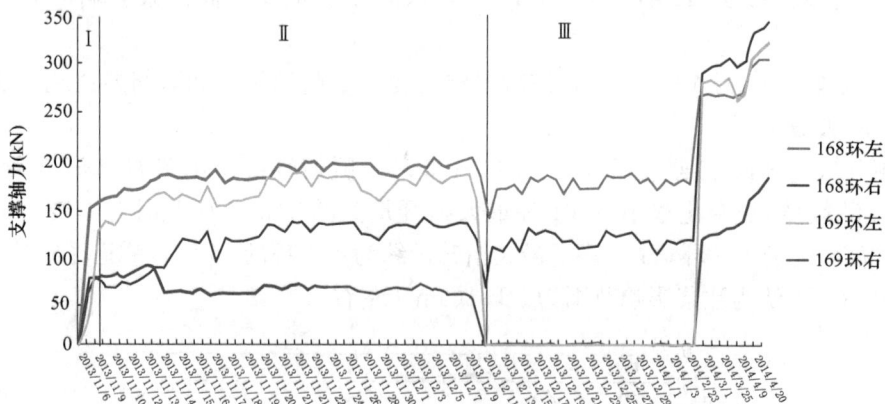

图5-38　168环、169环支撑轴力变化示意图

3. 隧道收敛

截至11月9日注浆抬升阶段完成后，注浆引起的各环管片收敛变形在5～8mm左右；截至12月4日注浆加固阶段完成后，该阶段注浆引起的各环收敛变形在1mm以内，隧道因注浆产生的收敛变形在10mm以内。

224

隧道抬升阶段，隧道收敛变形与隧道的抬升量有较好的对应关系：抬升量较大的 167～169 环，其隧道收敛变形在 6mm 以上，抬升量最大的 168 环也具有最大的收敛变形 8mm；抬升量较小的各环，收敛变形量也较小。隧道加固阶段，较为分散地对各环进行了多次注浆加固，加固注浆浆液与抬升注浆浆液的配比不同，加固注浆浆液对隧道抬升量影响较小，注浆过程中浆体对收敛变形有一定影响，但该阶段隧道抬升量与隧道收敛变形量之间对应关系不如主要抬升阶段明确。

4. 地表隆沉变化情况

11 月 8 日～11 月 21 日，隧道上方地表隆沉情况如图 5-39、图 5-40 所示。与图 5-37 对比发现，地表隆沉最大处与隧道抬升量有一定的对应关系：抬升阶段主要对 166～170 环注浆，隧道轴线地表隆沉最大点基本处于 165～170 环之间。

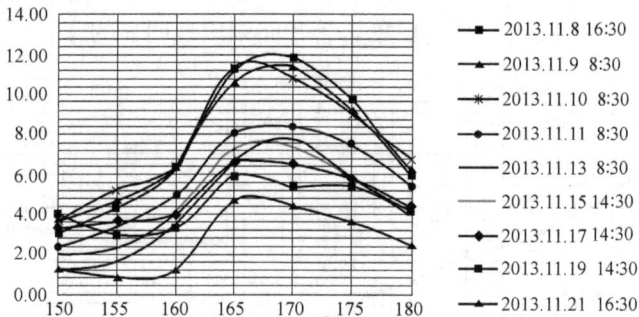

图 5-39　隧道轴线方向地表隆沉图

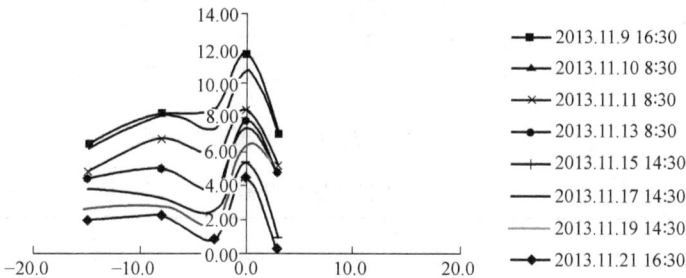

图 5-40　170 环处垂直隧道方向地表隆沉图

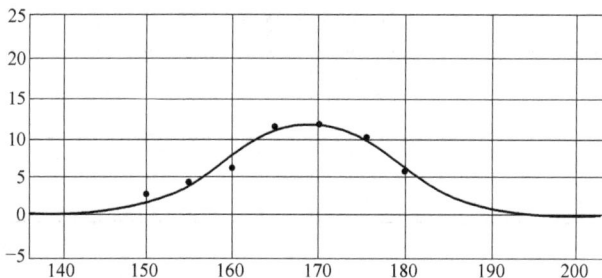

图 5-41　11 月 8 日 16：30 轴线方向地表隆沉曲线拟合

如图 5-41 所示，对 11 月 8 日隧道轴线方向的地表隆起量进行曲线拟合，得到隧道主要抬升阶段，沿轴线方向注浆引起的地表隆沉会在约 140 环、195 环（30m）处收敛完毕，可认为对宁波地区覆土 10m 左右的盾构隧道进行注浆抬升时，抬升量达到 40mm，对地表的影响范围在 30m 左右。

5. 小结

通过注浆整治，隧道轴线得到了部分改善，整治后隧道轴线如图 5-42 所示，隧道最大抬升位置位于 167～170 环；截至 1 月 4 日，注浆抬升隧道未受联络通道施工和上行隧道注浆工后沉降影响时，隧道最大抬升量在 42mm 左右，各环抬升量如表 5-17 所示；截至 4 月 20 日，注浆抬升隧道受联络通道施工和上行隧道注浆工后沉降影响，隧道抬升量有所下降，最大抬升量在 29mm 左右，各环抬升量如表 5-18 所示。

隧道抬升主要发生在 11 月 6 日～11 月 9 日，之后隧道抬升量未发生明显变化。通过现场观测，管片并未发生破损、开裂现象，管片间未出现明显的张开、错台。

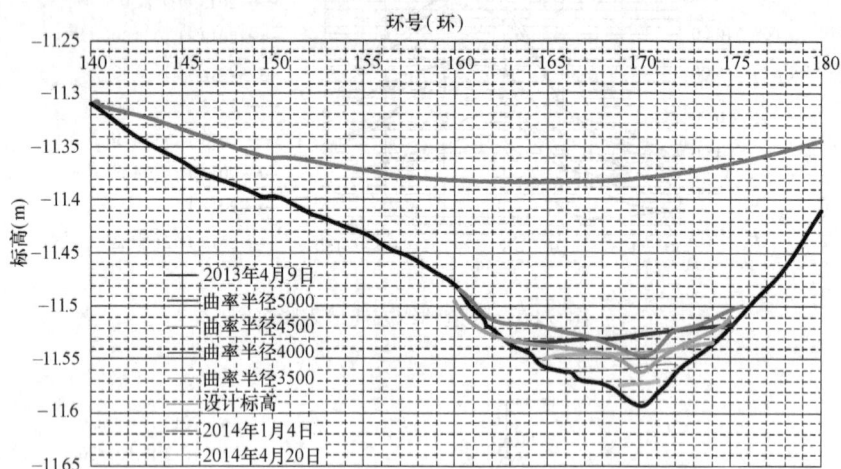

图 5-42　隧道抬升效果图

1 月 4 日隧道抬升量　　　　　　　　　　　　　　　　　　表 5-17

环号	160	161	162	163	164	165	166	167
抬升量(mm)	0.4	3.7	7.8	17.3	27.1	37.4	38.8	40.8
环号	168	169	170	171	172	173	174	175
抬升量(mm)	40.3	42.1	42.1	38.6	38.8	31.6	24.6	17.4

4 月 20 日隧道抬升量　　　　　　　　　　　　　　　　　　表 5-18

环号	160	161	162	163	164	165	166	167
抬升量(mm)	−14.1	−9.5	10.0	6.1	14.1	24.0	27.1	29.9
环号	168	169	170	171	172	173	174	175
抬升量(mm)	29.3	29.1	29.7	—	29.3	18.2	12.4	9.7